SÜSSES JAHRMARKTSGEWÜRZ
Zentrales Food-Pairing über die Röstaromen
Verwendung: Desserts, Eiscreme, Milchprodukte, Frischkäse (Ziege, Kuh), kurz gebratenes Wildfleisch

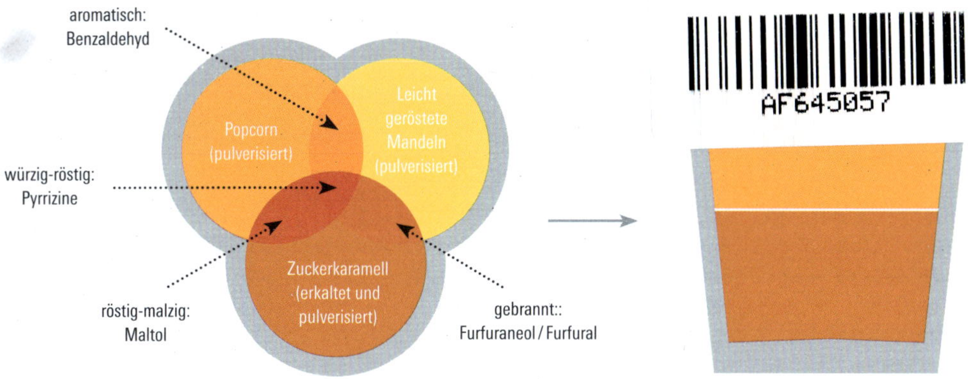

SÜSSER BLAUSCHIMMEL
Verwendung: Pasta auf Sahnebasis, gedämpfte Kartoffeln, Fisch, Kohlrabi, Blumenkohl, Eiszubereitungen aus Ziegenkäse

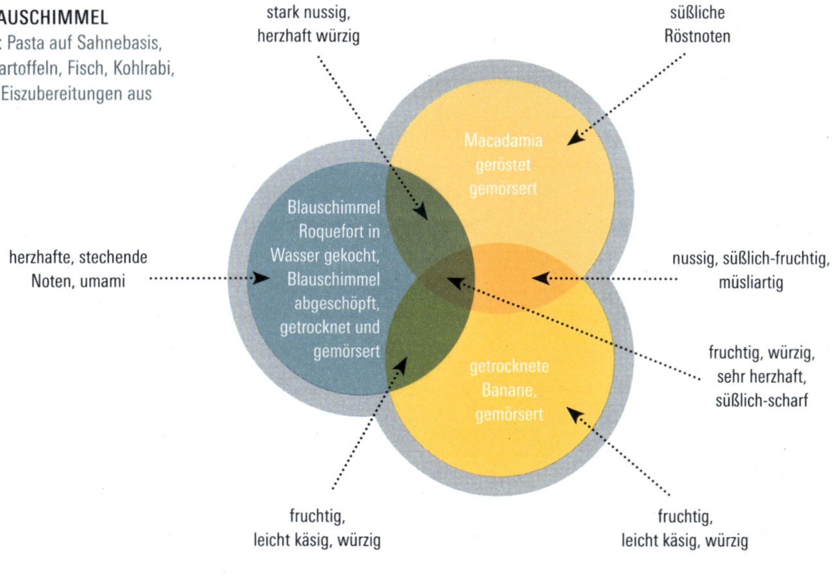

aroma
essenziell

THOMAS A. VIERICH / THOMAS A. VILGIS

aroma essenziell

DIE PRAKTISCHE KUNST DES WÜRZENS

Stiftung Warentest

AROMA ESSENZIELL – DIE PRAKTISCHE KUNST DES WÜRZENS

EIN FEST FÜR DIE SINNE

Dass der Mensch sein Essen würzt, zeugt von Geschmack. Aber nicht nur davon, müsste man hier sofort einwenden. Denn das, was wir landläufig als Geschmack bezeichnen – also süß, sauer, bitter, salzig und umami, ist nur die halbe kulinarische Wahrheit. Die andere lautet: Aroma.

Die Zunge erkennt süß und sauer, bitter, salzig, das herzhafte umami und eventuell sogar fettig, sie ertastet Texturen wie weich und hart, kross oder flüssig. Auch Reize wie heiß, kalt, scharf, brennend, beißend und prickelnd spielen eine große und unterschätzte Rolle. Sie sind keine Geschmacksreize, sondern eine Empfindung des Trigeminusnervs und tragen zum Gesamteindruck einer Speise, dem Flavour, erheblich bei. Aber Gerichte sind mehr als das: Sie sind blumig, kräuterig, jodig, fruchtig oder röstig, riechen leicht oder intensiv nach Zitronen oder Kiefernnadeln, Rosen oder Orangen, Meer, Holz, Kampfer, Harz, Zimt, Moschus oder tausend anderen Dingen. Hier beginnt die Welt der Aromen – und das Gebiet der Aromaforschung.

In einer Zeit, in der wir relativ einfach über Zutaten aus allen Kontinenten verfügen können, ist das Würzen noch spannender geworden – und zugleich schwieriger: Woher soll man wissen, welche der Hunderten von heimischen und exotischen Gewürzen, Kräutern, Samen und Früchten zueinander passen? Hier kann schon ein wenig Wissen aus der Kräuterchemie wahre Küchenwunder bewirken. Denn wie sonst könnte man ahnen, dass japanische Wakame-Algen ausgezeichnet mit Schweizer Käse harmonieren? Und Dill, das klassische Kraut des Nordens, mit tropischen Bananen? Dieses Buch will dazu inspirieren, auf der Grundlage von Erkenntnissen aus der Lebensmittelchemie eine ganz neue Intuition beim Würzen zu entwickeln.

ESSEN: SINN UND SINNLICHKEIT

Wenn wir essen, arbeiten all unsere Sinne: Augen und Ohren, Tast-, Geruchs- und Geschmackssinn. Schon das Betrachten eines appetitlich angerichteten Tellers löst eine ganze Reihe von Erwartungen und Assoziationen aus. Gefällt mir, wie die verschiedenen Elemente angerichtet sind? Sagt mir die Optik zu? Das Auge ist die erste wichtige Prüfinstanz, dementsprechend spielen Farbe und Form der Speisen eine große Rolle. Gleichzeitig werden die Ohren gespitzt, wenn es verheißungsvoll in der Pfanne brutzelt oder wenn zischend flambiert wird. Nicht in jedem Fall, aber manchmal wissen wir sogar die haptischen Eigenschaften eines Gerichts zu schätzen – selbst in der gehobenen Küche gibt es Fingerfood. Immer aber wird vor dem ersten Bissen „geschnuppert". Denn schon vor dem ersten Kosten versucht das Gehirn, das Gericht in das kulinarische Gedächtnis einzuordnen, besonders bei unbekannten Speisen: Wie riecht denn das? Woran erinnert es? Während Dämpfe und flüchtige Aromen durch die Nase eingeatmet werden, gleicht das Gehirn die Gerüche sofort mit den „gespeicherten" kulinarischen Erfahrungen und Profilen ab, um zu prüfen, ob die Speise wohl ess- und genießbar ist.

Wird nach der Sicht- und Riechprüfung dann ein Bissen in den Mund genommen, werden die Vorgänge komplizierter. Der erste Zungenkontakt zeigt, ob die Vermutung und der Abgleich mit der individuellen kulinarischen Datenbank richtig waren: Das Essen schmeckt, oder es schmeckt nicht. Dieser Eindruck ist allerdings sehr kurz, denn wird der Bissen als positiv eingeschätzt, beginnt der Esser zu kauen, den Brei gegen den Gaumen zu drücken und im Mund hin und her zu bewegen. Geschmacks- und Tastsinn werden aktiviert: Wie und wonach schmeckt die Speise? Ist sie scharf oder wirkt sie kühlend? Welche Konsistenz hat sie und wie verändert sie sich beim Kauen und Befeuchten mit Speichel? Das Kauen und „Schmatzen" hat noch eine weitere Funktion, denn dabei werden eine Vielzahl von flüchtigen Aromen freigelegt, die jetzt gleichzeitig die Riechzellen im Nasenrachenraum reizen. Erst das sogenannte retronasale Riechen, zusammen mit dem Geschmack und Empfinden auf der Zunge und in der Mundhöhle, lässt uns die Speise entsprechend würdigen – oder auch nicht.

WÜRZEN UND ABSCHMECKEN NACH FARBEN

Die meisten Menschen haben gewisse Grundfertigkeiten beim Würzen entwickelt und geben mit großer Selbstverständlichkeit mindestens Pfeffer und Salz an jedes Gericht, Essig, Zitronensaft und Öl an nahezu jeden Salat. Ziel bei der Zugabe all dieser Zutaten ist es, das Essen interessanter zu machen und das Geschmackserlebnis zu intensivieren. Gewürzt und gekräutert wird dabei nach Gefühl, aber auch nach Tradition und Prägung. So hat jede Kultur ganz besondere Würzkombinationen entwickelt. Die chemische Untersuchung zeigt jedoch, dass alle Würztechniken und -traditionen gewisse Gemeinsamkeiten aufweisen. Der Grund dafür liegt in der physiologischen Wahrnehmung von Duft und Geschmack, die bei allen Menschen ähnlich ist: Mit der Zunge können wir fünf Grundgeschmacksrichtungen schmecken – süß, sauer, salzig, bitter und den herzhaften umami-Geschmack, eventuell auch fettig – und über die Riechzellen der Nase nehmen wir Düfte wahr. Diese Duftstoffe lassen sich je nach ihrer chemischen Zusammensetzung sinnvoll in acht Gruppen einteilen. Anhand eines einfachen Farbgruppenschemas in diesem Buch kann man prüfen, welches Kraut oder Gewürz, welche Frucht oder sonstige Würzzutat welche Aromengruppen aufweist (siehe Seite 44), und kann dementsprechend kombinieren – Kochen nach Farben, sozusagen: Kommen die Aromen aus derselben Gruppe, verstärken sie sich gegenseitig, während Duftstoffe aus verschiedenen Gruppen sich gegenseitig ergänzen.

DIE GRUNDGESCHMACKSRICHTUNGEN

„Geschmack" ist vermutlich eines der am häufigsten falsch verwendeten Wörter, wenn es um Essen und Trinken geht. Meist bezeichnen wir damit den ganzen Genuss, ohne zwischen Aroma und Geschmack einer Speise beziehungsweise dem menschlichen Geruchs- und Geschmackssinn zu differenzieren. Kurz gesagt: „Geschmack" wird nur mit der Zunge geschmeckt, Aromen oder Duftstoffe werden mit der Nase gerochen. Wenn man sich beim Verkosten die Nase zuhält, lassen sich die reinen Grundgeschmacksrichtungen in einer Speise erkennen.

Über die Geschmacksknospen, die an den Wänden der Zungenpapillen liegen, werden die Geschmacksreize an das Gehirn weitergeleitet, wo der Reiz in die entsprechende Geschmacksqualität übersetzt wird. Verglichen mit der Welt der Düfte ist Schmecken recht langweilig. Bislang sind lediglich fünf Grundgeschmacksrichtungen nachgewiesen: „süß", „sauer", „salzig" und „bitter" kennt wohl jeder. Die nicht ganz so geläufige fünfte Grundgeschmacksrichtung, der „umami"-Geschmack, steht für „herzhaft, fleischig". Entsprechende Rezeptoren wurden Anfang des 20. Jahrhunderts von dem japanischen Chemiker Ikeda Kikunae auf der menschlichen Zunge entdeckt. Der Geschmack wurde nach dem japanischen Wort für „wohlschmeckend" benannt. Erst 2011 wurde nachgewiesen, dass es auf der menschlichen Zunge außerdem gustatorische Rezeptoren für „fett" beziehungsweise für Fettsäuren gibt. Das wäre ein sechster Grundgeschmack, wobei bisher nicht geklärt ist, ob diese Signale auch im Gehirn entsprechende Botschaften auslösen. Aktuell diskutiert die Forschung, ob es möglicherweise auch Rezeptoren für „Wasser" beziehungsweise „wässrig" im Mundraum gibt.

BASISGESCHMACK UND TRIGEMINUSREIZ

(scharf, heiß, kalt, prickelnd, beißend, adstringierend)

GESCHMACK UND TEMPERATUR

Die Intensität eines Geschmacks ist von der Temperatur abhängig. Man spricht dabei vom „thermal taste". Eine im heißen Zustand kräftig abgeschmeckte Tomatensuppe wirkt sich in ihrem Geschmack voll aus; als eiskalte *Gazpacho* serviert, ist sie fade und wenig aufregend. Dann muss nachgewürzt werden. Salzig und süß verstärken sich tendenziell unter Temperaturerhöhung, sauer und bitter nehmen eher ab. Ab etwa 40 °C wird die Geschmackswahrnehmung immer mehr durch den Einfluss der Wärmerezeptoren überdeckt. Diese Effekte bestimmen somit das Würzen.

Ein weiterer wichtiger Aspekt, der mit der Temperatur zusammenhängt, ist ganz schlicht der Unterschied zwischen heiß und kalt. Kräftige Warm-Kalt-Kontraste auf einem Teller heben den Genuss. Dabei muss die Temperatur nicht einmal „echt" sein: Die Inhaltsstoffe von Gewürzen wie Chili oder Minze regen exakt die gleichen Empfindungen an, welche durch Hitze beziehungsweise Kühle verursacht werden.

SCHARF IST KEIN GESCHMACKSREIZ

Die Empfindung für Schärfe, wie sie etwa von Pfeffer, Chili oder Ingwer vermittelt wird, ist keine Geschmacksqualität, sondern ein Schmerzreiz – genauso wie die kühlende Wirkung der Minze. Wahrgenommen wird sie von den Enden des Trigeminusnervs. Diese im ganzen Körper verteilten Schmerzrezeptoren reagieren nicht nur auf Temperaturunterschiede oder Verletzungen, sondern auch auf bestimmte Moleküle: etwa auf das **CAPSAICIN** in Chili, das **PIPERIN** in Pfeffer, das **GINGEROL** in Ingwer oder das kühlende **MENTHOL** in Pfefferminze, **ZIMTALDEHYD** in Zimt. Die verschiedenen Senföle im Knoblauch, Lauch oder in Zwiebeln werden ebenfalls als „schmerzend kalt" empfunden. Ob die Reize von echter Temperatur oder von entsprechenden Molekülen stammen, können die Rezeptoren nicht unterscheiden. Der Temperaturbereich des Mundraums, ungefähr 0 °C bis 50 °C, lässt sich daher komplett mit verschiedenen Kräutern und Gewürzen abdecken.

ADSTRINGENZ

Adstringenz ist ein Gefühl im Mund, für das ebenfalls die Trigeminusnervenenden verantwortlich sind. Beim Genuss von Schokolade mit extrem hohem Kakaoanteil und starker Röstung, beim Trinken eines gerbstoffreichen Rotweins, eines Matchas (grüner Tee) oder beim Kauen von Walnüssen weiß man sofort, was das Wort bedeutet: dieses zusammenziehende Gefühl auf der Zunge, das manchmal als „trocken",„rau" oder „pelzig" bezeichnet wird. Denn kommen Gerbstoffe ins Spiel, sorgen sie dafür, dass sich viele Proteine im Speichel zu größeren Ansammlungen verbinden, was zu einem anderen Fließverhalten führt: Die Benetzung und Reibung verändern sich, was wir mittels des Trigeminusnervs deutlich spüren können.

GESCHMACKSMODULATION: MUNDFÜLLE – KOKUMI

Wie die Bezeichnung für den herzhaften Umami-Geschmack stammt der Begriff „kokumi" aus dem Japanischen. Er lässt sich am besten mit „Mundfülle" übersetzen. Eine große Mundfülle wird beispielsweise durch eine sehr lange gekochte Hühnerbrühe oder einen anderen Fleischfond erzeugt. Beim langen Kochen findet ein Prozess statt, der in der Fachsprache Hydrolyse genannt wird: Die in allen Lebensmitteln vorkommenden Proteinketten zerfallen dabei langsam in immer kleinere Teile. Bruchstücke, die aus zwei oder drei Aminosäuren und einer Glutaminsäure bestehen, werden γ-Glutamylpeptide genannt. Sie sind unter anderem für den kokumi-Effekt verantwortlich. Die Proteinbruchstücke wirken als Modulatoren und stimulieren den Gesamteindruck aller Sinnesreize und deren Intensität, die beim Essen angesprochen werden: Textur, Geschmack, Duft und Empfinden (→ Abrunden: kokumi, Seite 26). Das Zerlegen der Proteine in diese „kokumisierenden" Glutamylpeptide kann sowohl durch Fermentation als auch durch Enzyme, pH-Wert-Änderungen oder, wie in den bereits genannten Beispielen, durch Hitze vonstatten gehen. So lässt die lange Reifung von Käse neben vielen anderen Reaktionen solche Proteinbruchstücke entstehen, die für die große Mundfülle reifer Käse sorgen.

DIE TEXTUR VON LEBENSMITTELN

Der Begriff „Textur" wird oft verwendet, wenn man Form und Aggregatzustand einer Speise beschreibt, also etwa knusprig, hart oder flüssig. Aber Textur ist mehr: Der Begriff umfasst alle Effekte, die von der physikalischen Struktur der Lebensmittel bestimmt sind. Wird etwa ein als „knackig" beschriebenes Lebensmittel gegessen, bedeutet das Folgendes: Aus einer harten Hülle können zunächst kaum Aromen entweichen. Auf der Zunge wird so eine unelastische Speise als kantig, rau und wenig anschmiegsam wahrgenommen. Erst wenn man draufbeißt, knackt und kracht es, und die Duftnoten und Geschmacksstoffe werden auf einen Schlag freigegeben. Dieser Vorgang lässt sich auf andere Formen und Oberflächen – rund oder kantig, weich, glatt oder rau, klebrig, schaumig oder mehlig – und auf die Aggregatzustände fest, flüssig oder gasförmig übertragen. Die Textur einer Speise hat also Einfluss auf ihren Geschmack, ihr Aroma und das Gefühl, das sie im Mund erzeugt. Dabei darf man natürlich nicht vergessen, dass viele Lebensmittel und Speisen nicht nur aus einer, sondern aus verschiedenen Komponenten bestehen, die alle unterschiedliche Eigenschaften haben und somit eine Kaskade von verschiedenen, gekoppelten Textureindrücken auslösen.

GERUCHSSINN UND AROMEN

All die verschiedenen Reize, die beim Essen mit der Zunge beziehungsweise über die Trigeminusnervenenden im Mundraum wahrgenommen werden – der Geschmack der Speise, ihre Schärfe, Temperatur, Textur und die Mundfülle – machen immer noch erst einen geringen Teil des Genusses aus. Es fehlt noch ein zentraler Aspekt: der Duft des Gerichts – sein Aroma. Vor dem ersten Bissen prüft die Nase: Riecht die Speise angenehm? Ungewöhnlich? Wird anschließend gekaut, ermöglicht das retronasale Riechen die Verbindung von Geschmack und Aromen. Erst dann wird das Essen in seiner gesamten Komplexität sinnlich erfasst. In der Küche lassen sich ähnlich wie in der Parfümerie Düfte und Duftkompositionen gezielt einsetzen, um Assoziationen und Emotionen zu wecken oder andere Gerüche zu überdecken. Immer jedoch haben sie das Ziel, wohltuend auf die Umgebung zu wirken.

RIECHEN MIT DER NASE

Was genau passiert beim Riechen, wenn bestimmte Moleküle in uns Emotionen auslösen, wie es bei Kräutern und Gewürzen wohlbekannt ist? Die Vorgänge sind im Prinzip mit denen beim Schmecken zu vergleichen: Ein als Duftmolekül erkanntes Teilchen kann nur an einem speziell für seine Wahrnehmung bestimmten Detektor andocken, woraufhin ein Signal an das Gehirn geleitet wird, in dem die Sinneswahrnehmung als Duft interpretiert wird.

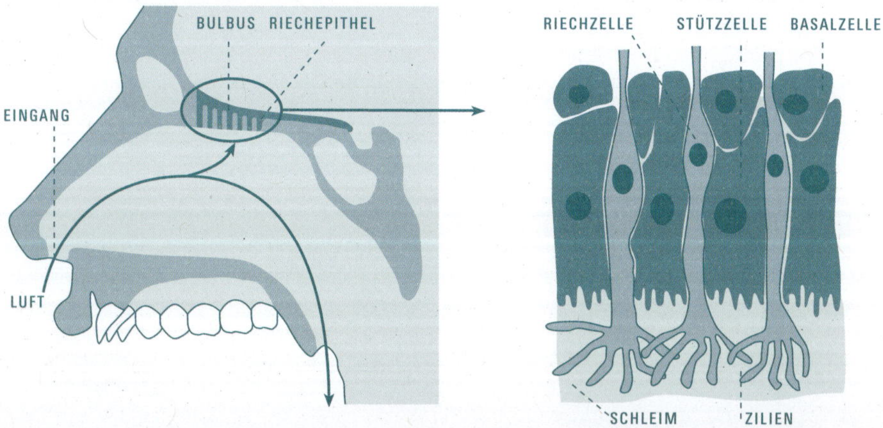

Duftstoffe strömen über die Luft in die Nase und treffen auf den Riechkolben, den Bulbus und das Riechepithel. Dieses Gebilde besteht aus vielen Riechzellen, die in Zilien enden. Letztere sind von Schleim (einer proteinreichen Flüssigkeit) umgeben, der in der Lage ist, Duftstoffe zu lösen.

ORTHONASAL – RETRONASAL: DEUTLICHE DUFTUNTERSCHIEDE

Wird durch die Nasenöffnungen ein Lebensmittel gerochen, nutzt man das „orthonasale Riechen". Beim Kauen im Mund aktiviert man das „retronasale Riechen". Interessant ist dabei, dass die Duftstoffe häufig verschieden wahrgenommen werden, je nachdem, ob sie orthonasal durch die Nase oder retronasal im Nasenrachenraum erfasst werden. Identische Moleküle werden nicht nur unterschiedlich intensiv wahrgenommen, sondern lösen auch andere Duftbeschreibungen aus.

Wichtig für unsere Zwecke ist, vereinfacht festzuhalten: Dockt ein Duftstoff an dem für ihn bestimmten Rezeptorprotein an, werden entsprechende Nervenreize ausgelöst. Liegt keine passende Form vor, ist ein Andocken nicht möglich. Die chemische und molekulare Struktur der Duftstoffe steht also in engem Zusammenhang mit ihrem Geruch. Das ist grundlegend für die Einteilung der Düfte in acht charakteristische Duftgruppen, wie auf Seite 44 vorgestellt wird.

RIECHEN IM GEHIRN

Die Nase detektiert zwar die Reize der Duftstoffe, die Signale müssen aber im Gehirn umgesetzt werden. Ähnlich wie beim Geschmack hat der Mensch ein „Geruchsgedächtnis", das heißt, er kann bekannte Gerüche einordnen und assoziiert sie gegebenenfalls sogar mit einer schönen Erinnerung – oder mit Gefahr. Allerdings existieren hier nicht nur fünf plus eine Geschmacksrichtung, sondern Tausende verschiedener Düfte. Daher spielt bei der Dufterkennung auch das Sprachzentrum eine wichtige Rolle: Kann ein Duft nicht

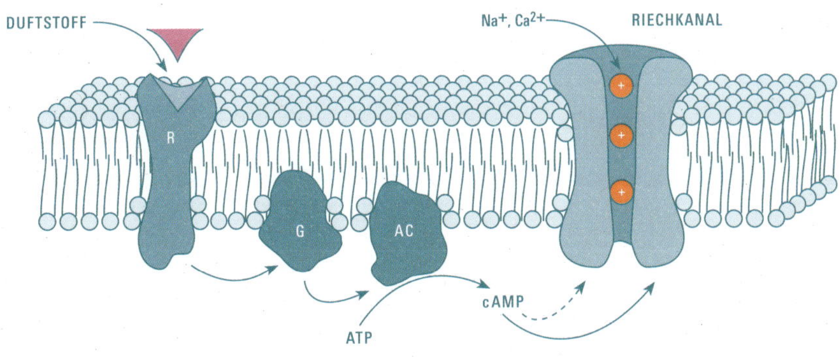

Hat der Duftstoff angedockt, wird auf der „Unterseite" der Membran ein Ionenfluss von Natrium und Calcium ausgelöst. Dem Gehirn wird ein Duft signalisiert. (R = Rezeptor, G = G-Protein, AC = Adenylatcyclase)

benannt werden, wird er zwar genauso wahrgenommen, aber viel ungenauer „abgespeichert" und wahrscheinlich nicht wiedererkannt oder mit einem ähnlichen Duft verwechselt. Ein Problem stellt dabei das begrenzte Vokabular dar, das kaum ausreicht, um all die Eindrücke treffend zu umschreiben. Mögen die poetischen Anflüge in Weinführern und Parfümbeschreibungen auch oft belächelt werden, einige Gerüche lassen sich einfach am besten als „grün", „warm" oder „schwer" charakterisieren (→ Kleine Geruchsschule, Seite 324). Bisweilen fehlen auch schlicht Analogien, auf die zurückgegriffen werden kann: Der Duft frisch geriebener Muskatnuss ist tatsächlich am genauesten beschreibbar mit: „frisch geriebene Muskatnuss".

SCHLÜSSELAROMEN

Sticht eine Aromaverbindung aus einem Lebensmittel, Kraut oder Gewürz mit einem besonders hohen Aromawert hervor, wird diese als Schlüsselaroma bezeichnet. Ist ein Schlüsselaroma vorhanden, bestimmt es einen Großteil des Eindrucks des Lebensmittels, Krauts oder Gewürzes. Ein sehr prägnantes Schlüsselaroma ist beispielsweise Cumarin in Tonkabohne und Waldmeister, deren Duft es fast allein bestimmt. In Datteln kommt das Molekül ebenfalls vor, ist dort allerdings nicht aromabestimmend.

FLÜCHTIGKEIT UND LÖSLICHKEIT

Alle Düfte sind mehr oder weniger flüchtig. Damit sie beim Kochen, Braten oder Backen im Gericht verbleiben und nicht in die Umgebung verdampfen, muss man den Molekülen ein gutes Lösungsmittel anbieten. Für den Gebrauch in der Küche qualifizieren sich Wasser, Fett und Ethanol (Alkohol). Sie sind keine Lösungsmittel in dem Sinne, dass sie die Moleküle „lösen", sie halten diese und somit ihr Aroma eher fest. Chemisch betrachtet hängt Flüchtigkeit von drei Faktoren ab: Temperatur, Molekülgröße und Lösungsmittel. Je höher die Temperatur, desto schneller können die Moleküle verdampfen. Je größer ein Molekül, desto komplizierter ist sein Aufbau und desto schwerer und weniger flüchtig ist es. Je zäher ein Lösungsmittel – wie etwa Öl –, desto mehr kann es das Molekül auch bei hohen Temperaturen zurückhalten.

FAUSTREGELN FÜR DIE FLÜCHTIGKEIT

Je höher die Temperatur, desto schneller verflüchtigen sich Aromen. Kompliziert aufgebaute sind weniger flüchtig als einfache. Das passende Lösungsmittel reduziert die Flüchtigkeit. Öle und Alkohole lösen Aromen oft besser als Wasser, sie sind dann weniger flüchtig.

VARIATION DURCH FLÜCHTIGKEIT

Die Schärfe des Pfeffers wird durch das nichtflüchtige Piperin bestimmt. Die feinen Aromen des frisch gemahlenen oder zerstoßenen Pfeffers, von würzig über harzig bis terpentinartig, verflüchtigen sich in den ersten Minuten nach dem Zerstoßen oder unter Hitze. Wird der Pfeffer gleich zu Beginn des Kochprozesses zugefügt, hebt man seine reine Schärfe hervor. Um dagegen die feinen Aromen zu betonen, muss man direkt vor dem Servieren noch einmal frisch gemörserten Pfeffer zugeben.

DIE LÖSUNGSMITTEL: WASSER, ALKOHOL, FETT

Die Wahl des Lösungsmittels hat also unmittelbare Auswirklungen auf die Kochpraxis: Eine hohe Temperatur beim Garen oder eine lange Lagerung von Gewürzen begünstigt das Abdampfen der Aromen. Daher ist es von Vorteil, eine ausreichende Menge an gutem Lösungsmittel während des Garens oder Lagerns zur Verfügung zu stellen.

Als Faustregel lässt sich festhalten: In Wasser lösen sich Geschmacksträger wie Zucker, Salze und Säuren, aber Öle und Fette lösen die meisten Aromen weit besser als Wasser. Beim Lösen in Wasser kann ein „Käfig" aus Wassermolekülen die Aromaverbindung zwar im Wasser festhalten, an dessen Oberfläche jedoch wird er aufgebrochen. Das Aromamolekül ist jetzt dem „besseren" Lösungsmittel Luft ausgesetzt. Es wird flüchtig und steht nun der Nase und dem Riechen zur Verfügung. Fette, also alle fetthaltigen Lebensmittel wie Öl, Butter, Schmalz und so weiter, lösen viele Aromen, deshalb sollten sie besser als „Aromaträger" und nicht als „Geschmacksträger" bezeichnet werden. Die zähfließende Konsistenz von Öl ermöglicht es, Aromen auch bei höheren Temperaturen noch im Gericht zu halten. Alkohol ist ein gutes Lösungsmittel für kleine, wasserunlösliche Moleküle. Ebenso löst er alle Aromen, die selbst Alkohole sind. Diese sind daran erkennbar, dass sie auf „-ol" enden. Die Moleküle des Lösungsmittels können die Aromastoffe ohne Wenn und Aber umschließen. Dadurch wird die Flüchtigkeit deutlich eingeschränkt. Ethanol, Fette und Öle halten Geruchsstoffe und Aromen regelrecht fest.

Übrigens: Wegen der Flüchtigkeit vieler Aromen ist es besser, immer ganze Gewürze zu lagern. Die ätherischen Öle sind in feinen, winzigen, nur 100–500 Nanometer großen Ölkörperchen in den Vakuolen der Zellen eingeschlossen. Beim Mahlen oder Zerschneiden werden diese Zellen zerstört, die Ölkörperchen platzen und die Aromen werden frei. In gemahlenen Gewürzen ist die Oberfläche der Körner um ein Vielfaches größer. Daher ist lang gelagerter Pfeffer am Ende nur noch scharf – der dafür verantwortliche Stoff Piperin ist nicht flüchtig –, während seine harzigen, holzigen und zitrusartigen Noten längst entwichen sind.

LÖSLICHKEIT

Alle Aromen lösen sich in einem oder mehreren dieser drei Stoffe: Alkohol, Fett (ebenso Butter, Öl, Saucen oder etwa fette Joghurts) und Wasser.

LÖSLICHKEIT – UNLÖSLICHKEIT

Ein Teelöffel Salzwasser ist alles andere als köstlich. Aber obwohl sich Salz nicht in Öl löst: Ein Teelöffel Olivenöl mit ungelösten Kristallen von Fleur de Sel ist eine kleine kulinarische Offenbarung.

WÜRZPRAXIS

Wie können wir abwechslungsreicher und gezielter würzen und abschmecken, sodass ganz bewusst Assoziationen entstehen? Gibt es dabei so etwas wie eine einheitliche Harmonielehre?

Zumindest ist eine gute Kenntnis von Gewürzen, Kräutern, Schlüsselaromen und etwas Chemie sehr hilfreich – sie kann sogar essenziell sein. Nachdem im ersten Kapitel gezeigt wurde, inwiefern sich Geschmacksrichtungen und Duftgruppen unterscheiden und einteilen lassen, geht es nun direkt um die Würzpraxis am eigenen Herd. Wie können wir gezielt die Grundgeschmacksrichtungen beeinflussen, trigeminale Reize wie zum Beispiel Schärfe gekonnt einsetzen und schließlich das Ganze mithilfe von Düften systematisch verfeinern? Die Möglichkeiten scheinen fast unbegrenzt, wenn man einige ebenso einfache wie effektive Prinzipien beherzigt. Lassen wir Tradition und Experiment in unseren Kochtöpfen zusammenfinden!

WÜRZEN MIT REIZEN: GESCHMACK, SCHMERZ UND DUFT

Beim Würzen und Abschmecken muss man unterscheiden, ob man den Geruchssinn ansprechen oder das Geschmackserlebnis beeinflussen will. Obwohl oft pauschal vom „Geschmack“ der Speisen die Rede ist, bezeichnet dieses Wort nur die Grundgeschmacksrichtungen: süß, sauer, salzig, bitter und umami – unklar ist noch, ob auch fettig dazuzählt (→ Die Grundgeschmacksrichtungen, Seite 8). Sie können auf der Zunge wahrgenommen werden – und nur dort: Zucker oder Salz riechen nicht. Gerüche wiederum existieren in sehr großer Zahl, können aber nicht auf der Zunge geschmeckt werden: Ein Essen mit zugehaltener Nase wirkt fade (→ Geruchssinn und Aromen, Seite 12). Schließlich existiert noch eine dritte Empfindung: Temperaturreize, die wir im Mund als „Schärfe“ oder „Kühle“ wahrnehmen (→ Seite 10, 28).

In jedem dieser drei Bereiche gibt es einige Grundregeln sowie jede Menge Tricks, die zu erstaunlichen Ergebnissen führen. In diesem Kapitel wird konkret gezeigt, mit welchen Zutaten und Techniken man etwa süßt, salzt, säuert, bittert – oder wie man aufdringliche Geschmacksnoten maskiert. Außerdem wird der richtige Einsatz trigeminaler Reize vorgeführt, angefangen vom leichten Brennen, das Petersilie auslöst, bis hin zum pelzigen Zungengefühl beim Genuss eines guten Rotweins, einer Tasse grünen Tees oder beim Kauen eines Walnusskerns.

Als kleine Einführung in den Gebrauch des Aromenlexikons ist der Abschnitt zur Duft-Würzpraxis zu verstehen, der das Grundprinzip des „richtigen“ Kombinierens erläutert: das Food-Pairing und das Food-Completing.

ABSCHMECKEN IN DEN GRUNDGESCHMACKSRICHTUNGEN

Die wenigsten Speisen sind gleichzeitig süß, sauer, salzig, bitter, umami – sowie fett. Doch empfinden wir Speisen, die mehrere dieser Reize auslösen, oft als ausgewogener, als wenn nur eine Geschmacksrichtung angesprochen wird. Die Prinzipien des Würzens lauten hier: Ausgewogenheit und Hervorhebung. Wie sich einzelne Geschmacksrichtungen gezielt steuern lassen, wird im Folgenden näher erklärt. Die Grundgeschmacksrichtungen süß und umami werden als angenehm empfunden, sie brauchen nicht maskiert zu werden. Bei den anderen Geschmacksrichtungen gibt es zum Teil Tricks, um eine übersäuerte oder verbitterte Speise noch zu retten.

ABSCHMECKEN: SÜSS

Das bekannteste Geschmacksmittel für die Grundgeschmacksqualität „süß" ist Zucker. Neben kristallinem Haushaltszucker, Saccharose, gibt es eine Reihe anderer bekannter Zucker: Fruchtzucker (Fructose) kommt häufig in Früchten und Gemüse vor, aus Traubenzucker – Glucose oder auch Dextrose genannt – sind alle Stärken aufgebaut, die sich etwa in Kartoffeln und Weizen finden. Milchzucker oder Lactose gibt Milch ihre leichte Süße. Die Zucker unterscheiden sich in ihrer Süßwirkung (→ Süßkraft, Seite 209) und Wasserlöslichkeit.

Es gibt zahlreiche Zucker und Zuckerersatzstoffe, die in der Küche relevant sind. So bilden ***Erythritol*** und das deutlich weniger süße ***Mannitol*** beim Abkühlen kein Glas, sondern knusprige Kristalle – interessant für Lollis oder Desserts. ***Inulin*** erzeugt, unter Speisen gemischt, ein „fettähnliches" Mundgefühl. Der Zuckeraustauschstoff ***Isomalt*** spielt in der Patisserie eine besondere Rolle: Er lässt sich bestens in warmem Zustand verarbeiten und karamellisiert erst ab ca. 270–280 °C. Außerdem lässt er sich gut zum Maskieren unerwünschter Bitternoten einsetzen, ohne die Speisen oder Getränke stark zu süßen. Auch Trehalose oder Läuterzucker (eine Mischung aus Zucker und Wasser im Verhältnis 3:2) leisten gute Dienste bei der Bittermaskierung. Gibt man Letzterer während des Kochens etwas Säure zu, bildet sich ***Invertzucker*** (→ Zucker). ***Maltodextrin*** verleiht Süßspeisen Stabilität und kann stark flüchtige Aromen binden. ***Sorbitol*** kommt in praktisch allen Steinfrüchten wie Aprikosen, Datteln und Zwetschgen vor. Er ist in der Lage, große Mengen Wasser zu binden, und ist nur etwa halb so süß wie Haushaltszucker – ideal für cremige, nicht zu süße Ganaches oder Pralinenfüllungen. ***Stevia*** ist als Zuckerersatz in Küche und Patisserie nur bedingt geeignet: Wegen der hohen Süßkraft darf das Kraut nur sparsam eingesetzt werden – und in dieser Menge gibt ihr Wasserbindungsvermögen Teigen oder Schäumen nur wenig Stabilität. Zudem schmeckt es auch bitter, was zusätzlich maskiert werden muss.

KARAMELLISIEREN spielt beim Einsatz von Zucker in der Küche eine besondere Rolle. Farbe und Geschmack des Zuckers verändern sich durch die Hitzeeinwirkung. Chemische Reaktionen sorgen für weniger Süße und weniger Kalorien, eine nussige, leichte Süße entsteht. Bei zu dunklen Farben schmeckt Karamell schnell bitter, daher ist Vorsicht angesagt.

SÜSSEN MIT LEBENSMITTELN Reife Bananen haben eine ganz erstaunliche Süßkraft, weshalb sie püriert in Desserts Zucker praktisch ersetzen können. Der am häufigsten verwendete „Zuckerersatz" ist wohl Honig. Er besteht aus Glucose, Fructose sowie weiteren Zuckern. Seine feinen Blütenaromen schlagen beim Süßen von Speisen nur wenig zu Buche. Süßen lässt sich auch mit Trockenfrüchten ausgezeichnet, etwa → Aprikosen oder → Weinbeeren. Ebenso eignen sich viele Liköre zum Süßen (→ Süße Liköre), zum Beispiel Grand Marnier oder Eierlikör. Sie geben allerdings eigene Aromen mit, die in das Gericht einbezogen werden müssen.

ABSCHMECKEN: SAUER

Säuern, also das Absenken des pH-Wertes, wird eingesetzt, um Speisen zu konservieren – aber auch, um sie frischer, ansprechender oder runder zu gestalten. Säuren liefern immer einen erheblichen Beitrag zum Geschmack, selbst wenn ihre Konzentration eher gering ist.

Die bekanntesten Säuren sind sicherlich die ESSIGSÄURE aus Essigen und die ZITRONENSÄURE, die nicht nur in allen Zitrusfrüchten, sondern zum Beispiel ebenso in Äpfeln, Sauerkirschen oder Wein reichlich vorkommt. Eine gebratene Gänsebrust, deren Pfanne mit Sauerkirschen abgeschwenkt wurde, ist also mit Zitronensäure gesäuert. ÄPFELSÄURE findet sich in Äpfeln, Quitten, Weintrauben und Stachelbeeren. Ein paar klein geschnittene Äpfel oder ein Stück mitgeschmorte Quitte sorgen neben fruchtigen Aromen für ein feines Säurespiel. Rhabarber, Mangold, Spinat, Sauerklee oder →Sauerampfer enthalten OXALSÄURE. Diese Säure entmineralisiert den Zahnschmelz, die Zähne werden „stumpf". Andererseits säuert sie, ohne den starken Beigeruch eines Essigs zu entwickeln, und lässt sich gut mit feinen Meeresfrüchten kombinieren. WEINSÄURE findet sich reichlich in →Tamarinde – in Weinen spielt sie nur eine untergeordnete Rolle. Sie gibt vielen indischen Gerichten eine deutliche Säurenote.

FÜR SELBST HERGESTELLTE ESSIGE benötigt man Flüssigkeiten mit etwa 4–6 Volumenprozent Alkohol: Wein, Apfelwein, verdünnte Brände oder Schnäpse. Deren Alkohol kann mittels Essigsäurebakterien in Gärkolben zu Essigsäure fermentiert werden.

ESSIGE AROMATISIEREN funktioniert über die Alkohollöslichkeit vieler Aromen. Mittels guter und neutraler Branntweinessige lassen sich etwa Fruchtessige mit Fruchtmark zubereiten. Dazu werden Früchte (zum Beispiel Himbeeren) mit Essig gemixt. Dann lässt man sie aromatisieren und filtert Fruchtfleisch und Kerne heraus. Es existieren zahlreiche Essigvarianten, die aus den verschiedensten Grundzutaten gewonnen werden (→ Essige, ab Seite 292).

DIE PH-WERTE EINIGER LEBENSMITTEL

Salzsäure 3,5%	0,0
Salzsäure 0,35%	1,0
Magensäure	1,0
Zitronensaft	2,0
Essigessenz	2,0
Essig	3,0
Coca	3,0
Wein	4,0
Sauermilch	4,5
Bier	5,0
Hautoberfläche	5,5
Mineralwasser	6,0
reines Wasser	7,0
Blut	7,4
Sauberes Seewasser	8,3
Darm	8,3
Waschmittellösung	10,0
Natronlauge 3%	14,0

PFLANZE/OXALSÄUREGEHALT IN MG PRO 100 G (RICHTWERTE)

Rote Bete	180
Bambussprossen	250
Sauerklee	400
Spinat	450
Kakaopulver	450
Rhabarber	460
Mangold	650
Sauerampfer	1 000

Die Werte in dieser Tabelle geben lediglich die Richtwerte wieder, sie schwanken je nach Bodenchemie, Witterung, Ausbau und Sonneneinstrahlung.

Gestampfte, nicht zu fein zerdrückte Kartoffeln lassen sich wunderbar mit einem Esslöffel sehr klein gehacktem rohen Sauerkraut säuern. Dazu mit rohen, für ca. 10 Minuten gesalzenen Zwiebeln (Salz-Osmose) abgeschmeckt, passt diese feine, ungewöhnliche Säure in den gekochten Kartoffeln ausgezeichnet zu gebratenem Fisch.

SÄUERN MIT SAUREN LEBENSMITTELN funktioniert ausgezeichnet, man ist nicht nur auf Essig oder Zitronensaft angewiesen: milchsauer vergorenes Gemüse, Sauerkraut, Essiggurken, → Granatapfelkerne oder Rhabarberstückchen säuern ebenfalls. Joghurt dient als ideales Säuerungsmittel, wenn gleichzeitig Milch- und Käsearomen sowie Milchsäure gefragt sind. Selbst beim → Räuchern entstehen bei bestimmten Temperaturen „organische Säuren", zum Beispiel Essigsäure und Ameisensäure.

SÄURE ERSETZT DEN HERD: Mit Säure lassen sich Lebensmittel garen. Dabei greift die Säure in die Struktur der Proteine ein und verändert manche davon fast so, als würden die Speisen Hitze ausgesetzt. Mit einer Ceviche, der südamerikanischen Zubereitung von rohem, in sauren Marinaden „gegartem" Fisch, lässt sich das ausprobieren. Das Resultat hängt aber vom Lebensmittel ab: Gut abgehangenes Fleisch lässt sich leicht mit Säuren „garen", ebenso Fisch. Gewöhnliches Fleisch hingegen muss gehackt werden und viele Gemüse lassen sich nur unter leichter Erwärmung marinieren: Den harten Pflanzenzellen ist durch Säureeinwirkung nur begrenzt beizukommen.

SÄURE ZU MASKIEREN gelingt nur schwer. Möglich ist das Verdünnen mit Wasser oder die Zugabe einer Prise Zucker – wenn es das Gericht erlaubt. Die vorsichtige Zugabe von Natron kann ebenfalls helfen. Ein Zuviel davon lässt das Gericht eher „seifig" wirken. Manche Säuren, etwa die **OXALSÄURE** von Spinat, lassen sich durch die Zugabe von etwas Zitronensaft abschwächen.

ABSCHMECKEN: SALZIG

Unser Würzmittel Nummer eins riecht nach nichts und schmeckt nur salzig. Aber es steigert den Eigengeschmack der Speisen. Obwohl salzen der vielleicht einfachste Würzvorgang überhaupt ist, gibt es auch hierbei feine Unterschiede und einige Tricks für mehr Geschmack. Weltweit werden die verschiedensten „Sorten" von Salz abgebaut.

KRISTALLFORM UND TEXTUR sind entscheidend für die Salzempfindung. Wird nachgesalzen, ist immer auch die Art und Geschwindigkeit entscheidend, in der sich das Salz zusammen mit dem Lebensmittel im Mund auflöst. So können die gleichen Stücke eines Steaks je nach Form und Größe der Salzkörner unterschiedliche Geschmacksnuancen entwickeln. Feine Salze dominieren über das Fleisch, grobes Salz wirkt milder und Salzflocken entsprechend fein – selbst wenn alle aus reinstem Natriumchlorid bestehen und keine weiteren Mineralien eingelagert sind. Kleine Kristalle haben im Vergleich zum Volumen große Oberflächen, sie lösen sich schneller als große Kristalle. Perfekte Kristalle – wie häufig bei Salzflocken – sind sehr dünn, lösen sich aber verhältnismäßig langsam. Sie wirken beim Zerbeißen zusätzlich „knusprig", ohne ein Zuviel an Salzgeschmack hervorzurufen.

SALZ IM KOCHWASSER erhöht die Siedetemperatur je nach Konzentration, weil die Salzionen wegen ihrer Ladung die (dipolaren) Wassermoleküle besser festhalten. Messbare Effekte für eine Verkürzung der Gardauer hat dies allerdings nicht – zumindest bei physiologisch erträglichen Salzkonzentrationen. Sobald das Wasser kocht und Flüssigkeit verdampft, nimmt die Salzkonzentration zu. Deshalb kann man ein Gericht auch versalzen, wenn man das Salz zu früh zugibt. Profis salzen vorsichtig und schmecken zum Schluss noch einmal ab: Nachsalzen kann man immer, ein versalzenes Gericht ist nicht mehr zu retten. Vorschläge wie das Mitkochen einer ganzen Kartoffel helfen nicht.

WEGEN SEINER OSMOTISCHEN WIRKUNG „zieht" Salz Wasser aus allen Lebensmitteln. Damit wird vielen Mikroorganismen ihre Lebensgrundlage entzogen, was die Verderblichkeit dieser Lebensmittel verringert. Gepökeltes Fleisch und Fisch lassen sich so lange konservieren.

NITRITPÖKELSALZ verleiht Fleisch und Wurst eine rote Farbe. Es enthält Stickstoffverbindungen, deren Stickoxid sich mit dem Eisen-Ion der Hämgruppe des Muskelfarbstoffs Myoglobin verbindet. Das Fleisch wird nicht grau.

NATRIUMREDUZIERTE DIÄTSALZE enthalten Kaliumchlorid und Glutamat. Damit lässt sich dezenter salzen als mit Salz, und über das Glutamat erhält man zusätzlich umami-Würzkomponenten (siehe Seite 23).

„SALZEN" LÄSST SICH AUCH MIT LEBENSMITTELN. In der mediterranen Küche ist das „Salzen" (und „Umamisieren") mit Sardellen sehr beliebt. Die in Salzlaken konservierten Minifische steuern zugleich herzhafte Anklänge und Meeresnoten bei. Salzig-fischige Noten werden ebenso durch Poutargue (Bottarga) beigefügt, den getrockneten Rogen der Großkopfmeeräsche. Auch Räucherspeck oder Salzfleisch eignen sich zum wohldosierten „Salzen". Werden salzhaltige → Algen zu Speisen gegeben, wird der Geschmack „frei Haus" mitgeliefert. Dazu gehört auch Queller (Salicorn). Ebenso lassen sich viele Wildkräuter der Salzwiesen an der Nordsee zum „Salzen" verwenden.

VERSALZENE SUPPEN LASSEN SICH RETTEN – bei richtigen Missgeschicken ist aber alles zu spät. In übersalzene Cremesuppen gibt man eine fein geriebene Kartoffel. Bei Suppen oder Brühen hilft, das Eiweiß von einem bis drei Eiern mitzukochen. Das geronnene Eiweiß wird abgeschöpft und nicht weiterverwendet: Es hat einen Teil des Salzes absorbiert, aber leider auch andere Aromen und Geschmacksstoffe.

ABSCHMECKEN: BITTER

Eine Präferenz für Bitteres ist nicht angeboren, sondern muss erst erlernt werden. Zu starke Bitternoten können den Genuss eines ganzen Gerichts zerstören – ganz ohne Bitterkeit bliebe allerdings der Genuss auf der Strecke.

DER BITTERWERT eines Stoffes gibt an, welche Gewichtskonzentration des Stoffes einen Liter Wasser erkennbar bitter schmecken lässt. So macht zum Beispiel 1 g Absinthin des → Wermutkrauts 3 000 l Wasser bitter (Bitterwert =

3 000 000). Das zeigt, wie wenig dieses Stoffes in Alkoholika wie Absinth enthalten sein darf, damit dieser genießbar ist. Das Amarogentin der Enzianwurzel ist noch etwa 20 Mal bitterer.

BITTERSALZE wie Calciumchlorid und Magnesiumchlorid wirken bei nicht ausgewogener Dosierung eher plump und isoliert. Bei sogenannten Diätsalzen werden deshalb oft Mischungen aus Kaliumchlorid, Calciumchlorid und Glutamat angeboten, die dank der Kombination von salzig, bitter und umami-Geschmack „breiter" wirken.

KRÄUTER UND GEWÜRZE enthalten oft Bitterstoffe. Ein idealer Bittergeber sind zum Beispiel → Bockshornkleesamen. Sie werden mit kochendem Wasser übergossen und nach dem Abkühlen abgeseiht. Auch →Rosmarin und →Salbei geben an Speisen nicht nur ihre Aromen ab, sondern ebenso Bitternoten. Aus den Stängeln des Rosmarins lösen sie sich durch langes Mitkochen, aus Salbei durch kurzes Anbraten.

BITTERE GEMÜSE lassen sich ebenfalls gezielt zum „Bittern" einsetzen. Artischocken(-blätter) haben oft eine dezente Bitterkeit, die besonders in Vorspeisen und Aperitifs erwünscht ist. Chicorée und Radicchio sind vor allem in Salaten beliebte Bitterabschmecker.

GRÜNER TEE UND MATCHA erhalten ihre Bitterkeit über Koffein und und Polyphenole, etwa Catechine. Diese lösen sich besser bei hoher Temperatur, weshalb zu heiß aufgebrühter grüner Tee sehr bitter wirkt. Aber auch bei einer Brühtemperatur von 75 °C lösen sich mehr Bitterstoffe, je länger der Tee zieht. Sud aus grünem Tee eignet sich zum Pochieren von Geflügel oder Fisch. Auch Meeresfrüchte- oder Gemüserisotti mit grünem Tee angegossen sind wunderbar, und Matchateepulver fügt süß-sauren Vinaigrettes aus Balsamico dezente Bitterkomponenten bei.

KOFFEIN UND TEEIN ist derselbe Stoff: In Kaffee und (schwarzem wie grünem) Tee regt er nicht nur an, er schmeckt auch bitter. Die Bittertöne in → Kaffee wirken, wegen der geringen Wasserlöslichkeit des Koffeins und der karamellig süßlichen Röstaromen, eher dezent.

ZITRUSFRÜCHTE wie → Orangen und → Zitronen tragen Bitterstoffe in der weißen Membran zwischen Schale und Fruchtfleisch. Kocht man diese mit, lassen sich neben dem Schalenaroma auch Bitternoten gezielt einsetzen.

WEITERE MÖGLICHKEITEN FÜR BITTERTÖNE liefern bittere Alkohole, zum Beispiel → Angostura, → Bier und → Campari, aber auch → Olivenöl. Weil sie viele ihrer typischen Aromen in die

BITTERSTOFFE MIT DAZUGEHÖRIGEN BITTERWERTEN

Bitterstoff	Bitterwert	Bemerkungen
Chininhydrochlorid	200 000	Alkaloid aus Chinarinde
Absinthin	3 000 000	Bitterstoff im Wermut
Quassin	13 000 000	Bitterstoff im Bitterholzbaum
Amarogentin	58 000 000	Bitterstoff in Enzian-Arten
Denatoniumbenzoat	>100 000 000	bitterste bekannte Substanz

BITTERWERTE EINIGER LEBENSMITTEL

Weißbier	ca. 15
Pils	20–25
Dunkle Biere	ca. 30
Kaffee	100–500
Löwenzahn	ca. 800

Speisen hineintragen, werden sie als flüssige Würzen im hinteren Teil des Buches ausführlicher besprochen. Tonic Water erhält seine angenehme Bitterkeit von Chinin, das aus der Rinde des Chinabaums gewonnen wird. Ein Schuss Tonic Water in einem frischen Rohkostsalat, zusammen mit etwas Olivenöl, verleiht diesem eine fruchtige Bitterkeit. Lakritz („Bärendreck") spielt mit der Kombination bitter-süß und kann ebenfalls wohldosiert zum Würzen eingesetzt werden.

MASKIEREN UNERWÜNSCHTER BITTERNOTEN: Stark reduzierte Saucen aus dunklem Bratenfond wirken häufig etwas bitter. Hier hilft die Beigabe von Kräutern wie → Rosmarin: Man gibt es erst zum Schluss dazu, lässt es nicht mitkochen und lässt die polyphenolreichen, bitteren Stängel draußen, dann dominieren die floral, harzig, holzig duftenden Terpene. Alternativ funktionieren florale Noten. Eine andere Möglichkeit der Maskierung ist Läuterzucker: Eine sehr kleine Menge in die Speisen gegeben – maximal ein halber Teelöffel – wirkt Wunder. Weitere effektive Bittermaskierer sind die weniger süßen Zucker Trehalose und Isomalt (→ Abschmecken: süß, Seite 18).

ABSCHMECKEN: UMAMI

Der Geschmack „umami" – japanisch für „fleischig", „herzhaft", „wohlschmeckend" – wird durch freie Glutaminsäure erzeugt. Bekannter ist deren Salz, das Glutamat, auch „Geschmacksverstärker" genannt. Dieser Begriff ist jedoch irreführend, denn der Geschmack wird nicht verstärkt, sondern es werden speziell für den umami-Geschmack zuständige Rezeptoren angeregt. Letztlich wird der Geschmack also um eine Empfindung erweitert (→ Die Grundgeschmacksrichtungen, Seite 8).

GLUTAMINSÄURE ist eine proteinogene Aminosäure, die auch im menschlichen Körper vorkommt: Durchschnittlich 2 kg proteingebundenes und etwa 10 g freies Glutamat nehmen in einem 70 kg schweren Menschen biochemische Aufgaben bei der Zellkommunikation wahr – auch im Gehirn. Glutaminsäure ist in praktisch jedem Protein zu unterschiedlichen Anteilen gebunden.

DAS FREISETZEN VON GLUTAMINSÄURE BEIM KOCHEN erzeugt den umami-Geschmack. Beim Kochen werden viele Proteine zerhackt, in der Fachsprache: hydrolysiert. Dabei bilden sich

UMAMI-GEHALT IN VERSCHIEDENEN LEBENSMITTELN

Lebensmittel	Freie Glutaminsäure (mg/100 g)	Gebundene Glutaminsäure (mg/100 g)
Parmesankäse	1 200	9 800
Bohnen	200	5 600
Tomaten	140	2 400
Mais	130	1 800
Kartoffeln	100	270
Spinat	40	290
Hühnerfleisch	45	3 300
Karotten	35	200
Rindfleisch	35	2 800
Makrelen	35	2 400
Schweinefleisch	25	2 300
Eier	25	1 600
Zwiebeln	20	210
Lammfleisch	20	2 700
Lachs	20	2 200
Kabeljau	10	2 100

„SAUCENPULVER" SELBST GEMACHT

Etwas Maltodextrin – daran werden die flüchtigen Aromen gut gebunden – unter einen dicklichen Fleischfond heben, etwas im Ofen auf 80 °C erhitzte Kartoffelstärke für erhöhte Rieselfähigkeit zugeben und den Brei bei 40–45 °C trocknen. Das entstandene Pulver nochmals kurz aufmixen und etwa über gekochte und in Butter geschwenkte Kartoffeln oder Kürbis geben. Das ergibt eine kleine geschmackliche Sensation – und ist ein einfaches, lehrreiches Küchengeschmacksexperiment.

IST GLUTAMAT GEFÄHRLICH?

Mit dem Begriff Glutamat und Glutaminsäure werden allerlei Geschichten und Horrormeldungen verbunden. Es gibt allerdings bis heute keine seriöse wissenschaftliche Studie, die einen direkten Zusammenhang zwischen dem Genuss von Glutamat und gesundheitlichen Beeinträchtigungen festgestellt hat. Es gibt Menschen, die empfindlich auf Glutamat reagieren können, und natürlich ist Glutamat ab einer gewissen Menge nicht gesundheitsförderlich – aber das trifft auf normales Kochsalz genauso wie auf jedes andere Gewürz zu.
Übrigens: In wunderbar schmeckenden, selbst hergestellten, lange geschmorten und anschließend geklärten Fleischfonds ist nicht nur viel Glutaminsäure vorhanden – sondern auch kein Gramm Fleisch mehr (→ Hydrolyse). Im Grunde genommen wäre diese Saucengrundlage einer ähnlichen Kritik zu unterziehen wie Saucenpulver.

Proteinbruchstücke und freie Glutaminsäure. Das lange Kochen eines Gulaschs oder eines Fleischfonds dient also nicht nur dem Zartmachen des Fleisches. Je länger ein Fond gekocht wird, desto herzhafter wird sein Geschmack, erst recht beim Reduzieren und Konzentrieren der Sauce.
SÄURE in Form von Wein oder Essig verstärkt den Spaltungsprozess der Proteinketten. Der Wein wird nicht wegen des ohnehin zum Großteil verdampfenden Alkohols zugegeben, sondern wegen der Säure – die über Umwege den Geschmack umami verstärkt.
FERMENTATION MIT ENZYMEN ODER BAKTERIEN kann ebenfalls eine Hydrolyse bewerkstelligen. Das prominenteste Beispiel sind die → Sojasaucen. Bei ihrer Herstellung wird viel Glutaminsäure freigesetzt, zugleich entsteht ein malziges, fruchtiges bis alkoholisches Aromenspiel. Die Fermentation von Weizen- und anderen Getreideproteinen – etwa in der Herstellung der → Maggi-Würze – funktioniert ähnlich.
UMAMISIEREN MIT GLUTAMAT: Zum Abschmecken mit „umami" kann man reines Glutamat-Pulver verwenden. Das wasserlösliche Pulver, meist Natriumglutamat, streut man wie Salz über einen garenden Topf. Sein Vorteil ist der fast reine umami-Geschmack ohne „störende" zusätzliche Aromen. Manchmal macht das den kleinen Unterschied aus, etwa wenn es um geschmorte Früchte im Dessert geht.
INOSINAT oder Inosinmonophosphat ist eine Würzflüssigkeit, die einen angenehm fleischigen, herzhaften Geschmack aufweist. Dieses Molekül war auch Bestandteil des „Fleischextrakts" von Justus von Liebig, dem Chemiker, dem es 1847 gelang, Würzmittel mit fleischig-herzhaftem Grundgeschmack aus Lebensmitteln zu extrahieren.
GUANYLAT oder Guanosinmonophosphat ist chemisch eng mit Inosinat verwandt und hat eine ähnliche Wirkung. Beide haben eine etwa zehnmal höhere Wirkung als die Glutaminsäure, wenn sie zusammen mit dieser verwendet werden. Auch wenn die Namen schrecklich klingen: Diese beiden Moleküle sind ebenso verträglich und natürlich wie die freie Glutaminsäure.
UMAMISIEREN MIT LEBENSMITTELN: In unserer europäischen Kultur spielt das direkte Würzen mit Glutamatpulver keine Rolle. Man verwendet aber Zutaten,

die auf natürliche Weise viel freie Glutaminsäure besitzen: → Parmesan über Pastagerichte gestreut, wirkt genauso wie gebratene und mitgekochte oder sogar geschwärzte → Zwiebeln, wie mitgeschmorte → Morcheln und → Steinpilze oder wie → getrocknete Tomaten beziehungsweise ein lang gekochtes Tomatencoulis. Eine selbst hergestellte Umami-Würzpaste aus getrockneten, mit Olivenöl pürierten Tomaten, gerösteten Nüssen und sehr reifem, hartem Ziegenkäse lässt sich in Saucen einrühren oder auf Rohkostteller tupfen, was gerade rohem Gemüse ganz neue Nuancen verleiht.

SELBST HERGESTELLTE UMAMI-WÜRZPASTE
Getrocknete Tomaten werden mit Olivenöl püriert. Geröstete Nüsse oder Pinienkerne sorgen für Röstaromen, dazu gibt man noch etwas sehr reifen und sehr harten Ziegenkäse. Sie kann in Saucen eingerührt oder auf Rohkostteller getupft werden, was gerade rohem Gemüse ganz neue Nuancen verleiht.

VERWENDUNG VON FETT

Fett wurde von der Ernährungswissenschaft lange verteufelt – wie man heute weiß, zu Unrecht, denn zum Kochen und Abschmecken ist es unersetzlich. Sogar die gesättigten Fettsäuren sind keineswegs schädlich, sondern erfüllen eine ganze Reihe biologischer Aufgaben. Und was wäre ein mediterranes Gericht ohne Olivenöl oder ein südindisches Curry ohne Kokosfett (→ Fette, Seite 304)? Nicht zuletzt ist Fett ein gutes Lösungsmittel für eine ganze Reihe von Aromasubstanzen (→ Flüchtigkeit und Löslichkeit, Seite 14).

GESÄTTIGTE UND UNGESÄTTIGTE FETTSÄUREN: Aus molekularer Sicht sind Fettsäuren verschieden lange Kohlenwasserstoffketten, die in unterschiedlicher Sättigung vorliegen. Die ungesättigten Enden einer Fettsäure streben nach Sättigung, sofern die Fette angebrochen und nicht gekühlt sind. Dieser Prozess wird Oxidation genannt: Durch die neuerfolgte Sättigung brechen die Fettsäuren auseinander und bilden Moleküle, die für einen ranzigen Geruch sorgen. Je höher die Temperatur und je mehr ungesättigte Fettsäuren im Spiel sind, desto schneller erfolgt dieser Prozess. Fette mit vielen gesättigten Fettsäuren wie Rindertalg, Lamm- oder Kokosfett werden dagegen kaum ranzig. Zum Braten oder gar Frittieren sollte man daher möglichst gesättigte Fette und Öle verwenden. Sind sie zusätzlich gefiltert, also raffiniert, enthalten sie auch weniger Feststoffe, die ihren Rauchpunkt herabsetzen würden: Ideal sind etwa Erdnussöl, Palmkernöl, Sojaöl oder Sonnenblumenkernöl. Butter eignet sich mit ihrem Rauchpunkt von knapp 180 °C ebenfalls zum Braten. Ungefilterte, unraffinierte und kaltgepresste Öle haben wegen der darin enthaltenen Feststoffe einen niedrigen Rauchpunkt, das bedeutet immer „Verbrennung" – bei kalten Anwendungen aber auch deutlich mehr Aroma.

DER AB- UND UMBAU VON FETTEN UND FETTSÄUREN während des Kochens lässt Aromen entstehen. Das Fleisch verschiedener Tierarten unterscheidet sich in der Fettsäurenzusammensetzung, daher sind auch die Düfte nach dem Fettsäurenumbau verschieden. Für die Küchenpraxis bedeutet dies: Immer die entsprechende Brühe oder den richtigen Fond parat haben, dann hat man zu

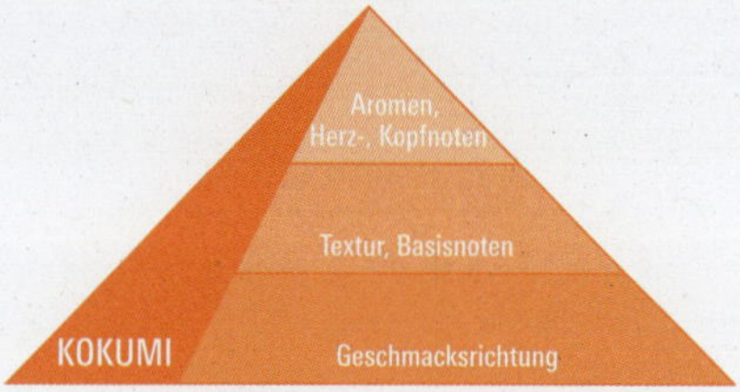

Der Gesamteindruck einer Speise setzt sich aus einer Reihe von Faktoren zusammen. Der kokumi-Effekt stimuliert die Wahrnehmung dieser Eindrücke, bildlich dargestellt „verbreitert" er den Geschmackseindruck.

KOKUMISIEREN OHNE LANGE GARZEITEN

Bohnensaucen helfen, die langen Kochzeiten abzukürzen: Schwarze-Bohnen-Paste, Schwarze-Bohnen-Sauce, Rote-Bohnen-Paste oder Gelbe-Bohnen-Sauce sind bei den kurzen Zubereitungszeiten im Wok die besten Garanten für eine breitere Kokumibasis. Besitzer eines Dampfdruckkochtopfs oder Schnellkochtopfs sind hier klar im Vorteil. Durch den hohen Druck im hermetisch verschlossenen Topf und die dadurch erhöhte Gartemperatur zersetzen sich die Proteine rascher und effektiver. Da das System geschlossen ist, dampfen auch kaum Aromen in die Umgebung ab.

jedem Gericht die passende Sauce schnell zubereitet. Bei reifenden Käsen werden ebenfalls Aromen umgebaut (→ Aromen beim Fettabbau, Seite 30, → Abschmecken: umami, Seite 23, → Parmesan, Parmigiano).

TIERISCHE FETTE AUS FONDS ODER BRÜHEN bilden sich nach dem Abseihen und Abkühlen im Kühlschrank. Dieses aromatische Fett ist zum Wegwerfen viel zu schade, denn damit lassen sich Gemüsegerichte besser betonen, wenn das Gemüse darin gedünstet oder damit abgeschmeckt wird.

GARFLÜSSIGKEIT AUS MONTIERTER BUTTER eignet sich für Fische und Meeresfrüchte wie Jakobsmuscheln, aber auch für kleine Zwiebeln oder Gemüse. Dazu schlägt man erwärmte Butter und Wasser – oder Fond – im Verhältnis 1:1 aus und kocht das Gargut darin beziehungsweise lässt es garziehen. Die verbleibende Butter kann man für spätere Zubereitungen verwenden, sofern die darin gelösten Aromen passen.

MIT ÖL MONTIERTE SAUCEN sind eine Alternative zu Butter. Dazu wird der reduzierte Braten- oder Fischfond vom Herd gezogen und Olivenöl in feinem Strahl zugegeben und mit dem Schneebesen oder einem Mixstab eingerührt, bis eine sämige Konsistenz erreicht wird. Olivenöl und Brataroma ergänzen sich hervorragend.

FETTE LASSEN SICH IMMER MISCHEN. So kann man herbe Olivenölschokoladensaucen herstellen, etwa für kurzgebratenes Wild, oder Cremes aus weißer Schokolade mit Kürbiskernöl als Beigabe zu Desserts. Rührt man Olivenöl, Macadamiaöl oder Kürbiskernöl mit geschmolzener reiner Kakaobutter – sie ist weitgehend geschmacksneutral – an, sind diese Öle „schnittfest" oder „streichbar" und können als schmackhafte „Butter" mit Brot vor einem Menü gereicht werden.

ABRUNDEN: KOKUMI

„Kokumi" stammt aus dem Japanischen und umfasst die Eigenschaften „Mundfülle" und „Rundheit" (→ Seite 11). Der kokumi-Effekt wird durch Proteinbruchstücke ausgelöst, die aus einem Verbund von zwei oder drei Aminosäuren und einer Glutaminsäure bestehen.

Diese Bruchstücke, γ-Glutamylpeptide, entstehen – ähnlich wie die freie Glutaminsäure für den umami-Geschmack – bei längerem Kochen, durch Fermentation oder Reifungsprozesse (→ Geschmacksmodulation, Seite 11 f.). Sie sind selbst ohne Geschmack, stimulieren aber den Gesamteindruck, kokumi „verbreitert" gewissermaßen den Geschmack.

LANGES KOCHEN von Fleisch, aber auch von Tomaten und Bohnen, erzeugt „Mundfülle". Auch deswegen wird die Bolognese sehr lang geköchelt, Tomaten und Fleisch ergeben eine hohe Konzentration dieser Peptide. Die Sauce wird rund und süffig. Das *Chili con carne* hat diese Eigenschaften ebenfalls. Bohnenpasten oder -saucen aus schwarzen, roten oder gelben Bohnen können helfen, lange Kochzeiten abzukürzen: Sie sind bei kurzen Zubereitungszeiten im Wok die besten Garanten für eine breitere Kokumibasis.

ROQUEFORT-WÜRZSPRAY

100 g Roquefort in ca. 200 ml Sojamilch aufkochen und vollkommen auflösen. Danach abkühlen lassen und die stark aromatisierte Sojamilch abschöpfen. Das zurückbleibende milde Käseprotein im Topf für andere Zwecke aufheben: Es lässt sich kalt würfeln und zum Beispiel unter Salate heben. Die Blauschimmeltrümmer ebenfalls aufbewahren und zerkrümelt zum Würzen von Fisch oder Fleisch verwenden. Die „Roquefortmilch" durch einen Teefilter oder Haarsieb geben, um auch kleinste Partikel herauszubekommen, damit der Zerstäuber nicht verstopft. Diese Milch dann in einen Zerstäuber füllen und Gerichte der Wahl damit besprühen. Der Hauch eines Blauschimmelkäses wird jedes Schweinefilet, jedes Hühnerbrüstchen, jeden Seeteufel auf eine ganz andere Art würzen, als das mit vielen anderen Gewürzen oder Kräutern möglich ist.

REIFE KÄSE wie → Parmesan enthalten nicht nur viel freie Glutaminsäure, sondern erzeugen auch eine große Mundfülle. Mit ihnen lassen sich Gerichte umamisieren (Abschmecken: umami, Seite 23) und „kokumisieren".

SELBST HERGESTELLTE KOKUMIWÜRZE erhält, wer eingeweichte weiße Bohnen mit Rindfleisch im Verhältnis 1:1 ohne Salz und Gewürze lange zusammen in möglichst kalkarmem Wasser kocht, bis alles sehr weich ist. Nach dem Pürieren wird die Paste durch ein feines Sieb gestrichen. Die dickliche Paste ist Verdickungsmittel, umami-Gewürz und Geschmacksmodulator in einem und hilft, ein Gericht abzurunden. Vegetarier ersetzen das Rindfleisch durch Käse. Im Schnellkochtopf funktioniert dieser Prozess rascher und effektiver.

REIZEN DES TRIGEMINUSNERVS

Der Trigeminusnerv übermittelt groben Druck, Schmerz, Temperatur und Jucken – nicht nur im Mund, sondern am ganzen Körper. Wahrgenommen werden diese Reize als „heiß", „kalt", „ätzend", „beißend", „brennend", „prickelnd" und „adstringierend" (→ Trigeminus, Seite 10). Die gezielte Stimulation des Trigeminusnervs will allerdings geübt sein: In einem überchilisierten Curry wird man feine Nuancen nur noch schwer erkennen.

HEISS-KALT – SCHARF-KÜHLEND

PFEFFER darf in kaum einem Essen fehlen, deswegen ist die trigeminale Reizung „scharf" omnipräsent. Aber auch → Chili, → Ingwer oder frischer → Knoblauch liefern diese Empfindung. Das **CAPSAICIN** in Chili ist dabei um ein Vielfaches schärfer als das **PIPERIN** des Pfeffers (→ Schärfegrade, Seite 80). Wird der Reiz zu stark, artet der Genuss in Schmerz aus – die Grenze ist allerdings individuell.

PFEFFERMINZE hinterlässt eine angenehme Kühle auf der Zunge und im gesamten Mundraum. Die Trigeminusrezeptoren reagieren auf das Molekül **MENTHOL**, als träfen sie auf Eis. → Minze ist das „kühlste" Küchenkraut, bereits das **1,8-CINEOL** in Eukalyptus wirkt viel schwächer.

„ECHTE" UND „FALSCHE" TEMPERATURKONTRASTE werden von Köchen als interessanter Reiz gezielt eingesetzt. So finden sich auf Tellerarrangements häufig kalte und warme Elemente, etwa ein intensiv schmeckendes Gemüseeis neben einem warmen Fisch- oder Fleischgericht. Aber es muss nicht unbedingt „echte" Temperatur sein: So wie Minze als kühlend empfunden wird, vermitteln die Schmerzrezeptoren bei Pfeffer und Chili den Eindruck „heiß". Daher kann man zum Beispiel kalten Desserts durch etwas Chili Wärme vermitteln. Etwas grob zerstoßener Pfeffer in der Schokomousse wirkt nicht scharf, sondern unterstreicht den Charakter in Richtung „heißer Schokolade".

BRENNEND, BEISSEND, PRICKELND

DER WÄRMENDE EFFEKT in Ingwer, ausgelöst durch das **GINGEROL**, unterscheidet sich in der Empfindung deutlich von Pfefferschärfe. Mit einem Teelöffel frischem → Ingwer wird ein Obstsalat ordentlich aufgepeppt. Auch **MYRISTICIN** hat einen „leicht brennenden" Effekt, es findet sich nicht nur in → Muskatnuss, sondern ebenso in Pastinaken und den Blattgewürzen → Petersilie und → Liebstöckel. Reichlich Petersilie in einem Salat liefert ein kräuteriges Aroma und ein leicht brennendes Gefühl im Mundraum. In verschiedenen Lakritzprodukten erzeugt Salmiak beziehungsweise Ammoniumchlorid ein brennendes Gefühl. Daher kann mit klein geschnittenen Lakritzrollen oder Konfekt entsprechend gewürzt werden, man sollte allerdings immer sparsam dosieren.

ALS BRENNEND UND „BEISSEND" können hochprozentiger Alkohol und Tabakrauch empfunden werden. Beides ist küchentechnisch nicht relevant, aber mit Tabak kann man würzen: Dazu werden seine Aromen und Inhaltsstoffe über Wasser oder Öl extrahiert und so den Speisen zugefügt. Ärzte werden es nicht empfehlen, aber für manche ist hin und wieder etwas Pfeifentabak im Schokodessert – genossen mit einem Gläschen bestem Rum, Whisky, Cognac oder Calvados – ein Genuss: Hier werden als „beißend" empfundene Komponenten unterschiedlichster Aromatik zusammengeführt.

EIN DEUTLICHES PRICKELN sowie eine leichte Taubheit der Zunge werden von **HYDROXY-α-SANSHOOL** in → Parakresse und → Szechuanpfeffer und ausgelöst. Die chinesische Provinz Szechuan hat für diese besondere Schärfequalität einen speziellen Begriff eingeführt (má), um sie von der Schärfe etwa einer Chili (là) abzugrenzen. Die Kombination der beiden Qualitäten (má là) führt zu einem breiten Empfindungsspektrum, das über gewöhnliche Schärfe hinausgeht.

ADSTRINGENZ

Ein Lebensmittel wirkt adstringierend, wenn es Mund und Zunge „zusammenzieht". Manchmal wird das adstringierende Gefühl irrtümlicherweise als „bitter" beschrieben, da sich beide Effekte oft überlagern.
GALLUSSÄURE kommt in grünem Tee vor, im Schwarztee ist sie weit weniger vorhanden. Auch in Rhabarber ist der Stoff enthalten. Mit Rhabarbersorten, die arm an OXALSÄURE (→ Abschmecken: sauer) sind, lassen sich dezent adstringierende Effekte herausarbeiten, indem man einige kleine Würfel süffiger Sahnesaucen, Saucen auf Innereienbasis oder auch Milchreis zugibt.
QUERCETIN kommt in sehr vielen Früchten (unter anderem Äpfel, Heidelbeeren, Kirschen, Zitrusfrüchte) und Gemüsen (Brokkoli, Grünkohl, Grüne Bohnen) vor, außerdem in vielen Gewürzen und Kräutern (→ Kapern, → Liebstöckel, → Schnittlauch, → Zwiebel) und in Weinen. → Walnüsse wirken ebenfalls adstringierend und liefern gleichzeitig einen knackigen Textureffekt – beides passt zum Beispiel in gekochtem Rotkraut.

DÜFTE ERZEUGEN UND KOMBINIEREN

Wenn eine Zutat duftet, liegt das an Molekülen, die die Pflanzenzellen verlassen und in die Luft schweben. Deswegen riechen zerstoßene oder geschnittene Gewürze intensiver: Bei ihnen sind viele Zellwände zerstört worden. Einige Düfte duften sofort sehr intensiv, verschwinden jedoch bald. Andere, weniger flüchtige Noten riechen dezenter, aber länger anhaltend. Sie kommen zur Geltung, sobald sich die intensiveren Düfte verflüchtigt haben (→ Geruchssinn und Aromen, Seite 12). Um Düfte in ihrer Flüchtigkeit zu bremsen, können sie in Lösungsmitteln „festgehalten" werden. Alle Aromen lösen sich in Alkohol, Fett oder Wasser – oder in mehreren dieser drei Stoffe (→ Lösungsmittel, Seite 15). Daher lassen sich auch Essige, Butter oder Käse (Fett) aromatisieren.

ENTSTEHUNG VON AROMEN: REIFUNGSPROZESSE

Viele Aromen und Düfte sind nicht von vornherein in Gewürzen oder Lebensmitteln enthalten, sondern entstehen erst durch Lagerprozesse: Das bekannteste Beispiel ist wohl der typisch heuartige → Waldmeisterduft, der erst beim Welken der Pflanze freigegeben wird.

BEI DER FLEISCHREIFUNG werden die enthaltenen Fettsäuren durch enzymatische Prozesse zu völlig neuen Aromen umgebaut. Jede Fleischsorte weist ein anderes Spektrum an Fetten auf, darauf lässt sich der unterschiedliche Geruch etwa von Rind, Schwein, Schaf oder verschiedenen Geflügelarten zurückführen. In den Gerüchen der jeweiligen Brühen und Fonds sind diese Unterschiede noch immer wahrzunehmen. Die chemischen Prozesse, bei denen aus Fettsäuren Aromen gebildet werden, benötigen Zeit, daher müssen zum Beispiel Fleischbrühen und Fonds eine gewisse Zeit garen, bis sie ihr volles Aroma entwickelt haben. Solche chemischen Prozesse sind auch der Grund, weshalb nach Tagen im Kühlschrank wieder aufgewärmte Schmorgerichte häufig „besser" werden. Wegen des fortschreitenden Fettabbaus und der weiteren Aromenbildung werden Geruch und Geschmack intensiver. Außerdem ziehen die Aromen des Schmorfonds nach und nach in das Fleisch und würzen es zusätzlich (→ Verwendung von Fett, Seite 25).

AUCH DURCH PILZE lassen sich Aromen „herstellen" – die Fermentierung durch Hefe ist ein Beispiel. Jeder Käseliebhaber profitiert davon: Edelschimmel wird den Käselaiben zugefügt, woraus zum Beispiel köstliche Camemberts oder Blauschimmelkäse entstehen. Durch das Einreiben mit Salzlake lassen sich duftende Rotschmierkäse herstellen.

AROMEN AUS DEM FEUER: RÖSTEN UND RÄUCHERN

Rösten und Räuchern sind uralte Verfahren, um Speisen zu würzen. Die Rauch- und Röstaromen wirken als Würzung, die nicht durch herkömmliche Gewürze oder Kräuter nachzuahmen ist.

RÖSTEN

DIE MAILLARD-REAKTION ist beim Rösten und Grillen stets beteiligt. Bei dieser sogenannten nichtenzymatischen Bräunungsreaktion bilden sich unter großer, offener Hitze von mehr als 100 °C aus den Proteinbestandteilen der Aminosäu-

AROMEN BEIM FETTABBAU

Sekundärprodukte des Fettabbaus	Chemische Klasse	Vorläuferverbindung	Aromaeindruck
Nonanal	Gesättigtes Aldehyd	Ölsäure	Frisches Gras
Propansäure	Karbonsäure	Verschiedene Fettsäuren	Ranziges Fett, Käse
(E)-2-Heptenal	Einfach ungesättigtes Aldehyd	Linolsäure	Mandeln
1-Octen-3-ol	Ungesättigter Alkohol	Arachidonsäure und Linolsäure	Frische Champignons
(E,E)-2,4-Decadienal	Mehrfach ungesättigtes Aldehyd	Linolsäure	Fettig, geröstet
2-Pentylfuran	Alkylfuran	Verschiedene ungesättigte Fettsäuren	Butter

ren und Zucker röstig-karamellig, nussig und nach Brotrinde duftende Aromen, die Pyrazine. Das Aroma von Lebensmitteln wie gebratenem Fleisch, Brotkrusten, Kakao, Kaffee und gerösteten Nüssen lässt sich so beeinflussen. Wenn Zucker (Glucose) unter hohen Temperaturen auf die Aminosäure Asparaginsäure trifft, entstehen allerdings auch Schadstoffe wie Acrylamid. Das betrifft vor allem stärkehaltige Produkte wie Brot und Kartoffeln. Der Vorteil der Pyrazine ist ihre niedrige → Wahrnehmungsschwelle. Für einen Würzeffekt genügen bereits ein paar mit einem Gourmetbrenner aufgetragene „Röstpunkte" auf einem bei Niedrigtemperatur gegarten Fleisch.

EIN RÖSTIGES WÜRZÖL lässt sich relativ einfach herstellen, weil Pyrazine und andere Röstprodukte fettlöslich sind. Dazu werden zum Beispiel 100 g Sonnenblumenkerne sehr dunkel angeröstet und mit 300 ml Sonnenblumenöl grob püriert. Nach einigen Tagen Marinierzeit (Mazeration) lässt sich das Püree abseihen und das gewonnene Öl filtern, das jetzt einen starken Röstcharakter hat.

FÜR RÖSTSCHMALZ werden Zwiebeln und Knoblauch mit reichlich Gänse- oder Schweineschmalz kräftig angeröstet und danach in der Pfanne abgekühlt. Nach zwei, drei Tagen Marinierzeit wird das Schmalz leicht erwärmt und abgefiltert. Ist es wieder fest geworden, kann man es zum Abschmecken von Saucen verwenden oder schlicht mit Salz auf Brot zum Aperitif genießen.

KAFFEE UND KAKAO bringen in ihrem Aromenspektrum Pyrazine mit. Speisen können daher gänzlich ohne Feuer mit Röststoffen gewürzt werden, wenn man gemahlene Kaffee-, Kakaobohnen oder Kakaoschalen dazugibt.

RÄUCHERN

DIE ZUSAMMENSETZUNG DES HOLZES bestimmt zu einem großen Teil das Raucharoma. Aus Cellulose entwickeln sich eher stechende, säuerliche Noten, aus dem Holzstoff Lignin wohlriechende Düfte, die zum Aromatisieren verwendet werden können: VANILLIN, GUAJACOL mit kaffeeartigen Röstnoten, SYRINGOL mit typisch holzig-würzigen Rauchnoten sowie EUGENOL und ISOEUGENOL, die auch den Duft der Gewürznelke prägen. Generell enthalten Nadelhölzer mehr Lignin, Laubhölzer mehr Cellulose.

DIE TEMPERATUR DES BRANDES ist aromabestimmend. Lässt man holzartige Gewürze lediglich verglimmen – unter einer Glasglocke oder mittels Räucherpfeifen –, gelangen besonders zu Beginn des Räucherprozesses die ursprünglichen Duftstoffe der Gewürze auf das Gericht und nicht die mit „Rauch" assoziierten Noten. So lässt sich zum Beispiel einem Ziegenkäse eine nur leicht rauchige, deutlich nach Zimt oder Süßholz duftende Note aufprägen.

FÜR RÄUCHERN IM BACKOFEN wird etwas Räucherholz zu Mehl zermahlen – eventuell mit Wacholder, Anis oder Fenchel, Tee oder Reis angereichert – und in einer schweren Pfanne auf dem Herd zum Glimmen gebracht. Das zu räuchernde Lebensmittel wird im kalten Backofen auf ein Gitter gesetzt. Sobald das Holz glimmt, wird die rauchende Pfanne in den Backofen gestellt.

GÄNGIGE ZUBEREITUNGSARTEN

***Wirkung auf Geschmack und Aroma.** Ob man scharf anbrät, unter Verschluss bei Niedrigtemperatur dämpft oder kalt mariniert: Die Zubereitungsart hat entscheidenden Einfluss auf die jeweils verwendeten Gewürze.*

METHODE Die Speisen haben keinen direkten Wasserkontakt, die Hitze wird durch Dampf übertragen. Wasserlösliche Vitamine werden kaum ausgeschwemmt. Kombidämpfer funktionieren auch bei höheren und niedrigeren Temperaturen. Die Methode eignet sich für alle Lebensmittel.

WIRKUNG **Gemüse:** Nur langsame Freisetzung der ätherischen Öle aus den Pflanzenzellen. **Tierische Lebensmittel:** Der Eigengeschmack bleibt erhalten. Es bilden sich keine Röststoffe.

GEWÜRZE **Stark aromatische Kräuter und Gewürze:** Thymian, Liebstöckel, Ajowan. **Stark harzige Kräuter und Gewürze:** Schafsgarbe, Pfeffer, Rosa Beeren, Zitrusschalen. **Trigeminal-scharfe Gewürze:** Pfeffer. **Säure:** Zitronensaft, Orangensaft, Verjus, feine Essige. **Umami:** Sojasauce, Fischsauce, Glutamat, Tomaten, Zwiebel.

DÄMPFEN UM 100°C

METHODE Das Gargut wird teilweise mit Sud oder einem Fond bedeckt. **Fleisch:** Zubereitung ohne vorheriges Anbraten (Sauerbraten). **Fisch, Wurzelgemüse und Hülsenfrüchte:** Wasserlösliche Stoffe gehen in Sud bzw. Fond über. Er muss stark gewürzt und evtl. gesäuert sein: Wein, Essig, Zitronensaft.

WIRKUNG **Zersetzung von Fetten, Phospholipiden und Aminosäuren:** Bildung von „Kocharomen", aber keine Röststoffe. **Zersetzung von Proteinen:** Bildung von umami-Geschmack und kokumi-Effekt (bei langen Kochzeiten).

GEWÜRZE **Zitrusartige Noten:** Zitronenverbene, Curryblätter, Liebstöckel, Selleriewurzel, Petersilienwurzel. **Harzige Noten:** Pfeffer, Wacholder. **Grundgeschmack:** Salz.

SIEDEN 80–98°C

METHODE Beim Vakuumgaren wird das Fleisch in einem luftdicht verschlossenen Plastikbeutel in einem Wasserbad bei relativ niedrigen Temperaturen gegart. Die Garzeit beträgt meist mehrere Stunden, die Temperatur muss exakt eingehalten werden.

WIRKUNG Der Eigengeschmack wird stark betont. Gleichzeitig kann das Gargut schon durch dezent zugegebene Kräuter und Gewürze intensiv gewürzt werden, da die Aromen nicht entweichen können. **Wichtig:** Nicht vorher salzen.

GEWÜRZE In aller Regel nur zaghaft würzen, um den Eigengeschmack und die besondere, bei dieser Methode erhalten gebliebene Textur in den Vordergrund zu stellen. **Sauce:** Als kleine intensive Tupfer auf den Teller geben.

SOUS VIDE 45–85°C

METHODE Kochen durch Säure, Zucker und Salz (Osmose). **Fisch (Ceviche):** Säure über Limette, Zitrone, Fruchtessige. **Fleisch (Carpaccio):** Säure über Essig, Zitrone. **Alle Lebensmittel:** Pökeln mit Salz, Zucker oder einer Mischung von beiden.

WIRKUNG **Säure:** Denaturierung der säureempfindlichen Proteine. **Zucker und Salz:** Saft- und Wasserentzug. **Marinieren, Einlegen:** Während des langen Prozesses bilden sich neue Aromen aus Fettoxidation unter Einwirken von Säuren.

GEWÜRZE **Ceviche:** Frische Kräuter wie Koriander, Borretsch, Zitronenverbene, Fenchelkraut, Dill, Melisse, Minze, Olivenöl. **Carpaccio:** Grüne Noten durch Olivenöl, Oliven. Nussige Aromen aus Kernöl, Nüssen. Süßsaure Noten durch Trockenfrüchte, Berberitze, Pfefferarten. **Gezuckertes Obst:** Zimt.

MARINIEREN / EINLEGEN 0–40°C

METHODE Eignet sich für kohlenhydratreiche Lebensmittel, etwa Gratins, Pizza, Süßwaren, Backwaren, Kuchen.

WIRKUNG Es bilden sich immer Röst- und Backaromen. Ihre genaue Zusammensetzung wird durch das zu Backende bestimmt.

GEWÜRZE Röst- und Backaromen sind die Hauptgewürze, daher nur noch dezent nachwürzen. **Überbackener Käse:** Eher würzige Röstnoten. **Süßgebäck:** Eher karamellartige Noten.

160–220°C BACKEN / ÜBERBACKEN / GRATINIEREN

METHODE Entstehung starker Hitze. Die Methode eignet sich für fetthaltige Lebensmittel, aber auch für Gemüse (etwa Paprika, Zucchini, Zwiebeln, Knoblauch, Lauch).

WIRKUNG Eine rasche Bräunung tritt auf, in den gebräunten Bereichen verändert sich das Lebensmittel stark. Durch die Umwandlung von Aminosäuren und Zuckerstoffen werden stark duftende Röststoffe ausgebildet.

GEWÜRZE **Fleisch:** Die Bräunungsstoffe sind das Hauptgewürz. **Ergänzung in Richtung terpentig-kräuterig:** Pfeffer, Rosmarin. **Grundgeschmack salzig:** Grobes Salz. **Grundgeschmack umami:** Sojasauce, Tomate.

120–180°C RÖSTEN

METHODE Eignet sich für bindegewebereiches Fleisch und für Gemüse mit hohem Pektingehalt (etwa Karotten). Die Methode ist meist verbunden mit vorherigem Anbraten, Marinieren oder beidem.

WIRKUNG **Anbraten:** Röststoffe gehen in den Fond bzw. die Sauce über. **Längeres Schmoren:** Starker umami-Geschmack, hohe Mundfülle. **Mariniertes Fleisch:** Neue Duftstoffe durch Fettabbau und -oxidation. **Gemüse:** Eher karamellartige Noten wegen des höheren Kohlenhydrat- und Pektinanteils.

GEWÜRZE Hitzebeständig, ohne zu viele Bitterstoffe. **Für Fleisch:** Thymian, Lorbeer, Pfeffersorten, Wacholder, Kardamom, Ingwer, Weinbeeren. **Für Gemüse (unter 20 Min.):** Rosmarin, Sojasauce. **Grundgeschmack umami:** Mitgeschmorte Pilze, Zwiebel, Tomaten, Tomatensauce, Sojasauce nur verhalten.

80–120°C SCHMOREN

METHODE Kein Kochen, nur garziehen im Würzsud (Niedertemperatur). Die wesentlich kürzere Garzeit im Vergleich zum „Sieden" ist erwünscht: Das Fleisch bleibt rosa, der Fisch bleibt glasig. Die Methode eignet sich nur für zartes Muskelfleisch wie Filet oder für Fisch.

WIRKUNG Kaum Bildung von Kocharomen, keine Bildung von Röststoffen. Der Sud fügt dem Gargut seine Aromen hinzu.

GEWÜRZE **Aromatische Kräuter:** Liebstöckel, Lorbeer, Wurzelgemüse. **Abschmecken:** Floral duftende Kräuter, Blüten.

70–80°C POCHIEREN

METHODE **Kalträuchern (20–30 °C):** Alle Lebensmittel (auch Gemüse, Käse). **Heißräuchern (60–70°C):** Fisch, Fleisch, hitzebeständiges Gemüse.

WIRKUNG **Aroma:** Auftragen der Duftstoffe durch chemische Reaktion mit dem Lebensmittel, Farbveränderung, Maillard-Reaktion. **Konservierung:** Durch das Räuchern.

GEWÜRZE Die entstehenden Raucharomen sind das Hauptgewürz. **Varianten:** Fisch auf gewässertem Zedernholzbrettchen. Fleisch, Fisch über Spänen aus Buchenholz. Barbecue-Smoker oder Kugelgrills unterstützen die Aromatisierung.

20–70°C RÄUCHERN

Sofort die Tür verschließen! Da der Rauch beißend ist, sollte dies nur in gut gelüfteten Küchen durchgeführt werden. Einfache Alternativen für den Hausgebrauch sind Tischräucheröfen oder moderne Kugelgrills.

FLÜSSIGRAUCH aus dem Handel wurde weitestgehend von seinen kanzerogenen Stoffen befreit. Ein paar Tropfen davon, kurz vor dem Servieren beigefügt, geben Saucen oder Marinierflüssigkeiten einen rauchigen Touch.

HOLZKOHLEÖL kann man selbst herstellen: In einem Feuer wird Holz verglimmt oder verbrannt. Ist es schwarz, sind die meisten der beißenden und stechenden Säuren entwichen. Jetzt wird die etwas abgekühlte Glut mit Öl gelöscht – Vorsicht, Brandgefahr! Nur wenig Holz und viel Öl verwenden. Diese Präparation lässt man für etwa einen Tag stehen, danach kann abgeseiht und gefiltert werden. Holzkohleöl hat einen deutlichen Grillgeschmack und verleiht gedämpften Gerichten oder auch Rohkostsalaten „Grillaroma".

RÄUCHERSALZ aus dem Gewürzfachhandel besteht aus groben Salzkristallen, die im Heißrauch aromatisiert wurden. Mit Räuchersalz lassen sich dezente Raucharomen auf fertige Gerichte bringen. Lange mitkochen sollte man es nicht, da seine flüchtigen Aromen schnell verschwinden.

RÄUCHERSPECK oder andere Rauchwaren sind ein klassisches Mittel, um Speisen Raucharoma zu verleihen, etwa durch simples Mitkochen oder durch Einwickeln von Gargut in dünne Scheiben Räucherspeck. Beim Einpacken von Räucherspeckstücken in Butter wird nach und nach die Butter aromatisiert, sodass man nach einer Woche leicht geräucherte Butter servieren kann.

AROMEN AUS DER FLASCHE: AROMENSPRAYS UND ANDERE TECHNIKEN

Während Röst- und Rauchnoten lange zu riechen sind, verflüchtigen sich schwefelige, blumige oder balsamisch-holzige Aromen schnell (→ Acht Aromagruppen plus eins, Seite 43). Die Verwendung von Aromensprays oder Hydrolysaten eröffnet deshalb ganz neue Möglichkeiten beim Würzen, weil die flüchtigen Aromen effektiv genutzt werden können: Wird das Aromenspray, etwa eine Komposition aus Zitronenthymian und dessen Blüten, erst zu Tisch auf einen gedämpften Fisch gegeben, sind die Blütenaromen viel intensiver wahrnehmbar als beim Aufstreuen der Blüten selbst.

AROMENSPRAYS lassen sich mit geringem Aufwand selbst herstellen. Man kann ätherische Öle verschiedener Kräuter oder Gewürze im Fachhandel erwerben und winzige Tropfen, entnommen mit einer Pipette, mit etwas Wasser mischen. Kräftig geschüttelt und in einen Zerstäuber gefüllt, kann der Duft direkt auf die Speisen gesprüht werden.

DAS VERFAHREN DER ENFLEURAGE funktioniert ähnlich und wird in der Parfümerie schon lange angewandt: Kräuter, Gewürze oder Blüten werden für längere Zeit zwischen feste Fette gegeben, die später ebenfalls mit Alkohol wieder ausgewaschen werden, um so die darin gelösten Aromen zu gewinnen.

AROMATISIEREN MIT ULTRASCHALL UND UNTER DRUCK

Aromaextraktion ist auch mit Ultraschall oder einem einfachen Sahnesiphon möglich. Dazu wird das Lösungsmittel – Öl, Alkohol oder möglichst kalkarmes Wasser, das aber leicht gezuckert oder gesalzen sein darf – mit ganzen Kräutern versetzt und mit einem Ultraschallstab beschallt. Durch den Ultraschall entstehen starke wellenförmige Druckunterschiede im Wasser. Dabei bilden sich „Kavitäten", Bläschen, die rasch platzen und die Pflanzenzellen zum Bersten bringen. Die ätherischen Öle ergießen sich dadurch in das Lösungsmittel. Das Resultat ist eine stark aromatisierte Flüssigkeit, die man zum Würzen verwenden kann.

Es geht auch einfacher, wenngleich nicht so wirkungsvoll: möglichst kalkarmes Wasser oder Öl in einen Sahnesiphon füllen. Kräuter oder Gewürze dazugeben und mit zwei Patronen begasen. Der Druck im Sahnesiphon lässt ebenfalls die Zellen platzen: Das ätherische Öl tritt heraus. Danach den Druck vorsichtig ablassen und die aromatisierte Flüssigkeit abseihen.

DAS PRINZIP DES DUFTWÜRZENS – FOOD-PAIRING UND FOOD-COMPLETING

Wie im ersten Kapitel erläutert, gibt es im Unterschied zu den fünf plus einer Geschmacksrichtung eine unüberschaubar große Anzahl von Duftstoffen, die sich aufgrund ihrer Molekülstruktur sinnvoll in acht Gruppen einteilen lassen (→ Acht Aromagruppen plus eins, Seite 43, → Das Farbschema: So funktioniert's, Seite 46). Gehört ein Duftstoff zu einer bestimmten Gruppe, kann man bereits erahnen, wie er ungefähr riechen wird. Dieses Wissen erleichtert die „richtige" Kombination von Gewürzen nach den Prinzipien des Food-Pairings und des Food-Completings.

FOOD-PAIRING

Das sogenannte Food-Pairing, oft fälschlicherweise auch als Flavour-Pairing bezeichnet, geht von der naheliegenden Idee aus, „Gleiches mit Gleichem" zu paaren, sodass es zwischen den Lebensmitteln und Kräutern überlappende Bereiche gibt: dasselbe Molekül in zwei Zutaten oder zwei Düfte, die zumindest der gleichen Gruppe zugeteilt sind. Der gemeinsame Nenner wird verstärkt, die Zutaten harmonieren miteinander. Bezogen auf das Farbschema dieses Buches bedeutet das: Wenn bei zwei verschiedenen Gewürzen im Lexikonteil (→ ab Seite 48) jeweils der gleiche Farbkreis „aktiv" ist, dann steckt in beiden ein sehr ähnlicher Duft – vielleicht sogar das gleiche Molekül. In der Kombination wird das typische Aroma dieser Gruppe verstärkt.

FOOD-PAIRING UND FOOD-COMPLETING

Lebensmittel, beliebig herausgegriffen, lassen sich auf zwei Arten würzen – ohne dass die angegebenen Möglichkeiten vollständig wären. Ihre dominanten Aromen sind gemäß des Farbschemas gekennzeichnet. Die Zutaten mit Überlapp weisen Aromen aus derselben Gruppe auf und wirken harmonisch als „Food-Pairing". Kreise ohne Überlapp haben keine (oder keine dominanten) Duftbeiträge aus der entsprechende Aromengruppe. Damit wirken diese Lebensmittel ergänzend, als Spannung erzeugendes „Food-Completing". Schmackhafte Arrangements nutzen beide Gedanken.

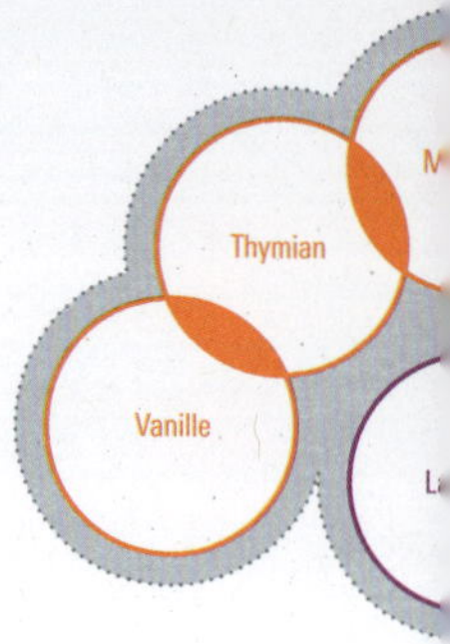

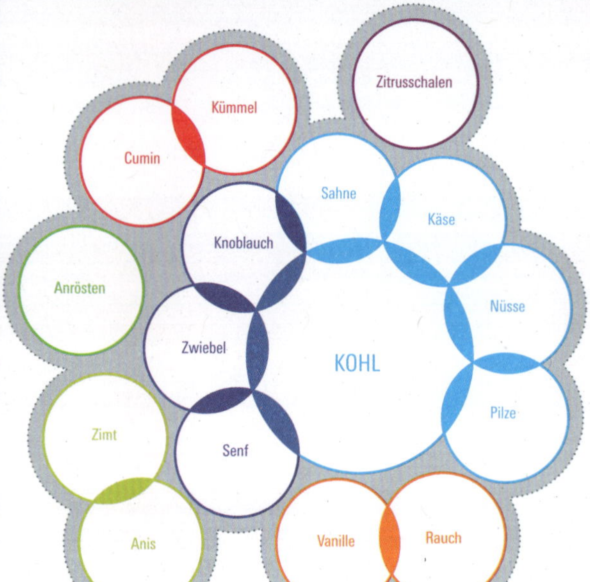

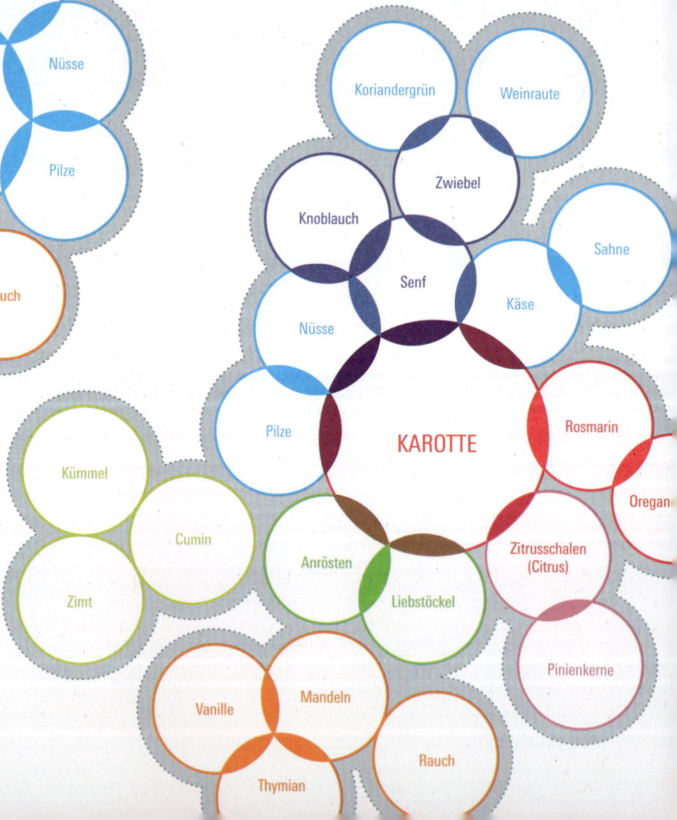

Rote Bete
Salbei
Zedernholz
Zwiebel
Knoblauch
Käse
Pilze
Lavendel
Zitronengras
Tonkabohne
Geröstetes
KARTOFFEL
Muskat
Gewürznelke
Zitrusschalen
Mandeln
Kümmel
Rosmarin
Thymian / Ajowan
Vanille
Rauch / Geräuchertes
Safran
Majoran
Butter, Olivenöl
Champignons
Orangenblüten
Salbei
Anis
Zimt
Zitrone
Dill
Angelika
Nigella
Bittermandeln
Mandeln
Vanille
Basilikum
Estragon
Zitronenverbene
Butter
Pilze
Käse
Rauke
Nüsse
ROTES FLEISCH
Zwiebel, Lauch
Wacholder
Lorbeer, Wermut
Minze, Perilla
Majoran, Rosmarin
Pfeffer
Liebstöckel
Sellerie
Nigella
Kümmel, Galgant
Rösten, geröstete Produkte
Anis, Sesam
Beifuß
Ysop

FOOD-COMPLETING

Reines Paaren nach gleichen oder ähnlichen Geruchsstoffen kann allerdings nicht der einzige Weg sein, denn die Erfahrung zeigt, wie schnell man damit an Grenzen stößt. Daher ist es immer eine Alternative, Gewürze mit Duftstoffen aus jeweils anderen Gruppen zu wählen. Hier ergänzen sich die Aromen der Zutaten gegenseitig und füllen gewissermaßen die im jeweiligen Gegenüber vorhandene „Duftlücke" auf. Da dies nicht zwangsläufig eine völlig entgegengesetzte Duftrichtung sein muss, spricht man weniger von Kontrast als von Ergänzung, oder eben von Food-Completing. Bezogen auf das Farbschema im Buch bedeutet das: Wenn zwischen zwei Gewürzen wenig bis gar keine farbliche Übereinstimmung herrscht, wird das Duftspektrum durch die Kombination der beiden Gewürze erweitert.

MÖGLICHKEITEN UND GRENZEN

Dieser Ansatz könnte schnell zu dem voreiligen Schluss führen, dass dann alles mit allem kombiniert werden kann: Funktioniert die Kombination zweier oder mehr Zutaten nicht über das Prinzip des Food-Pairing, kommt eben das Food-Completing ins Spiel. So einfach ist es aber nicht. Es gibt gewisse Grenzen. Für das Food-Pairing lassen sie sich relativ konkret benennen: Wird die Überlappung zu sehr übertrieben, ist die Gefahr einer einseitigen Überwürzung gegeben. Beim Food-Completing wird es schwieriger. Natürlich sind persönliche Vorlieben entscheidend – was manche als reizvolle Kombination empfinden, geht anderen schon zu weit. Auf dem Papier sind „unmögliche" Aromenkombinationen immer nur Theorie, denn ein Großteil steht und fällt mit den jeweils verwendeten Mengen. Oft wird in der Theorie auch vergessen, den Geschmack der zu kombinierenden Speisen einzurechnen. Ein zunächst unmöglich erscheinendes Paar kann zum Beispiel über einen Vermittler zusammengebracht werden. Anis und Knoblauch etwa sind eine perfekte Kombination, wenn sie Rotbarben als Vermittler bekommen. Ein weiteres Beispiel ist die abwegig erscheinende Kombination von Blauschimmelkäse und Zimt: Mit einer vermittelnden Creme aus gekochten Pflaumen und Portwein ist sie vollkommen unproblematisch.

Entscheidend sind auch die jeweiligen Dosierungen, da die Geruchsaktivitäten der Duftstoffe stark von Textur, Lösungsmittel und Temperatur abhängen. Ein Zuviel eines komplementären Gewürzes kann daher rasch eine Disharmonie erzeugen. Erst wenn alle

FOOD-PAIRING

Schnittfester kalter Milchreis mit Kokosmilch oder Kokosaromen zubereitet und mit einer Bananen-, Mango- oder Papaya-Creme serviert: Hier bestehen genügend Überschneidungen von Aromen aus den Gruppen 1 und 3.

FOOD-COMPLETING

Eine Scheibe Milchreis wird vor dem Servieren in der Pfanne kurz gegrillt, dadurch entstehen Röststoffe (Gruppe 8). Diese waren in der angerichteten Speise bisher nicht enthalten. Alternativ kann ein Teil der Zutaten mit Süßholz oder Zimt geräuchert werden, was teerige Raucharomen und weniger süßliche Karamellnoten beisteuert. Der dritte Weg wären dezenter Liebstöckel oder etwas Kubebenpfeffer: In ihnen befinden sich bereits von Natur aus nach Curry und Karamell duftende Noten aus der Gruppe 8. Beide Techniken heben die Gerichte auf unvergleichliche und unterschiedliche Weise.

Genussparameter der Komponenten, wie Geruchsaktivität, Temperatur und Textur, auf einem Teller stimmig sind, kann man von einem perfekten Flavour-Pairing sprechen.

DIE KUNST DES WÜRZENS

Diese wenigen Beispiele zeigen: Die Einteilung der Gerüche in verschiedene Gruppen hat durchaus würzpraktische Relevanz. Über sie lässt sich das Prinzip Food-Pairing und Food-Completing visualisieren und einfach umsetzen. Wie detailliert dabei die Verzahnung sein kann, wird im Schaubild Seite 36 angedeutet: So harmoniert der schwefelig riechende Kohl etwa bestens mit Gewürzen und Gerichten, in denen ähnlich duftende Aromen dominant sind. Ergänzt wird er hingegen von Zutaten, deren Duft von Aromen aus anderen Gruppen bestimmt wird. Der lexikalische Teil des Buches behandelt ab Seite 48 alle Kräuter und Gewürze, die für mehr „Flavour" im Essen sorgen – und damit auch die Vielzahl von Aromen, die sich hinter den acht farbigen Aromagruppen verstecken. Wird darüber hinaus noch der jeweilige Grundgeschmack oder trigeminale Reiz der zu paarenden Lebensmittel berücksichtigt, werden neue, mitunter wilde Kombinationen erst richtig spannend.

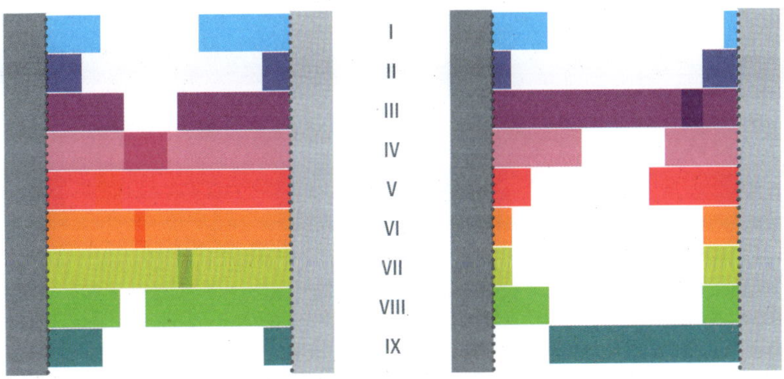

Durch das hypothetische Food-Pairing wird hier ein großer Überlapp in den Gruppen 4 (minzartig-würzig), 5 (kampferig-holzig) und 6 (harzig-aromatisch) erreicht. Durch das Food-Completing erzielt man zwar eine Überlappung in der Gruppe 3 (blumig), setzt aber einen vollkommenen Kontrast in der Gruppe 8 (etwa ein Schärfereiz).
Der Gesamteindruck einer Speise setzt sich aus einer Reihe von Faktoren zusammen. Der kokumi-Effekt stimuliert die Wahrnehmung dieser Eindrücke, bildlich dargestellt „verbreitert" er den Geschmackseindruck.

GESCHMACK – SUCHEN UND ERSETZEN

Sie wollen noch mehr experimentieren? Hier finden Sie Gewürze, Kräuter, Pilze, Früchte usw. im Geschmacksüberblick und können schnell eine – vielleicht auch überraschende – Alternative finden. Die Farbe Orange zeigt einen ausgeprägten Geschmack an.

SÜSS

KRÄUTER
Angelika, Minze

GEWÜRZE
Anis, Bergamotte, Dill, Fenchel (Samen), Kardamon, Kürbiskerne, Langer Pfeffer, Meerrettich, Mohn, Paprika, Piment, Rosa Beeren, Sellerie (Samen), Sesam, Sternanis, Süßholz, Tamarinde, Vanille, Wacholder, Zimt, Zucker

FRÜCHTE / GEMÜSE
Aprikosen (getrocknet), Berberitzen (getrocknet), Cranberrys (getrocknet), Datteln, Granatapfel, Orange, Tomaten (getrocknet), Weinbeere, Yuzu, Zwiebeln

NÜSSE
Cashew, Erdnuss, Kokosnuss, Macadamianuss,Mandel, Maronen, Paranuss, Pekannuss

WEIN / ESSIG
alter Balsamico, Eiswein, edelsüße Weine, Mirin, Portweine

BIER
Malzbier, stark gemälzte dunkle Biere

SAUER

KRÄUTER
Bärlauch, Brennnessel, Portulak, Sauerampfer, Ysop

GEWÜRZE
Amchoor, Bergamotte, Galgant, Ingwer, Kaffee, Kakao, Kurkuma, Meerrettich, Sumach, Tamarinde, Vanille

FRÜCHTE / GEMÜSE
Aprikosen (getrocknet), Berberitzen (getrocknet), Cranberrys (getrocknet), Datteln, Granatapfel, Kapern, Limette, Oliven, Orange, Tomaten (getrocknet), Weinbeere, Yuzu, Zitrone

PILZE
Morchel

WEIN / ESSIG
Balsamico, Verjus, Weinessig, Frucht und Obstessig, trockene Weine

BIER
Sauerbier, Lambic

SALZIG

GEWÜRZE
Salz

ALGEN
Kombu, Wakame, Meeressalat, Dulse, Nori

FRÜCHTE / GEMÜSE
Oliven

BIER
Gose (leicht gesalzenes Bier)

FETTE
Griebenschmalz (aus gesalzenem Speck)

WÜRZSAUCEN
Achiote-Sauce, Anchovispaste, Austernsauce, Hoisin-Sauce, Fischsaucen, Miso, Tamarindensauce, Salzbeize, helle und dunkle Sojasaucen

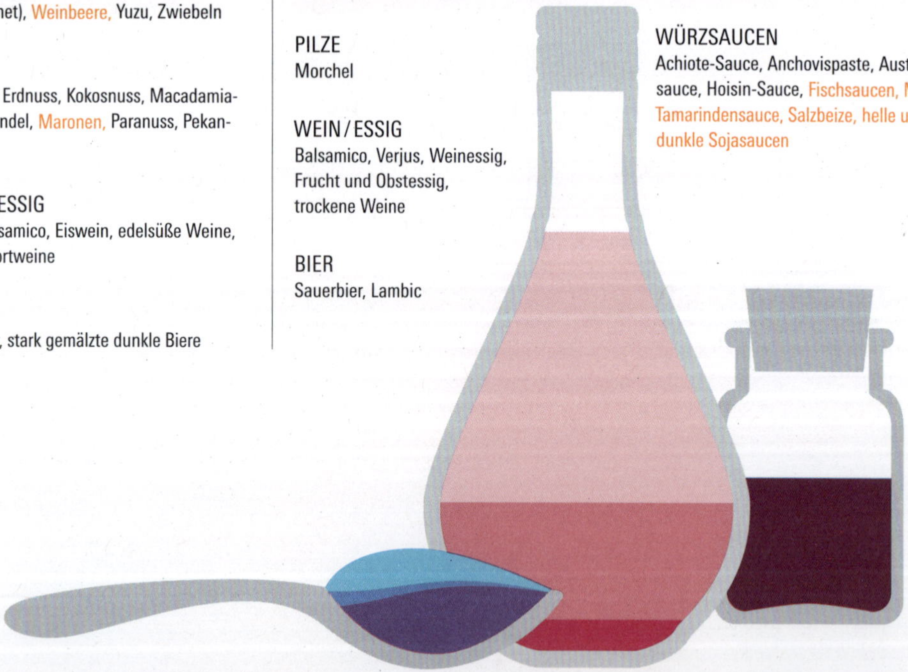

BITTER

KRÄUTER
Angelika, Bärlauch, Basilikum, Beifuß, Bohnenkraut, Borretsch, Brennnessel, Currykraut, Dill, Eberraute, Estragon, Kerbel, Korianderkraut, Kresse, Lavendel, Liebstöckel, Lorbeer, Majoran, Minze, Myrte, Oregano, Parakresse, Perilla, Petersilie, Portulak, Rauke, Rose, Rosmarin, Salbei, Sauerampfer, Schnittlauch, Weinraute, Wermut, Ysop, Zitronengras, Zitronenmelisse, Zitronenverbene

GEWÜRZE
Ajowan, Amchoor, Anis, Annatto, Asant, Bergamotte, Bergkümmel, Bockshornklee, Chili, Curryblätter, Fenchel (Samen), Galgant, Gewürznelke, Ingwer, Kaffee, Kaffirlimettenblätter, Kakao, Kardamon, Knoblauch, Koriandersamen, Kubebenpfeffer, Kreuzkümmel, Kümmel, Kürbiskerne, Kurkuma, Langer Pfeffer, Mastix, Meerrettich, Mohn, Nigella, Paprika, Paradieskörner, Pfeffer, Piment, Rosa Beeren, Safran, Sellerie (Samen), Senf, Sesa, Sonnenblumenkerne, Sternanis, Süßholz, Sumach, Szechuanpfeffer, Tamarinde, Thymian, Tonkabohne, Trüffel, Vanille, Wacholder, Waldmeister, Zimt

ALGEN
Kombu, Meeressalat, Nori

FRÜCHTE / GEMÜSE
Berberitzen (getrocknet), Granatapfel, Kapern, Limette, Oliven, Orange, Weinbeere, Yuzu, Zitrone, Zwiebeln

NÜSSE
Bittermandel, Cashew, Erdnuss, Haselnuss, Mandel, Maronen, Muskatnuss, Paranuss, Pekannuss, Pinienkerne, Pistazie, Walnuss

PILZE
Champignon, Morchel, Pfifferlinge, Shiitake, Steinpilz

UMAMI

GEWÜRZE
Kaffee, Trüffel

ALGEN
Kombu, Wakame, Meeressalat, Dulse, Nori

FRÜCHTE / GEMÜSE
Oliven, Tomaten (getrocknet), Zwiebeln

PILZE
Champignon, Morchel, Pfifferlinge, Shiitake, Steinpilz

KÄSE
Parmesan, andere reife Käse

WEIN/ESSIG
sehr reife Rotweine, lang auf Hefe gelagerte Weißweine

BIER
sehr dunkle Biere (mit Röstmalzen), spontan vergorene Biere

FETTE
Steinpilzöl, Trüffelöl, Kombu-Algenöl, selbstgemachtes Umamiöl

WÜRZSAUCEN
Anchovispaste, Austernsauce, Bohnensauce, Dashi, Hoisin-Sauce, helle und dunkle Sojasaucen, Fischsaucen, Miso, Tamarindensauce, Trassi

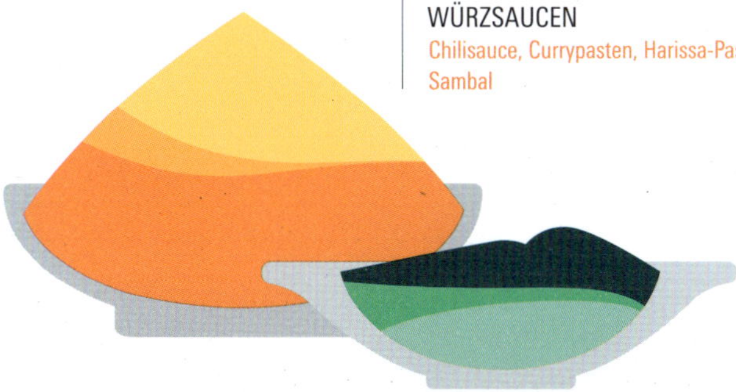

SCHARF / TRIGEMINAL

KRÄUTER
Angelika, Bärlauch, Basilikum, Beifuß, Brennnessel,Eberraute, Estragon, Kresse, Lavendel, Liebstöckel, Lorbeer, Majoran, Minze, Myrte, Parakresse, Rauke, Rose, Rosmarin, Salbei, Sauerampfer, Schnittlauch, Weinraute, Wermut, Zitronenverbene

GEWÜRZE
Anis, Asant, Bergamotte, Bockshornklee, Chili, Galgant, Gewürznelke, Ingwer, Kaffee, Kakao, Kardamon, Knoblauch, Kubenenpfeffer, Kurkuma, Langer Pfeffer, Meerrettich, Paprika, Paradieskörner, Pfeffer, Piment, Senf, Sternanis, Szechuanpfeffer, Tamarinde, Zimt

FRÜCHTE / GEMÜSE
Berberitzen (getrocknet), Cranberrys (getrocknet), Granatapfel, Kapern, Olive, Orange, Tomaten (getrocknet), Zwiebeln

NÜSSE
Bittermandel, Mandel, Pekannuss, Walnuss

PILZE
Pfifferlinge

WEIN / ESSIG
stechende Essige, Rotweine mit hoher Adstringenz

WÜRZSAUCEN
Chilisauce, Currypasten, Harissa-Paste, Sambal

KRÄUTER, GEWÜRZE & MEHR

Auf den folgenden Seiten finden Sie in alphabetischer Ordnung 130 Kräuter, Gewürze und andere Würzmittel aus aller Welt. Mit dabei sind Zutaten wie Algen, Trockenfrüchte, Harze, Nüsse, Pilze, Kaffee, Kakao – schlicht alles, mit dem Sie Würze, Geschmack und Aroma in Ihr Essen bekommen. Zu allen Einträgen gibt es einige ausgewählte Kombinationsvorschläge, mit deren Hilfe Sie den jeweiligen Nuancen jedes einzelnen Gewürzes nachspüren können. Unser einmaliges Farbschema erleichtert es Ihnen, Tausende Kombinationsmöglichkeiten mit unzähligen Aha-Effekten auszuprobieren. Dieses Farbschema basiert auf den acht wichtigen Aromagruppen, bei denen die Moleküle in „Geruchstypen“ gegliedert sind. Und wenn Sie sich die Prinzipien des Food-Pairings und des Food-Completings zunutze machen, wird Ihr Kochen perfektioniert.

ACHT AROMAGRUPPEN PLUS EINS

Alle Duft- und Geschmackseffekte werden von einer Vielzahl mehr oder minder kleiner Moleküle bewirkt, wobei der Begriff „Vielzahl" ernst zu nehmen ist. Tatsächlich gibt es zigtausend verschiedene Duftmoleküle, von denen wir als Menschen gar nicht alle wahrnehmen können.

Jeder Koch, jede Köchin weiß, dass sich mit Kräutern und Gewürzen eine ganze Reihe von Charakteristiken des Gerichts steuern lassen. Wenn in älteren Kochbüchern etwa von „Aromaten" die Rede ist, wussten die Zeitgenossen sofort, was damit gemeint war: mindestens Rosmarin und Thymian, die sich mit ihren charakteristischen Gerüchen bestens eignen, Speisen in verschiedener Weise zu „aromatisieren". Oder gleich ein ganzes Bouquet garni. Was aber, wenn es einmal darüber hinaus gehen soll?

Systematisches Würzen und Abschmecken scheint vielen Menschen, die Kochen vor allem als emotionalen, intuitiv geleiteten Vorgang sehen, zu widerstreben. Doch erweist sich eine genauere Kenntnis der Duftstoffe als ausgesprochen nützlich. Denn die für dieses Buch entwickelten Aromagruppen geben unendlich viel Raum für Intuition. Gleichzeitig eröffnen sich über die Prinzipien des Food-Parings und des Food-Completings (siehe Seite 35) ganz neue und außergewöhnliche Kombinationen.

Die große Zahl der kleinen Moleküle, die in den unterschiedlichen Kräutern und Gewürzen in mannigfaltigen Kombinationen vorliegen, erscheint auf den ersten Blick vollkommen unübersichtlich. Sie lässt sich aber aus der Sicht der Chemie – mit kulinarischem Bezug – sinnvoll in acht plus eine Gruppe einordnen. Jede dieser Gruppen von Duftstoffen zeichnet sich einerseits durch ähnliche chemische Strukturen und andererseits durch einigermaßen klar abgrenzbare olfaktorische Eigenschaften aus. Das heißt, man kann aufgrund der Gruppenzugehörigkeit schon erahnen, wie ein Aromastoff beziehungsweise ein Gewürz, das diesen enthält, wohl duften wird. Beim Würzen kann man sich also an den Farben, die wir den Gruppen zugeteilt haben, orientieren. Der Clou unseres Farbleitsystems (siehe Seite 46): Man kann auf einen Blick erkennen, mit welchem anderen Duftmolekül sich die Gewürze und Kräuter ergänzen oder eben verstärken lassen. Fehlt dem Gewürz ein oder mehrere der aktiv gefärbten „Farbkreise", also Aromagruppen, lässt es sich durch ein anderes Gewürz, das diesen „Farbkreis" besitzt, ergänzen. Überschneiden diese sich bei den „Farbkreisen", also haben beide Gewürze die Aromagruppen, verstärkt sich der jeweilige Geruchstyp. So kommen Sie zu immer neuen und mitunter überraschend sensationellen Kombinationen.

Acht Gruppen enthalten also Duftstoffe. Die neunte Gruppe beinhaltet nichtflüchtige Stoffe, die nicht duften, sondern für einen Schärfereiz oder einen anderen trigeminalen Effekt verantwortlich sind (siehe Seite 10).

Wie genau unser Farbschema nun funktioniert, erklären wir Ihnen auf den nächsten Seiten im Detail.

DIE NEUN AROMAGRUPPEN

Das Halbkreisdiagramm zeigt die Größe der einzelnen Aromagruppen an, die jeweils unterschiedlich viele Aromastoffe umfassen. Gleichzeitig erkennt man, welche Düfte sich rasch verflüchtigen und welche man mitkochen kann. Von oben nach unten werden die Düfte hitzebeständiger und wir nehmen sie als „schwerer" wahr.

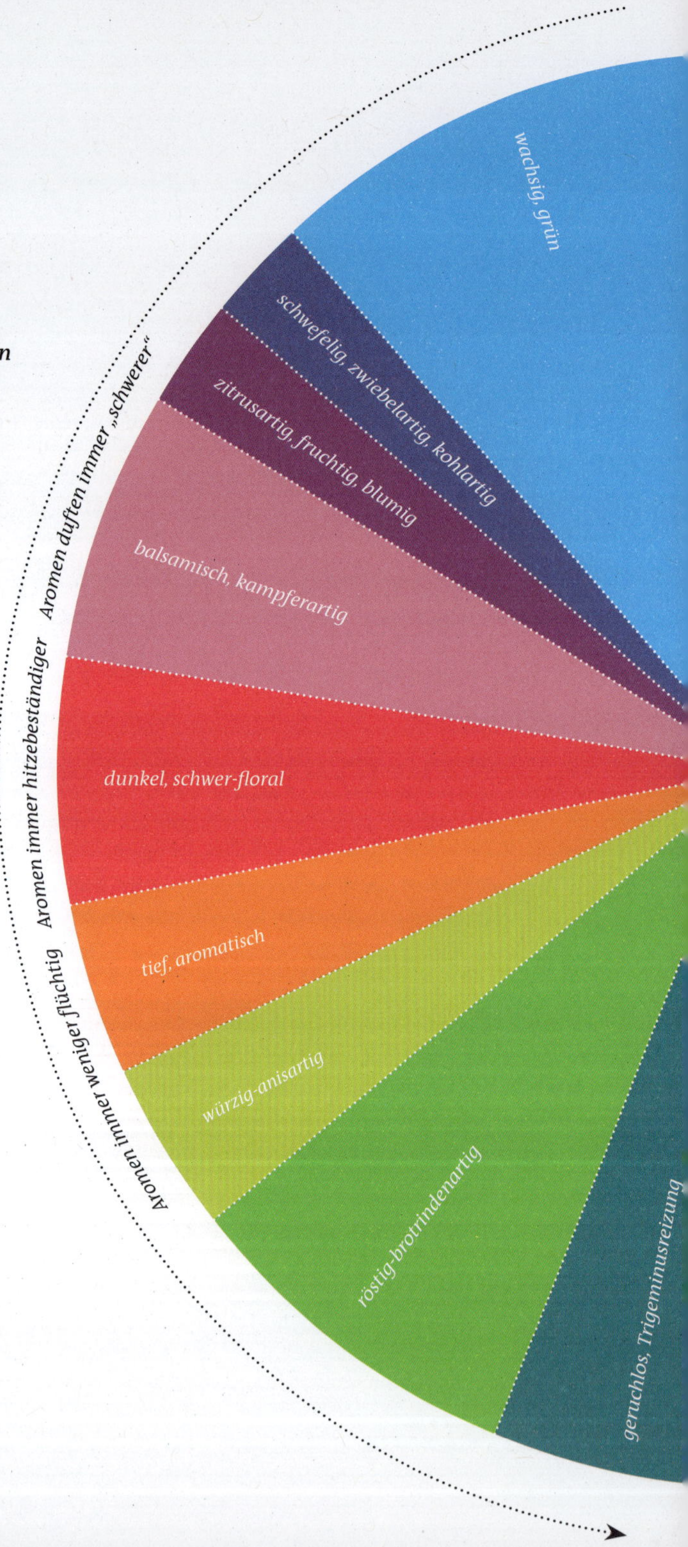

GRUPPE 1: ALIPHATISCHE KOHLENWASSERSTOFFE

Geruchstyp: grün, wachsig, fettig, fruchtig, pilzig

Beispiele: (Z)-Hex-3-enal, Decanal, (E,Z)-2,6-Nonadienal

GRUPPE 2: SCHWEFELVERBINDUNGEN

Geruchstyp: schwefelig stechend, kohlartig, zwiebelartig

Beispiele: Dipropylsulfid, Dimethylsulfid, Methional, Alliciin, Nitrile

GRUPPE 3: ACYCLISCHE TERPENE

Geruchstyp: floral, zitronenartig, leicht blumig, rosenartig, lavendelartig

Beispiele: Citronellol, Geraniol, Linalool, Nerol, Myrcen

GRUPPE 4: CYCLISCHE TERPENE

Geruchstyp: warm, balsamisch, kampferartig, minzig, würzig, bitter, erdig, thymianartig

Beispiele: Limonen, 1,8-Cineol, Borneol, 3-Caren, Carvon, Fenchon, Pinen, Safranal

GRUPPE 5: SESQUITERPENE

Geruchstyp: dunkel, schwer-floral, kampferartig, holzig, balsamisch, terpentinartig, erdig-gemüsig

Beispiele: Caryophyllen, (E)-Germacren, Bergamoten, Bisabolol, Bisabolen, Camphen, Selinen

GRUPPE 6: AROMATEN

Geruchstyp: aromatisch, mandelartig, anisartig, pizzaartig, thymianartig, vanillig, rauchig

Beispiele: Thymol, Benzaldehyd, Vanillin, Carvacrol, Cuminaldehyd, Elemicin, Phenylpropan, Tymol, 4-Ethylguajacol

GRUPPE 7: PHENYLPROPANOIDE

Geruchstyp: süßlich, anisartig, muskatartig, würzig, zimtig

Beispiele: Anethol, Estragol, Eugenol, Cumarin, Myristicin, Safrol, Zimtaldehyd

GRUPPE 8: HETEROCYCLISCHE VERBINDUNGEN

Geruchstyp: brotrindenartig, heuartig, karamellig, holzig, nussig, röstig

Beispiele: Butylphtalid, Corandrin, Cumarin, Furfural, Perillen, Pyrazin, Sesamol, Sotolon, 2-Isobutyl-3-Methoxypyrazin

GRUPPE 9: NICHTFLÜCHTIGE VERBINDUNGEN: TRIGEMINALE REIZE

Geruchstyp: geruchlos, trigeminal, reizend, wärmend, kühlend, beißend, demineralisierend

Beispiele: Capsaicin, Quercetin, Gallussäure, Oxalsäure

DAS FARBSCHEMA: SO FUNKTIONIERT'S

Durch das gesamte Buch zieht sich ein Farbschema: Es teilt alle Duftstoffe in neun farblich gekennzeichnete Gruppen ein – die neunte Gruppe beinhaltet nichtduftende Stoffe, die trigeminal reizen, also scharf oder adstringierend wirken.

Diese Farbgruppen (siehe Seite 44) kommen bei jedem Gewürz zum Einsatz: So machen sie es möglich, „Gewürzchemie" ohne die genaue Kenntnis chemischer Details anzuwenden und verschiedenste Zutaten miteinander zu kombinieren. Harmonien und Spannungen zwischen Gewürzen können auf einen Blick erkannt werden: Ähnliche Farben deuten auf eine Verstärkung des Dufts hin, unterschiedliche Farben auf eine Ergänzung des Aromenspektrums um neue Noten. Selbst wenn das Gewürz unbekannt ist, weiß man anhand der Farben genau, wozu es passt und wie man es verwenden kann.

Da alle Aromen einer Farbgruppe zudem ähnlich flüchtig sind, lässt sich in der weiteren Grafik leicht die optimale Verarbeitungstemperatur für ein bestimmtes Aroma ablesen. Es wird zudem angezeigt, in welchem Träger – Wasser, Fett oder Alkohol – sich die das Gewürz bestimmende Aromagruppe am besten löst.

Im Beispielgewürz Rosmarin sind die Farben für zitrusartig-fruchtig-blumige, balsamisch-kampferige, schwer-florale und würzige Duftnoten aktiv sowie die für einen herb-bitteren Geschmack (siehe Darstellung rechts unten).

Das Farbschema ist nach den Aromagruppen aufgeschlüsselt, die sich in dem jeweiligen Gewürz finden. Zudem sind die perfekten Würzpartner als Vorschläge aufgezeigt: Bei gleichen Farbkreisen verstärkt sich in deren Kombination das typische Aroma dieser Gruppe. Sind Farben im jeweils anderen Gewürz nicht enthalten, findet in der Kombination der Gewürze eine gegenseitige Erweiterung um die jeweiligen Aromen statt.

Angezeigt wird der perfekte Partner für die Löslichkeit der Hauptaromagruppen des jeweiligen Gewürzes. Bei Rosmarin werden die aromabestimmenden balsamisch, warmen cyclischen Terpene und die schwerfloralen Sesquiterpene also ideal in Alkohol, Fett und Wasser gelöst.

Rosmarin schmeckt etwas bitter und duftet angenehm nach Pinien und Fichten. Der harzige Ton verstärkt sich getrocknet noch.

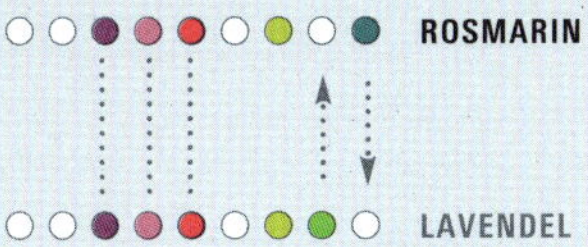

AROMENENTFALTUNG

A Dominant floral-herbal, „grüner" Eindruck **B** Würzig, balsamisch-herbal **C** Würzig-aromatisch **D** Starker Bittergeschmack

Dieser Abschnitt zeigt den optimalen Temperaturbereich für den Einsatz einer Zutat auf einen Blick. Darf ein Kraut oder Gewürz mitgekocht werden oder sollte es eher zum Schluss untergehoben werden? Entstehen unter starker Hitze neue Röstaromen oder bleibt nur ein bitterer Geschmack zurück? Einzelne Temperaturbereiche zeigen mitunter verschiedene Charakteristika für ein und dasselbe Gewürz. Die Aromen des niedrigeren Temperaturbereiches sind nicht wiederzuerlangen, wenn man den durch gestrichelte Linien begrenzten Temperaturbereich verlassen hat.

LÖSLICHKEIT DER HAUPTAROMEN

Alkohol, Fett, Wasser

Alkohol, Fett

GESCHMACK

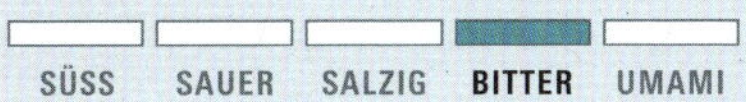

Dieses Schema zeigt an, welche der fünf Geschmacksrichtungen in dem Gewürz schwach – heller Grünton – oder stark – dunkler Grünton – aktiv sind. Ist ein Grundgeschmack nicht aktiv, bleibt die Fläche weiß.

AJOWAN

Das Aroma erinnert an Thymian, die Früchte sind aromatisch brennend, bitter, und beim Kauen wird die Zunge taub.

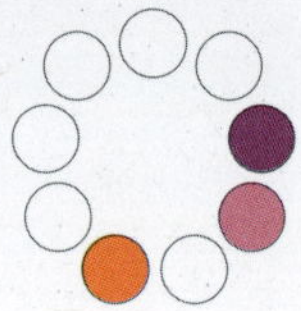

AROMENENTFALTUNG

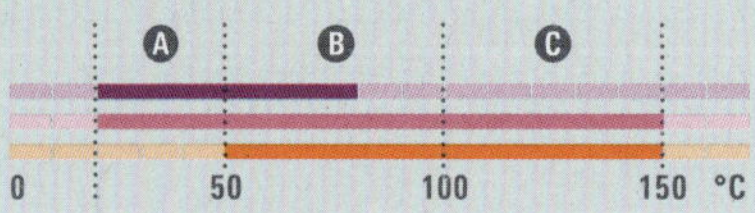

A Frischer kräuteriger Duft B Optimale Aromenentfaltung beim Kochen C Thymianartige aromatische Röstnoten

LÖSLICHKEIT DER HAUPTAROMEN

Alkohol, Fett

GESCHMACK

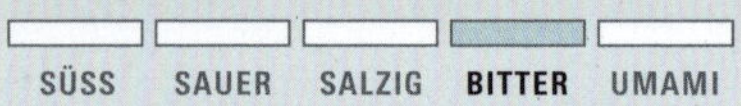

PASST GUT ZU

Hülsenfrüchten, Kartoffeln, Maniokwurzeln, Kokosfett, Kokosmilch

UNBEDINGT AUSPROBIEREN

Lammkoteletts mit Ajowan kurz braten

Die gestreiften Ajowanfrüchte sind besonders in der indischen Küche beliebt. Ihr Duft ist durch das aromatisch-kräuterige THYMOL bestimmt, und wie Thymian enthalten sie ebenfalls das holzig-harzige P-CYMOL und das zitrusartig duftende LIMONEN.

Man zerstößt die Früchte im Mörser und fügt sie dem Gericht erst am Schluss zu, damit sich ihr Aroma nicht verflüchtigt. Oder man röstet sie trocken an, damit eher die schwer aromatischen Düfte mit Röstnoten zur Geltung kommen. Öle lassen sich mit Ajowan sehr gut aromatisieren.

Das Gewürz wird gerne mit Kokosmilch kombiniert, deren molketypische Noten es durch seine aromatisch-kräuterigen ergänzt. Mit Curryblättern und Ajowan lassen sich aromatische Saucen entwickeln, die gut zu Fisch, Hülsenfrüchten und vegetarischen Kompositionen passen. In Indien gibt man Ajowan *Dals* (Hülsenfruchtgerichten) auch deshalb gerne zu, weil es verdauungsfördernd wirken soll. Die Fettlöslichkeit seiner Aromen macht es außerdem geeignet für die *Tadka*, eine Zubereitungsart, bei der Gewürze in einer Pfanne kurz in heißem Öl erhitzt werden. Ersetzen kann man Ajowan durch Kreuzkümmel und Nigella, wenngleich deren aromatisierende Wirkung selbst im Verbund schwächer ist.

ALGEN

Charakteristisch für die meisten Algen ist ihr frisches Meeres-Aroma, das sich dem hohen Anteil an Jodiden verdankt. Daneben kann man in den verschiedenen Arten pilzartige, zitronige, nussige, blumige oder schwefelige Düfte finden. Insbesondere Braunalgen wie Kombu oder Wakame zeichnen sich durch ein vielschichtiges Aromenspiel aus.

Algen erhält man meist getrocknet, sie lassen sich je nach Art direkt, eingeweicht, roh oder gekocht verwenden. Beim Kochen werden sie stets etwas glitschig. Chemisch nutzt man dies, um Geliermittel wie Agar, Carrageene und Alginate zu gewinnen. Man sollte Algen daher nicht zu lange kochen.

Algen passen nicht nur zu Fisch oder Meeresfrüchten, sondern lassen sich gut mit zahlreichen Gewürzen und Zutaten kombinieren. Vorsicht: Die Deutsche Gesellschaft für Ernährung (DGE) empfiehlt für Erwachsene eine Jodmenge von 180–200µ/Tag. Algen enthalten jedoch teilweise ein Vielfaches der empfohlenen Jodmenge und sollten deswegen nicht im Übermaß verzehrt werden.

AO-NORI, eine Art → Nori-Algen, duften ähnlich wie → Meeressalat. Sie werden getrocknet und zerkleinert über viele Gerichte gestreut und sind Bestandteil der japanischen Gewürzmischung → *Shichimi Togarashi*.
ARAME-Algen braucht man nur wenige Minuten einzuweichen. Sie sind leicht süßlich und haben eine feste Textur. Ihr mildes Aroma erinnert anders als die meisten anderen Algen nicht an Meer und erlaubt einen vielfältigen Einsatz in Suppen, als Beigabe zu Salaten oder als Beilage zu Fisch.
→ DULSE duftet nicht nur typisch frisch nach Meer, sondern auch leicht nach Blumen, Benzin und Chloroform. Die getrockneten Blätter können nach kurzem Einweichen roh verzehrt werden. Getrocknete → Dulse wird auch in Pulverform als Gewürz eingesetzt. Die Algen lassen sich als Snack, Suppeneinlage oder in Salaten verwenden.
→ KOMBU oder Englisch: *Kelp* ist eine Sammelbezeichnung für verschiedene Braunalgen, die sehr jodhaltig sind und ein reiches Aromenspektrum aufweisen. Kombu strotzt vor Umami und wird roh, gekocht, gebraten, gedünstet oder getrocknet verwendet. Getrocknete Algen muss man vor dem Gebrauch einweichen. Sie sind Grundlage jedes Dashi. Sie passen gut zu Fisch- und Fleischgerichten, aber auch zu Pilzen und Käse. In Essig eingelegter Tororo Kombu dient als Einlage in *Miso-Suppe* oder zur Ummantelung von Reishäppchen (*Sushi*).
→ MEERESSALAT lässt sich, frisch oder eingeweicht, zum Marinieren von Fisch oder als Umhüllung beim Dünsten verwenden.
→ NORI-Algenblätter weisen neben dem typischen Meeresgeruch ein leichtes Zitrus- und Jasminaroma auf, unterschwellig auch unangenehme schwefelige Noten, die sich beim Erwärmen verstärken. Man verarbeitet die getrockneten Algen weder gewässert noch gekocht. Die Blätter werden zum Einwickeln von *Maki* verwendet, einer *Sushi*-Variante. Zerkleinerte Algen würzen aber auch Fisch- und Gemüsesuppen, Nudelgerichte oder Salate.
→ WAKAME, französisch auch: *Fougère des mers*, duftet ähnlich wie Kombu, wobei die Hintergrundnoten von Grüntee und Veilchen stärker ausgeprägt sind. Daher rührt die eher „süße" Anmutung. Bei uns gibt es die Algen meist getrocknet, bisweilen auch eingelegt. Getrocknet muss man sie einweichen, danach kann man sie roh verzehren oder als kurz mitgekochte Suppenbeilage verwenden. Ähnlich wie Kombu lassen sie sich gut mit Pilzen oder Käse kombinieren.

KOMBU

Kombu duftet nach Meer, Gras, Wachs und Pilzen. Getrocknet verstärken sich die nussigen, würzigen Noten.

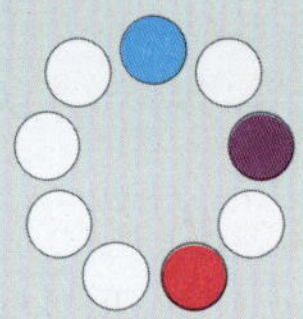

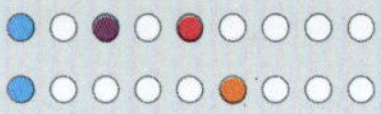

KOMBU
PILZE, GETROCKNET

AROMENENTFALTUNG

A Intensive Meeresnote, leicht süßlich **B** Würzig-herzhafte Meeresnote

LÖSLICHKEIT DER HAUPTAROMEN

Alkohol, Fett

GESCHMACK

SÜSS SAUER **SALZIG** **BITTER** **UMAMI**

PASST GUT ZU

Pilzen, Käse, Fisch, Reis, Fleisch

UNBEDINGT AUSPROBIEREN

Kombu mit Shitake 2 Stunden in Wasser einweichen, filtern und als Dashi verwenden

WAKAME

Wakame schmeckt süßlich und riecht grasig, deutlich nach Meer und Pilzen mit leicht benzinartigen Anklängen.

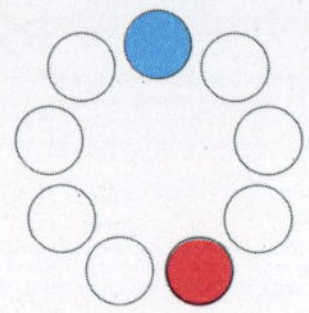

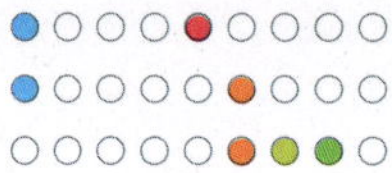

WAKAME
PILZE, GETROCKNET
SESAM

AROMENENTFALTUNG

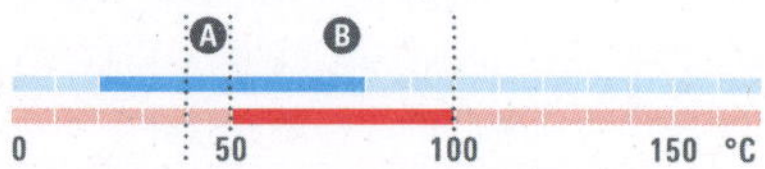

A Rohe Algennote **B** Mild-herzhafte, süßlich-veilchenartige Meeresnote

LÖSLICHKEIT DER HAUPTAROMEN

Alkohol, Fett, Wasser

GESCHMACK

SÜSS SAUER **SALZIG** BITTER **UMAMI**

PASST GUT ZU

Reis, Suppen, Miso, Käse, Fleisch, Fisch, Meeresfrüchten, Gurken

UNBEDINGT AUSPROBIEREN

Spinat mit Wakame

MEERESSALAT

Meeressalat riecht deutlich nach Meer, mit einem speziellen, erdigen, küstenartigen Aroma.

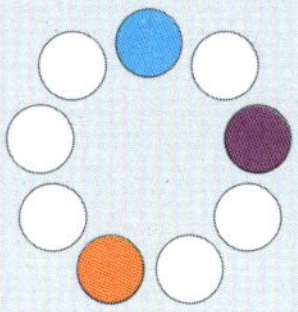

MEERESSALAT

KUBEBENPFEFFER

AROMENENTFALTUNG

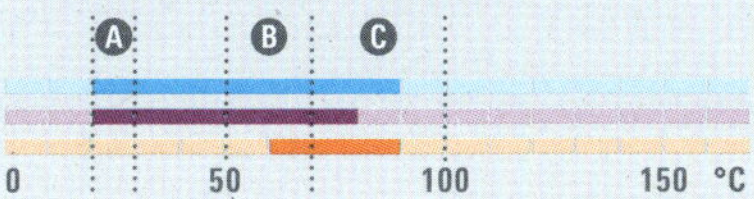

A Grün, küstenartig (kalt als Salat)
B Frische Algennote **C** Aromatisch, „erdölartig“

LÖSLICHKEIT DER HAUPTAROMEN

Alkohol, Fett

GESCHMACK

SÜSS SAUER **SALZIG** **BITTER** **UMAMI**

PASST GUT ZU

Gemüse, Fleisch, Fisch, Suppen

UNBEDINGT AUSPROBIEREN

Pasta mit Meeressalat und Fischsauce

DULSE

Dulse duftet neben dem typischen jodigen Meeresgeruch leicht nussig (Haselnuss).

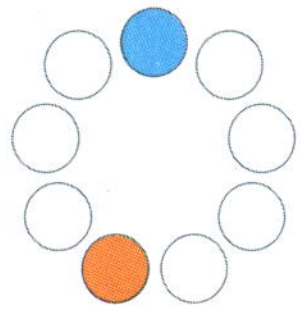

DULSE

MEERESSALAT

OLIVEN, -ÖL

THYMIAN

ZWIEBEL

AROMENENTFALTUNG

A Frischer, grüner, pilzartig-chloriger Duft **B** Aromatische, ölig-nussige Note

LÖSLICHKEIT DER HAUPTAROMEN

Alkohol, Fett

GESCHMACK

SÜSS SAUER **SALZIG** BITTER **UMAMI**

PASST GUT ZU

Gemüse, Käse, Suppen, Fleisch, Fisch, Nudeln, frischen Pilzen

UNBEDINGT AUSPROBIEREN

Algenbutter: Dulse klein schneiden, mit wachsiger Butter verkneten.

NORI

Nori weisen neben dem typischen Meeresgeruch schwefelige, fleischig-würzige, leicht gummiartige Noten auf.

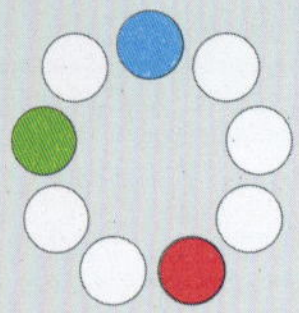

AROMENENTFALTUNG

A Frisch, zitrusartig, blumig **B** Grünteenoten, zitronig **C** Aromatisch-schwefelig

LÖSLICHKEIT DER HAUPTAROMEN

Alkohol, Fett

GESCHMACK

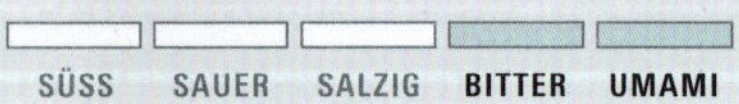

PASST GUT ZU

Reis, Suppen, Salaten, Gemüse und in kleinen Mengen zu reifem Obst

UNBEDINGT AUSPROBIEREN

Gebratene Bananen mit Nori

Ajowan *erinnert an Thymian, die Füchte sind aromatisch brennend* → Seite 48

Kombu Yamadashi, getrocknet *duftet nach Meer und Pilzen und sind sehr jodhaltig* → Seite 50

Wakame *schmeckt leicht süßlich, duftet nach Meer und Pilzen* → Seite 50

Meeressalat Haricot de Mer *Algenart mit sehr erdigem Aroma, erinnert wirklich an Salat* → Seite 51

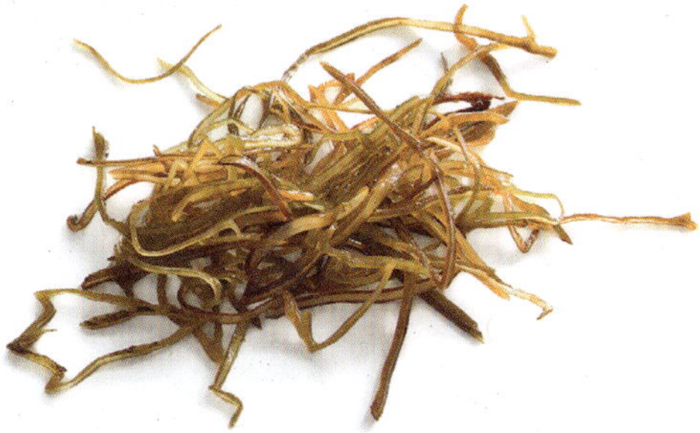

Kombu Kisamu, gewässert *Braunalge mit vielfältigem Aroma* → Seite 50

Dulse, getrocknet *Alge aus dem Nordatlantik und dem nördlichen Pazifik, leicht nussig* → Seite 51

Hijiki *auch Beerentang genannt, kann Arsen enthalten, duftet nach Meer* → Seite 49

Nori *mit leichtem Zitrusaroma, wird für Maki verwendet* → Seite 52

AMCHOOR

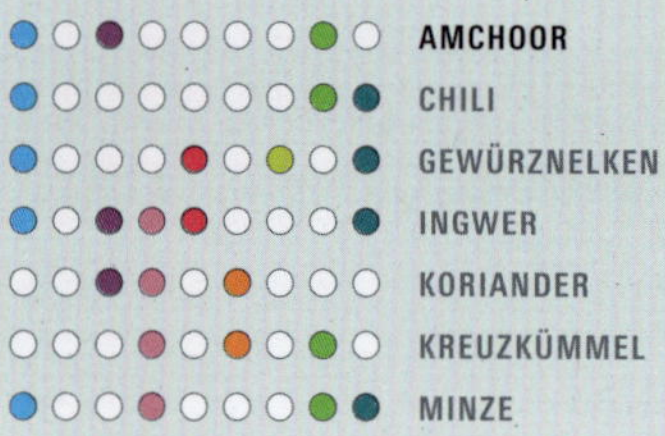

AROMENENTFALTUNG

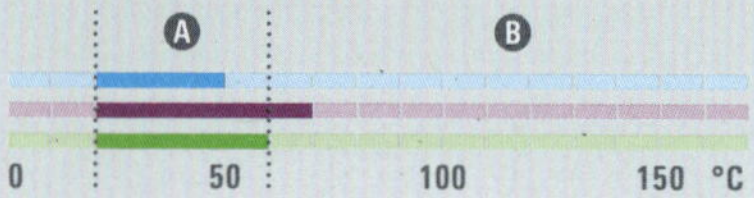

A Zitrusartig, butterig B Dominant sauer

LÖSLICHKEIT DER HAUPTAROMEN

Fett, Alkohol, Wasser

GESCHMACK

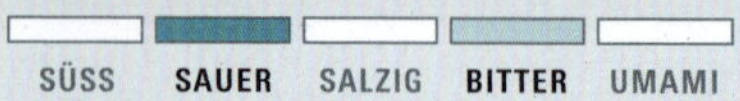

PASST GUT ZU

vielen Gemüsesorten, Hülsenfrüchten, Kartoffeln, Okra, Fleisch, Fisch, Gebäck

UNBEDINGT AUSPROBIEREN

Rhabarberkompott mit Amchoor gewürzt

Amchoor wird vor allem in der nordindischen Küche als tropisch-fruchtiges Säuerungsmittel eingesetzt.

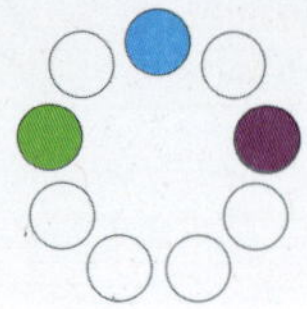

Amchoor, „Mango-Pulver", wird aus unreifen getrockneten Mangos hergestellt und ist Bestandteil vieler Currymischungen. Sein Aroma ist durch wachsige, fruchtige und zitrusartige Noten geprägt: ETHYLACETAT duftet süß-säuerlich nach Fruchtdrops, ETHYLBUTANOAT nach Ananas und Orangen. Hinzu kommt ein sahnig-cremiger Hintergrundduft. Das Gewürz schmeckt süß-säuerlich und wirkt adstringierend.

Kocht man Amchoor mit, dient es vor allem als Säuerungsmittel, da sich die Aromen verflüchtigen. Um das gesamte Aromaspektrum zu erhalten, gibt man einen Teil des Pulvers erst kurz vor dem Servieren hinzu. Weicht man es in Wasser vorher ein, löst es sich besser.

Mit Amchoor kann man Speisen ein tropisches Mangoaroma verleihen. Es ergänzt die fettigen, röstigen Noten gebratener Fische. In Marinaden für Fleisch dient es zudem als „Zartmacher", da es über enzymatische Prozesse dessen Kollagenfasern aufbricht. Es verträgt sich gut mit Gewürzen, die sich behaupten können, wie Chili, Ingwer und Nelken, oder die ihm neue Aspekte hinzufügen – etwa über minzige Kühle. Amchoor mit Salz vermischt liefert ein Säuresalz, mit Zucker einen Säuerungszucker. Beide lassen sich auch kalt zum Abschmecken verwenden. Man kann Amchoor durch Zitrone ersetzen: Ein Teelöffel entspricht im Säuregehalt ungefähr drei Teelöffeln Zitronensaft.

ANGELIKA

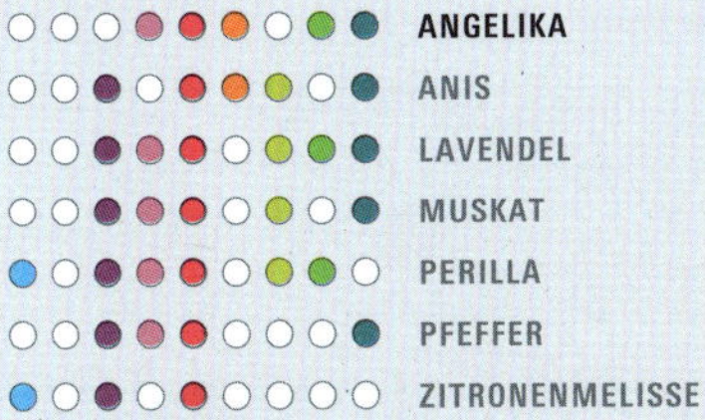

AROMENENTFALTUNG

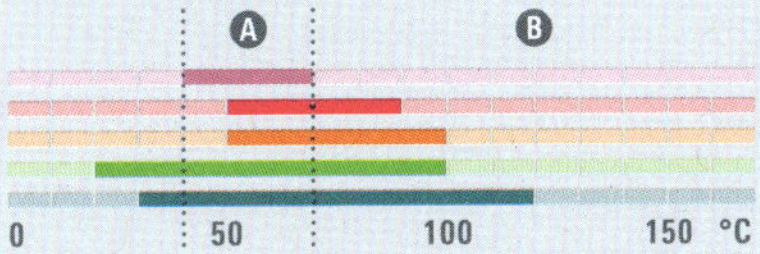

A Balsamisch, sandelholzig, warm, kampferig **B** Eher terpentinartig, prickelnd, verstärkter Moschusduft

LÖSLICHKEIT DER HAUPTAROMEN

Alkohol, Fett

GESCHMACK

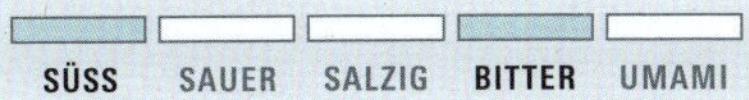

PASST GUT ZU

Früchten, Nüssen, Fisch und Meeresfrüchten, säuerlichen Früchten (etwa Rhabarber)

UNBEDINGT AUSPROBIEREN

Erdbeerkonfitüre mit Angelikawurzel

Der Geschmack der Wurzel ist bitter und das Kraut bitter und süßlich, ihr Aroma erinnert ein wenig an Anis, Pastinake oder Sellerie.

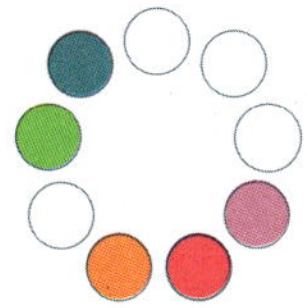

Angelika oder Engelwurz ist eines der Küchenkräuter, die man von der Wurzel bis zum Blatt kulinarisch nutzen kann. Im ätherischen Öl dominieren das würzig-minzige β-PHELLANDREN und das nach Piniennadeln duftende α-PINEN, das sich auch in Myrte, Dill und Koriander findet. Hinzu kommen ein Eindruck, der an Moschus erinnert, dezente Muskat-Noten und eine leichte Bitterkeit.

Frisch werden vor allem die jungen Blätter als Würzkraut verwendet. Hier sind die flüchtigen, würzig-minzigen, zitronenartigen und balsamartigen Aromen noch erhalten. Beim Kochen verflüchtigen sich diese, wodurch die moschusähnlichen Noten hervortreten. In getrockneten Blättern ist in erster Linie die Bitterkeit betont. Früchte und Wurzeln dienen auch als Gewürz in verschiedenen Kräuterlikören wie Chartreuse oder Bénédictine und in Wermut.

Mit frischer Angelika kann man Marinaden für Fisch und Meeresfrüchte würzen, ebenso wie Suppen und Salate, Quark- und Käsezubereitungen, Sahne und Milch. Sie passt außerdem gut zu Kompotten aus säuerlichen Früchten wie Rhabarber, Pflaumen oder Stachelbeeren, zu Obstkuchen und Desserts. Die jungen Stängel eignen sich kandiert zur Dekoration von Torten, die getrockneten, eher bitteren Blätter vor allem für die Zubereitung wohlschmeckender Kräutertees. In Skandinavien isst man Stängel und Blätter auch als Gemüse.

ANIS

AROMENENTFALTUNG

A Blumig, aromatisch, anisartig
B Optimale aromatische Anisnote
C Leicht bitter mit dunklen Röstnoten

LÖSLICHKEIT DER HAUPTAROMEN

Alkohol

GESCHMACK

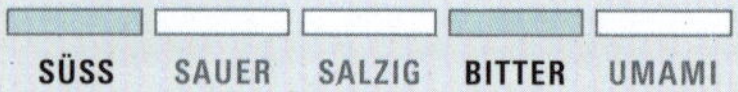

PASST GUT ZU

Schnäpsen, Likören, Orangen, Erdbeeren, Himbeeren, Mandeln, Schokolade, Honig, Gebäck (süß, salzig), hellem Fleisch, Leber, Fisch

UNBEDINGT AUSPROBIEREN

Anis zur Panierung (z. B. für Schnitzel) zugeben

Anis duftet süßlich-aromatisch nach Lakritz, Nelke und Fenchel. Es lässt sich gut mit anderen Gewürzen kombinieren.

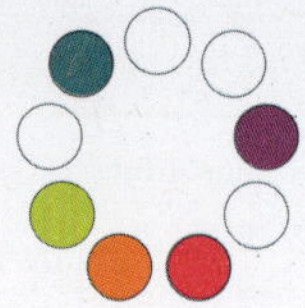

Das mit Kümmel und Kreuzkümmel, Dill, Koriander und Fenchel verwandte Gewürz duftet vor allem süßlich-aromatisch. Verantwortlich dafür ist das Schlüsselaroma ANETHOL. Etwas dezenter wirken blumig-frische sowie nelkenartige Düfte mit, unterstützt von süßlich-blütenartigen bis würzigen, erdigen und vanilligen Aromen.

Frisch gemahlene Anissamen bieten ein floral-harzig-aromatisches Aromaspiel. Trocken geröstet, intensiviert sich das Hauptaroma Anethol, während die blumigen Noten entweichen, bei längerer Hitzeeinwirkung bilden sich zusätzlich Röstnoten.

Frisch gemahlen, entfaltet das Gewürz seine Wirkung nicht nur in Backwaren wie süßen Plätzchen oder herzhaftem Brot, sondern passt auch ausgezeichnet zu hellem Fleisch und Fisch sowie Meeresfrüchten. Man beizt Lachs und dunkles Fleisch mit Anis. Zu gerösteter Leber oder Leberpastete fügt es sich ebenfalls sehr gut. Ein besonderes Geschmackserlebnis erzielt man, wenn man erhitzte Bitterschokolade mit leicht gerösteten Anissamen zu dünnen Plättchen ausgießt und diese zu einem Espresso genießt.

Alkoholische Getränke wie Pastis, Ouzo, Absinth oder Rakı eignen sich ebenso für die warme Küche (→ Süße Liköre). So lassen sich mit Pastis dichte Fischsuppen würzen oder süße und herzhafte Gerichte flambieren.

ANNATTO

AROMENENTFALTUNG

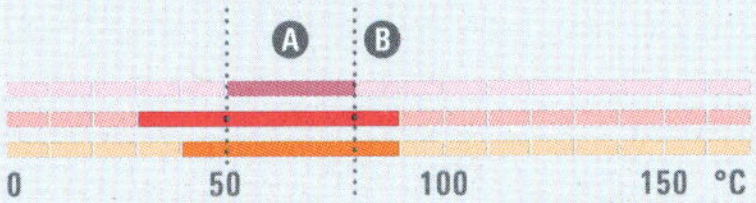

A Erdige, holzig-aromatische Noten
B Intensive Farbe

LÖSLICHKEIT DER HAUPTAROMEN

Alkohol, Fett
Fett

GESCHMACK

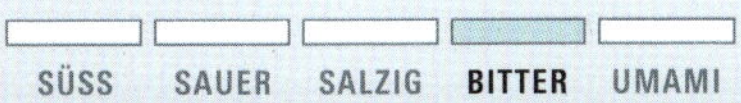

PASST GUT ZU

Gemüse (Süßkartoffeln, Kürbis, Okra), Fisch, Schwein, Rind, Huhn

UNBEDINGT AUSPROBIEREN

Annatto bei Zubereitung von Milchreis verwenden

Die ziegelroten Samen duften leicht blumig, zart-erdig, ein wenig pfeffrig-muskatartig. Hauptfunktion ist das Färben von Speisen.

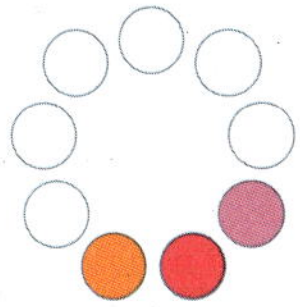

Der Duft der ziegelroten, sehr harten Samen des tropischen Annattobaumes wird von dem nach Pinien duftenden α- und β-PINEN, dem erdigen α-CARYOPHYLLEN und von leicht süßlichen Aromaten bestimmt. ISHWARAN fügt eine blumige, pfeffrige Note hinzu. Der Geschmack ist von bitteren Untertönen geprägt. Bekannter als für ihr Aroma sind die Samen jedoch für ihre leuchtende, rötlich-gelbe Farbe. Von den beiden für die Farbe verantwortlichen Stoffen ist CIS-BIXIN nur in Fett, NORBIXIN nur in Wasser löslich, sodass man mit Annatto fett- und wasserhaltige Lebensmittel färben kann, etwa Käse oder Risotto.

Um den Farbstoff freizusetzen, werden die Samen in kochendem Wasser etwa eine Stunde eingeweicht (ein halber Teelöffel auf einen Liter Wasser). Alternativ brät man die Samen in etwas Öl. Abgekühlt und gefiltert, ist dieses lange haltbar. Zum Mahlen der harten Samen benutzt man am besten eine elektrische Gewürzmühle.

Als Gewürz passt Annatto unter anderem gut zu Süßkartoffeln. Fleisch, das man vor dem Grillen mit Annattoöl bestreicht, ist nicht nur schön gefärbt, sondern nimmt auch dessen dezentes Aroma an. In Mexiko wird *Achiote*, ein aus den Samen hergestelltes Konzentrat, in *Moles* mitgekocht, einer Art Sauce oder Eintopf. In Mittel- und Südamerika gehört Annatto in Gewürzmischungen wie → *Achiote-Sauce* und → *Recado Rojo*.

APRIKOSEN, GETROCKNET

AROMENENTFALTUNG

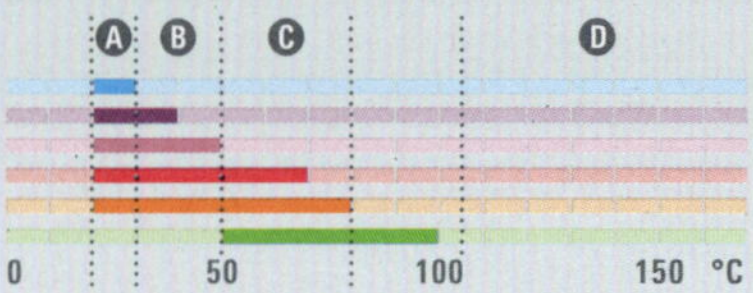

Zucker und Säuren stets vorhanden **A** Volles Aroma frischer Früchte **B** Blumig, veilchenartig **C** Aromatische Noten **D** Kompottartig, leicht karamellartig (Marmelade)

LÖSLICHKEIT DER HAUPTAROMEN

Alkohol, Fett

GESCHMACK

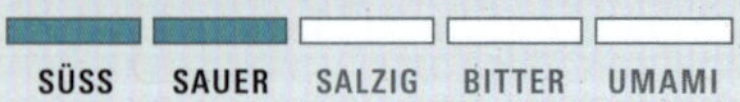

PASST GUT ZU

Lamm, Rind, Schmorgerichten, Suppen, Süßspeisen

UNBEDINGT AUSPROBIEREN

Klein geschnittene Trockenaprikosen zu Vinaigrettes von Bittersalaten geben

Getrocknete Aprikosen schmecken wie frische, aber noch intensiver fruchtig und süßlich-sauer.

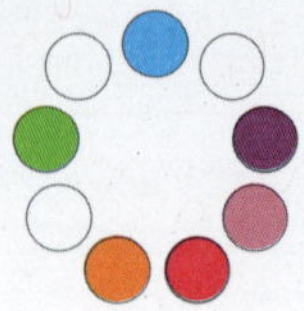

Das komplexe Aroma der getrockneten Aprikosen entstammt dem nach Zitrusfrüchten und Blumen duftenden GERANIAL und dem süßlich-zitrusblütenartigen, balsamischen MYRCEN. Die säuerlichen Zitrusnoten werden durch LIMONEN unterstützt. Hinzu kommen tiefe, balsamische und grüne, blätterartige Noten, ein Duft nach Veilchen und Rosen, milchige bis cremige, pfirsichartige Noten, mandelartige Töne und ein kräuteriger bis terpentinartiger Duft.

Vor dem Kochen weicht man die ganzen Früchte je nach Trocknungsgrad 20 bis 40 Minuten in lauwarmem Wasser ein. Alternativ hackt man sie klein und schmort sie. Dabei verflüchtigen sich zwar einige der frischen Noten, zugleich entstehen aber mehr blumige Aromen. Je kürzer die Schmorzeit, desto eher bleiben auch die zitronenartigen Noten erhalten. Kurz in heißer Butter geschwenkte frische Aprikosen sind eine Delikatesse.

Gedörrte Aprikosen verleihen Reisgerichten eine fruchtige, süßsaure Note und harmonieren zum Beispiel mit Korianderkraut und Kardamom, Koriandersamen oder Kurkuma. Beliebt ist die Kombination mit geschmortem Lamm und Safran. Aus Aprikosen und getrockneten Tomaten lässt sich ein fruchtiges Pesto für gegrilltes Fleisch oder reifen Käse herstellen. Und in vielen Kuchenrezepten kann man Rosinen durch Aprikosen austauschen.

ASANT

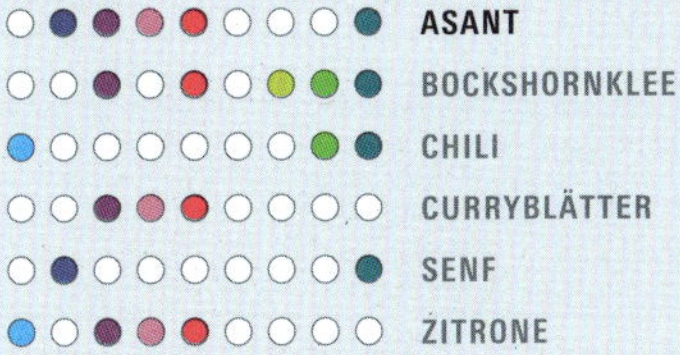

AROMENENTFALTUNG

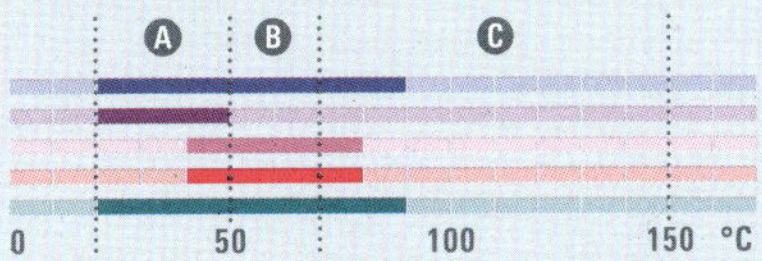

A Deutliche Schwefelnote, stechend, zwiebelartig beißend **B** Leicht blumig **C** Milde, Schwefel nicht mehr im Vordergrund (Hauptverwendung)

LÖSLICHKEIT DER HAUPTAROMEN

Wasser

Alkohol, Fett

GESCHMACK

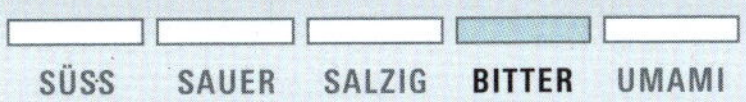

PASST GUT ZU

Fisch, gegrilltem oder gebratenem Fleisch, Hülsenfrüchten, vielen Gemüsesorten, Pilzen

UNBEDINGT AUSPROBIEREN

Blumenkohlröschen in schäumender, bräunender Butter mit Asant anbraten

Asant erinnert ein wenig an Knoblauch, ist beißend trigeminal und leicht bitter. Der Geruch verliert sich beim Erhitzen.

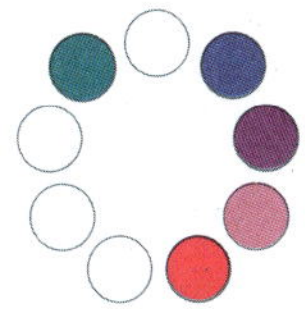

Die wenig schmeichelhafte Bezeichnung Stinkasant verrät es bereits – die Pflanze stinkt tatsächlich. Ihr erdiges Aroma erinnert an Knoblauch und ein wenig auch an Moschus. Verantwortlich dafür sind Schwefelverbindungen wie 2-BUTYL-1-PROPENYL-DISULFID, die bei dem ungekochten Gewürz dominant sind. Diese Verbindungen verlieren ihren durchdringenden Duft jedoch beim Erhitzen und dann wird das Aroma vom pinienartigen PINEN und dem minzig-terpentinartig duftenden PHELLANDREN bestimmt, die beide ebenfalls in Kümmel, Fenchel, Myrte und Dill enthalten sind.

Das Gewürz Asant ist der zu Harz getrocknete Milchsaft aus den Stängeln und Wurzeln der Pflanze. Er wird in heißem Fett erhitzt, bis der beißende Geruch verschwindet und sich eine milde Zwiebelnote entwickelt. Dann lässt sich Asant auch allein verwenden. Bei Asantpulver, das nicht ganz so streng riecht und einfacher zu dosieren ist, kann man auf vorheriges Erhitzen verzichten.

In der indischen Küche wird das zu Pulver zerriebene Harz typischerweise mit Bockshornklee, schwarzen Senfsamen oder Curryblättern kombiniert. Deren Duftbereiche harmonieren gut mit den fettigen Aromen von Fisch. Asant ist in Indien ein beliebtes Gewürz in Kartoffelcurrys, gekochten Linsen *(Dal)* und Linsensuppen, denen er den Duft und Geschmack gerösteter Zwiebeln verleiht.

Amchoor *tropisch-fruchtiges Säuerungsmittel der nordindischen Küche* → Seite 54

Anis *gibt dem Ouzo sein typisch lakritzartiges Aroma* → Seite 56

Angelika, frisch und getrocknet *zerrieben verströmen die frischen Blätter einen süßen, moschusartigen Duft* → Seite 55

Annatto *färbt südamerikanische Speisen rot, duftet leicht blumig* → Seite 57

Aprikosen, getrocknet *schmecken fruchtig und intensiver als frische Früchte* → Seite 58

Asant, Pulver *erinnert an Knoblauch und ist beißend scharf* → Seite 59

Bärlauch *Frühlingsbote aus unseren Wäldern mit einem Duft nach Knoblauch* → Seite 62

Genoveser Basilikum *ist würzig scharf,* Dark Opal und Thai-Basilikum *beide Sorten sind süßlicher. Beachten: Basilikum sollte nie mitgekocht werden* → Seite 63

Beifuß, frisch und getrocknet *duftet aromatisch-streng und schmeckt bitter-würzig* → Seite 64

BÄRLAUCH

AROMENENTFALTUNG

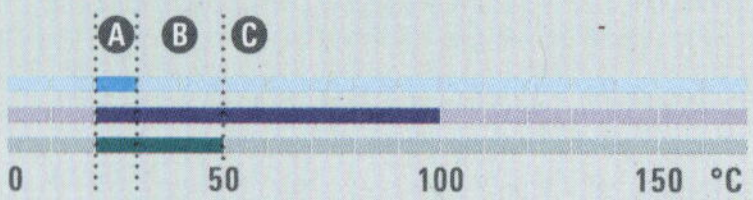

A Frisch, stechend B Mildes Aroma
C Stumpf, bitter

LÖSLICHKEIT DER HAUPTAROMEN

Alkohol, Wasser

GESCHMACK

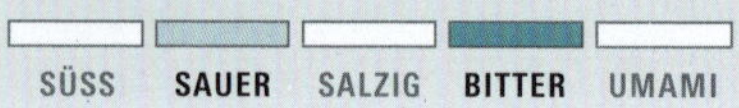

PASST GUT ZU

Pasta, Reis, Quark, saurer Sahne, Blattsalaten, Eiern, Fisch, hellem Fleisch

UNBEDINGT AUSPROBIEREN

Geräucherte Forellenstücke mit Frischkäse zu „Sushi"-Röllchen in ganze Bärlauchbätter wickeln

Der frische, grasige Duft von Bärlauch kurz vor der Blüte erinnert an ein Gemisch von Knoblauch und Schnittlauch.

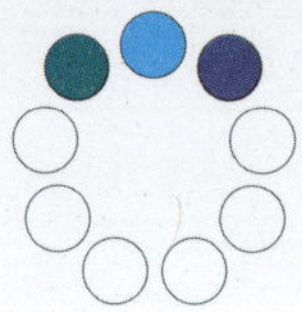

Geruch und Chemie von Bärlauch sind eng verwandt mit der von Knoblauch. In beiden Fällen dominieren die zwiebel- und lauchartigen Düfte der Schwefelverbindung ALLICIN. Allerdings tragen bei frischem Bärlauch ähnlich wie bei Schnittlauch grüne Blattaromen ihren Teil zum Gesamteindruck bei, welche bei Knoblauchzehen fehlen.

Um das flüchtige grüne Aroma der Blätter zu erhalten, sollte man Bärlauch frisch oder erst kurz vor dem Servieren unter warme Gerichte geben. Eine Ausnahme sind mit Bärlauch gefüllte Ravioli: Sie schließen das Aroma beim Kochen in dem Teig ein. Auf der anderen Seite lässt sich durch kurzes Blanchieren das Knoblaucharoma bewusst abmildern. Ältere Blätter werden faserig und duften nicht mehr so intensiv. Man kann sie jedoch bündeln, in Gemüsegerichten oder Nudelsaucen kurz mitkochen und wieder entfernen. Getrockneten Bärlauch muss man großzügiger dosieren, denn sein Aroma ist nicht mehr sehr ausgeprägt. Am besten lässt sich das frische Bärlaucharoma in Öl konservieren (reines Barlauchpesto).

Mit Bärlauch verfeinert man Gemüse- und Kartoffelgerichte, Pastasaucen oder Salate. Bärlauchpesto besteht häufig aus Olivenöl, Parmesan und Walnüssen (→ Pesto). In einem Risotto harmoniert er gut mit Spargel oder Morcheln. Auch Brotaufstriche aus Quark oder Ziegenfrischkäse lassen sich mit Bärlauch wunderbar würzen.

BASILIKUM

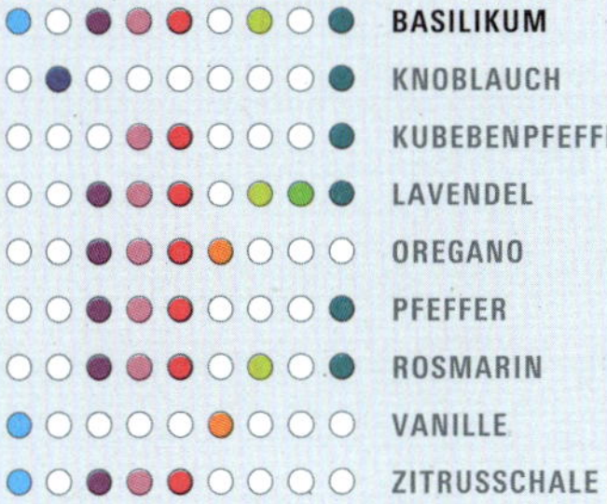

AROMENENTFALTUNG

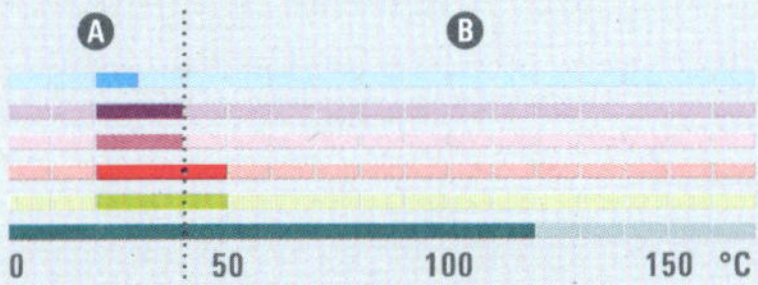

A Frisches, blumiges Aroma
B Stumpf, kräuterteeartig

LÖSLICHKEIT DER HAUPTAROMEN

Alkohol, Fett

GESCHMACK

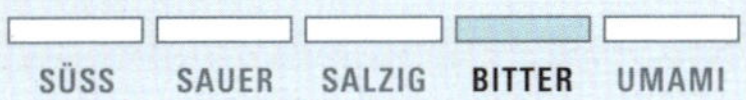

PASST GUT ZU

Tomaten, mildem Käse, Auberginen, Zucchini, Joghurt, Sahne, Kokosmilch, Pilzen, Hülsenfrüchten, hellem Fleisch (Schwein, Huhn), Essig, Öl

UNBEDINGT AUSPROBIEREN

Gewürfelte Pfirsiche mit Olivenöl und Basilikum

Klassisches Basilikum (Genovese) riecht floral, erinnert an Zitrone und Eukalyptus. Auf der Zunge wirkt es leicht kühlend.

Von Basilikum gibt es zahlreiche unterschiedliche Sorten, die etwa nach Zimt, Lakritze oder Limonen duften können. Drei Grundkomponenten sind allerdings den meisten Sorten gemein: Die blumige, eukalyptusartige Frische durch LINALOOL und 1,8-CINEOL setzt ESTRAGOL eine aromatisch-anisartige Süße entgegen. Als Drittes kommt ein grüner, grasiger Blattduft hinzu. Basilikum schmeckt leicht bitter, leicht süß und ist dezent scharf.

Die Blätter und die zarteren Stiele können ganz, grob zerrupft oder gehackt über die Speisen gestreut werden. Damit sich ihr Duft nicht verflüchtigt, verwendet man sie meist kalt oder erhitzt sie nur kurz. In fettiger Umgebung (Öl, Sahne, Pesto) bleiben die Aromen länger erhalten. Getrocknet ist es deutlich weniger aromatisch.

Basilikum sollte man nicht mit zu vielen Kräutern oder kräftigen Gewürzen gleichzeitig kombinieren. Mit seiner angenehm fruchtigen Schärfe kann es sowohl schwefeliges Knoblaucharoma ausgleichen als auch im Dessertbereich süße Sommerfrüchte kontrastieren. In Asien ergänzt man seine süßliche Note oft durch die Schärfe von Chilis. Zitronenbasilikum eignet sich roh als Garnitur zu Fisch, das eher süße (Thai-)Basilikum passt zu Salat, Suppen und Currys auf Kokosnussbasis. Das indische Basilikum (Tulsi) entfaltet sein Aroma erst beim Kochen.

BEIFUSS

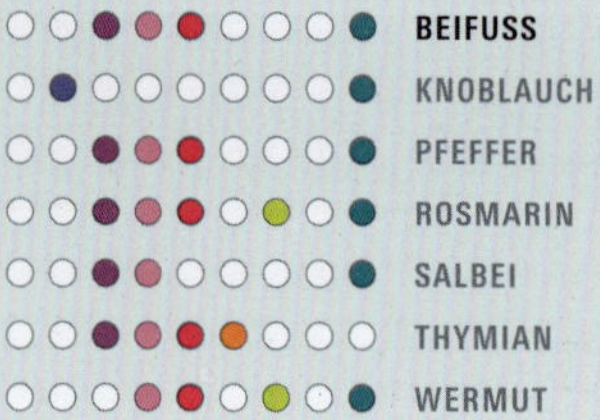

AROMENENTFALTUNG

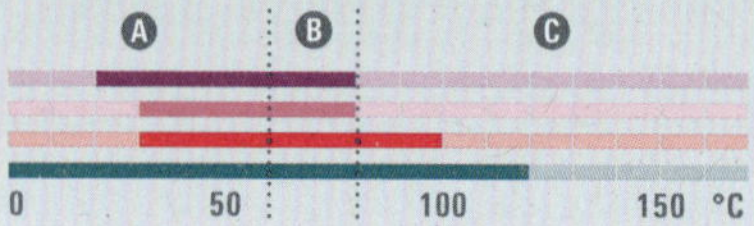

A Blumig-kräuterig **B** Kräuterig warme Kampfernoten **C** Eher kräuterig-terpentinartige bis bittere Dominanz

LÖSLICHKEIT DER HAUPTAROMEN

Alkohol, Fett

GESCHMACK

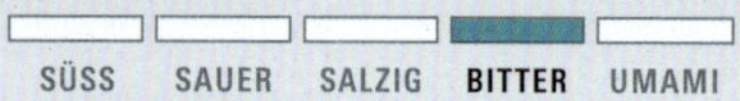

PASST GUT ZU

Aal, Karpfen, Gans, Ente, Schweinebraten, Hammel, Hülsenfrüchten, Zwiebeln

UNBEDINGT AUSPROBIEREN

Mit getrocknetem Beifuß räuchern

Beifuß riecht holzig, leicht harzig mit Kräutertönen und schmeckt deutlich bitter. Manche Sorten wirken leicht kühlend.

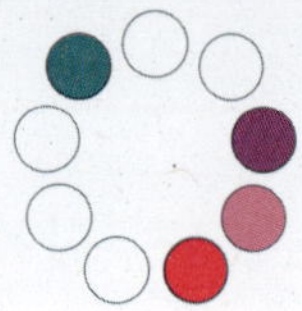

Der Duft von Beifuß ist durch LAVENDULOL – in manchen Sorten auch LINALOOL – bestimmt, deren blumiges, frisches Aroma durch die harzige Terpentinnote des TERPEN-4-OL unterstrichen wird. Weiterhin finden sich kampferartige und mentholartig-kühlende Noten. Der Nebenduft ist holzig, fast rauchig. Zur Blütezeit weist die Pflanze viele Bitterstoffe auf. Die Konzentration der Aromakomponenten variiert je nach Anbaugebiet und beeinflusst Duft und Geschmack der einzelnen Sorten.

Zum Würzen nimmt man nur die oberen Blättchen der Pflanze. Man sollte sie vor der Blüte ernten, weil sie sonst zu bitter sind. Erst beim Zerkleinern und Erhitzen der Blätter lösen sich die Aromen aus den Pflanzenzellen. Sie werden deshalb mitgekocht – am besten in einem Säckchen, sodass man sie vor dem Servieren wieder entfernen kann.

Der bittere Beifuß harmoniert nur mit ausgewählten Kräutern und Gewürzen. Pfeffer und Knoblauch vertragen ihn aber gut. Mit Beifuß würzt man traditionell fette Speisen wie Gans, Ente, Schwein, Lamm, Aal, Karpfen und Hering ebenso wie Kohl- und Pilzgerichte, die durch die magensaftanregenden Bitterstoffe zugleich bekömmlicher werden. Klassisch ist die Weihnachtsgans mit Beifuß, der daher auch „Gänsekraut" genannt wird. In Japan kennt man eine verwandte Art unter dem Namen Yomogi: Das Gewürz kommt in Reiskuchen (*Mochi*) und in Buchweizennudeln (*Soba*).

BERBERITZEN, GETROCKNET

AROMENENTFALTUNG

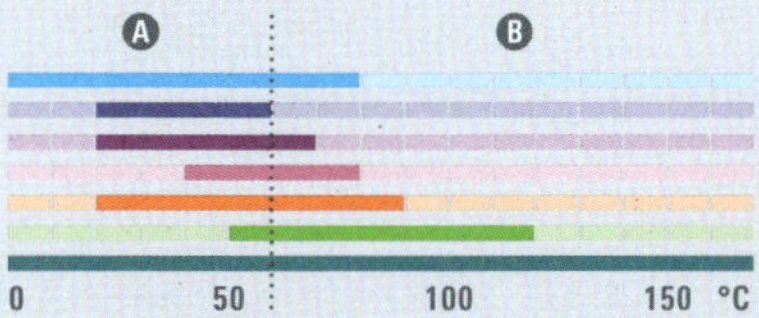

A Dominant sauer B Bitter und adstringierend

LÖSLICHKEIT DER HAUPTAROMEN

Wasser

GESCHMACK

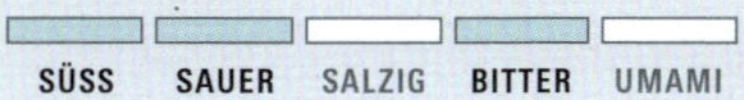

PASST GUT ZU

Reis, Huhn, Wild, Wildgeflügel, Innereien, Quark, Eis

UNBEDINGT AUSPROBIEREN

Geröstete Haselnüsse, Mandeln, Pinienkerne, getrocknete Apfelstücke und Berberitzen: eine perfekte Handvoll Studierendenfutter

Getrocknete Berberitzen schmecken säuerlich-prickelnd und haben ein erdig-bitteres Aroma.

Die echte Berberitze wird auch Sauerdorn oder Essigbeere genannt, denn die kleinen, länglichen roten Früchte sind säuerlich-fruchtig, grün-wachsig und ein wenig herb. Während ÄPFELSÄURE und ZITRONENSÄURE für die fruchtige Säure verantwortlich sind, steuern Alkaloide wie BERBERIN die herbe Note bei. Berberin wirkt zudem als leuchtend gelbes Färbemittel. Ergänzt wird das Aroma der Beere durch holzige, karamell-nussige und sahnige Noten.

Da die Aromen der Berberitze schwer flüchtig sind, bleiben sie in den getrockneten Beeren erhalten. Daher kann man diese auch in Gerichten mitkochen. Erwärmt man sie zu lange, werden sie jedoch schwarz und zu bitter. Die Früchte können – vor allem gekocht oder konfitiert – auch als Säuerungsmittel eingesetzt werden (→ Abschmecken: sauer, Seite 19).

Berberitzen harmonieren wie viele andere Trockenfrüchte mit süßlich-deftigen Wildgerichten. Auch die Kombination mit Pistazien und Orangenschalen bietet sich an. Im Iran setzt man die Beeren gern in Fisch- und Fleischgerichten ein, insbesondere aber in Reisgerichten wie *Zereshk polou* (Berberitzenreis). Man kann aus den Beeren einen Likör ansetzen oder zum Beispiel zusammen mit Kirschsaft und Rotwein eine fruchtig-säuerliche Sauce kreieren, die hervorragend zu Eis schmeckt. Auch in diverse Desserts auf Quarkbasis passen die Beeren gut.

BERGAMOTTE

AROMENENTFALTUNG

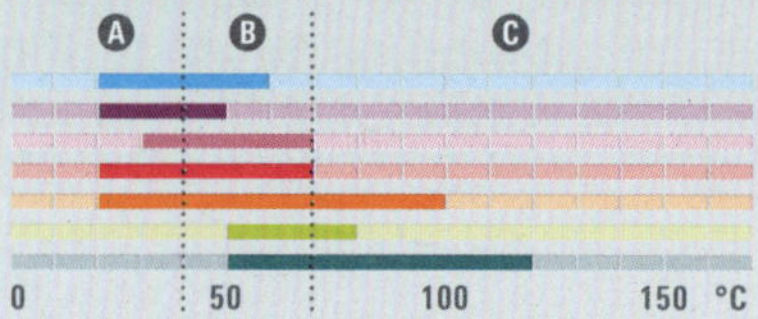

A Frisches Bergamotte-Aroma
B Fruchtig bitter C Herb-bitterer Geschmack

LÖSLICHKEIT DER HAUPTAROMEN

Alkohol, Fett

GESCHMACK

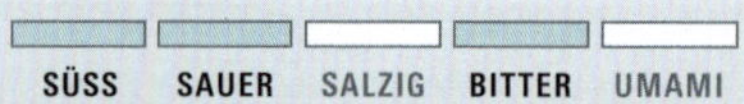

PASST GUT ZU

Tee, Eintöpfen, Curry, Schokolade, Frischkäse

UNBEDINGT AUSPROBIEREN

Bergamottekonfitüre (ganze Früchte) passt auch zu sehr reifem Käse und Stockfisch

Bergamotte duftet zitrusartig, blumig, gleichzeitig harzig-holzig-balsamisch. Das frische Fruchtfleisch ist sehr sauer.

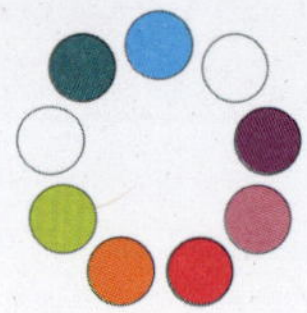

Das ätherische Öl der Bergamotte, vor allem als Aroma des *Earl Grey*-Tees bekannt, hat einen frisch-süßlich Duft mit einem Anklang an Jasmin. Zuständig dafür sind die Aromen LINALYLACETAT und LINALOOL. Hinzu kommen blumige, zitronige und rosenartige Noten, die durch LIMONEN mit seinem Duft nach Orangen, Zitronen und Terpentin unterstützt werden. Weiterhin finden sich harzige und balsamische sowie holzig-würzige Aromen. Das Fruchtfleisch schmeckt säuerlich bitter, Schalenabriebe haben einen leicht trigeminal kühlenden Effekt.

Die Früchte dienen in erster Linie als Lieferanten für das Öl, das man aus der Schale presst. Das sehr saure und bittere Fruchtfleisch muss man in der Küche sparsam einsetzen. Trocknet man Fruchtfleisch und Schale, verstärkt sich der bittere, holzig-kampferartige Ton. Getrocknet kann man das Fruchtfleisch auch mitkochen.

Bergamotte, beziehungsweise meist der Schalenabrieb der Bergamottezitrone, verleiht vielen Speisen den Hauch einer Parfümnote. Ihr Aroma ergänzt Thymian, Zimt und Kurkuma, in geringerer Dosis unterstützt es das Aroma von Kardamom und Rosa Beeren. Zu Schokolade passt es ebenfalls sehr gut. Der mit Bergamotte aromatisierte Tee *Earl Grey* lässt sich seinerseits auch wieder zum Würzen verwenden. Mit dem frisch gepressten Saft kann man Eistee eine fruchtig-bittere Note geben.

BERGKÜMMEL

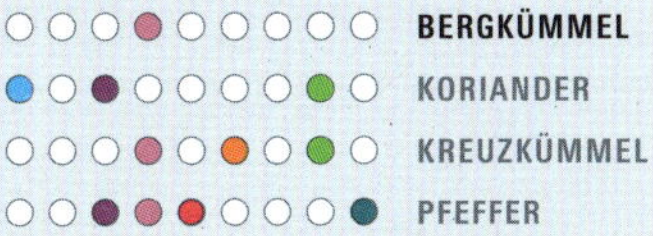

AROMENENTFALTUNG

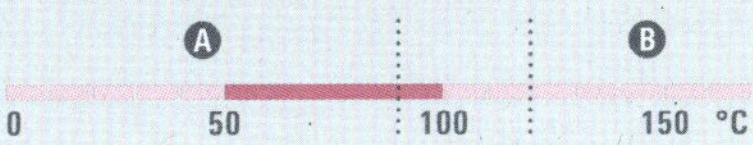

A Frische, süßlich-minzige Aromen
B Beifügen von Röstnöten

LÖSLICHKEIT DER HAUPTAROMEN

Alkohol, Fett

GESCHMACK

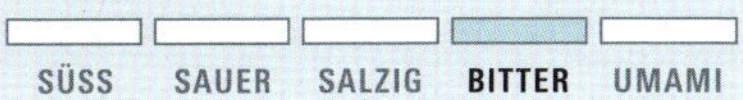

PASST GUT ZU

deftigen Eintöpfen, Tomaten, Kohl, Milchprodukten (Joghurt, Käse)

UNBEDINGT AUSPROBIEREN

Camembert halb aufschneiden und mit gemörsertem und leicht geröstetem Bergkümmel bestreuen

Bergkümmel duftet ähnlich wie Kreuzkümmel, ein wenig auch wie Koriander mit einer bitteren Beinote.

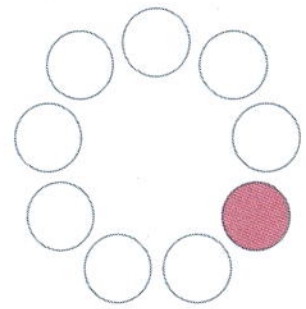

Das dominierende Aroma des Bergkümmels ist zitrus- und terpentinartig: Es wird durch LIMONEN bestimmt, das auch in Pomeranze, Zitrone, Kümmel, Dill oder Pfefferminze vorkommt. Reichlich PERILLAALDEHYD unterstreicht den Zitrusgeruch mit einer leicht holzigen cuminartigen Note. Weitere Aromakomponenten duften minzig-würzig und erinnern an Zimt.

Bevor man die Früchte im Mörser zerstößt, kann man sie in der Pfanne trocken anrösten. Dabei wird ein Teil der flüchtigen frischen, zitrusartigen Aromen freigesetzt. Gleichzeitig bilden sich Röstaromen, die für eine weitere Intensivierung des Aromas sorgen. Bergkümmel kann aber auch ungeröstet und im Ganzen verwendet werden. Wird er dann nicht allzu stark erhitzt, bleiben auch die flüchtigen Noten erhalten.

Generell sollte man Bergkümmel wegen des Bittertons sparsam dosieren. Für Pfeffer und Koriander ist er der ideale Partner, Kreuzkümmel ergänzt er sehr gut. Bergkümmel würzt Tomaten- oder Kohlgerichte ebenso wie deftige Eintöpfe. Zu eher fettigen Speisen passt er nicht nur deshalb, weil sich seine Aromen in Fett optimal lösen und auf die Gerichte übertragen, sondern auch, weil man ihm eine verdauungsanregende Wirkung nachsagt. Ein paar ungeröstete Früchte sorgen selbst in einer *Mousse au chocolat* für geniale terpentinartig-zitronige Momente beim Essen.

BITTERMANDEL

AROMENENTFALTUNG

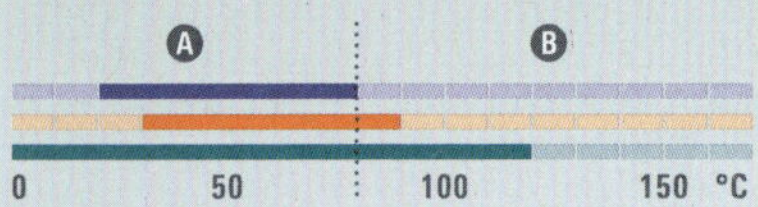

A Wachsig, fettig, nussartig
B Bitter, stechend

LÖSLICHKEIT DER HAUPTAROMEN

Wasser
Alkohol, Fett, Wasser

GESCHMACK

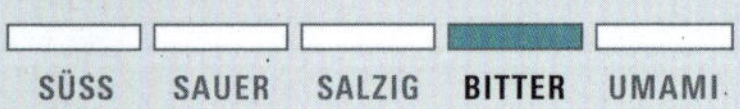

PASST GUT ZU

Süßspeisen, Plätzchen, Olivenöl, Kaffee

UNBEDINGT AUSPROBIEREN

Fein geriebene Bittermandeln auf buttriges Kartoffelpüree statt Muskat

Bittermandeln haben ein süßlich-marzipanartiges Aroma und entwickeln im Mund einen ausgeprägten Bittergeschmack.

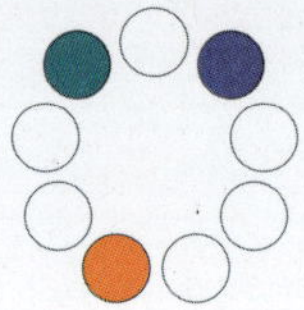

Bittermandeln enthalten AMYGDALIN. Wird der darin enthaltene Zucker abgespalten, reagiert der Rest zu BLAUSÄURE und dem marzipanartigen BENZALDEHYD. Diese Zerfallstoffe geben auch Apfelkernen ihren typisch süß-bitteren Mandeleindruck. Blausäure ist äußerst giftig, aber zugleich sehr flüchtig und hitzeempfindlich. Rohe Bittermandeln sind daher hochgiftig, erhitzte hingegen nicht.

Bittermandelöl, auch Bittermandelessenz genannt, wird chemisch entgiftet und kann unbedenklich verwendet werden. Rohe Bittermandeln muss man unbedingt erhitzen: Man kann sie trocken anrösten und in dünne „Blättchen" schneiden. Oder man kocht die mit Bittermandeln gewürzte Speise intensiv durch. Süßmandeln (→ Mandeln) sind durch jahrhundertelange Zucht frei von Amygdalin und können roh genossen werden.

Bittermandel beziehungsweise Bittermandelessenz wird überwiegend in Desserts und Plätzchen eingesetzt. Auch Marzipan und Persipan werden mit Bittermandeln aromatisiert. Darüber hinaus harmonieren abgekochte Bittermandeln wunderbar mit den bitteren Noten von Olivenöl. Aus dem gleichen Grund bieten sich Kombinationen mit Kaffee und bitterer Schokolade an. Wegen der Alkohollöslichkeit der Aromen werden auch Liköre mit Bittermandeln aromatisiert. Ersetzen kann man sie durch die Kerne in den Steinen von Aprikosen, Marillen oder Pfirsichen, bedingt auch durch Tonkabohnen.

Berberitzen, getrocknet *säuerlich-prickelnd mit erdigen, bitteren Noten* → Seite 65

Bergamotte, Öl *duftet zitrusartig, blumig, gleichzeitig balsamisch* → Seite 66

Bergkümmel *wächst in Mittel- und Südeuropa, beliebt in der türkischen Küche* → Seite 67

Bittermandel *roh hochgiftig, duften süßlich-marzipanartig* → Seite 68

Bockshornklee *Klassiker der indischen Küche, duftet nach Heu* → Seite 70

Bohnenkraut *mediterranes Kraut, süßlich, harzig, rauchig-aromatisch* → Seite 71

BOCKSHORNKLEE

Bockshornklee duftet nach Heu, erdig, fast röstartig. Rösten verstärkt das Aroma. Unterstützt wird das Aroma von fruchtigen Noten.

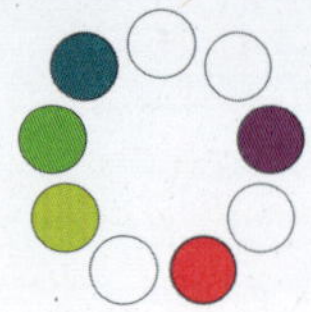

AROMENENTFALTUNG

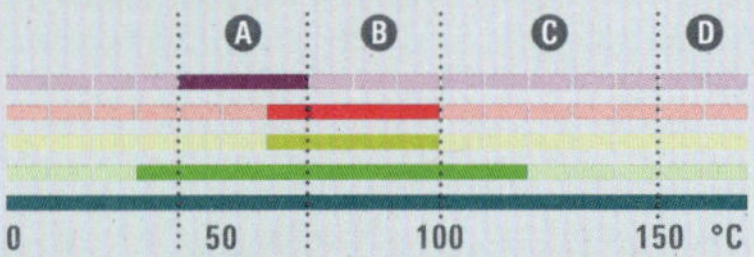

A Heuartige Bitternoten B Feine, leicht süßliche Bitternoten, curryartig C Würzige Bitternoten D Angenehm nussige Bitternoten durch Rösten

LÖSLICHKEIT DER HAUPTAROMEN

Alkohol, Fett

GESCHMACK

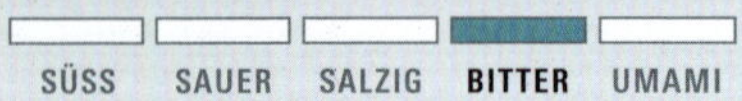

PASST GUT ZU

Blumenkohl, Spinat, Wurzelgemüse (Kartoffeln, Yams), Linsen, Fisch, Lamm, Reis, Tomaten

UNBEDINGT AUSPROBIEREN

2 EL Bockshornklee ins Käsefondue

Die Geruchschemie der Samen beziehungsweise Früchte des Bockshornklees wird durch SOTOLON bestimmt, das curryartig nach Ahornsirup und Karamell duftet. Der Geruch wird durch eher fruchtige Noten unterstützt und durch blumig-maiglöckchenartige sowie wärmende nelkenartige Düfte ergänzt. In den Blättern der Pflanze finden sich zusätzlich kräuterige, holzig-grüne bis florale Düfte. SAPONINE sorgen für bitteren Geschmack.

Als Gewürz werden die harten, eckigen, hellbraunen Früchte verwendet, seltener die getrockneten Blätter, in der kalten Küche auch die Sprossen. Vor dem Mahlen sollte man die Früchte kurz trocken rösten: Der Geruch wird dabei noch intensiver. Weicht man die harten Früchte über Nacht ein, lassen sie sich besser für Currypulver zerreiben. Um ihre Bitterkeit abzumildern, kann man sie mit heißem Wasser überbrühen und 15 Minuten quellen lassen. Die Samen kann man gut längere Zeit mitkochen. Die Blätter lassen sich frisch oder getrocknet verwenden.

Bockshornklee passt gut zu Chili oder Kreuzkümmel und ist ein wichtiger Bestandteil von Gewürzmischungen wie Currys oder *Panch Phoron*. Frische Bockshornkleeblätter werden gern mit Spinat kombiniert. Auch zu Kartoffeln oder Yamswurzeln passen sie gut. Süß-säuerliche Lebensmittel wie Avocado, Tomaten oder Käse können über Bockshornkleesprossen Röstaromen erhalten, ohne dass man sie selbst garen müsste.

BOHNENKRAUT

AROMENENTFALTUNG

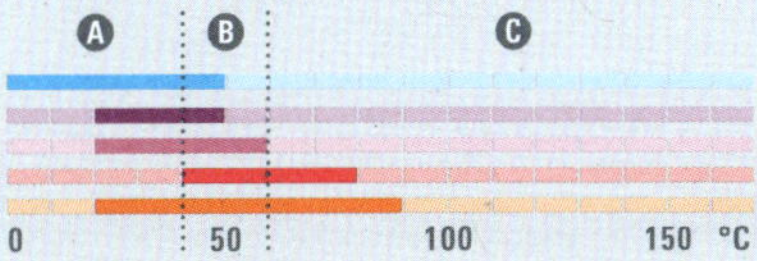

A Frisch, kräuterig, leicht blumig
B Kräuterig, warm, kampferig **C** Eher holzig, beginnende Bitternoten

LÖSLICHKEIT DER HAUPTAROMEN

Alkohol, Fett

GESCHMACK

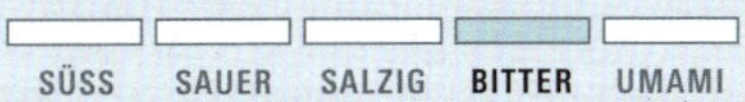

PASST GUT ZU

Hülsenfrüchten, Kohl, Kartoffeln, Zucchini, Lamm, Schwein, Geflügel, fettem Fisch, eingelegten Gurken, Käse, Brot

UNBEDINGT AUSPROBIEREN

Bohnenkraut in die Hackfleischbällchen

Bohnenkraut ist thymianartig, harzig, rauchig-aromatisch und wirkt kümmelartig, mit bitteren Untertönen.

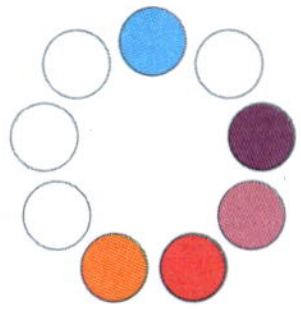

Bohnenkraut enthält wie Thymian das charakteristische THYMOL und das nach Pizza und Oregano duftende CARVACROL, wobei Letzteres hier im Vordergrund steht. Hinzu kommt das kräuterig-zitronige, fast terpentinartige α-TERPINEN. Unterstrichen wird der Geruch des Bohnenkrauts außerdem durch zitrusartige und mild-kampferartige Aromen, ergänzt um würzige Noten und einen leicht blumigen Duft. Das Kraut schmeckt leicht bitter und ist mitunter pfeffrig-scharf.

Man verwendet Blätter, blühende Zweigspitzen und auch die nicht verholzten Stiele. Streut man das Kraut frisch über Gemüse oder Gemüsesalat, bleiben Geschmack und Schärfe erhalten, mitgekocht verlieren sich die Aromaspitzen. Das getrocknete Kraut wirkt kräftiger und eher bitter-würzig. Man sollte es erst am Ende der Kochzeit zugeben, sonst dominieren die Bitterstoffe. Essige und Öle lassen sich mit Bohnenkraut gut aromatisieren.

Bohnenkraut passt nicht nur zu grünen Bohnen, sondern zu allen Hülsenfrüchten und zu Kohlgerichten, die sie zudem leichter bekömmlich macht. Es harmoniert mit Basilikum, Kreuzkümmel, Lavendel, Lorbeer, Majoran, Minze, Oregano, Petersilie, Rosmarin, Knoblauch und Thymian. Wie diese würzt es Schwein, Lamm oder Geflügel, Zucchini und Kartoffeln, Wurzelgemüse, Suppen und Eintöpfe. Auch mit fettem Fisch wie Aal, Makrele oder Karpfen kann man es kombinieren.

BORRETSCH

AROMENENTFALTUNG

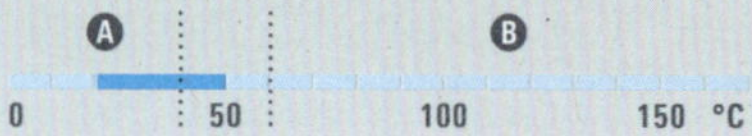

A Frische Gurkennote B Eher wachsig-fettes Aroma

LÖSLICHKEIT DER HAUPTAROMEN

Alkohol, Fett

GESCHMACK

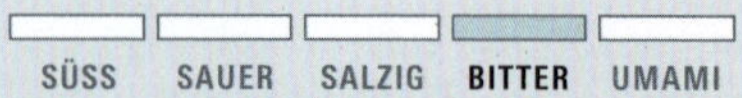

PASST GUT ZU

fettreichem Fisch, Aal, Kartoffelsalat, Quark, Joghurt, Sahne, sommerlichen Longdrinks (vor allem auf Wodkabasis)

UNBEDINGT AUSPROBIEREN

Viel Borretsch in die Fischsuppe

Borretsch schmeckt leicht bitter. Er duftet deutlich nach Gurken und erinnert auch an das Aroma von Wassermelonen.

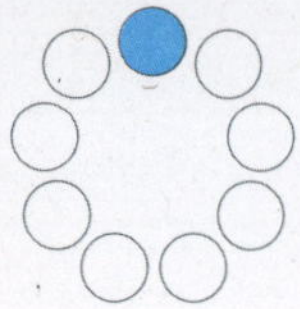

Borretsch, auch „Gurkenkraut" genannt, duftet deutlich nach Gurken, denn sein Hauptaromastoff (2E,6Z)-NONA-2,6-DIEN-1-AL findet sich als dominantes Aroma in diesem Gemüse. Die Blätter sind leicht bitter durch nichtflüchtige ALKALOIDE. Da sich bei der Verdauung dieser Alkaloide Stoffwechselprodukte bilden, die als toxisch gelten, sollte man das Kraut nicht regelmäßig und in großen Mengen verzehren. Die essbaren Blüten duften ähnlich gurkig, sind aber etwas süßer.

In der Küche verwendet man die kleingehackten Blätter, nicht die Stängel. Zum Salat oder in die Suppe wird er immer frisch gegeben. Möchte man das Kraut doch mitkochen, dann nur ganz kurz, da sich sein Aroma sonst verflüchtigt. Die blauen Blüten sind essbar und unterstreichen die gurkigen Aromen mit milden floralen Anklängen.

Das Kraut würzt meist Gemüse- und Obstsalate sowie Salsas. Es passt gut zu Olivenöl, Kresse, Liebstöckel und auch Dill. Die Kombination mit Gurke und Wassermelone funktioniert wegen ähnlicher Aromen sehr gut. Zusammen mit Joghurt oder saurer Sahne ist es die ideale Würze für ein Gurkensalatdressing. Ganz traditionell gehört Borretsch zusammen mit Kerbel, Kresse, Petersilie, Pimpinelle, Sauerampfer und Schnittlauch in die Frankfurter *Grüne Sauce*. Zur Aromatisierung von Getränken lässt es sich ebenfalls verwenden – etwa zur Herstellung eines Borretschwodkas.

BRENNNESSEL

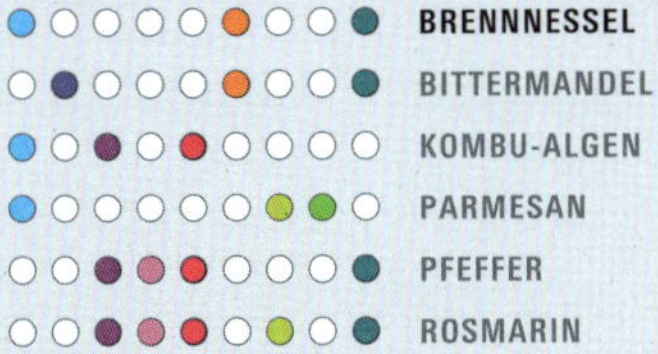

AROMENENTFALTUNG

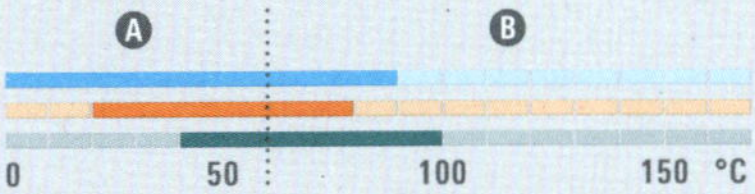

A Grasig, wachsig B Frisch, leicht aromatisch, leicht säuerlich C Herb, adstringierend

LÖSLICHKEIT DER HAUPTAROMEN

Alkohol, Fett

GESCHMACK

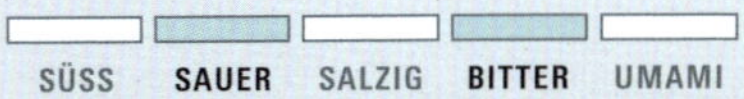

PASST GUT ZU

Salaten, Suppen, Gemüse, Risotto, Ravioli, Käse

UNBEDINGT AUSPROBIEREN

Blanchierte, gehackte Brennnessel unter Sahnequark heben, zu Salzkartoffeln

Die jungen Blätter und Stängel schmecken bitter-kräuterig, säuerlich – ähnlich Spinat. Ihr Aroma ist sehr grasig.

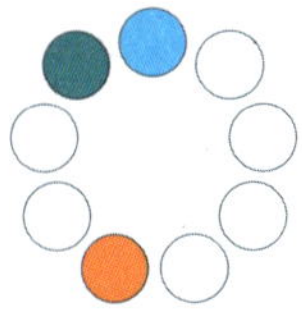

Der kräuterige Duft wilder Brennnesseln erinnert an Spinat, hat aber ein anderes Aromaspektrum. Dazu gehören VANILLINSÄURE und andere Säuren, die schwach aromatisch duften und sich durch einen leicht bitteren bis säuerlichen Geschmack auszeichnen. Blätter und Stängel der Pflanze tragen Härchen, die Nesselgiftstoffe enthalten. Streicht man sie beim Anfassen von unten nach oben, brennen sie auf der Haut fast gar nicht.

Verwendet werden nur die jungen Blätter, die älteren sind zu bitter. Um die Vitamine zu erhalten, gibt man Brennnesseln frisch oder erst am Ende der Garzeit hinzu. Damit sie nicht mehr an den Händen brennen, müssen die Blätter gehackt, mit Öl beziehungsweise Essig begossen, kurz überbrüht oder mit einem Nudelholz gequetscht werden: Die winzigen Brennhaare brechen dann ab. Getrocknete Blätter sind weniger aromatisch, aber noch immer bitter und adstringierend.

Die klein geschnittenen Blätter dienen als Würzkraut in Suppen oder Gemüsegerichten, Salaten oder Reisgerichten. Sie vertragen starke Begleiter, die ihrer Bitterkeit Schärfe oder süßlich-aromatische Noten entgegensetzen. Ein Risotto mit Brennnesseln schmeckt erstaunlich gut, ebenso wie Ravioli mit einer Frischkäse-Brennnessel-Füllung. Für eine Suppe werden zwei Drittel der Blätter mitgekocht, zum Schluss wird mit einem Drittel feingehackter Blätter gewürzt. Die getrockneten Blätter eignen sich gut für Tee.

CASHEW

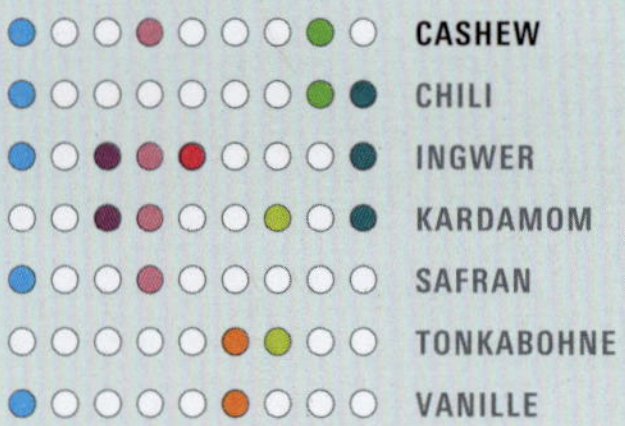

AROMENENTFALTUNG

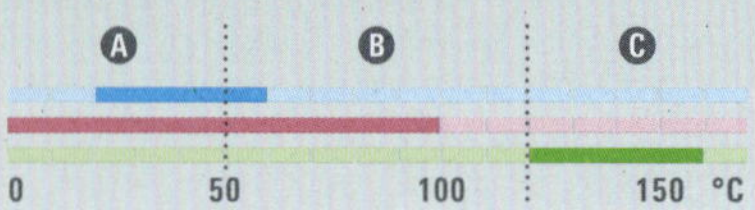

A Wachsig, fruchtig B Whiskyartig, holzig C Warme Röstnoten

LÖSLICHKEIT DER HAUPTAROMEN

Alkohol

GESCHMACK

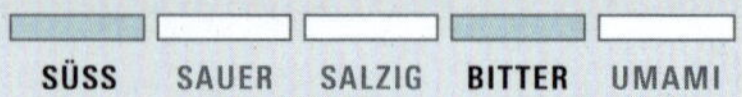

PASST GUT ZU

Huhn, Gemüse, Hackfleisch, Desserts

UNBEDINGT AUSPROBIEREN

In Weißwein eingeweichte, pürierte und nur leicht gesalzene Cashewnüsse zu Huhn als Würztupfen

Cashewnüsse schmecken leicht süßlich mit wachsig-fruchtigen und holzigen Noten. Sie werden meist im Ganzen mitgekocht.

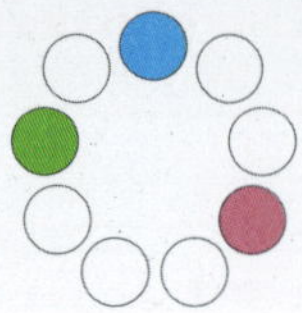

Das Schlüsselaroma kommt durch ein Heißdampfverfahren nach der Ernte zustande, mit dem die Nüsse entgiftet werden. Es wird durch den leicht holzig-süßlichen Duft der 2-METHYLBUTANSÄURE und 3-CAREN bestimmt. ETHYLBUTANOAT steuert ananasartige-fruchtige Noten bei. Weiterhin finden sich fruchtig-wachsige und grasig-grüne Noten sowie ätherisch-alkoholische Düfte, ergänzt durch würzig-warme, „tropische" Aromen.

Dank ihres spezifischen Fettsäurenspektrums sind Cashews länger haltbar als viele andere Nüsse. Im Vergleich mit Erd- oder Walnüssen erscheinen sie milder, weicher, auch fruchtiger. Cashewnüsse werden häufig geröstet, wodurch der würzige, karamellig-rauchige Duft betont wird. Man kann sie aber auch ungeröstet verwenden: In indischen *Kormas* dienen sie als Verdickungsmittel.

Die Cashewnuss ist ein guter Partner für Chili oder auch Tonkabohne. In der warmen Küche wird sie aufgrund ihres zarten, fruchtigen Aromas in eher milde gewürzten und in fruchtbetonten Gerichten eingesetzt. Fernöstliche Wokgerichte kombinieren Cashews gerne mit Huhn oder Gemüse. Mit Hackfleisch und Cashews lässt sich Gemüse füllen – ähnlich wie mit Pinienkernen. Bei diesen Kombinationen spielt auch das Mundgefühl eine große Rolle, die Variation zwischen weichen und knackigen Elementen während des Kauens. In Backwaren, Süßwaren und Desserts kommen Cashews ebenfalls vor.

Borretsch *beliebt für Salatdressings und Salsas* → Seite 72

Brennnessel *junge Blätter und Stängel schmecken bitter-kräuterig* → Seite 73

Cashew *leicht süßliche Samen des Kaschuaapfels* → Seite 74

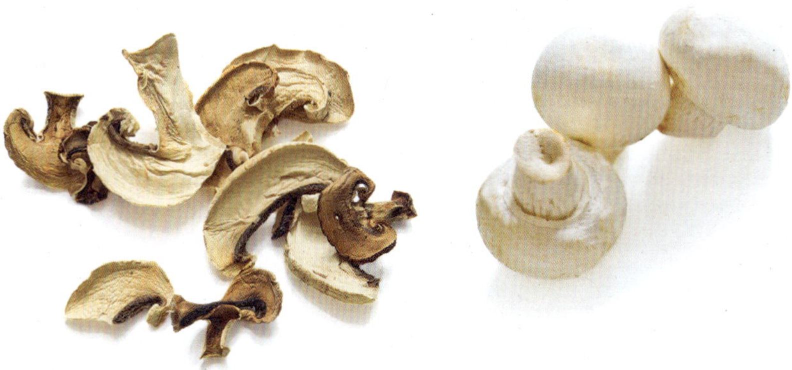

Champignon, getrocknet und Zuchtchampignon *je nach Sorte duften diese Speisepilze nach Anis, Mandeln oder riechen sehr erdig* → Seite 76

CHAMPIGNON

Je nach Sorte erinnern Champignons an Anis, Mandeln oder riechen erdig – getrocknet als Pulver liefern sie leichte umami-Noten.

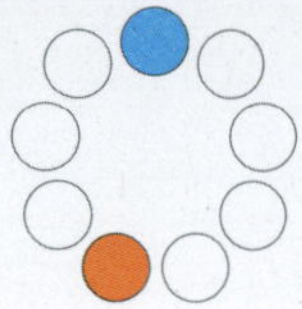

AROMENENTFALTUNG

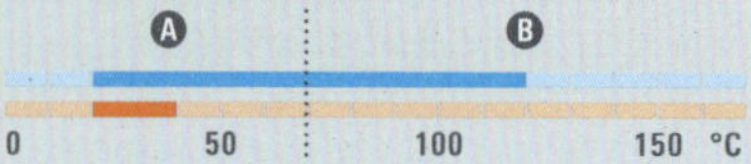

A Eher rohes Pilzaroma **B** Typischer Champignonduft, herzhaft

LÖSLICHKEIT DER HAUPTAROMEN

Alkohol, Fett

GESCHMACK

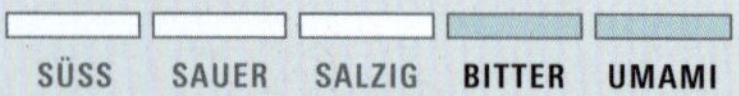

PASST GUT ZU

Fleisch, Fisch, Käse, Eiern, Pasta, Suppen

UNBEDINGT AUSPROBIEREN

Champigons halbieren, in ein Glas packen, salzen und ziehen lassen: allzeit greifbare Würze

Für den Geruch frischer Champignons nach feuchtem Boden, Mandeln, leicht schimmelig bis muffig, mit einem Hauch Kork ist der Aromastoff (R)-1-OCTEN-3-OL verantwortlich. Die typischen Pilzaromen entstehen erst während des Kochens: Der Aromastoff oxidiert zu 1-OCTEN-3-ON, das eindeutig pilzig duftet. Des Weiteren wirken im Aroma streng erdige, fast leicht verbrannt riechende Noten und ein nussig-feuchter, erdig-holziger Duft mit.

Champignons sollte man nur mit einem Tuch abreiben, denn beim Waschen nehmen sie über ihre poröse Struktur Wasser auf und verlieren an Aroma.

Wie viele andere Pilze können Champignons frisch und getrocknet als natürlicher Geschmacksverstärker in Speisen eingesetzt werden (→ Abschmecken: umami, Seite 23). Das Pilzpulver verleiht Saucen und Suppen, Omelettes und Risotti eine pilzige umami-Note. Diese lässt sich durch schwefelig-scharfe Noten erweitern, etwa mit frischem Knoblauch, Kresse, Bärlauch oder Schnittlauch. Gewürzmischungen gibt das Pulver herzhafte Noten und seinen typischen muffig-pilzigen Duft mit, der in Tomaten- und Bratensaucen Anwendung findet. Und etwas Pilzpulver mit Schwefelsalz, über pochierte Eier gestreut, lässt das Herz höher schlagen.

CHILI

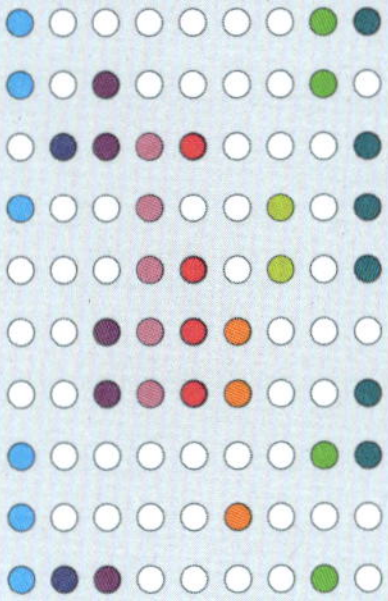

CHILI
AMCHOOR
ASANT
CRANBERRY
GALGANT
OREGANO
PARAKRESSE
PAPRIKA
VANILLE
YUZU

AROMENENTFALTUNG

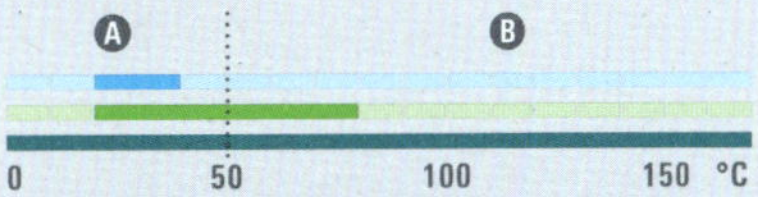

A Erdige Aromen, Schärfe
B Schärfe wird mehr betont, Schärfe wird (durch höhere Temperatur) noch dominanter

LÖSLICHKEIT DER HAUPTAROMEN

Alkohol, Fett

GESCHMACK

SÜSS SAUER SALZIG **BITTER** UMAMI

PASST GUT ZU

Eintöpfen, Suppen, Gemüse- und Fleischgerichten, Fisch und Meeresfrüchten, Saucen, Früchten oder Käse, Schokolade

UNBEDINGT AUSPROBIEREN

Hot-Cool Apero: etwas frischen gehackten Chili in ein Glas, ein eiskaltes Pils darauf

Chilisorten unterscheiden sich in Schärfegrad und Aroma – beim Trocknen oder Erhitzen bleibt fast nur die reine, neutrale Schärfe.

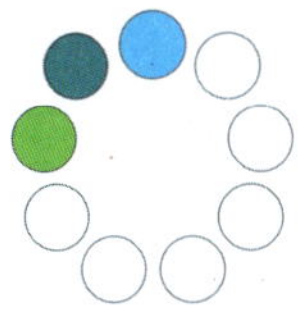

Der Scharfmacher in Chili ist das CAPSAICIN (→ Reizen des Trigeminusnervs, Seite 28). Das Aroma frischer Chilis liegt meist im erdig-fruchtigen Bereich, wofür in erster Linie 2-ISOBUTYL-3-METHOXYPYRAZIN verantwortlich ist. Innerhalb dieses Bereichs gibt es je nach Sorte unterschiedlichste Duftnuancen.

Chilis erhält man frisch, getrocknet oder eingelegt. Dabei gilt die Faustregel: Je kleiner die Schote, desto schärfer – die gelben Sorten sind milder als die roten oder grünen, getrocknete Chilis schärfer als frische. Das Capsaicin steckt in den Kernen und in Trennwänden. Je mehr man davon wegschneidet, desto „milder" werden sie. Um das fruchtig-erdige Aroma frischer Chilis zu erhalten, gibt man sie, roh und fein gehackt, gekochten Gerichten erst am Schluss zu. Kurzes Anrösten intensiviert die Schärfe. Will man eine ungewollt knusprige Textur vermeiden, weicht man getrocknete Chilis vor der Verwendung ein. Oder man legt sie in Öl ein, um ein aromatisches Chiliöl zu bekommen. Chilipulver ist einfacher zu dosieren, das Aroma verfliegt aber viel schneller als bei ganzen getrockneten Schoten.

Der Vorteil des Capsaicins ist seine Neutralität: Werden Chilis erhitzt, liefern sie reine Schärfe. Sie überdecken keine Aromen, sondern ergänzen einen neuen Sinnesreiz und fügen sich daher in viele Speisen problemlos ein. In Mexiko gibt es eine berühmte scharfe Schokoladensauce (→ *Mole poblano*).

Ancho *getrocknete Poblano-Chilis, schmecken und duften süß, fruchtig, sind mild,* Bhut Jolokia *nordindische Habanero-Variante, ausgesprochen scharf*

Cascabel, getrocknet *„Rassel"-Chilis, mittelscharf mit nussartigem Aroma,* Cayenne *immer rot und scharf, ein Bestandteil des gemahlenen Cayenne-Pfeffers*

Chipotle Gold, Chipotle Mora und Guajillo, getrocknet *mexikanische Chilisorten, recht scharf mit rauchigem und schokoladigem Aroma*

Habanero/Lampionchilis, frisch und getrocknet *sehr scharfe, aber auch fruchtige Sorte aus Yucatan*

Jalapeño, frisch und getrocknet *grüne, unreif geerntete Chilis mit dickem und saftigem Fruchtfleisch,* Mulato *getrocknete Poblano mit rauchigem Aroma*

Naga Jolokia, getrocknet *eine sehr scharfe Chilisorte,*
Pasilla/Chilaca, getrocknet *eher milde, würzige Sorten*

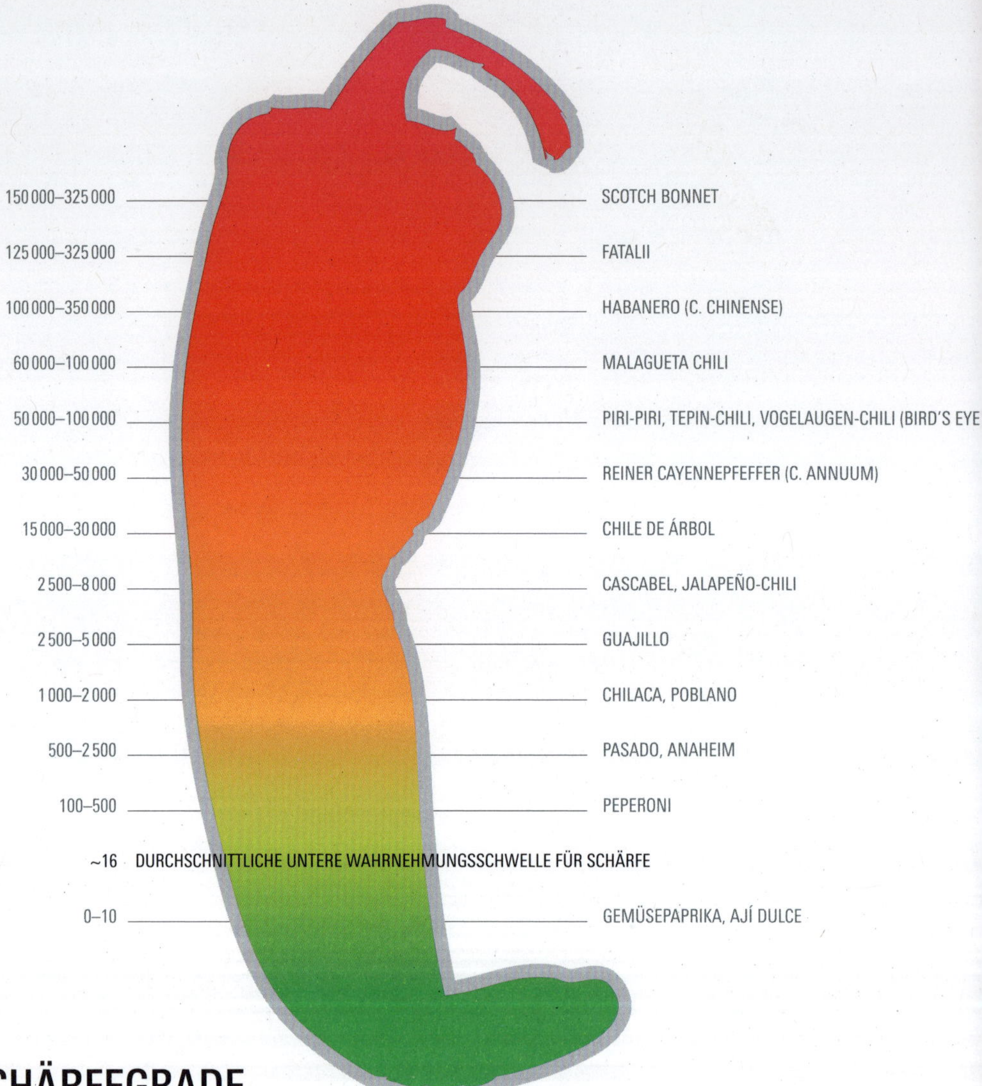

SCHÄRFEGRADE

Scharf ist nicht gleich scharf. Es gibt auch milde bis wenig scharfe Chilis, zudem hängt die Empfindung von der eigenen Capsaicintoleranz ab. Beinahe jedes Jahr werden neue Züchtungen gemeldet, bei denen noch höhere Scoville-Grade gemessen werden. Der Wert von Pfefferspray liegt übrigens bei 2–5 Millionen Scoville, reines Capsaicin misst 15–16 Millionen. Die Skala greift nicht für Pfeffer: Er reizt andere Rezeptoren des Trigeminusnervs – streng genommen erzeugt Piperin eine „andere" Schärfe als Capsaicin.

Pequin/Bird Pepper *sehr kleinfruchtige, scharfe Chilis,* Peperoni grün und rot *mild bis scharf*

Rawit *indonesische, sehr scharfe Sorte,* Scotch Bonnet *karibische Zuchtform, sehr scharf mit aprikosenartigen und fruchtigen Aromen*

Tabasco, getrocknet *kommt in die gleichnamige Sauce und ist brennend scharf,* Thai, getrocknet *sehr scharf, beliebt in asiatischen Gerichten,* Vogelaugen-Chili *äußerst scharfe Sorte*

CRANBERRYS, GETROCKNET

AROMENENTFALTUNG

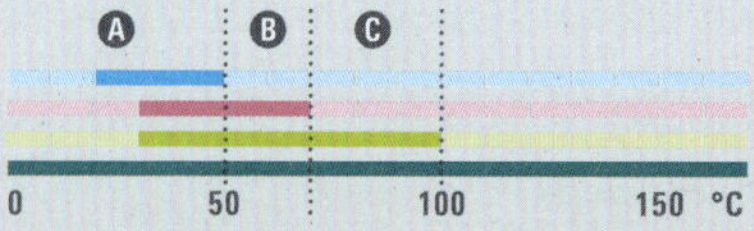

A Fruchtig-süß-säuerlich B Zitrusartig aromatisch C Kampferartig bis bitter, leicht adstringierend

LÖSLICHKEIT DER HAUPTAROMEN

Alkohol, Fett, Wasser

Alkohol, Fett

GESCHMACK

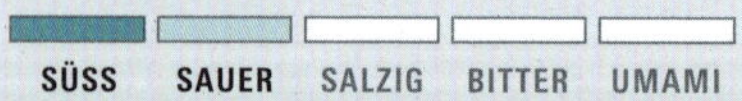

PASST GUT ZU

Saucen zu Geflügel, zu Obstsalaten, Backwaren, Suppen, Eintöpfen, Wild

UNBEDINGT AUSPROBIEREN

1 EL Cranberrys an den Bohneneintopf

Die tiefroten Beeren duften zitrusartig und etwas nach Flieder. Sie schmecken intensiv süß-säuerlich und sind leicht adstringierend.

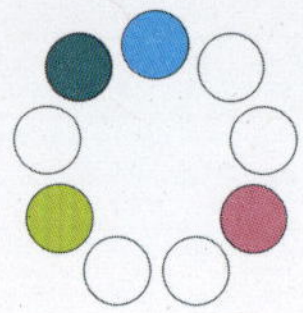

Der Duft der Cranberry beinhaltet über 100 flüchtige Aromen, deren exakte Komposition von Sorte und Anbaugebiet abhängt. Im Vordergrund steht das nach Zitrus und Flieder duftende α-TERPINEOL. Dazu trägt P-CYMOL seinen holzigen, zitrus- und terpentinartigen Geruch hinein. Hinzu kommen ein süßlicher, mild-aromatischer Duft, ein kampfer- und eukalyptusartiger Ton, mandelige Noten sowie Zitrus-, Orangen- und fruchtig-stechende Düfte. 1-OCTEN-3-OL bringt einen Hauch Pilzaroma. Die Beeren sind süß-säuerlich, leicht bitter und adstringierend.

Frische Beeren schmecken aufdringlich sauer, beim Kochen oder Trocknen wird die Säure abgebaut. Getrocknete Beeren kann man roh verzehren oder mitkochen, ohne sie vorher wässern zu müssen.

Mit Cranberrys lässt sich Säure und ein wenig Fruchtigkeit in Suppen, Eintöpfe oder Pastasaucen bringen. Eine herb-süße Cranberrysauce gehört in Nordamerika zu jedem Thanksgiving-Truthahn. Mit dieser Sauce als Basis lassen sich herzhafte bis scharfe Chutneys herstellen. In ihrer Grundform passt sie zu Desserts, Sorbets oder Eis. Ein Mix aus Erdbeeren, Vanille und Limettensaft bekommt mit ein paar Cranberrys zusätzlich fruchtige Frische. Tomatensalaten geben sie einen sauer-fruchtigen Kick. Mit Cranberrysaft kann man alle möglichen Erfrischungsgetränke säuern und färben.

CURRYBLÄTTER

AROMENENTFALTUNG

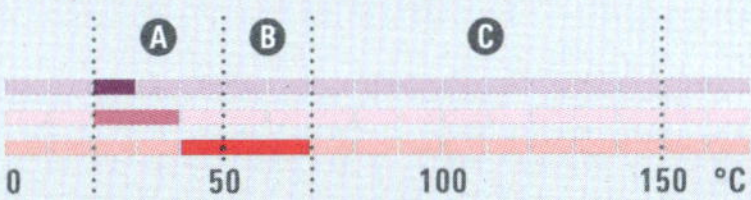

A Frischer, pinienartiger Duft
B Würzig-harzig, leicht holzig
C Bitternoten betont

LÖSLICHKEIT DER HAUPTAROMEN

Alkohol, Fett
Alkohol, Fett, Wasser

GESCHMACK

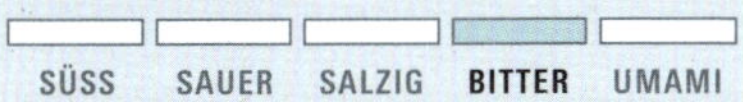

PASST GUT ZU

jedem Gemüse, Hülsenfrüchten, Fisch, Meeresfrüchten, Lamm, Kokosmilch

UNBEDINGT AUSPROBIEREN

Frische Curryblätter auf Butterbrot

Die leicht zerdrückten Blätter duften kräftig würzig, mit Pinien-, Holzrinden- und Zitrustönen. Sie schmecken leicht bitter.

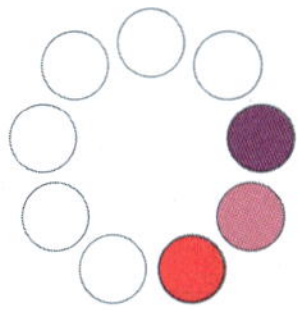

Bei frischen Curryblättern stehen die blumigen, frisch bis würzig duftenden Aromen GERANIOL, TERPINEN-4-OL und NEROL im Vordergrund. Hinzu kommen frisch-kräuterige, zitrus- und balsamartige sowie kiefernartige Noten. Die Aromenzusammensetzung kann je nach Jahreszeit und Anbaugebiet variieren.

Beim Trocknen der feinen Blätter verflüchtigen sich die blumigen und zitrusartigen Düfte. Stattdessen dominiert ein kräftiger, eher bitterer Geschmack. Getrocknet kommen sie lange in Schmorgerichten mitgeköchelt am besten zur Geltung. Wegen der Flüchtigkeit ihrer Aromen werden Curryblätter fast immer frisch verwendet und erst kurz vor Schluss der Garzeit leicht zerdrückt zu den Speisen gegeben. In Südindien brät man die frischen Blätter auch kurz in sehr heißem Fett, das ihre Aromen löst (*Tadka*).

Eine der wenigen Gewürzmischungen, in die Curryblätter gehören, ist → Madras-Curry: Zuvor geröstete Gewürze werden im Mörser zermahlen, erst am Schluss kommen die frischen Blätter hinzu. Traditionell werden frische Curryblätter mit Kartoffeln und Gemüse kombiniert. In der südindischen, tamilischen Küche brät man Curryblätter kurz mit Asant, Senfsamen und Chili in heißem Fett an und würzt damit Fisch oder Meeresfrüchte.

CURRYKRAUT

AROMENENTFALTUNG

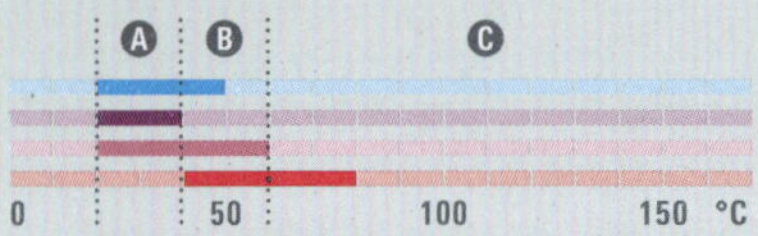

A Florale Aromen B Pinienartig, tannenartig C Erdig, gemüseartig

LÖSLICHKEIT DER HAUPTAROMEN

Alkohol, Fett

GESCHMACK

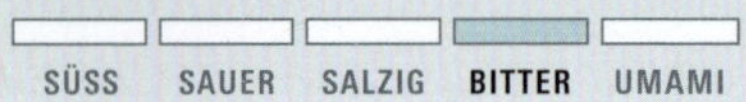

PASST GUT ZU

Fleisch, Gemüse (Tomaten, Auberginen, Zucchini), Suppen, Aprikosen, Pfirsichen

UNBEDINGT AUSPROBIEREN

Currykraut im Gurkensalat

Currykraut duftet süßlich-aromatisch und erinnert sowohl an „Curry" als auch an mediterrane Kräuter wie Rosmarin oder Salbei.

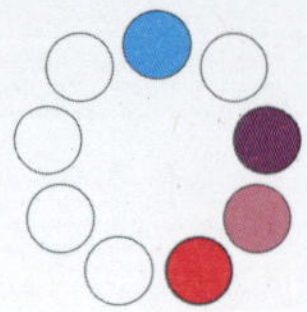

Das mediterrane Currykraut duftet tatsächlich nach „Curry". Die blumige Frische und der leicht an Orangen und Rosen erinnernde Geruch wird durch das NERYLACETAT bestimmt, die warm-harzige Pinien-Note durch das α-PINEN. Zusammen stellen sie die beiden Hauptaromen dar. Der blumig-frische Duft nach Zitrusblüten stammt vom LINALOOL, das Aroma NEROLIDOL trägt Rosen- und Apfelnoten hinein. Hinzu kommen Zitrustöne, ein kampferartiger und terpentinartiger Duft sowie erdige, nach Wald und Heu duftende Noten.

Currykraut wird frisch verwendet, da es getrocknet viel Aroma einbüßt. Es darf nicht zu lange in einer Speise ziehen, sonst lösen sich die enthaltenen Gerbstoffe und das Gericht wird zu bitter. Deshalb gart man die ganzen Zweige nur kurz mit und entfernt sie dann wieder. Man kann das Kraut auch kleingehackt gegen Schluss der Garzeit mitkochen und mitessen oder Butter mit ihm aromatisieren. Die Blütenknospen sind intensiver im Aroma, schmecken aber auch bitterer.

Currykraut passt trotz seines Namens nicht zu allen indischen und asiatischen Gerichten – zumindest nicht als Ersatz für ein echtes →*Masala*. Sein Aroma kann Speisen jedoch einen exotischen Hauch geben. Es würzt alle eher deftigen Gerichte mit Gemüse und Fleisch. Empfehlenswert ist die Kombination mit reifen Tomaten. Auch zu süßen Speisen passt das Kraut sehr gut.

DATTELN

AROMENENTFALTUNG

A Blumig, fruchtig B Aromatisch-süß bis würzig C Dominante Süße

LÖSLICHKEIT DER HAUPTAROMEN

- Alkohol
- Alkohol, Fett

GESCHMACK

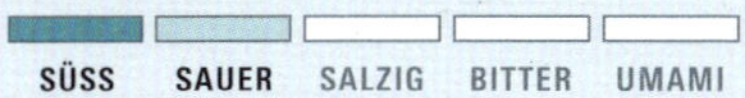

PASST GUT ZU

Marzipan, Schokolade, Brot, Fleisch, Meeresfrüchten, Fisch, Gemüse (Kürbis, Kartoffeln), Reis, Obst

UNBEDINGT AUSPROBIEREN

1 Dattel mit 1 EL Sojasauce und 1 TL Reisessig zerdrücken. In Olivenöl geschmorter Radicchio mit ein bis zwei Datteln

Datteln schmecken komplex süß und liefern viele Aromen mehr, etwa Zimt- und Holztöne, Karamell, blumige und fruchtige Noten.

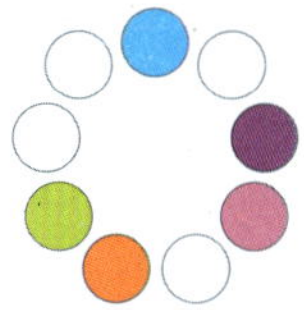

Die Aromachemie der Datteln ist durch das fruchtig-blumig duftende GERANIOL geprägt und mit zitrusartigen Noten des LIMONEN unterlegt. Weiterhin finden sich fruchtig-nussige, karamellige Aromen und ein leicht stechender, fruchtiger, etwas fettiger und grüner Duft. Hinzu kommen eine aromatisch-süßliche Note und fruchtig-süßliche bis säuerliche Aromen, die an Bananen oder Aprikosen erinnern. Reife Datteln zeigen eine komplexe, sehr differenzierte Süße.

Die Schale kann man bei frischen wie getrockneten Datteln entfernen oder mitessen. Datteln können roh verzehrt werden, sie lassen sich füllen, zu einer Paste verarbeiten oder mitschmoren. Beim Trocknen treten kaum Aromenverluste auf. Auch während des Mitkochens werden die Aromen langsam abgegeben, bei zu starker Hitze und zu langem Kochen dominiert jedoch die Süße.

Datteln lassen sich mit Pistazien und Nüssen kombinieren, mit Schokolade, Blauschimmelkäse, Speck oder Currymischungen. Zu mit Datteln gefülltem Fisch passen Ingwer, Nüsse und Pfeffer. Weiche Datteln mit Knoblauch, Limettenschale und -saft, Kurkuma, Sumach und Zimt ergeben eine Paste, die mit gegrilltem Tintenfisch harmoniert. Obstsalate erhalten mit Datteln eine orientalische Note und passen, zusammen mit Orangen, Minze, Zimt, Sumach, Orangenblütenwasser, Mandeln und Olivenöl, sehr gut zu Pikantem.

DILL

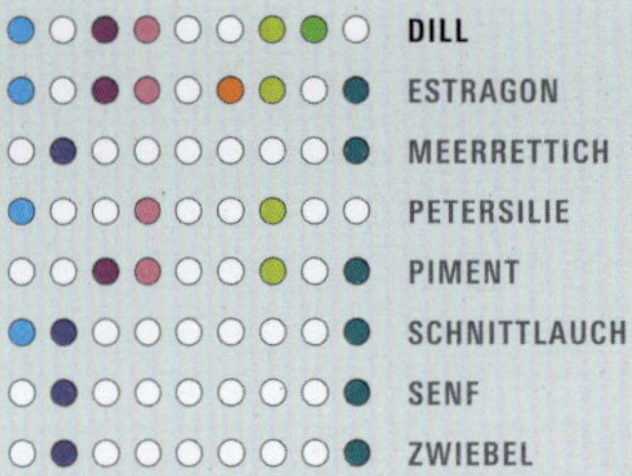

AROMENENTFALTUNG

A Charakteristischer frischer Duft
B Warme Aromen betont, weniger frisch C Eher stumpf, aber aromatisch

LÖSLICHKEIT DER HAUPTAROMEN

Alkohol, Fett

GESCHMACK

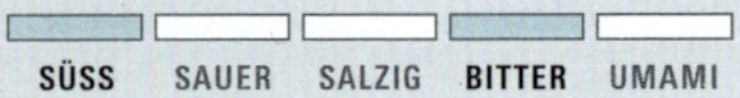

PASST GUT ZU

Fisch, Sahne, neuen Kartoffeln, gekochtem Rindfleisch, Kohl, Gurken, Eierspeisen, Roter Bete, Obst, dunkler Schokolade

UNBEDINGT AUSPROBIEREN

Sahne und Dill leicht erwärmen, ziehen lassen. Nach Erkalten aufschlagen und zum Pflaumenkuchen reichen

Dill erinnert an Kümmel, Anis und Fenchel, schmeckt bitter-süßlich und wird vor allem frisch verwendet.

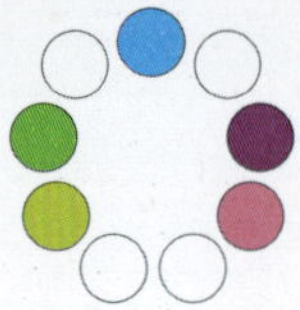

Verantwortlich für den typischen frischen Duft der grünen Dillspitzen ist in erster Linie das CARVON. Hinzu kommen das würzig-minzige α-PHELLANDREN, das aromatisch-zitrusartige P-CYMOL sowie LIMONEN mit seinen orangenartigen, zitronigen Noten. Weiterhin finden sich ein terpentinartiger Unterton sowie nach Fenchel und Kräutern riechende Beinoten. Der Geschmack des Krauts ist leicht süß. Die bräunlichen Dillfrüchte duften ebenfalls, doch fehlen dort die kräuterigen Aromen.

Frisch verwendet man meist nur die Spitzen, die jungen Stängel schmecken aber ebenfalls. Die Spitzen kocht man nicht mit, sondern gibt sie erst zum Schluss zu oder streut sie direkt über das Essen. Die getrockneten Dillfrüchte kann man hingegen in Schmorgerichten oder in Marinade für eingelegte Gurken einsetzen. Den schärferen indischen Dill (Sowa) brät man in heißem Fett an.

Traditionell begleiten das Kraut oder auch die Samen Fisch und Meeresfrüchte. In Schweden wird der mit dem Kraut gebeizte Lachs mit einer Senf-Dill-Sauce gereicht. In Frankreich gibt es eine Dillsahnesauce (*sauce à l'aneth*) zu gekochtem Rindfleisch und Rinderzunge. Äußerst beliebt ist die Verbindung von Dill und Gurken. Die leicht süßlichen Dillspitzen passen außerdem gut zu Wassermelonen, Erdbeeren oder Bananen. Die Kombination mit dunkler Schokolade ist ebenfalls einen Versuch wert.

EBERRAUTE

AROMENENTFALTUNG

A Frischer, typischer Duft
B Kräuterig-bitter C Stärkeres wermutartiges Aroma

LÖSLICHKEIT DER HAUPTAROMEN

Alkohol, Fett

GESCHMACK

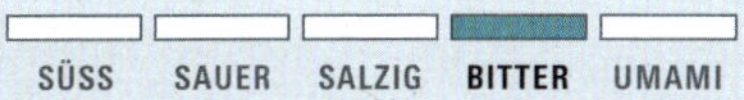

PASST GUT ZU

Braten, Quark, Saucen, Salat

UNBEDINGT AUSPROBIEREN

Etwas Eberraute in Rum ziehen lassen ergibt einen Hauch Cola-Rum

Eberraute duftet harzig-balsamisch mit Kampfer- oder Zitronennoten. Der Geschmack ist deutlich herb-bitter.

Das Hauptaroma der Eberraute definiert sich über den eukalyptus- und kampferartigen Duft des 1,8-CINEOL und das mentholige, an Wermut erinnernde THUJON. Weitere Aromastoffe fügen würzig-terpentinartige Töne hinzu. DAVANOL ist für den charakteristischen Cola-Geruch verantwortlich. Das Kraut schmeckt bitter und wirkt auf der Zunge adstringierend.

Da die Stiele bitter und hart sind, verwendet man nur die Blätter und die noch geschlossenen Knospen. Sie werden immer mitgekocht – am besten in einem Säckchen, um sie danach entfernen zu können. Man sollte sparsam dosieren, weil sonst das Gericht zu bitter wird. Durch kurze Hitze kann man die Bitterkeit nur leicht abmildern. Dann dominiert nur das adstringierende Gefühl.

Eberraute ergänzt sich in Salaten gut mit Borretsch. Zusammen mit Anis erreicht man eine absinthartige Duftkomposition – noch mehr in diese Richtung geht die Kombination mit Salbei. Spannend ist die Zusammenführung von Eberraute und Minze. Man kann mit dem Kraut Gänse-, Enten- und andere Braten stopfen oder einreiben. Auch bei Pasteten setzt man es ein. Die Zitroneneberraute harmoniert mit Zitronenthymian oder mit Zitronenschale und macht sich gut in einer sommerlichen Bowle. Aus der Kampfereberraute lässt sich ein Eistee zubereiten, der tatsächlich etwas nach Cola schmeckt.

ERDNUSS

AROMENENTFALTUNG

A (Frisch, ungeröstet) wachsig, fettig
B Deutlich nussige Röststoffe

LÖSLICHKEIT DER HAUPTAROMEN

Alkohol, Fett, Wasser (warm)

GESCHMACK

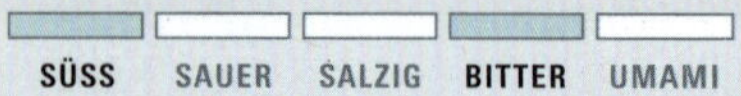

PASST GUT ZU

Marmelade, anderen Nüssen, allen Fleischsorten, besonders Huhn, Fisch, Gemüse, Bananen, Schokolade

UNBEDINGT AUSPROBIEREN

Geröstete Erdnüsse und reifer Harzer Käse

Erdnüsse duften eindeutig nussig, mit sahnigen Noten, aber mild und unaufdringlich. Die Röstaromen tendieren ins Fruchtige.

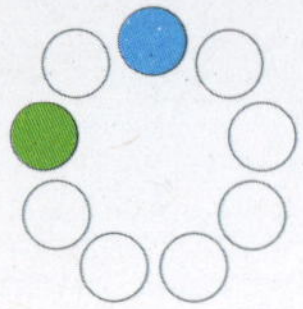

Frische Erdnüsse schmecken mehlig-bitter. Erst durch Rösten bildet sich der typische Duft heraus. Dabei entstehen das grasig-grün-fruchtige HEXANAL, das OCTANAL mit seinem lackartigen, leichten Rosenduft und NONANAL, das blumig-rosig-zitrusartig riecht. Hinzu kommen erdige bis nussig-röstige sowie ein wenig muffige Aromen.

Frische Erdnüsse werden einige Stunden in Salzwasser gekocht, damit sie weniger bitter sind. Sind sie geröstet, sollte man sie erst beim Servieren dazugeben – sonst verlieren sie ihre Knackigkeit. Raffiniertes →Erdnussöl schmeckt fast neutral, daher ist es für die Zubereitung von Remouladen oder Mayonnaisen besser geeignet als viele andere Nussöle. Außerdem lässt es sich hoch erhitzen. Kaltgepresstes Öl ist dagegen zum Braten und Frittieren nicht geeignet. Gekochten Speisen verleiht nicht raffiniertes Erdnussöl dafür ein leichtes Erdnussaroma.

Geröstete Erdnüsse bieten sich ebenso für salzige wie für süße Speisen an. In Erdnusssauce geschmortes Fleisch schmeckt hervorragend. Geröstete Erdnüsse würzen Saucen und Gemüsegerichte ebenso wie Gebäck, Beignets und Bouletten. Sie lassen sich sehr gut mit scharfen Gewürzen wie Chili oder verschiedenen Pfeffersorten kombinieren, aber auch mit Süßem. Erdnussbutter mit Marmelade, Schokolade, Zucker oder Honig ergeben perfekte Dessertgrundlagen.

ESTRAGON

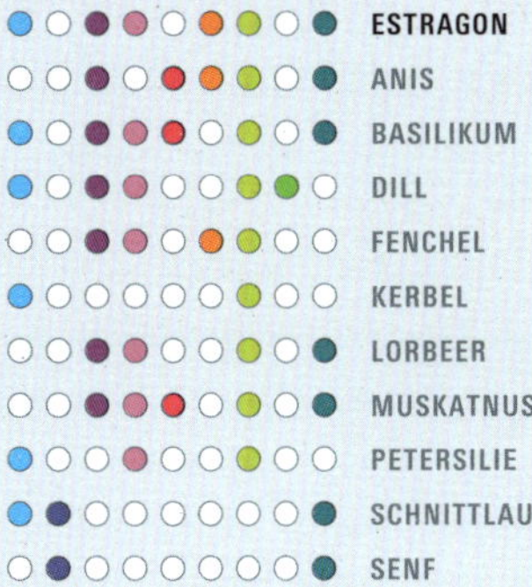

Estragon duftet süßlich-herb und erinnert an Süßholz, Fenchel, Anis und Pfeffer. Im Abgang ist er leicht bitter.

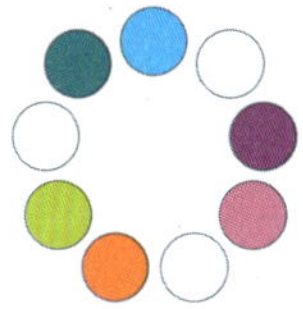

AROMENENTFALTUNG

A Frisch, blumig, zitrusartig
B Kräuterig-harzig C (Gekocht) weiche, leicht nelkenartig-holzige Noten

LÖSLICHKEIT DER HAUPTAROMEN

Alkohol, Fett
Alkohol

GESCHMACK

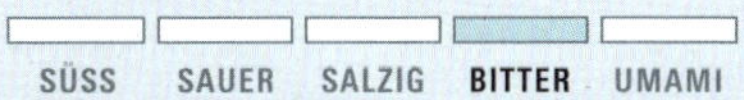

PASST GUT ZU

Geflügel, Kaninchen, Wild, Leber, Herz, Fisch, Meeresfrüchten, Eierspeisen, Pilzen, Artischocken, Tomaten, Butter, Essig

UNBEDINGT AUSPROBIEREN

Estragon in die Linsensuppe – und einen Schuss Himbeeressig

Estragon kann je nach Sorte vollkommen unterschiedlich duften. Das Aroma des Deutschen Estragons lebt von dem aromatisch-würzig nach Basilikum, Kerbel und leicht nach Minze duftenden ESTRAGOL und von ANETHOL, dem Hauptaroma in Fenchel und Anis. Verschiedene weitere Düfte und Untertöne ergeben eine „kieferige" Wahrnehmung. Der Russische Estragon duftet harzig-würzig, ist aber bitterer, der Französische schmeckt etwas süßer und gefälliger.

Am besten verwendet man die jungen Blätter und Triebe frisch beziehungsweise frisch aufgetaut. Getrocknet ist Estragon immer noch aromatisch. Man sollte das Kraut eher vorsichtig dosieren und nicht zu lange mitkochen, da sein Aroma sonst schnell in den Speisen dominiert.

Estragon erweitert die Aromen anderer Kräuter um Zitrusnoten, Kiefernduft und würzig-minzige Töne. Das Kraut passt zu Petersilie, Schnittlauch und Kerbel (siehe die Kräutermischung → *Fines Herbes*) oder zu Dill. Das Kraut harmoniert mit allem Säuerlichen – wie etwa Sauerbraten oder eingelegten Gurken. Dünstet man Fisch auf ganzen Estragonzweigen, werden unter anderem die Zitrusnoten freigesetzt. Erst am Schluss über die Speisen gestreut, würzt das Kraut milde Suppen und Eiergerichte und macht aus einem Spiegelei eine Delikatesse. Noch heute gehört es zu den klassischen Zutaten für Sauce béarnaise und Sauce Tartare.

FENCHEL (SAMEN)

AROMENENTFALTUNG

A Frische kräuterige Note **B** Fruchtige Fenchelnote, Anklänge von Zitrus **C** Intensivierung kümmelartiger Töne und Röstnoten

LÖSLICHKEIT DER HAUPTAROMEN

Alkohol

Alkohol, Fett

GESCHMACK

PASST GUT ZU

Schweinebraten, Gemüse, Ragouts, Brot, Meeresfrüchten, Fisch, Suppen, gebratener Leber

UNBEDINGT AUSPROBIEREN

Steckrüben-Fenchel-Püree

Fenchelfrüchte schmecken leicht süß mit bitter-süßem Nachgeschmack. Ihr Aroma erinnert an Anis und Kümmel, Honig und Pfeffer.

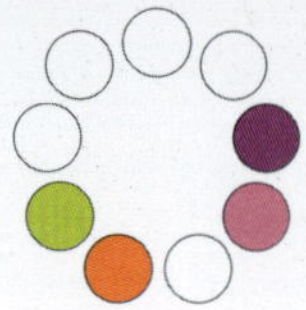

Fenchelfrüchte sind aromatisch mit Kümmel, Dill und Anis verwandt. Sie enthalten das nach Anis duftende ANETHOL, weiterhin LIMONEN, das orangenartig und terpentinartig-zitronig riecht, das bittere, kampferig duftende FENCHON und ESTRAGOL mit seinen aromatisch-würzig-anisartigen Noten. Weitere Aromastoffe geben dem Fenchel einen würzigen, harzigen bis kiefernartigen Beigeruch. Bitterfenchel wächst wild und wird nur in der Toskana kommerziell verwertet.

Röstet man Fenchelfrüchte trocken an, kommen die Hauptaromen besser zur Geltung. Anschließend kann man die Samen im Mörser zu Pulver zerstoßen. Kocht man ganze Früchte mit, nimmt man in Kauf, dass man beim Essen immer wieder auf sie beißt.

Fenchelfrüchte passen sehr gut zu Muskatnuss, Kümmel oder Thymian. Eine ideale Kombination ist zum Beispiel ein Risotto mit Tomaten, Thymian und Fenchel. Zusammen mit Zitronenschale setzt er einen schönen Kontrast zu jedem fetten Fisch. Süße Marmeladen aus Birnen oder Quitten vertragen ebenfalls einige Fenchelfrüchte. Sparsam dosiert, passen sie auch zu Gebäck.

Der wilde Bitterfenchel würzt in Italien zusammen mit Rosmarin, Salbei und Knoblauch Schweinebraten, gegrillten Fisch, Sugos und Ragouts. In die Fenchelsalami *Finocchiona* gehören ebenfalls Bitterfenchelsamen.

GALGANT

AROMENENTFALTUNG

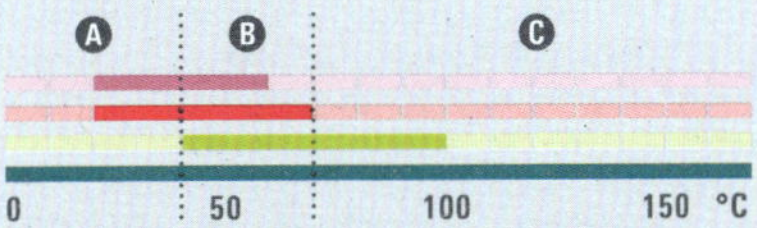

A Frisch: mitunter zitronige Frische
B Balsamische, würzige Noten C Aromatische Schärfe im Vordergrund

LÖSLICHKEIT DER HAUPTAROMEN

Alkohol, Fett

GESCHMACK

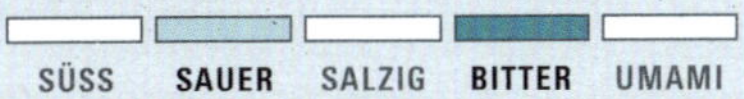

PASST GUT ZU

Suppen, Ente, Gans, Huhn, Fisch und Meeresfrüchten, Tomaten

UNBEDINGT AUSPROBIEREN

Nordseekrabben, etwas Sahne und Galgant

Galgant wird mit Hitze schärfer bis angenehm herb. Frisch ist er milder als Ingwer, das Pulver ist herber, trigeminal etwas wärmer

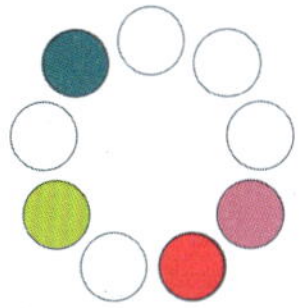

In Galgant, auch „Thai-Ingwer" genannt, finden sich unter anderem das nach Eukalyptus und Kampfer duftende 1,8-CINEOL, das holzige α-PINEN sowie das nach Gewürznelken duftende EUGENOL. Beim Trocknen kommt ein zimtartiger Duft zum Vorschein, ebenso wie holzig-würzige, säuerlich-schwere und balsamartige Aromen.

Frischen Galgant kann man reiben und etwa in Gewürzpasten einsetzen. Schmorgerichten mit langer Garzeit fügt man dünne Scheiben zu, die man am Schluss wieder entfernt. Getrocknete, eingeweichte Galgantscheiben verleihen Suppen, Saucen, Fonds und Schmorgerichten eine feinherbe Pfeffernote und eine leicht bittere Würzigkeit.

In Thailand wird Galgant gerne mit Zutaten wie Ingwer, Zitronengras oder Kaffirlimettenblättern kombiniert, zum Beispiel in der klaren Suppe *Tom Yam*. In Indonesien und Malaysia gehört frischer Galgant in die *Bumbu*-Würzpasten. Roh dienen diese zum Marinieren von Fleisch, angebraten als Saucengrundlage. Die chinesische Küche hingegen setzt Galgant ausschließlich getrocknet ein, vor allem zum Würzen von Brühen. Auch wenn das Gewürz traditionell in der fernöstlichen Küche verhaftet ist, lässt es sich gut in die heimische integrieren. Das weniger fruchtige Pulver verleiht besonders Wild und Grillfleisch sowie herzhaften Festtagsbraten eine dezente Schärfe.

Cranberrys, frisch und getrocknet *nordamerikanische Kulturpreiselbeere, auch Moosbeere* → Seite 82

Curryblätter *duften nicht nach Curry, sondern nach Mandarine* → Seite 83

Currykraut *mediterranes Kraut, das wirklich nach Curry duftet* → Seite 84

Datteln, getrocknet *Beerenfrüchte der Dattelpalme mit Zimt- und Holzaromen* → Seite 85

Dill *das „Kraut des Nordens" kannten schon die Römer* → Seite 86

Eberraute *mediterrane Pflanze, duftet harzig-balsamisch* → Seite 87

Erdnuss *mit Hülsenfrüchten verwandt, sahnige Note und fruchtige Röstaromen* → Seite 88

Estragon *klassische Zutat für die Sauce béarnaise* → Seite 89

Fenchel, Samen und Fenchelgrün *kommt gerne in die italienische Salami, frisch in Sauerkonserven* → Seite 90

Galgant, frisch und Pulver *schmeckt ähnlich wie Ingwer mit einer deutlich pfeffrigen Note* → Seite 91

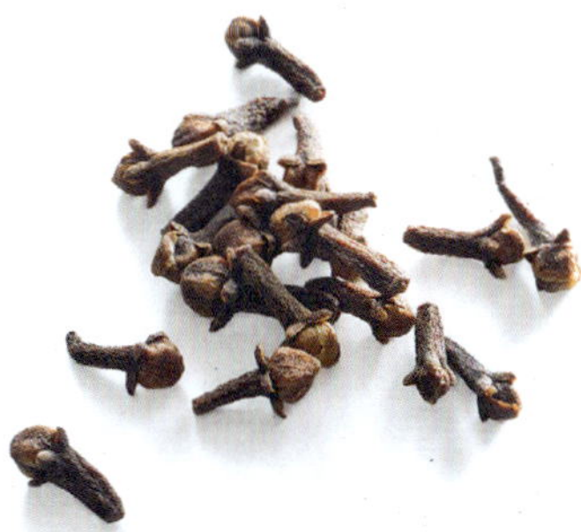

Gewürznelke *getrocknete Blütenknospen eines Baumes aus der Familie der Myrtengewächse* → Seite 94

GEWÜRZNELKE

AROMENENTFALTUNG

A Wachsige, dezent betäubende Würzigkeit B Fein-würzig, holzartig C Herbe, würzige, adstringierende, bittere Noten

LÖSLICHKEIT DER HAUPTAROMEN

Alkohol, Fett

Fett

GESCHMACK

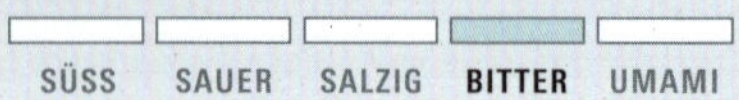

PASST GUT ZU

dunklen Saucen, Geschmortem, Wild, Nieren, Wurst, Gemüsegerichten (Grünkohl, Wirsing, Rotkohl), Kompotten, Backwaren

UNBEDINGT AUSPROBIEREN

Bananeneis mit Gewürznelke

Gewürznelken liefern ein warm-süßliches, charakteristisches Aroma. Pur reizen sie trigeminal von kalt bis warm, leicht brennend.

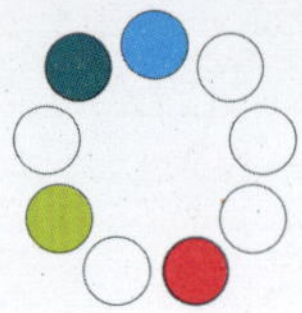

Die dominierenden Aromaverbindungen in Gewürznelken sind EUGENOL und ACETYLEUGENOL, wobei der charakteristische Nelkenduft in erster Linie vom Eugenol herrührt und Acetyleugenol eine süßlich-balsamisch-würzige Note beisteuert. Außerdem enthalten sind die terpentinartigen, würzig-holzigen α- und β-CARYOPHYLLEN. Im Geschmack sind Gewürznelken leicht bitter, mitunter beißend.

Gekochten und geschmorten Gerichten fügt man Gewürznelken am besten ganz oder grob gemörsert zu, damit sich die Bruchstücke zum Fertigstellen der Saucen leicht entfernen lassen. Nelken fügen sich in viele Gewürzmischungen gut ein, sollten aber sparsam eingesetzt werden, da ihre nervenbetäubende Wirkung die Geschmacksempfindungen für einige Zeit reduziert.

Nelken lassen sich sehr gut mit Zimt, Piment, Langem Pfeffer und Muskat sowie mit Lorbeer und Basilikum kombinieren. Auch mit Granatapfelsamen harmonieren sie. Gewürznelken würzen Lebkuchen, Süßspeisen, Eingelegtes und Liköre. Die Brücke von Süßem zu Pikantem – Ragouts (*Coq au vin*), Rotkohl, Schweinefleisch und Wild – schlagen dabei Lebkuchen, die mitunter als Grundlage für dunkle Saucen dienen. Mit Gewürznelkenessig kann man Marinaden, Saucen oder Gemüsegerichte wie Grünkohl, Wirsing oder Rotkohl bereichern. Auch Obstdesserts geben sie eine extravagante Note.

GRANATAPFEL, ANARDANA

AROMENENTFALTUNG

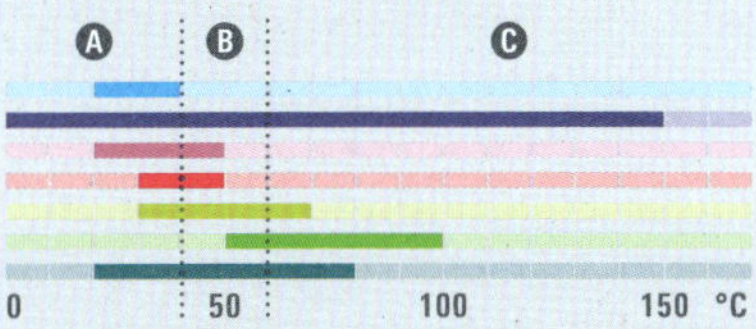

A Frisch, säuerlich-fruchtig **B** Rosennoten, holzige Anteile **C** Aromatischer, erdiger

LÖSLICHKEIT DER HAUPTAROMEN

Alkohol, Fett, Wasser (warm)

GESCHMACK

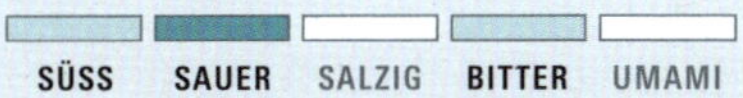

PASST GUT ZU

Huhn, Wild, Wildgeflügel, Eintöpfen, Salat, Kichererbsen, Gemüse, Brot, Hülsenfrüchten, Quark, Eis, Pudding, Obst

UNBEDINGT AUSPROBIEREN

Granatapfelkerne zum gebratenen Rosenkohl

Die Samen und der saftige Mantel schmecken süßsauer bis süßlich. Eignet sich frisch oder getrocknet für süße wie herzhafte Gerichte.

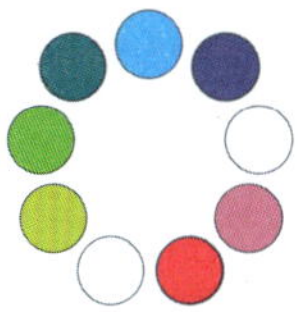

Die dominanten Aromen von frischen Granatapfelsamen sind süß-säuerlich-fruchtig. Daran sind ETHYL-2-METHYLBUTYRAT und ETHYL-3-METHYLBUTYRAT mit ihren Ananas-Düften beteiligt. Für grüne, grasige Aromen ist das HEXANAL verantwortlich, OCTANAL steuert eine wachsige Orangenschalennote bei. Weitere Aromastoffe duften pilzig-erdig, eukalyptusartig, nach Gewürznelken, Rosen, Wein und Wachs. Die Samen schmecken süß-sauer-bitter. Getrocknete Samen heißen Anardana: Sie duften fruchtig-herb und sind säuerlich.

Frische Granatapfelsamen streut man erst zum Schluss über die Speisen, damit sie ihre knackige Textur behalten. Den Saft gewinnt man durch Auspressen der Samen. Die getrockneten Samen sind von der Textur her mit Korinthen zu vergleichen: fest, schrumpelig und klebrig. Man kann sie mitkochen, in Wasser einweichen oder leicht zerdrückt direkt über die fertigen Speisen geben.

Granatäpfel spendieren Obstsalaten Farbe und Säure. In der Küche des Nahen und Mittleren Ostens streut man die frischen Samenkörner auch über Vorspeisen wie Hummus oder Tahinapaste. Sie passen gut zu Kardamom, Zimt oder Gewürznelken, aber ebenso zu Bockshornkleefrüchten oder Schokolade. Anardana wird in Nordindien ähnlich wie →Amchoor als Säuerungsmittel in vielen Speisen eingesetzt, beispielsweise in Currys, Gemüseeintöpfen und Hülsenfruchtgerichten (*Dals*).

HASELNUSS

Das Aroma ist kräftig-nussig mit leicht bitteren Tönen. Beim Rösten verstärkt sich der typische Duftcharakter noch.

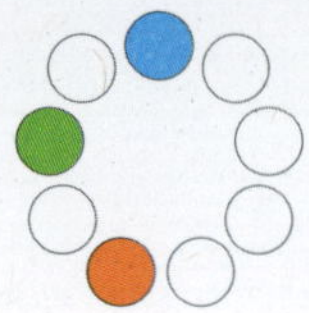

AROMENENTFALTUNG

A Frisches Haselnussaroma **B** Leicht holzig, balsamisch **C** Deutliche aromatische Röstaromen, potenzierte Haselnussnoten

LÖSLICHKEIT DER HAUPTAROMEN

Alkohol, Fett

GESCHMACK

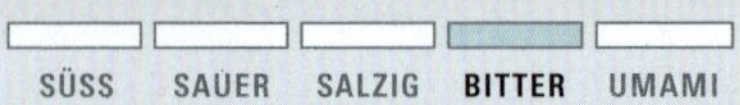

PASST GUT ZU

Schokolade, Frischkäse, grünen Blattsalaten, Gemüse, vielen süßen Desserts, Eiweiß (Baiser)

UNBEDINGT AUSPROBIEREN

Sellerieschnitzel mit Haselnusskruste

Für das Aroma der Haselnuss ist in erster Linie der Geruchsstoff FILBERTON verantwortlich: Er verleiht ihr ihren frischen, fruchtigen und nussigen Duft mit „Röstaromen", die selbst in den ungerösteten Nüssen deutlich wahrnehmbar sind. Hinzu kommen cremig-fettig duftende Noten. Beim Rösten verändert sich das Aroma kaum, es wird lediglich verstärkt.

Um Haselnüsse von ihrer leicht bitter schmeckenden Haut zu befreien, legt man sie bei 200 °C für zehn Minuten in den Backofen. Dann platzt die Haut ab und lässt sich leicht abreiben. Außerdem werden die Nüsse auf diese Weise gleich geröstet. Man kann die Nüsse aber auch blanchieren. Das Öl der Haselnuss ist ein wohlschmeckender Aromazusatz für viele Gemüsegerichte oder Salate, sollte aber sparsam eingesetzt werden, denn es ist schnell zu dominant. Die Blätter des Haselstrauches werden für Tee verwendet.

Wie die meisten Nüsse harmoniert die Haselnuss mit süßen und salzigen Zutaten. Klassisch ist die Kombination mit Schokolade. Im dunklen Nougat sind Haselnüsse die Hauptzutat. Vom Nougat ist es nicht mehr weit zu Chilis, die fruchtige Schärfe und rauchige Aromen ergänzen. Haselnüsse funktionieren auch in herzhaften Kombinationen gut, etwa mit Ziegenkäse und Frischkäse. Gehackt geben sie grünen Salaten, Pürees und Suppen einen knackigen Biss, gehackt und geröstet würzen sie gebratene Leber.

INGWER

AROMENENTFALTUNG

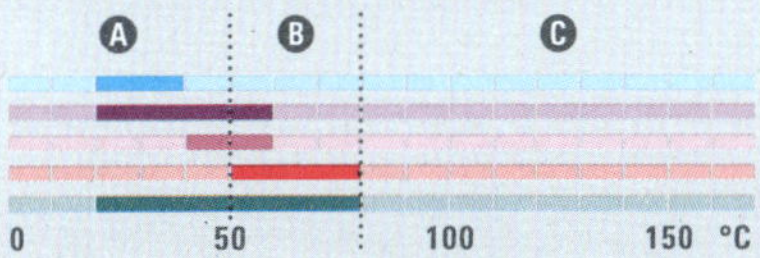

A Frisch, zitrusartig, blumig **B** Eher holzig-frische, leicht kampferartige Note **C** Zunehmend abgemilderte Schärfe

LÖSLICHKEIT DER HAUPTAROMEN

Alkohol, Fett

Fett, Wasser

GESCHMACK

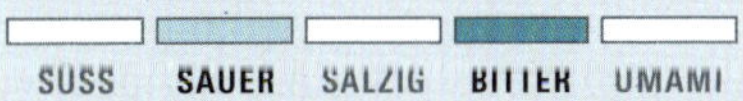

PASST GUT ZU

Fisch und Meeresfrüchten, allen Sorten Fleisch, Gemüse (besonders Kürbis, Karotten, Süßkartoffeln, Brokkoli), Nudeln, Plätzchen, Chutneys, Eingelegtem, Obst (Äpfeln, Birnen, Zitrusfrüchten), Frucht- und Obstsalat

UNBEDINGT AUSPROBIEREN

Frischer Ingwer im Obstsalat

Ingwer riecht erfrischend, erinnert an Zitrusfrüchte und Eukalyptus. Er ist brennend scharf, trigeminal heiß und wärmt.

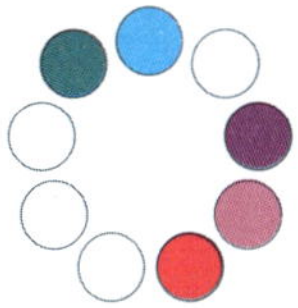

Frischer Ingwer duftet würzig-frisch, mit deutlichen Eukalyptus- und Zitrusnoten. Der komplexe Duft wird durch viele Aromen bestimmt, darunter das leicht stechend-aromatische ZINGIBEREN sowie CURCUMIN mit seinen heuartigen Noten. ß-PHELLANDREN bringt minzige Frische ein und Citral, ein Gemisch aus NERAL und GERANIAL, gibt Ingwer zusammen mit LIMONEN eine zitronenartige Frische mit auf den Weg. Für die Schärfe im Ingwer sind GINGEROL und SHOGAOL verantwortlich.

Frischer Ingwer wird geschält, dann gerieben, gehackt oder in Scheiben geschnitten. Die Schale ist geschmacksneutral und ungiftig, nur etwas zäh. Gart man Ingwer in Stücken oder Scheiben mit, um ihn danach wieder zu entfernen, erübrigt sich das Schälen. Kocht man ihn zu lange mit, verliert er seine frische Schärfe. Ingwerpulver reicht vom Aroma her nicht an frischen Ingwer heran.

Ingwer lässt sich gut mit Basilikum, Knoblauch, Zitrusfrüchten und Zitronengras sowie Koriandergrün kombinieren. Seine Schärfe ergänzt sich sehr gut mit der von Chilis. Fein geschnitten passt er gemeinsam mit Karotten, Sojabohnensprossen und Pilzen zu klaren Suppen. Auch Obstsalate, flambierte Erdbeeren und Kompott aus Zwetschgen oder Birnen bereichert er. Man verwendet ihn für Chutneys oder Mixed Pickles, in Scheiben geschnitten für Marinaden und kandiert für Kuchen und Plätzchen. Süßsauer eingelegt (Japanisch: Gari), ist Ingwer eher mild.

H

I

KAFFEE

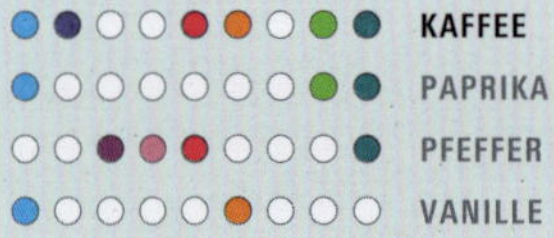

AROMENENTFALTUNG

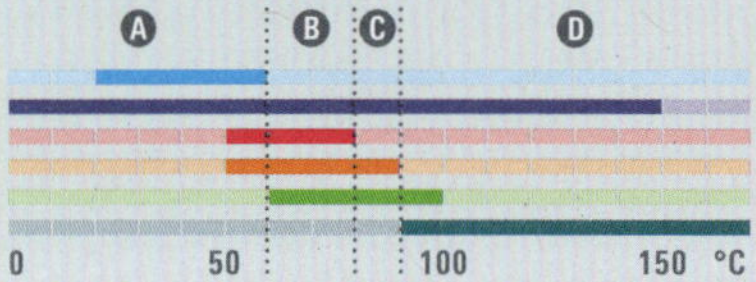

A Leichte, mitunter blumige Röstnoten **B** Rauchig, wenig bitter, schokoladig **C** Betonung der typischen Kaffeeröstnoten **D** Bitternoten, Säure, Adstringenz

LÖSLICHKEIT DER HAUPTAROMEN

Alkohol, Fett

Alkohol, Fett, Wasser

GESCHMACK

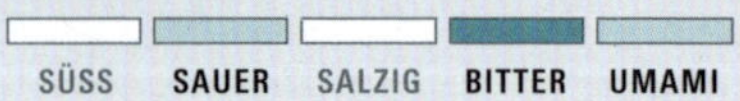

PASST GUT ZU

Süßspeisen, Eis, hellem Fleisch, gedünstetem Fisch und Gemüse, Weinbrand, Liköre

UNBEDINGT AUSPROBIEREN

1 TL Kaffee als Aromaunterstützer vieler Bratensaucen

Geröstete Bohnen können gemahlen oder aufgebrüht ideal eingesetzt werden und verleihen Speisen ein vielschichtiges Röstaroma.

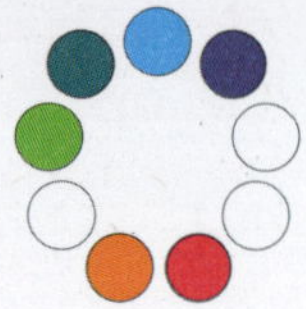

Das Aromenspektrum des Kaffees ist sehr vielschichtig. Ein wesentlicher Anteil des typischen Kaffeedufts kommt durch das röstig-nussige 2-FURFURYLTHIOL zustande. Das 2-ISOBUTYL-3-METHOXYPYRAZIN trägt erdige, grünpfeffrige Noten ein. Auch VANILLIN spielt eine große Rolle. Weiterhin lassen sich karamellartige, süßliche Röstaromen ausmachen, eine scharf-ammoniakartige Note, butterige sowie blumige, süßlich-honigartige Töne.

Man kann Kaffee als Würze in flüssiger oder in Pulverform einsetzen. Wohldosiert, erhalten Gerichte raffinierte Röstaromen und einen Hauch umami. Ein zu langes Mitziehen betont jedoch die Bitterkeit. Man bestreicht die Speisen daher direkt am Tisch mit dem Pulver. Kaffee lässt sich auch mit warmem Öl aufgießen, etwa 1 gehäufter TL auf 100 ml Öl. Das Kaffeeöl wird kalt oder warm direkt zu Tisch oder zum Einpinseln der warmen Speisen vor dem Servieren verwendet.

Kaffee verleiht süßen Desserts mehr Tiefe, funktioniert aber auch in herzhaften Gerichten: Etwas Kaffeepulver mit Salz, Pfeffer und Paprika auf gedämpften Fisch oder weißes Fleisch gestrichen, sorgt für ungewohnte röstige Aromen. Gedünstetes Gemüse lässt sich mit Kaffee ebenfalls aromatisieren. Kaffeeöl passt zu gedämpftem Fisch und hellem Fleisch. Kalt schmeckt es zu Salaten mit Rohkost oder zu Melonen oder Erdbeeren, kurz: immer wenn man fruchtig-helle Düfte durch einen Hauch Röstaromen ergänzen möchte.

KAFFIRLIMETTEN-BLÄTTER

AROMENENTFALTUNG

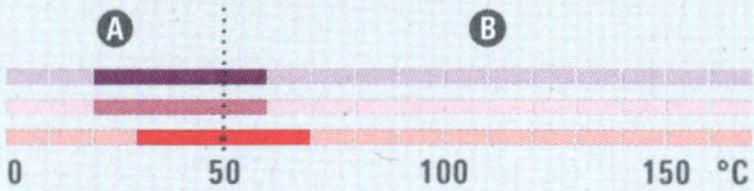

A Blumig-zitronige Frische **B** Würziger balsamischer Duft

LÖSLICHKEIT DER HAUPTAROMEN

- Alkohol, Fett
- Alkohol, Fett, Wasser

GESCHMACK

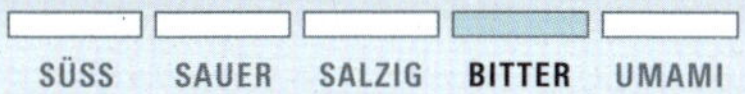

PASST GUT ZU

Hühner- und Fischcurrys, Suppen, Salat

UNBEDINGT AUSPROBIEREN

Kaffirlimettenblätter im Tomatensalat

Kaffirlimettenblätter duften ausgewogener als die meisten Zitrusfrüchte: floraler, feiner, sogar cremig, mit einer leichten Bitternote.

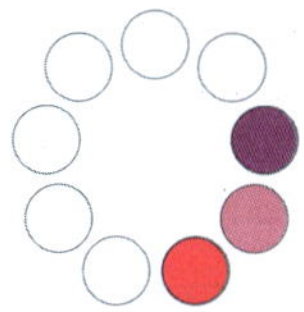

Das Hauptaroma des ätherischen Öls der Blätter besteht zu etwa 80 Prozent aus dem zitronenartig duftenden CITRONELLAL und zu zehn Prozent aus CITRONELLOL mit rosig-blumigen Noten. Darüber hinaus finden sich Spuren des an Rosen und Zitrusfrüchte erinnernden Duftstoffs NEROL und des nach Orangen, Terpentin und Zitronen duftenden LIMONENS. Die Schale der Früchte duftet ähnlich wie die Blätter.

Um ihr volles Aroma zu nutzen, sollte man die Blätter vor dem Mitkochen zu einer Chiffonade zerschneiden und den harten Mittelstrang entfernen. Sie können bis zu 15 Minuten mitgekocht werden – alles, was darüber hinausgeht, würde ihrem Aroma nicht guttun. Die Schale der Kaffirlimette wird frisch über die Speisen gestreut. Am besten reibt man sie mit einem Messer ab, denn sie wird leicht matschig.

Kaffirlimettenblätter sind ideal zu fruchtigen Hühner- und Fischcurrys, besonders auf Kokosmilchbasis. Asiatische Suppen, vor allem mit Huhn, erhalten durch sie eine aufregend frische Note. Die Blätter passen gut zu Korianderkraut, Korianderfrüchten, Ingwer und Galgant. Die geriebene Schale der Früchte gibt Süßspeisen den letzten Pfiff, insbesondere wenn sie mit Vanille zubereitet werden. Limetten und Limettenblätter schmecken ähnlich, aber doch anders. Sie können sich gegenseitig nicht ersetzen, wohl aber ergänzen.

Granatapfel, Anardana *süßsauer bis süßlich, passt gut in Eintöpfe* → Seite 95

Haselnuss *gibt's in zwei Sorten:* Zellernuss (links) und Lambertshasel → Seite 96

Ingwer, Wurzel *schätzten schon die Griechen und Römer als günstigen Scharfmacher* → Seite 97

Kaffee *(links: Coffea arabica, rechts: Coffea canephora) nicht nur für Süßspeisen* → Seite 98

Kaffirlimettenblätter *duften intensiv nach Zitrusfrüchten, können lange mitgekocht werden* → Seite 99

Kakao und Kakaopulver *für dunkle Saucen, Wild, Innereien oder Bohnengerichte* → Seite 101

KAKAO

AROMENENTFALTUNG

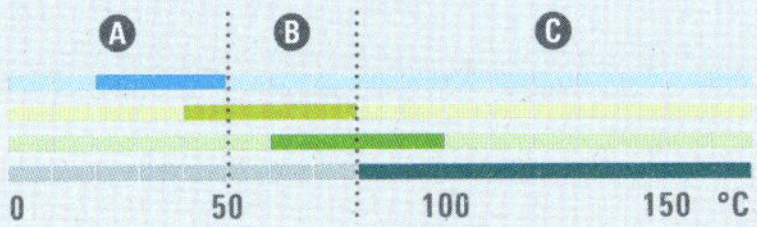

A Tiefe Schokoladennote, floral-säuerlich **B** Würzig-rauchige Kakaonoten **C** Betonung der Bitterkeit und Adstringenz

LÖSLICHKEIT DER HAUPTAROMEN

Alkohol, Fett, Wasser

Alkohol, Fett

GESCHMACK

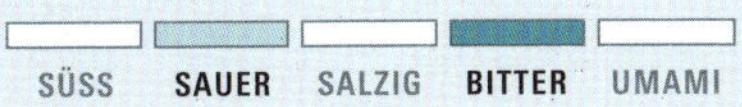

PASST GUT ZU

Milch, Süßspeisen, Früchten, dunklen Saucen, Kaffee, Wild und Innereien, Leber, kurzgebratenem Fleisch, Aufläufen mit Hackfleisch, Bohnen

UNBEDINGT AUSPROBIEREN

Kakao- und Tonkabohne

Kakao duftet nussig, röstig, schokoladig-bittersüß. Die Schalen der Bohne (Grué de Cacao) sind stark bitter und adstringierend.

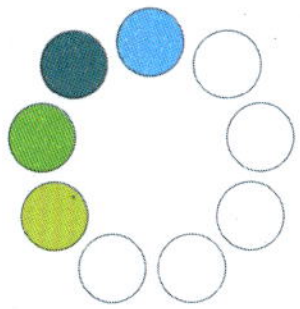

Durch den Röstprozess ist das Kakaoaroma sehr komplex. Wichtig sind das nussige 2-METHYLBUTANAL und das holzig-nussige 3-METHYLBUTANAL, ferner die schweißig riechende 3-METHYLBUTANSÄURE sowie PHENYLACETALDEHYD mit warm-floral-honigartigen Noten. Weitere Aromen tragen würzige und erdig-röstige Töne hinein. Das Geschmacksspektrum wird von bitteren und adstringierenden Stoffen sowie Essigsäure gebildet.

Kakao als Gewürz kann man als (entöltes) Kakaopulver oder in Form der gemahlenen Schale der Kakaobohne (Grué de Cacao) einsetzen. Er wird immer erst kurz vor dem Essen über die Speisen gestreut. Während die fetthaltigen Pulver ein schokoladentypisches Aroma aufweisen, sind entölte Kakaopulver röstiger. Das Kakaopulver sollte in jedem Fall ungezuckert sein. Gemahlene Kakaoschalen sind nicht nur von ihrer Textur her interessant. Die etwa 1–2 mm großen Stücke geben beim Zerbeißen ihre röstigen Aromen und herbe bis adstringierend wirkende Stoffe frei.

Kakao harmoniert mit Nüssen und Kaffee, mit Zimt und Muskatnuss. Zu Früchten wie Himbeeren oder Orangen passt er ebenso. Man kann kurzgebratenes Fleisch in Kakaopulver wälzen, vor allem Wild. Ein idealer Partner ist die leicht süßliche Leber. Auch Saucen auf Rotwein- oder Portweinbasis lassen sich mit Kakao abschmecken. Und einem *Chili con carne* fügt Kakao völlig neue Aroma- und Geschmacksdimensionen hinzu.

KAPERN

AROMENENTFALTUNG

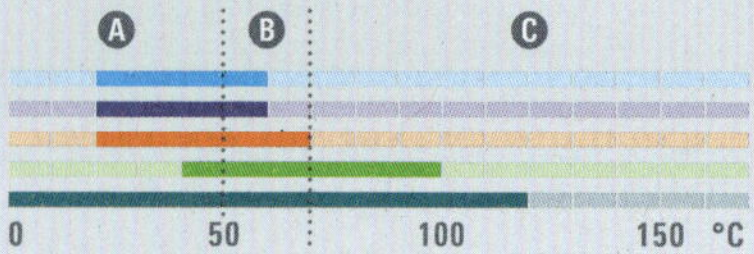

A Schwefelig **B** Feine aromatische Untertöne **C** Tiefe „gekochte", rauchige Noten

LÖSLICHKEIT DER HAUPTAROMEN

Alkohol, Wasser

Fett

GESCHMACK

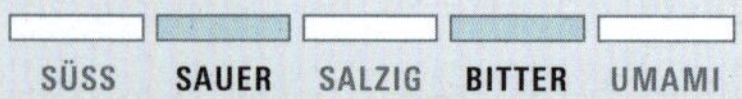

PASST GUT ZU

rohem Rindfleisch, Kalbfleisch, Fisch, Huhn, Pizza, Mayonnaisesaucen, Remoulade, Salaten, Artischocken, Essiggurken

UNBEDINGT AUSPROBIEREN

Kapernsenf selber machen

Kapern sind je nach Einlegeart säuerlich-würzig mit einem unverwechselbaren Aroma und einer typischen senfigen Schwefelnote.

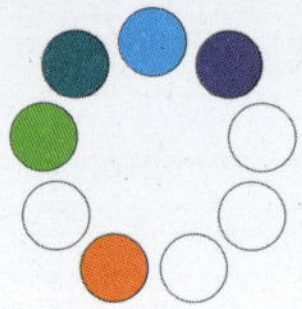

Die Duftchemie der Kapern ist durch Senföle bestimmt: das nach Meerrettich riechende, scharf schmeckende METHYLSENFÖL, das an Kresse erinnernde, lauchige ISOPROPYLSENFÖL sowie das nach Senf duftende SEC.-BUTYLSENFÖL. Erst beim Zerkleinern der Knospen oder beim Einlegen in eine Lake aus Wasser, Salz oder Essig werden ihr typisches Aroma und ihre zwiebelige Schärfe freigesetzt.

Die eingelegten Kapernknospen werden abgespült und im Ganzen oder klein gehackt verwendet. Man sollte sie roh einsetzen oder nur kurz mitgaren, sonst verlieren sie Aroma, werden matschig und bitter. Je nach Verarbeitung schmecken sie von sauer über salzig bis pikant. In Öl eingelegte Kapern sind weniger salzig, kaum sauer und intensiv im Aroma.

Kapern sind ein wichtiger Bestandteil vieler Saucen wie Ravigote, Tapenade, Tartarsauce und der hellen Sauce für *Königsberger Klopse*. Ihr säuerlich-bitterer Geschmack wird gut durch Zitronen, Oliven, Sardellen und Tomaten ergänzt. Gemeinsam finden sich diese Zutaten in Italien im *Vitello tonnato*, in vielen Sugos oder auf Pizzen. Rohes Rinderhack mit Eigelb, sauren Gurken, Zwiebeln und Kapern ist ein Küchenklassiker mit zahlreichen Varianten. Kapernbeeren, die Früchte des Strauches, duften intensiver und können wegen ihrer dickeren Schale mitgekocht werden. Aber Vorsicht: Sie dominieren leicht. Kapernblätter, eingelegt in Salz und Essig, gelten auf Zypern als kulinarische Spezialität.

KARDAMOM

AROMENENTFALTUNG

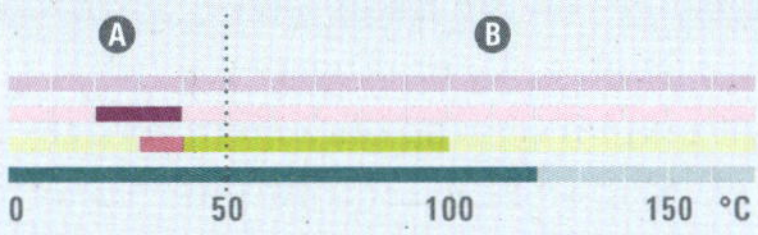

A Frische, blumig-würzige Note
B Würzig-aromatische Holzaromen

LÖSLICHKEIT DER HAUPTAROMEN

Alkohol, Fett, Wasser

GESCHMACK

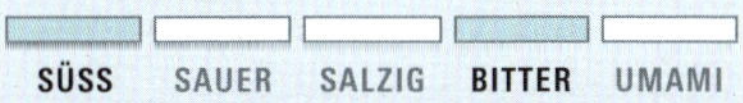

PASST GUT ZU

Äpfeln, Birnen, Orangen, Hülsenfrüchten, Süßkartoffeln und anderem Wurzelgemüse, Gerichten mit Joghurtsauce, Schmorgerichten, Huhn, Fisch mit festem Fleisch, Kaffee

UNBEDINGT AUSPROBIEREN

Kardamom passt in jedes Müsli

Gekaute Körner sind balsamisch-frisch, zitronenartig, blumig, mit kampferartigem Aroma und Eukalyptustönen.

Das Aroma des Grünen Kardamoms ist vom blumigen, nach Flieder und Nadelhölzern duftenden α-TERPINEOL bestimmt. Weiterhin wirken balsamische, frische zitrusartige Töne und ein leicht minziger Duft mit, ebenso wie das nach Eukalyptus und Kampfer duftende 1,8-CINEOL. Schwarzer Kardamom enthält mehr 1,8-Cineol und weist einen herb-erdigen Duft mit starker Gewürznelkennote auf. Er ist intensiver, bitterer und weniger „frisch" als der Grüne.

Röstet man die Samen des Grünen Kardamoms an, verstärkt sich ihr Aroma. Wer eher leichte Kardamom-Noten bevorzugt, lässt die ganzen Kapseln in einem Säckchen einige Minuten mitziehen und entfernt sie anschließend. In Indien werden die ganzen, leicht zerdrückten Kapseln mitgekocht und -gegessen. Um beim Schwarzen Kardamom einen zu bitteren Röstcharakter zu vermeiden, werden nur die Samen verwendet.

Kardamom lässt sich in salzigen wie in süßen Gerichten einsetzen. Häufig wird mit ihm stark Geröstetes gewürzt: Kaffee, Kakao, schwarzer Tee (Chai). Kardamom passt zu Anis, Kümmel, Fenchel, Wacholder, Lorbeer, Majoran, Salbei, Nelken und Zimt. In der indischen Küche ist er in zahlreichen Gewürzmischungen für Currys enthalten. Der Schwarze Kardamom begleitet in Europa Bratäpfel und pochierte Birnen.

KERBEL

AROMENENTFALTUNG

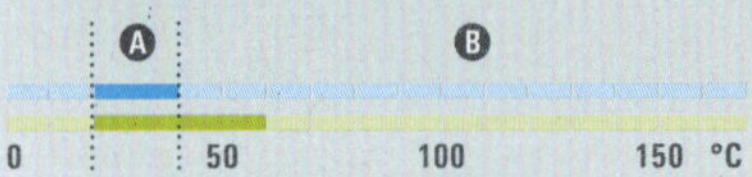

A Süßlich-warme, optimale Kerbelnote
B Signifikanter Aromenverlust

LÖSLICHKEIT DER HAUPTAROMEN

Alkohol, Fett

GESCHMACK

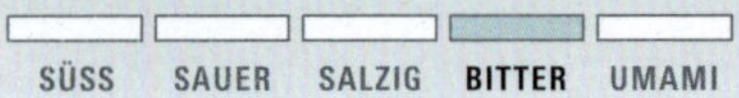

PASST GUT ZU

Eiern, Fisch, hellem Fleisch, Sahne- und Buttersaucen, Kartoffeln, Salat, Roter Bete, Bohnen, Meeresfrüchten, Spargel, Quark

UNBEDINGT AUSPROBIEREN

Gedünsteter Kohlrabi und Kerbel

Kerbel duftet süßlich-würzig und ist gleichzeitig sehr würzig. Er kann nur frisch oder frisch aufgetaut verwendet werden.

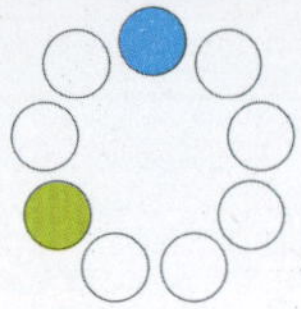

Für den Duft des Kerbels sind zwei Aromastoffe verantwortlich: das wachsige, ein wenig fettige, leicht benzinartig riechende UNDECAN und das klar dominierende würzig-minzige ESTRAGOL, das das Kraut in die Nähe des Estragons rückt. Im Hintergrund ist eine würzig-süßliche, zimtige, nelkenartige Note wahrnehmbar. Kerbel schmeckt leicht bitter.

Da die Aromen des Kerbels sehr flüchtig sind, entweichen sie beim Trocknen. Das Kraut sollte daher, wie Basilikum, frisch und gehackt erst am Schluss der Garzeit zugegeben werden. Auch die Stiele können genutzt werden, sie würzen ebenso gut wie das Kraut. Man kann Kerbel durchaus großzügig dosieren. Die filigranen Blätter werden auch gerne zur aromatischen Dekoration verwendet.

Kerbel und Estragon können einander ersetzen. Zusammen mit Petersilie, Schnittlauch, Borretsch, Pimpernelle, Kresse und Sauerampfer ist Kerbel Bestandteil der *Frankfurter Grünen Sauce*. Kerbel passt gut zu Fisch und hellem Fleisch – zum Beispiel in einer Kräuterbutter oder in Saucen auf Sahne- oder Butterbasis. Er würzt Salate und Suppen wie etwa die Kerbelsuppe mit Kartoffeln und Schalotten oder die *Gründonnerstagssuppe*. Eierspeisen wie Omelette oder Rührei, aber auch Kräuterquark, Frischkäse oder Spargel bekommen mit Kerbel eine frische Note.

KNOBLAUCH

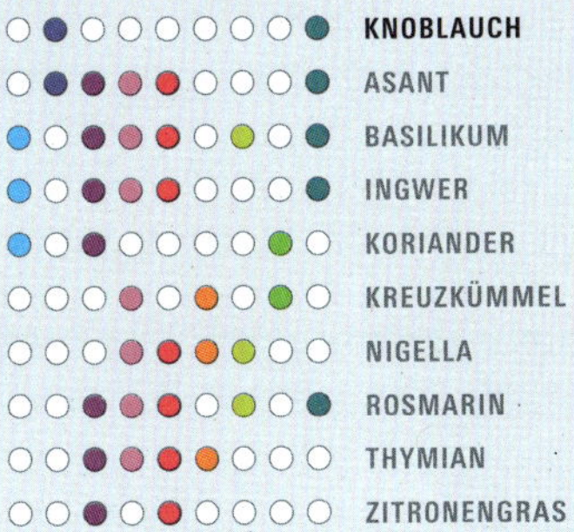

AROMENENTFALTUNG

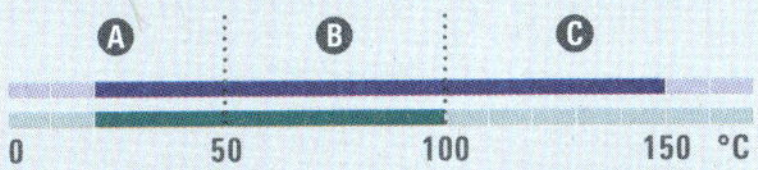

A Stechend-scharfer Knoblauchduft
B Abschwächung der stechenden Note
C Zunahme der Bitterkeit, Röstnoten

LÖSLICHKEIT DER HAUPTAROMEN

Alkohol, Wasser

GESCHMACK

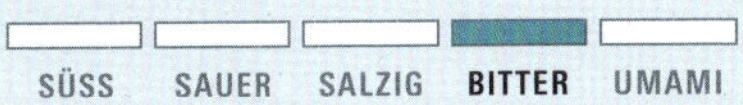

PASST GUT ZU

fast allem, etwa Fisch, Fleisch, Joghurt, Suppen, außer zu übermäßig süßen Speisen

UNBEDINGT AUSPROBIEREN

Fermentierter (schwarzer) Knoblauch und Schokolade, frisch mit weißer Schokolade

Knoblauch riecht würzig-streng, ist trigeminal schmerzend kalt, aber leicht süßlich. Die schwefelige Strenge verliert sich beim Erhitzen.

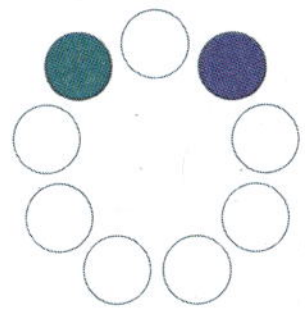

Sein durchdringendes Aroma verdankt der Knoblauch einer Reihe von Schwefelverbindungen. Am wichtigsten ist das typisch „knoblauchartige“ ALLICIN. Dieses reagiert weiter zu DIALLYLDISULFID, das intensiv schwefelig duftet, aber weniger stechend wirkt.

Presst oder drückt man Knoblauchzehen nur leicht – geschält oder ungeschält –, ist ihr Aroma milder, als wenn man sie zerkleinert. Leichtes Rösten mit Schale verleiht Knoblauch wunderbare Röstaromen, zu intensive Hitze macht ihn bitter. Gehackten, gekochten oder gebratenen Knoblauch sollte man nicht zu lange aufbewahren, er wird schal. Eingelegter Knoblauch hat wenig bis kein Aroma mehr. Auch getrockneter Knoblauch reicht aromatisch nicht an frischen heran.

Knoblauch kann sich vielen Gewürzen anpassen. In der Kombination mit Ingwer kommen ähnliche Schärfereize mit unterschiedlichsten Aromen zusammen, das macht dieses Paar besonders spannend. Frisch aromatisiert er Salate, Marinaden und Würzpasten. Manchmal reicht es bereits, eine Schüssel mit einer halbierten frischen Zehe auszureiben, um ein leichtes Knoblaucharoma an den Salat zu bringen. Oder man reibt die Haut eines ganzen Fisches mit Knoblauch ab. Grillt oder bäckt man eine ganze geschälte Knolle, kann man ihn zerdrückt als Paste zu Fisch und Fleisch reichen.

KOKOSNUSS

AROMENENTFALTUNG

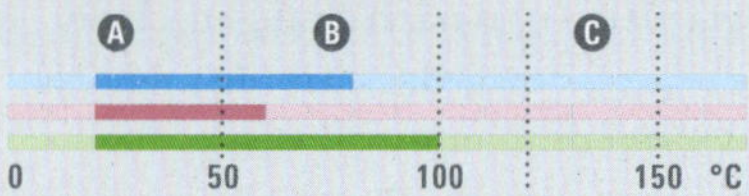

A Volles Kokosaroma B Abgeschwächter Duft C Cremige Röstnoten

LÖSLICHKEIT DER HAUPTAROMEN

Alkohol, Fett

GESCHMACK

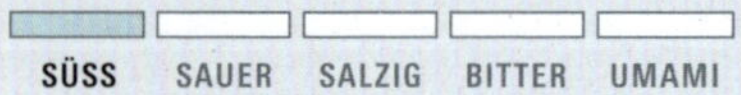

PASST GUT ZU

Backwaren, Obst, Gemüse, Huhn, Meeresfrüchten, Fisch, Schokolade, allen scharfen Gerichten

UNBEDINGT AUSPROBIEREN

Kokosnuss in Kalbs- und Hühnerfrikassee

Das Kokosnussaroma ist cremig-süßlich und fettig. Sowohl die Kokosmilch als auch das Kokosfett sind kulinarisch bedeutend.

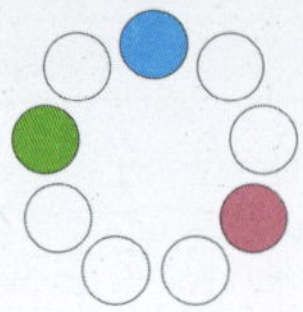

Für das typische Aroma der Kokosnuss sind in erster Linie das sahnig-karamellige δ-OCTALACTON und das süßlich-fettige γ-OCTALACTON verantwortlich. Dazu kommen der fruchtig-süßlich-käsig duftende Aromastoff NONAN-2-ON und das an Terpentin und Zitronen erinnernde LIMONEN. Zum typischen Kokosnussgeruch tragen außerdem freie Fettsäuren bei.

Kulinarisch genutzt wird vor allem die Kokosmilch, die aus dem frischen, pürierten Fruchtfleisch hergestellt wird. Sie gibt dünnflüssigen Gerichten Sämigkeit und lässt sich wie normale Milch erhitzen. Eine mit Kokosfett angereicherte Variante ist die ungesüßte Kokosnusscreme *creamed coconut*. Kokosöl beziehungsweise → Kokosfett wird wie Kokosmehl aus dem getrockneten Fruchtfleisch gewonnen. Der Stamm und die Blütenpollen der Kokospalme sondern einen Saft ab, aus dem man Palmhonig und Palm- beziehungsweise Kokoszucker erzeugt.

Kokosmilch, -creme und -fleisch harmonieren hervorragend mit stark gewürzten und scharfen Speisen. Die Zutaten für die thailändische Suppe *Tom Kha Gai* – Kokosnussmilch, Chilis, Thai-Basilikum, Galgant beziehungsweise Ingwer, Zitronengras und Zwiebeln – machen es vor. Die Kombination mit Kurkuma und Ingwer funktioniert ebenfalls gut. Geraspelte Kokosflocken kennt man in Europa meist auf Keksen und Schokoladendesserts, in Asien streut man sie über Obstsalate oder Reispudding.

KORIANDERKRAUT

Die Korianderblätter riechen erfrischend zitronenartig und wachsig. Sie werden nie gekocht, sondern nur frisch am Ende verwendet.

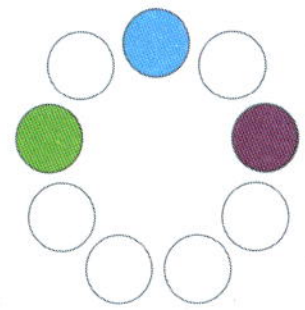

AROMENENTFALTUNG

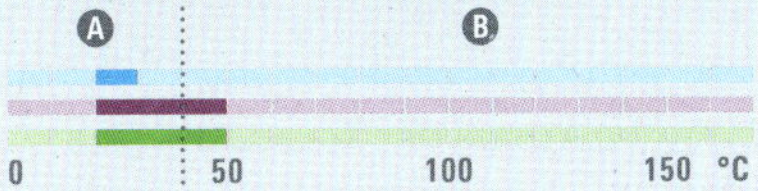

A Typisches Koriandergrün, zitrusartig, wachsig B Deutlicher Aromenverlust

LÖSLICHKEIT DER HAUPTAROMEN

Alkohol, Fett, Wasser

GESCHMACK

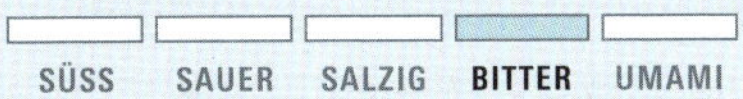

PASST GUT ZU

Kartoffeln, Gemüsegerichten, Tajines, Currys, Tomatensalat, Obst- und Fruchtsalaten mit Aprikosen, Pfirsichen, Nektarinen oder Erdbeeren

UNBEDINGT AUSPROBIEREN

Frischer Koriander zu weißen Weintrauben

Die Korianderpflanze liefert zwei in Anwendung und Aroma völlig unterschiedliche Gewürze: Kraut und Samen. In dem Duft des Krauts finden sich unter anderem das leicht süßlich-wachsige und nach Orangenschale duftende DECANAL sowie das zitronig und nach grünem Pfeffer duftende (E)-2-TRIDEC-1-ENAL. Außerdem enthalten die Blätter ein an Bienenwachs und Zitrus erinnerndes Duftgemisch sowie grasig-heuartige Noten. Während des Trocknens verliert das Kraut viel Aroma. Zurück bleiben heuartige Noten und eine leichte Bitterkeit.

Wegen der Flüchtigkeit seiner Aromen wird das Kraut nur frisch verwendet. Wie bei Petersilie werden die grob gehackten Blätter unter Salate gemischt oder auf Suppen und Eintöpfe gestreut. Ganze Blätter dienen auch als Garnierung. Koriandergrün lässt sich ein paar Tage in Öl als Pesto konservieren.

Koriander passt besonders gut zu Liebstöckel, zum etwas süßlichen Thai-Basilikum (Horapha) und zu Petersilie. In Vietnam und Thailand würzt man mit ihm Currys, Suppen und Salate. In den arabischen Ländern kombiniert man ihn für Würzpasten mit Minze, Basilikum, Zitronen- und Limettensaft, Chili und Petersilie. In der Karibik würzt man mit dem in Mittelamerika heimischen Langen Koriander. Dieser duftet fast genauso und lässt sich – anders als der „echte" – kurz erhitzen, ohne sein Aroma zu verlieren.

KORIANDERSAMEN

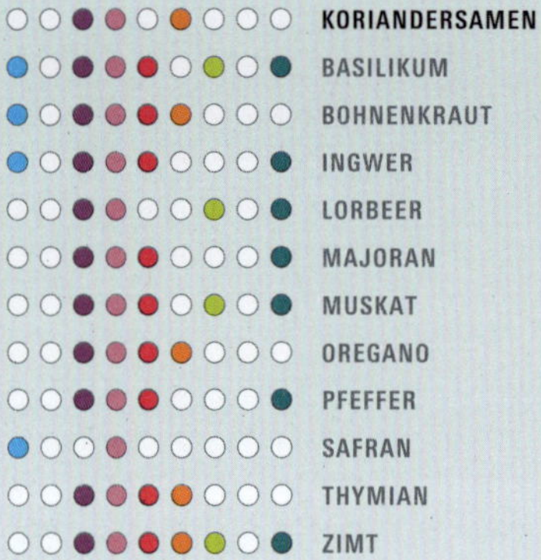

AROMENENTFALTUNG

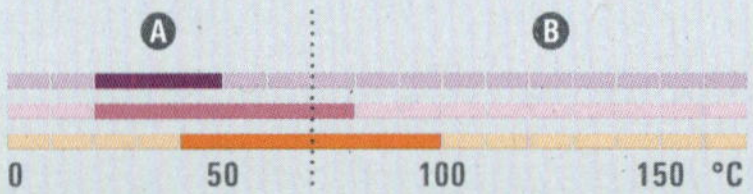

A Frisch, blumig B Zusätzlich aromatische Noten

LÖSLICHKEIT DER HAUPTAROMEN

Alkohol, Fett

GESCHMACK

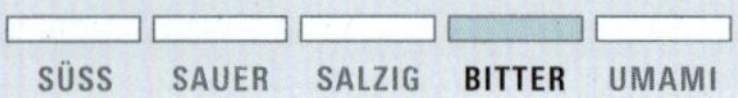

PASST GUT ZU

Gemüse (Kartoffeln, Karotten, Linsen, Blumenkohl, Sellerie), Pilzen (Champignons), klaren Fleischbrühen, Früchten, Eis

UNBEDINGT AUSPROBIEREN

Koriander in Schokomousse

Koriandersamen duften süß-würzig und holzig bis pfeffrig-blumig. Durch Rösten bildet sich ein nussiges Aroma.

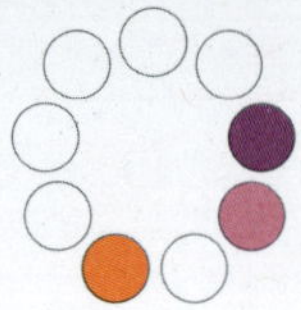

Der Duft gemahlener Koriandersamen beziehungsweise -früchte wird vor allem von dem blumig-frisch duftenden LINALOOL und dem blumigen, etwas nach Rose und Lavendel riechenden GERANYLACETAT verursacht. Darüber hinaus finden sich im Duft eine harzig-zitrusartige Frische, süßlich-florale und harzig-terpentinartige bis kampferartige Noten.

Koriandersamen können im Ganzen oder geröstet und anschließend gemahlen mitgekocht werden. Trocken in der Pfanne erhitzt, bekommen sie eine nussige Note, anschließend kocht man sie häufig im Ganzen mit. Angeröstet und im Mörser zerstoßen, bilden sie die Basis für viele Currys und → *Masalas*. Da sie sehr mild sind, kann man mit Koriandersamen großzügig würzen.

Wegen ihrer blumigen Frische sind die Körner sehr gute Vermittler zwischen einer großen Zahl von Gewürzen: Sie nehmen Mischungen von Gewürzen die Spitze und runden sie ab. Koriandersamen harmonieren aber ebenso gut mit Kräutern und schlagen „Brücken“ für Gewürz-Kräuter-Kombinationen in einer Speise. Statt Oregano- oder Majorankartoffeln sollte man unbedingt einmal Korianderkartoffeln probieren – zu Fisch mit Butter oder Olivenöl. Auch klare Fleischbrühe verträgt ein paar der im Ganzen mitgekochten Samen. Ein Koriander-Zitronenlikör lässt sich zum Abschmecken von Fruchtdesserts oder Fruchteis verwenden.

KRESSE

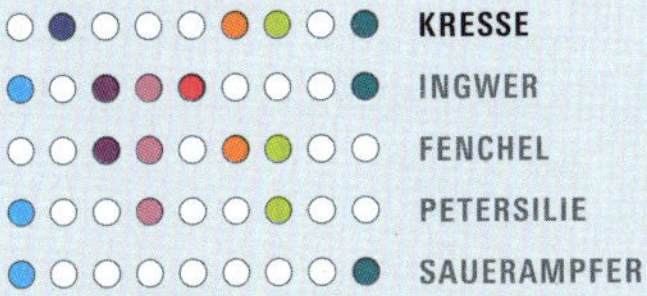

AROMENENTFALTUNG

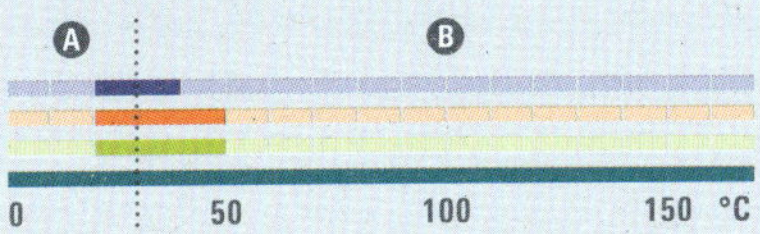

A Volles Kressearoma B Starker Verlust an Duft und trigeminalen Reizen

LÖSLICHKEIT DER HAUPTAROMEN

Alkohol, Fett

Alkohol, Wasser

GESCHMACK

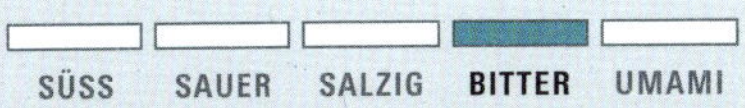

PASST GUT ZU

Quark, Lachs, Kartoffeln, Huhn, Gurke, Fisch, Meeresfrüchten, Suppen

UNBEDINGT AUSPROBIEREN

Tafelspitz mit Kressesauce

Kresse duftet pikant meerrettichartig, die trigeminalen Reize klingen schnell ab. Man sollte sie nur frisch verwenden, nicht kochen.

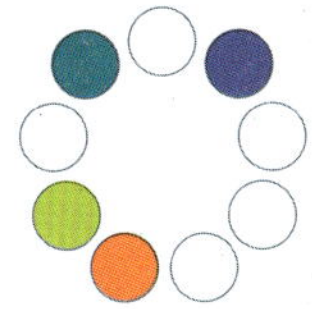

Der scharfe Duft von Kresse wird durch Schwefelverbindungen bestimmt. Dominant sind die aromatisch-scharfen Stoffe PHENYLACETONITRIL, PHENYLISOTHIOCYANAT und PHENYLTHIOCYANAT. Gleichzeitig findet sich in Kresse ALLICIN, das auch in Knoblauch enthalten ist und vergleichbare Trigeminusreizungen hervorruft. Gartenkresse und Brunnenkresse ähneln sich in Aroma und Verwendung, wobei die Brunnenkresse etwas hitzebeständiger ist. Kapuzinerkresse ist nicht mit der Brunnenkresse verwandt, duftet aber ähnlich. Ihre großen bunten Blüten sind ebenfalls essbar und sehr dekorativ. Das nur wild wachsende Barbarakraut wird als „Winterkresse" bezeichnet und erinnert vom Aroma her an Kresse.

Kresse wird immer frisch gezupft und roh verwendet. Eine Ausnahme bildet die Brunnenkresse: Sie erlaubt ein kurzes Blanchieren, ohne dass sich der Duft verflüchtigt.

Die frische, schnell abklingende Schärfe der Kresse eignet sich zum Würzen zarter Gerichte wie Eierspeisen (Rührei oder Omelette) oder Lachs, für Kräuterbutter oder Kräutersaucen wie die *Frankfurter Grüne Sauce*. Sie passt zu Salat, Frischkäse und zu Quark mit Kartoffeln. In Asien kombiniert man wegen ihrer verschiedenen Schärfen gern Kresse und Ingwer. Brunnenkresse wird auch in Suppen eingesetzt, zum Beispiel in der französischen *Potage au cresson* oder gelegentlich in der italienischen *Minestrone*. In China kommt sie in die *Eierstich*- und *Wantan-Suppe*.

KREUZKÜMMEL

AROMENENTFALTUNG

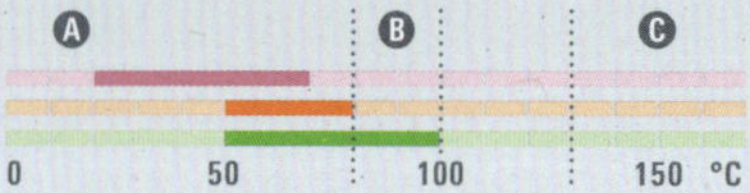

A Frischer, typischer Duft **B** Aromatische Noten **C** Zusätzliche Röstnoten

LÖSLICHKEIT DER HAUPTAROMEN

Alkohol, Fett

GESCHMACK

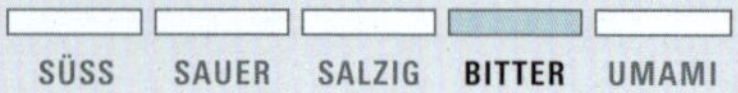

PASST GUT ZU

dunkler und weißer Schokolade, Kohl, Lamm, Hülsenfrüchten, Huhn, Fisch, Linsen-, Kartoffel- oder Erbsensuppe, Couscous, Joghurt (Lassi)

UNBEDINGT AUSPROBIEREN

Frischen Lauch in Nussbutter mit Kreuzkümmel garziehen

Kreuzkümmel duftet kräftig würzig mit einer mandelartig-nussigen Komponente und wird leicht bitter empfunden.

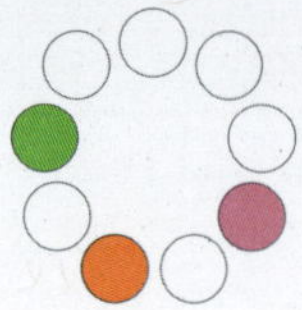

Das aromabestimmende Molekül im Kreuzkümmel ist das CUMINALDEHYD. Es ist verantwortlich für den typischen kräftigen, würzig-süßen Duft und wird als leicht bitter und scharf empfunden. Das chemisch verwandte BENZALDEHYD sorgt für eine bittermandelartige Note.

Kreuzkümmel wird meist gemahlen eingesetzt, man sollte jedoch ein paar Früchte ganz lassen, um während des Essens immer wieder das volle Aroma des Gewürzes zu erleben. Werden die Samen – botanisch korrekt Früchte – vor dem Mahlen geröstet, bekommen sie einen nussigen, milden Duft. Übergießt man geröstete und zerstoßene Früchte mit 80 °C heißem Öl, erhält man ein aromatisches Würzöl. Dieses wird eine Woche kühl gelagert und dann gefiltert.

Die Harmonie zwischen Kreuzkümmel und Koriandersamen wird in der indischen Küche vielfach genutzt, sei es in gerösteten Gemüsegerichten, wie etwa Blumenkohl im Wok, oder bei der Tadka-Technik. Dabei werden mehrere Gewürze kurz in heißem Öl angebraten. Das so aromatisierte Öl gibt man zum Gericht oder gart die weiteren Zutaten darin. Auch die ungewöhnliche Kombination mit dunkler oder weißer Schokolade sollte man einmal probieren. Neben dem gewöhnlichen Kreuzkümmel gibt es den Schwarzen Kreuzkümmel: Er schmeckt süßer und wird nicht geröstet, sondern erst nach dem Anbraten dazugegeben.

KUBEBENPFEFFER

AROMENENTFALTUNG

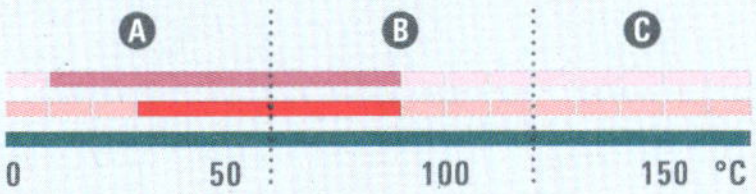

A Frische Schärfe, betäubend B Volles Aroma, wärmend balsamisch C Leichte Milderung, weniger trigeminal reizend

LÖSLICHKEIT DER HAUPTAROMEN

Alkohol, Fett

GESCHMACK

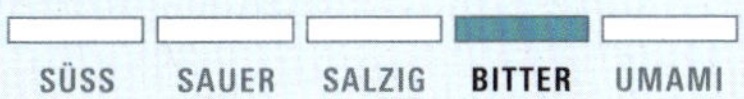

PASST GUT ZU

dunklen Saucen, Geschmortem, Wild, Nieren, Wurst, Grünkohl, Wirsing, Rotkohl, Desserts, Backwaren

UNBEDINGT AUSPROBIEREN

Kubebenpfeffer in den Rumtopf

Er duftet intensiv harzig-erdig, mit sehr dezenter blumiger Note. Scharf-prickelnd, aber weniger scharf als Schwarzer Pfeffer.

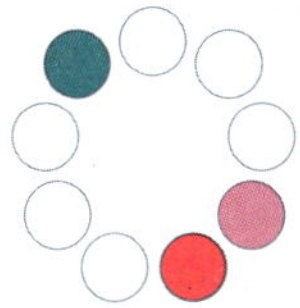

Das Aroma des Kubebenpfeffers ist sehr komplex. Während CUBEBIN für würzige Schärfe sorgt, steuert CADINEN leichte, holzige Noten bei. Zusammen mit dem α- und β-CUBEBEN machen diese Moleküle den oft als „gewürznelkenartig“ beschriebenen Geruch des Kubebenpfeffers aus. Es finden sich auch warmharzige, holzige Noten, balsamische, würzige Töne und ein Hauch Zitrus. Ebenso kommen kräuterige Düfte vor, terpentinartige, leicht süßliche und frisch-erdige bis kampferartige. Kubebenpfeffer schmeckt bitter und ist deutlich weniger scharf als Schwarzer Pfeffer.

Beim Zerstoßen im Mörser verströmen die Früchte ein harziges, erdiges und sehr intensives Aroma. Röstet man sie vor dem Zerstoßen trocken an, wirkt der Duft weniger stechend. Die ganzen Körner werden zum Beispiel in Schmorgerichten eingesetzt: Sie geben ihre Aromen langsam ab, zudem werden die fettlöslichen Moleküle in den Öltröpfchen der Schmorflüssigkeit gebunden.

Kubebenpfeffer harmoniert mit vielen Gewürzen, etwa mit Ingwer und Zitronengras oder mit Gewürznelken und Wacholder. Deshalb lassen sich Wildragouts, in die Wacholder und Nelken gehören, hervorragend mit Kubebenpfeffer würzen. Das Gewürz eignet sich weiterhin als Aromen- und Geschmackskontrast in vielen Süßspeisen. Ein wenig feingemörserter Kubebenpfeffer in einer luftigen *Mousse au chocolat*, und der Dessertklassiker gelangt zu neuen Höhen.

K

Kapern, „Capucines" (links), „Nonpareilles" (mittig), Kapernäpfel (rechts) *Knospen des Kapernbusches, die eingelegt und vergärt erst genießbar werden* → Seite 102

Kardamom schwarz und grün *duften balsamisch, gekaut schmecken sie fruchtig-frisch* → Seite 103

Kerbel *süßlich und warm-würzig duftendes Kraut, Klassiker in der Kartoffelsuppe* → Seite 104

Knoblauch, frisch und getrocknet *Grundlage vieler Gewürzmischungen und vielfach einsetzbar* → Seite 105

Kokosnuss *cremig-süßlich und fettig, Milch und Fleisch sind kulinarisch nutzbar* → Seite 106

Korianderkraut *unverzichtbar in der vietnamesischen Küche* → Seite 107

Koriandersamen *beliebt als Backzutat, in Suppen oder in indischen Currys* → Seite 108

Kresse, Gartenkresse *duftet frisch-pikant nach Senf mit schnell abklingender Schärfe* → Seite 109

Kreuzkümmel und Schwarzer Kreuzkümmel *unverzichtbar in der orientalischen Küche* → Seite 110

Kubebenpfeffer *klassische wilde Pfeffersorte, die sehr intensiv harzig duftet* → Seite 111

Kümmel *schmeckt und duftet ganz anders als der orientalische Kreuzkümmel* → Seite 114

KÜMMEL

AROMENENTFALTUNG

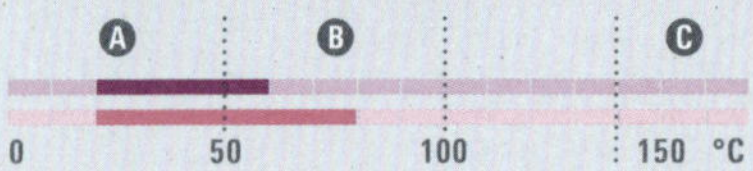

A Feiner, mitunter zitrusartiger Kümmelduft B Milder, balsamisch-holzige Noten C Aromatisch-pfeffrige Röstnoten

LÖSLICHKEIT DER HAUPTAROMEN

Alkohol, Fett, Wasser

GESCHMACK

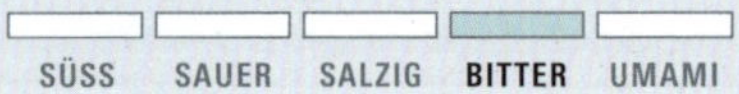

PASST GUT ZU

Kohlgerichten, herzhaften Schmorgerichten, Bratkartoffeln, Brot, kräftigen Fischsorten, Apfelsüßspeisen

UNBEDINGT AUSPROBIEREN

Apfelbrei mit Kümmel und gebratene Blutwurst

Kümmel duftet balsamisch-holzig und erinnert an Anis und Fenchel mit einem Hauch Eukalyptus bis Zitrusschale.

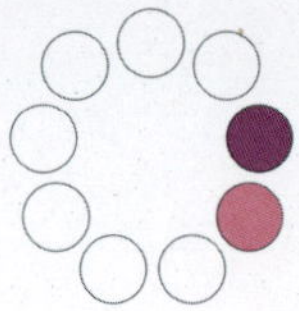

Für den typischen Kümmelduft ist der Aromastoff S-CARVON verantwortlich. LIMONEN bringt seine zitrusartige Frische ein, während der eher trigeminal leicht wärmende, kümmeltypische Geruch des Kümmels von CARVEOL stammt. Des Weiteren finden sich im Kümmel kampferartige Noten, ein süßlicher Duft und ein bitterer Geschmack, die sich kaum bemerkbar machen, aber für die Kombination mit Kräutern wichtig sind.

Kümmel kann im Ganzen mitgekocht werden. Möchte man nicht auf die Früchte beißen, kann man diese vor dem Kochen im Mörser zerstoßen. Will man den Kümmelgeschmack jedoch intensivieren, sollte man zehn Minuten vor Ende der Garzeit einige grob gemörserte Früchte dazugeben. Beim Anrösten entstehen Röstnoten, während sich die pfefferminzigen Düfte verflüchtigen. Beim Anbraten in Öl hingegen werden alle Aromen des Kümmels im Fett gelöst.

Kümmel verträgt sich mit Gewürzen, die genügend Eigenaroma mitbringen, um sich nicht sofort dominieren zu lassen, darunter Wacholder, Koriander, Knoblauch, Zwiebeln und Fenchel. Auch die Kombination mit Bohnenkraut, Dill und Nigella (Schwarzkümmel) funktioniert. Traditionell wird Kümmel auch wegen seiner anregenden Bitterstoffe oft unter schwer verdauliche, fette Speisen gemischt.

KÜRBISKERNE

AROMENENTFALTUNG

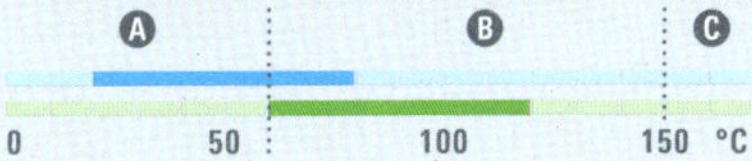

A Feine wachsige, fettige Noten
B Röstnoten stärker im Vordergrund
C Zusätzliche Röstnoten, beginnende Bitterkeit

LÖSLICHKEIT DER HAUPTAROMEN

Alkohol, Fett, Wasser (warm)

GESCHMACK

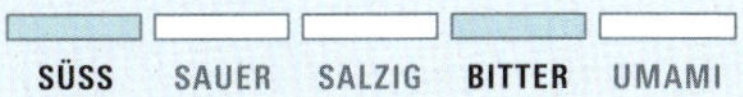

PASST GUT ZU

Gemüse, Rohkost, Gemüsesuppen (Kerne und Öl), Rind, saurem Rindfleisch, gekochtem Tafelspitz (Öl)

UNBEDINGT AUSPROBIEREN

Kürbiskerne in Süßspeisen

Kürbiskerne sind etwas säuerlich, herb, nussig und butterig. Im dunkelgrünen Öl kommen noch deutliche Röstnoten hinzu.

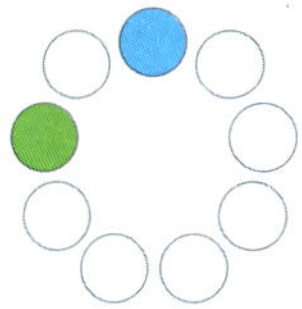

Das Aromenspektrum der Kürbiskerne ist sehr komplex: PENTANAL steuert holzige, leicht stechende Noten bei, HEXANAL grasig-grünfruchtige Aromen – unterstützt von fruchtig-grünen Tönen des (E)-2-HEXANAL. Nussig-holzige Noten liefert das 3-METHYLBUTANAL. Steirisches Kürbiskernöl ist dunkelgrün und enthält aufgrund der Röstung der Kernetiefe karamellartige Röstnoten.

Klassischerweise verwendet man die Kerne der Ölkürbisse. Man kann jedoch auch die Kerne anderer Kürbisarten essen, wenn man sie trocknet und danach schält. Die geschälten Kerne können ungeröstet oder geröstet eingesetzt werden, wobei sich in letzterem Fall ihr Aroma steigert. Das Öl hingegen ist sehr hitzeempfindlich. Es wird nur in der kalten Küche verwendet oder um warme Speisen vor dem Servieren zu aromatisieren.

Das aromatische Potenzial der Kürbiskerne wird in der steirischen Küche voll ausgekostet: In die Panade gestreut, verleihen sie einem Schnitzel, Huhn oder Gemüse einen nussig-herben Charakter. Man kann die Kerne auch karamellisieren. Die dabei entstandenen Röstaromen passen bestens zu denen in Kakao oder Schokolade. In der Kombination mit Zimt hingegen werden vollkommen neue Duftnoten eingetragen. Kürbiskernöl würzt Kartoffelsalat, saures, kaltes Rindfleisch, Sülze oder Gemüsesuppen. Selbst Eis mit Kürbiskernöl oder ein Kürbisparfait ist eine Delikatesse.

KURKUMA

AROMENENTFALTUNG

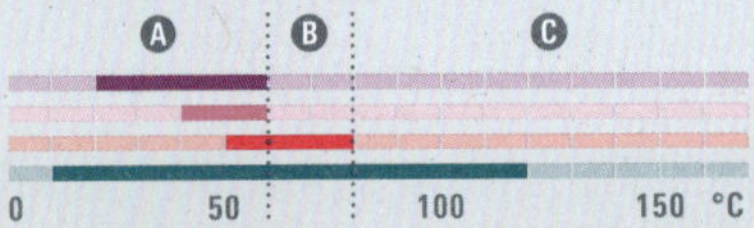

A Frisch, würzig-harzig B Bitter, leicht scharf C Betont bitter, weniger würzig

LÖSLICHKEIT DER HAUPTAROMEN

Fett

GESCHMACK

PASST GUT ZU

Hülsenfrüchten, Kartoffeln, Gemüse (Auberginen, Bohnen, Blumenkohl), Nudelteig, Eierspeisen (Omelette, Rührei), Suppen (Hühner-, Reis-, Blumen-), Aufstrichen (Eiaufstrich), Senf, Chutneys, Relishes, Reis

UNBEDINGT AUSPROBIEREN

Kurkuma-Bananenmilch

Frische Kurkumawurzeln erinnern an Ingwer und Zitrone und duften angenehm erdig. Das Pulver ist holzig, erdig, bitter und scharf.

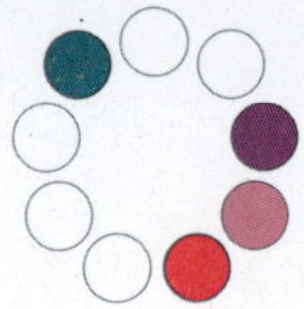

Geschmack und Aroma des Kurkumas, auch bekannt unter den Namen Turmerik, Gelbwurz oder indischer Safran, werden durch dessen ätherisches Öl bestimmt. Das Molekül AR-TUMERON definiert seinen erdigen Geruch, ZINGIBEREN den ingwerartigen Duft. Hinzu kommen eukalyptus- und kampferartige Noten. Verantwortlich für die leichte Schärfe ist CURCUMIN, das auch einen Beitrag zur gelben Farbe liefert: In neutraler und saurer Umgebung färbt es gelblich, in basischer Umgebung (etwa durch Natron) rötlichbraun.

Frischer Kurkuma wird geschält und feingehackt. Er ist milder als das erdig duftende Pulver. Dieses sollte man nicht zu stark dosieren, sonst wird das Gericht schnell muffig. Bei der indischen Tadka-Zubereitungsart, bei der Gewürze in heißem Öl angebraten werden, sollte man Kurkuma erst gegen Ende zugeben, da sonst die Röstkomponenten dominieren.

Kurkuma sorgt in zahlreichen Currymischungen nicht nur für Farbe, sondern verbindet auch viele Gewürze. Frisch gerieben, kommt er in Gewürzpasten mit Chili, Zitronengras, frischem Galgant, Knoblauch, Schalotten und Tamarinde. Kurkuma passt sehr gut zu Fischgerichten und Fischcurrys. Selbstgemachter Pasta oder Blumenkohl verleiht er eine dottergelbe Farbe. Er kann farblich den teuren Safran ersetzen, erreicht aber nie dessen unvergleichliches Aroma.

LANGER PFEFFER

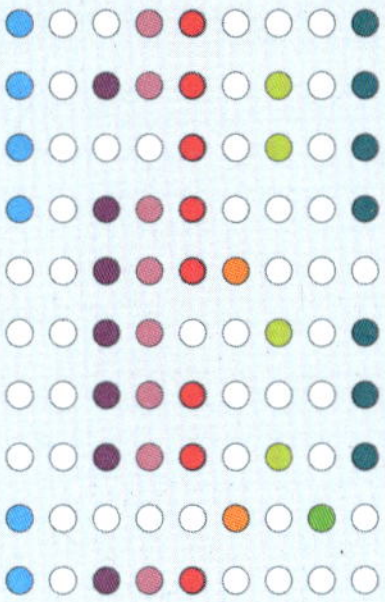

LANGER PFEFFER
BASILIKUM
GEWÜRZNELKE
INGWER
OREGANO
PIMENT
PFEFFER
ROSMARIN
SÜSSHOLZ
ZITRONEN(-SCHALE)

AROMENENTFALTUNG

A Harzig-holzig, leicht scharf
B Betonte Schärfe

LÖSLICHKEIT DER HAUPTAROMEN

Alkohol, Fett

GESCHMACK

SÜSS SAUER SALZIG BITTER UMAMI

PASST GUT ZU

Wild, dunklem Geflügel, Rotkohl, warmen und kalten Früchten, Currys auf Kokosmilchbasis

UNBEDINGT AUSPROBIEREN

Langer Pfeffer in die Aprikosenkonfitüre

Langer Pfeffer wird sowohl als scharf als auch als süßlich-säuerlich empfunden und erinnert an Ingwer und Pinien.

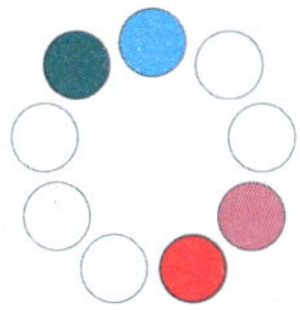

Die Aromenstruktur von Langem Pfeffer unterscheidet sich deutlich von der des Schwarzen Pfeffers. Das süßliche, an Ingwer und Pinien erinnernde Aroma erklärt sich durch das ZINGIBEREN, PINEN und LIMONEN. Nelkenartige Noten unterstützen diese Duftrichtung noch. β-BISABOLEN verleiht ihm seine wärmende Frische. Wachsige Noten ergänzen das Duftspektrum. Langer Pfeffer ist schärfer als Schwarzer und schmeckt etwas süßlich und säuerlich.

Langer Pfeffer wird gemörsert verwendet. Seine Schärfe entfaltet sich am besten beim Erhitzen. Umgekehrt kommen in kalten Speisen seine warmen und süßlichen Aromen zur Geltung, während die Schärfe von diesen etwas verdeckt wird. Er würzt Wildgerichte, auch Gänse- oder Entenfleisch, langsam mit Wein oder Port geschmortem Rotkohl oder Currys, vor allem auf Kokosmilchbasis. Er ergänzt auch gut karamellisierten Zucker: Im Ofen gebratener Schweinekamm mit einer Glasur aus Honig, Gerstenmalz, Salz und gemörsertem Langen Pfeffer schmeckt sensationell. Man kann ihn sogar bei Früchten und Desserts einsetzen: Gegrillte Ananas mit Langem Pfeffer ist eine kleine Köstlichkeit. Während man in Rezepten Schwarzen Pfeffer problemlos durch Langen Pfeffer austauschen kann, lässt sich dieser eventuell durch Weißen Pfeffer und etwas Muskatblüte ersetzen, nicht jedoch durch den „einfacheren" Schwarzen.

LAVENDEL

AROMENENTFALTUNG

A Frischer Duft B Hervorheben kräuteriger Noten C Bitterkeit betont

LÖSLICHKEIT DER HAUPTAROMEN

Alkohol, Fett

GESCHMACK

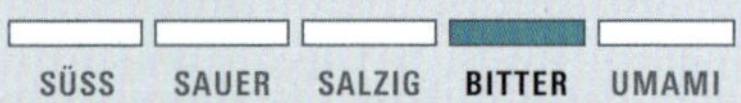

PASST GUT ZU

Blaubeeren, Erdbeeren, Kirschen, roten und schwarzen Johannisbeeren, Pflaumen, Zwetschgen, Pfirsichen, Aprikosen, Rhabarber, Käse, Honig, Honigmelonen (Charentais), Fisch, Fleisch (Lamm, Kaninchen), Innereien

UNBEDINGT AUSPROBIEREN

Einen Hauch Lavendel zum Schluss in Lammragouts

Lavendel erinnert an Lorbeer, Rosmarin, Kampfer und Bergamotte. Die Blüten wie auch die bitteren Blätter würzen.

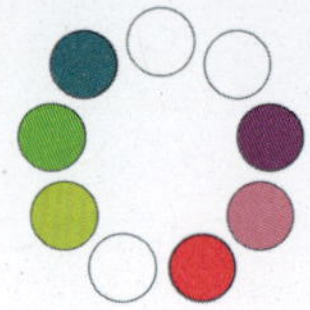

Die aromagebenden Substanzen des Echten Lavendels sind das süßliche LINALYNACETAT mit seinem Duft nach Bergamotte sowie das LINALOOL, das eine blumige Maiglöckchennote beisteuert. Dazu kommen das süßliche, limettenartig-florale MYRCEN und β-Ocimen mit Zitrus- und Bergamottedüften. Außerdem finden sich blumig-würzige, kampferartige, grasige sowie süßliche, sandelholzartige Düfte. Lavendel schmeckt leicht bitter.

Die harten Lavendelblätter hackt man klein. Sie haben größere Würzkraft, schmecken aber bitterer. Man sollte sie nicht zu lange mitkochen lassen. Die Blüten entwickeln ein fast parfümartiges Aroma, das sich beim Kochen verstärkt. Auch sie sollte man sparsam dosieren. Getrockneter Lavendel duftet weniger blumig, wird aber oft als intensiver empfunden. Mit den getrockneten Stängeln kann man Grillfleisch räuchern.

Lavendel gehört gemeinsam mit Thymian, Rosmarin, Bohnenkraut, Majoran, Estragon und Kerbel in die Mischung *Herbes de Provence*. Auch mit Knoblauch und Basilikum versteht er sich gut. Lavendel harmoniert mit kräftigen Schimmelkäsen, würzt Fisch und Fischsuppen, Kartoffeln, Lamm, Gegrilltes, Pastasaucen und Reis. Auch in Marmeladen und Schokolade setzt er wichtige Akzente. Mit Blüten und Blättern, die in Sahne, Sirup oder Wein gezogen sind, lassen sich Sorbets und andere Desserts aromatisieren. Lavendeltee aus den Blüten ist ein Dufterlebnis.

LIEBSTÖCKEL

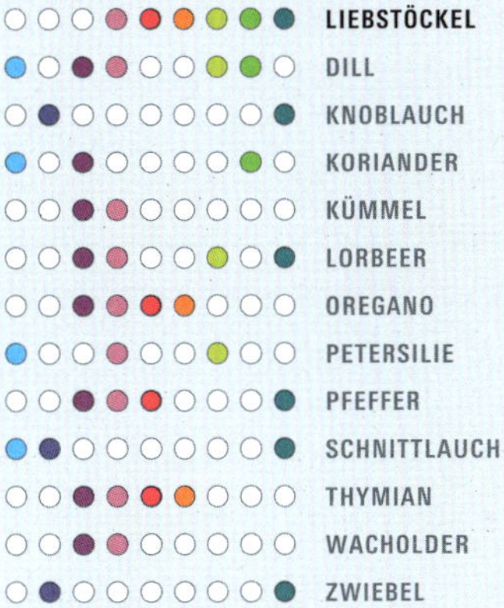

AROMENENTFALTUNG

A Frischer, kräuterig-erdiger Duft
B „Suppenkraut"-Aroma **C** Leichte Bitternoten

LÖSLICHKEIT DER HAUPTAROMEN

Alkohol, Fett

GESCHMACK

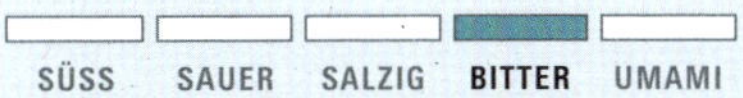

PASST GUT ZU

Suppen, Eintöpfen mit Wurzelgemüse, Salaten, sauer Eingelegtem und Kräuteressig, Fleisch, Hülsenfrüchten, Eierspeisen, Quark, Frischkäse

UNBEDINGT AUSPROBIEREN

Kaffee mit etwas Liebstöckel aufbrühen und kalt trinken

Liebstöckel duftet erdig, fast wie Suppenpulver, nach Anis, Zitrone und Hefe. Getrocknet ist das Kraut milder und ein wenig süß.

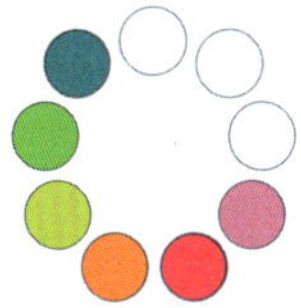

Liebstöckel weist eine hohe Anzahl an röstigen Duftnoten auf, die sonst nur beim Bräunen oder Kochen entstehen, wie das karamellartig duftende SOTOLON. Wichtig für seinen Duft ist ebenso das Z-LIGUSTILID, das stark aromatisch, beißend, gar stechend riecht. Hinzu kommen erdig-würzige, stark wurzelartige und strenge Noten, ein heuähnlicher Geruch und terpentinartig-holzige Aromen. Ein kampferig-würziger Duft nach Pizza und eine Gewürznelkennote runden das deftige Aromenspektrum ab.

Das Kraut lässt sich frisch und getrocknet verwenden, wobei getrocknetes milder und lieblicher wirkt. Man sollte vorsichtig dosieren, denn es dominiert rasch. Frisch werden meist nur die Blätter genutzt. Sie dürfen lange mitkochen. Die Samen sind noch aromatischer als die Blätter. Überbrüht man sie mit heißem Wasser und lässt sie etwa 15 Minuten einweichen, sind sie weniger bitter. Die geschälten Wurzeln kann man als Würze mitkochen und anschließend entfernen.

Liebstöckel braucht kräftige Mitspieler: Knoblauch, Petersilie, Koriander und die klassischen mediterranen Kräuter bieten sich an. Er passt sehr gut zu Wurzelgemüse, vor allem Karotten, Pastinaken oder Sellerie. Das Kraut kommt in Suppen und Eintöpfe, es würzt Kräutersaucen, Salatmarinaden, Fleischragouts und Braten genauso wie gedünsteten und gebratenen Fisch, Omelettes oder Frischkäse – und nicht zuletzt sogar Schokolade.

L

LIMETTE

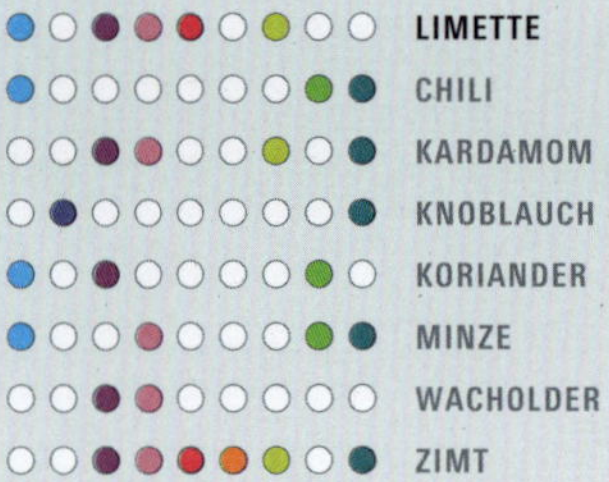

AROMENENTFALTUNG

A Frisch, blumig, wachsig B Eher harzige Noten im Vordergrund C Betonung der Bitternoten

LÖSLICHKEIT DER HAUPTAROMEN

Alkohol, Fett

Alkohol, Fett, Wasser (warm)

Alkohol

GESCHMACK

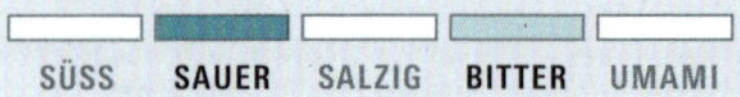

PASST GUT ZU

Rum, Salaten, Fisch, Fleisch, Eintöpfen, Gemüse, Reis, Hülsenfrüchten, Fruchtsalaten

UNBEDINGT AUSPROBIEREN

Sauerkraut mit Limettenabrieb abschmecken

Limetten duften floral-zitronenartig, auch etwas süßlich nach Trockenobst und schmecken sauer.

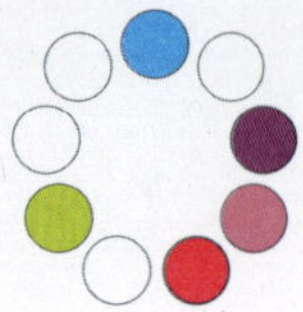

Limetten und Zitronen sind aromatisch sehr ähnlich. Wichtig sind hier wie dort GERANIAL und NERAL, die einen Duft nach Zitrusfrüchten und Rosenblüten erzeugen und durch LIMONEN unterstützt werden. Limetten duften jedoch deutlich „grüner" als Zitronen, vor allem dank HEXANAL. Den typischen Limettenduft unterstützt LIMETTIN. In der Schale steckt zudem das kampferige FENCHON. Der saure Geschmack wird durch ZITRONENSÄURE verursacht.

Von Limetten wird eher der Saft als die dünne Schale genutzt. Schneidet man sie längs auf, ist die Saftausbeute größer. Der Saft wird zu Gerichten erst am Schluss dazugegeben. Gekochte und dann getrocknete Limetten, Loomi-Limetten genannt, duften strenger. Man zerbricht sie oder verwendet sie im Ganzen mit eingestochener Schale.

Limetten oder Limettensaft gehören nicht nur in zahlreiche Cocktails. Ebenfalls klassisch ist die mexikanische *Guacamole*, ein Dip aus Avocados, Tomaten, Knoblauch, frischem Koriander, Chili und Limettensaft. In Thailand und Vietnam säuert man mit dem Saft Currys und Suppen. Er passt aber auch gut zu Fruchtsalaten. In den arabischen Golfstaaten gibt es ein Limettenpulver, das gut mit Kardamom, Ingwer, Koriander oder Nelken harmoniert. Die Loomis vom Persischen Golf werden in *Majboos* (Reisgerichte) oder in *Gheimeh* (persische Lammeintöpfe) mitgekocht.

Kürbiskerne, geschält *schmecken säuerlich-herb, nussig und butterig* → Seite 115

Kurkuma, Wurzel und Pulver *färbt Speisen gelb und verleiht ihnen ein erdiges Aroma* → Seite 116

Langer Pfeffer *schärfer als schwarzer Pfeffer, schmeckt etwas süßlich und säuerlich* → Seite 117

Lavendel *erinnert an Lorbeer, Rosmarin, Kampfer und Bergamotte* → Seite 118

Liebstöckel *das „Maggikraut" mag nicht jeder, gehört aber in viele Suppen* → Seite 119

Limette *die etwas bittere Verwandte der Zitrone, klassische Zutat im Mojito* → Seite 120

LORBEER

Lorbeer ist ein aromatisches „Passepartout". Die Blätter geben vielen Schmorgerichten ein kräftiges, würziges, leicht kühlendes Aroma.

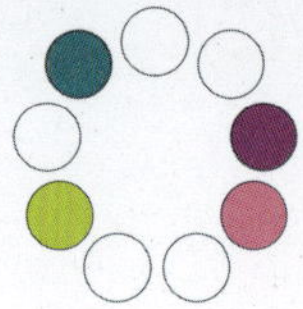

AROMENENTFALTUNG

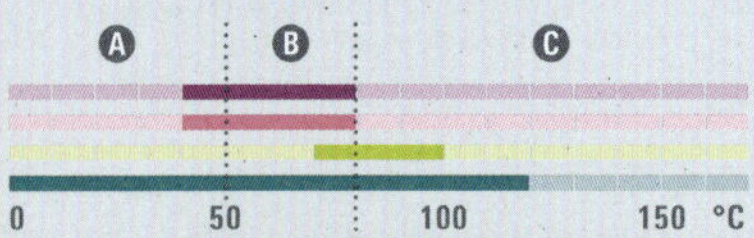

A Eher blumige Noten (etwa beim Einlegen) B Kampferartige Frische C Eher harziger, anisartiger Duft

LÖSLICHKEIT DER HAUPTAROMEN

Alkohol, Fett

Fett

GESCHMACK

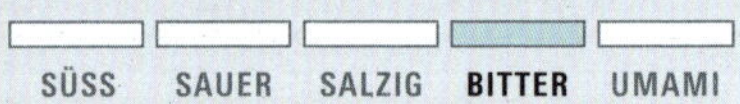

PASST GUT ZU

Fleisch, Ragouts, Suppen, Eintöpfen, Marinaden, Bohnen, Linsen, Tomaten

UNBEDINGT AUSPROBIEREN

Frischen Lorbeer in die Erdbeerbowle

Aromabestimmend in den Lorbeerblättern ist die Kombination aus dem flüchtigen blumig-frischen LINALOOL und dem würzig-nelkenartigen METHYLEUGENOL. Das 1,8-CINEOL bringt eine eukalyptusartig-kampferige Note ein. In frischen Blättern finden sich zudem blumige Düfte sowie eine grünliche Note. Der leichte terpentinartige Duft in Lorbeer entstammt α- und β-PHELLANDEN. Hinzu kommen würzige, herbale sowie honigartige Noten. Lorbeer schmeckt säuerlich, etwas süß und bitter.

Meist werden die getrockneten Blätter verwendet. Sie schmecken nicht mehr ganz so bitter, da beim Trocknen vor allem der nichtflüchtige Zucker im Blatt verbleibt. Man kann sie lange mitkochen. Röstet man die getrockneten Blätter sehr kurz trocken an, entfaltet sich ihr Aroma noch besser.

Lorbeer gehört in viele klassische Saucen wie die Béchamelsauce, in Brühen, Bratensaucen und Ragouts. Er harmoniert mit Rosmarin, Thymian, Oregano oder Salbei, ist aber auch mit Kümmel, Fenchel, Piment, Rosa Beeren oder Asant kompatibel. Er würzt Sugos auf Tomatenbasis, säurebetonte Gerichte wie Sauerkraut oder *Mixed pickles,* Beizen für Sauerbraten und Wild ebenso wie deftige Kartoffelgerichte. Mit den trockenen Blättern, Zitrone, Knoblauch und Fenchel lässt sich Fisch füllen. Sogar Desserts mit Früchten kann man mit Lorbeer würzen: Pfirsich oder Honigmelone, gekocht mit frischem, leicht bitterem Lorbeer, sind köstlich.

MACADAMIANUSS

AROMENENTFALTUNG

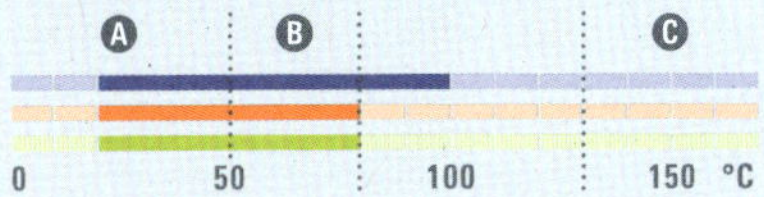

A Leicht fettig, aromatisch, schwefelig, gekocht **B** Aromatisch-mandelartig **C** Ansprechend aromatisch, nussige Röstaromen

LÖSLICHKEIT DER HAUPTAROMEN

Alkohol, Fett, Wasser

GESCHMACK

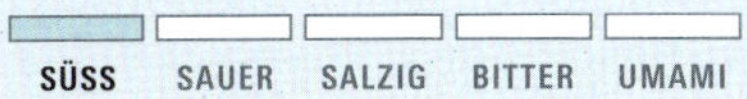

PASST GUT ZU

Salaten, Fisch (Lachs, Seeteufel, Loup de mer), Lamm, Brot, Desserts, Schokolade, das Öl auch zu Säften, Frischkäse, Eis

UNBEDINGT AUSPROBIEREN

Macadamianuss und Hummus

Macadamianüsse riechen ausgesprochen fruchtig, butterig. Sie schmecken leicht süßlich. Ihr Mundgefühl ist zartschmelzend.

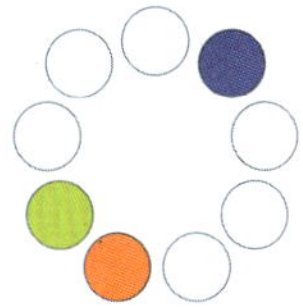

Die Macadamianuss, auch Buschnuss oder Kindal Kindal, riecht ungeröstet ein wenig nach Tabak und Orangen und etwas erdig. Die Samenkerne werden nach der Ernte getrocknet. Sie haben dann einen neutral-fettig-nussigen Geruch, der vor allem durch DIMETHYLSULFID bestimmt ist – eine schwefelige Note, die anderen Nüssen fehlt. Ergänzt wird der Duft durch erdig-milchige, dezent tabakartige sowie leicht erdige, tabakartige Noten.

Die „Nüsse" können roh oder geröstet verwendet werden. Ungeröstet haben sie einen schönen Biss und lassen sich gut als Texturelement in Salaten oder heißen Gemüsegerichten einsetzen. Durch trockenes Anrösten gewinnen sie erheblich an Aroma. Das feine → Macadamiaöl sollte man immer erst an die fertigen Speisen geben.

Macadamia lassen sich überall dort einsetzen, wo man auch Haselnüsse oder Mandeln verwenden würde. Allerdings übertreffen sie diese durch ihr feines Aroma deutlich, besonders weil ihnen alles Bittere fehlt. Mit Trüffeln harmonieren sie ausgezeichnet. Das nussige, ausgesprochen feine und recht teure Öl aromatisiert neben Salaten auch zarten Fisch. Ist der nur leicht gedämpft und kaum gewürzt, ist Macadamiaöl ein Genuss. Ebenso passt es zu Frischkäse, zu milden Suppen oder frischen Gemüse- oder Obstsäften.

MAJORAN

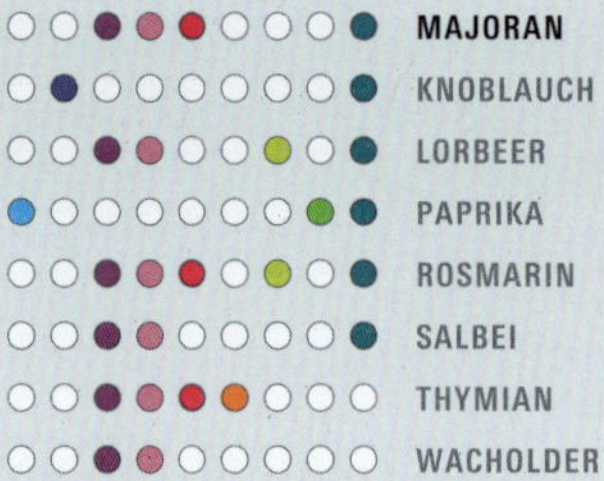

Frisch duftet er feiner, blumiger als Oregano. Er ist leicht bitter-herb und säuerlich und lorbeerartig. Getrocknet wird er weniger bitter.

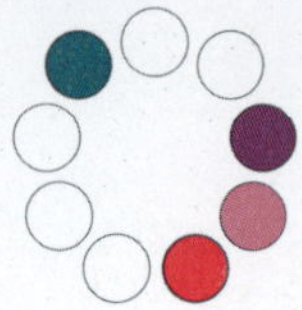

AROMENENTFALTUNG

A Frisch, herbal B Erdig-herbale Aromen

LÖSLICHKEIT DER HAUPTAROMEN

Alkohol, Fett

GESCHMACK

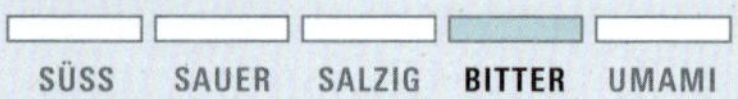

PASST GUT ZU

fettem Fleisch und fettem Fisch, Speck, Wurst, Geflügel, Gulasch, Kartoffeln, Bohnen, Erbsen, Linsen, Brot, Eintöpfen, Kartoffel- und Linsensuppen, Salat, Kräuterquark

UNBEDINGT AUSPROBIEREN

Majoran in Leberknödel

Das typische kräuterige Majoranaroma verdankt sich einem hohen Anteil von TERPEN-4-OL und dem Vorkommen des CIS-SABINENHYDRAT. Hinzu kommen zitronige und etwas harzige, leicht fliederartige Noten sowie terpentinartig-blumige, süßlich-holzig-aromatische Düfte. Seine Frische wird durch das nach Eukalyptus und Kampfer riechende 1,8-CINEOL eingetragen. Im Duftspektrum des jungen, frischen Krauts finden sich zudem zitruskiefernartige und blumige, rosenartige Noten sowie ein dezenter Wacholderduft.

Majoran kann man frisch und getrocknet verwenden. Beim Trocknen verblasst die blumige Note des Krauts, es ist aber noch sehr würzig und aromatisch. Am besten gibt man Majoran immer erst kurz vor Ende der Garzeit in die Speisen. Zerreibt man frische Blätter vorher etwas, wird ihr Duft besser freigesetzt. Auch die Blüten sind sehr aromatisch.

Majoran wird traditionell gerne zu schwer verdaulichen und fettreichen Gerichten wie Kohl oder Gans eingesetzt. Er passt gut zu Leber und allen Innereien, zu Pasteten oder Bratwürsten und verträgt sich auch mit Zwiebeln und Knoblauch, mit Kartoffeln, Bohnen, Linsen, Erbsen oder Brot. Die Kombination von Wacholder und Majoran ist vor allem für Wildgerichte interessant. Frischer Majoran ergänzt sehr gut die erdigen Noten von Pilzen. Außerdem würzt er hervorragend sommerliche Salate.

MANDEL

AROMENENTFALTUNG

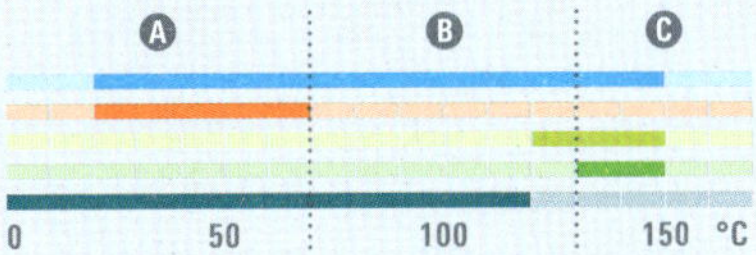

A Fettig-aromatisch B Aromatisch, bitter-süß C Röstnoten, karamellig bis schokoladig, leicht bitter

LÖSLICHKEIT DER HAUPTAROMEN

Alkohol, Fett, Wasser

GESCHMACK

PASST GUT ZU

Fisch, Krustentieren, hellem Fleisch, Gemüse (Spargel), Suppen, Süßspeisen, Torten

UNBEDINGT AUSPROBIEREN

Geröstete Mandeln über Spargel mit zerlassener Butter gerieben

Mandeln sind süß, typisch aromatisch, mildnussig. Frisch sind sie keinesfalls bitter. Das Öl erinnert im Duft stark an Marzipan.

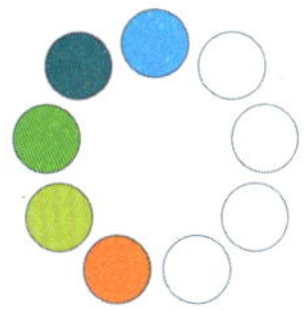

Der Duft der Mandeln wird in erster Linie durch das marzipanartige Aroma BENZALDEHYD verursacht. Im Gegensatz zu Bittermandeln kommt hier jedoch kein Amygladin vor, so dass sich keine giftige Blausäure bilden kann. Süßmandeln schmecken ihrem Namen entsprechend süß.

Mandeln können roh gegessen werden. Beim Rösten entstehen nussig-karamellige oder grasig-blumige bis erdig-röstig duftende Abbauprodukte der Fettsäuren. Um Mandeln zu schälen, blanchiert man sie und schreckt sie ab. Jetzt lässt sich die Haut mühelos lösen. Anschließend kann man sie hacken, stifteln, hobeln, fein mahlen oder mit Mandelöl zu einer Paste verarbeiten. Das Mandelöl wird aus leicht gerösteten Mandeln extrahiert.

Geröstete Mandeln kommen in indische *Biryanis*, um den Reisgerichten eine süßlich-nussige Note zu geben. Auch in der orientalischen Küche sind Mandeln oft Bestandteil von herzhaften Reisgerichten und Füllungen – nicht zuletzt wegen der Textur, des Bisses. Fein gemahlen, können sie wiederum Flüssigkeiten andicken. Ein Klassiker der deutschen Küche ist Forelle mit Mandeln, genannt *Forelle Müllerinart*: Hier werden Mandelscheibchen in Butter knusprig geröstet. Ansonsten werden Mandeln aber eher in Süßspeisen eingesetzt: Marzipan wird aus ihnen hergestellt und meist mit →Bittermandeln aromatisiert. In Süditalien und in Spanien ist Mandelmilch ein beliebtes Getränk.

MARONEN

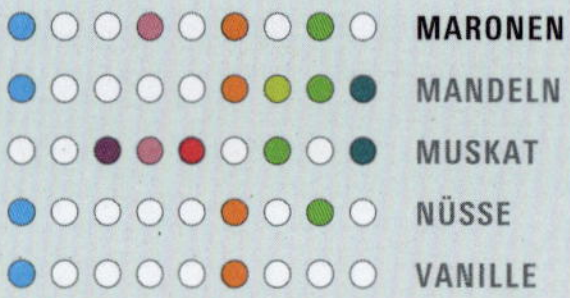

AROMENENTFALTUNG

A Mild-süßlich B Nussig bis mandelartig-süßlich (bei höheren Temperaturen)

LÖSLICHKEIT DER HAUPTAROMEN

Alkohol, Fett, Wasser

GESCHMACK

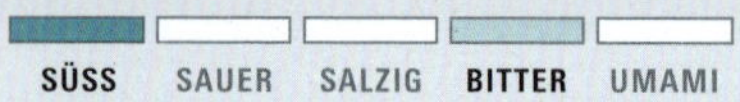

PASST GUT ZU

Geflügel, Wild, Suppen, Süßspeisen, Torten

UNBEDINGT AUSPROBIEREN

Pfannkuchen mit Maronenmehl

Maronen erinnern an aromatische Süßmandeln, dafür aber süßer. Dazu bieten sie Aromen, die an Butter und Brotkruste erinnern.

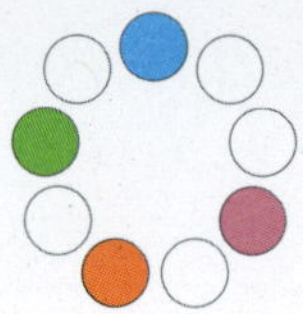

In dem Duft der ungerösteten Maronen oder Esskastanien findet sich das marzipanartige BENZALDEHYD ebenso wie brotig-karamellig duftende und süßlich schmeckende Aromen. Schwach-butterige Töne und blumige Noten ergänzen das Aroma. Röstet oder brät man Maronen an, verstärken sich die Marzipan-Noten und es entstehen Röstaromen.

Zum Rösten ritzt man die Schale der Früchte kreuzweise auf der runden Seite ein, dann kommen sie für etwa zehn Minuten in den 200 °C heißen Backofen. Damit sie nicht austrocknen, stellt man einen Topf mit Wasser dazu. Wenn man sie vor dem Rösten ein paar Minuten kocht, lässt sich später die Schale leichter lösen. Will man Maronen braten, schält man sie zuerst. Für ein Püree dämpft man geschälte Maronen, bis sie zerfallen, püriert sie und süßt bei Bedarf. Kastanienmehl ist sehr nahrhaft, aber nur zusammen mit anderen Mehlen backfähig.

In südlichen Ländern bereitet man aus dem Mehl Kastanienbrot und -kuchen zu, ebenso Gnocchi und Pasta. Mit dem ungesüßten Püree kann man Suppen, Terrinen oder Aufläufe würzen. Selbst zu Eis und Desserts passt es – etwa zusammen mit Vanille. Esskastanien im Ganzen verwendet man als Füllung und Beilage für Gänse- und Entenbraten, Wildgeflügel und allgemein Wild. Sie harmonieren auch gut mit Dörrobst. Ganze geschälte Maroni lassen sich außerdem mit Zucker kandieren (*Marrons glacés*).

MASTIX

AROMENENTFALTUNG

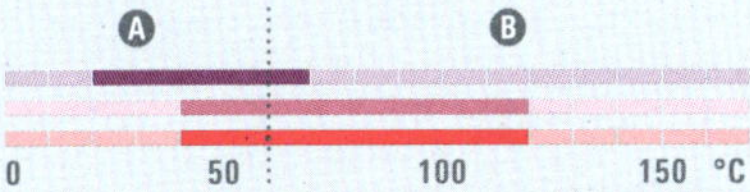

A Milde harzige Töne **B** Anhaltende, leicht bittere Harznoten

LÖSLICHKEIT DER HAUPTAROMEN

Alkohol, Fett

Fett

GESCHMACK

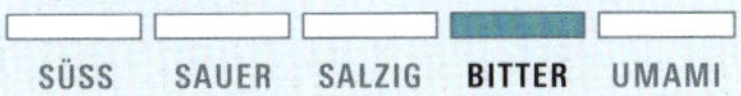

PASST GUT ZU

Gebäck, Eis, Frischkäse, Pistazien, Milchdesserts, Orangen- und Rosenblütenwasser

UNBEDINGT AUSPROBIEREN

Orientalische Kichererbsenzubereitungen mit Mastix abschmecken

Mastix riecht stark nach Harz und Baumrinde und schmeckt bitter. Es erinnert an eine Kombination aus Lavendel und Rosmarin.

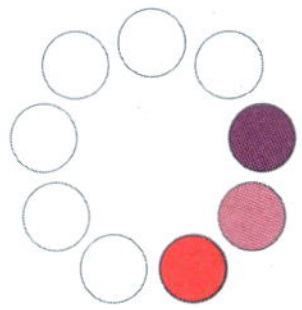

Das getrocknete Harz des Mastix-Pistazienbaums ist gelblich und etwas durchsichtig. Sein Duft wird vor allem durch das frische, süßlich-balsamische MYRCEN, das nach Zitrus und Orangen duftende LIMONEN sowie durch die Aromen α-PINEN und α-CARYOPHYLLEN bestimmt, die holzige, warme und würzige Noten beisteuern. Für das harzig-frische Aroma und den leicht bitteren Geschmack ist unter anderem OLEANOLSÄURE verantwortlich.

Das Harz ist bei Zimmertemperatur sehr zäh, fast hart. Man zerstößt es im Mörser oder erhitzt es im Ganzen, sodass sich einzelne Teile abschneiden lassen. Die Temperatur im Mundraum erweicht es dann ausreichend.

Mastix passt gut zu Süßspeisen, Gebäck oder Brot. Die bekannteste Süßigkeit ist *Loukoumia/Lokum*, das hierzulande „Turkish Delight" heißt. *Lokum* sind Geleewürfel aus Zuckersirup, der je nach Variante mit Mastix, Orangen, Zitronen, Aprikosen, Rosenwasser und Nüssen gewürzt wird. Auch Schnäpse werden oft mit Mastix verfeinert: Rakı, Ouzo und vor allem der Mastika nutzen sein Aroma als Ergänzung zum aromatisch süßlichen Anis und Sternanis. Wer Mastix einmal „warm" probieren möchte, weicht es unter Temperaturerhöhung auf, schneidet kleine Drops ab und gibt sie unter ein Topinamburpüree. Seine wachsige Konsistenz sorgt für ein sehr spezielles Mundgefühl.

Lorbeer *frisch und nur leicht getrocknet schmecken die Blätter am besten* → Seite 122

Macadamianuss *stammt aus Australien und riecht sehr fruchtig* → Seite 123

Majoran *klassische Zutat zu Bratkartoffeln und Weihnachtsgans* → Seite 124

Mandeln *bieten auch ein aromatisches Öl* → Seite 125

Maronen, geschält, gegart, *auch Esskastanien, nahrhaft und wohlschmeckend* → Seite 126

Mastix *Harz des Mastix-Pistazienbaumes von der griechischen Insel Chios* → Seite 127

MEERRETTICH, KREN, WASABI

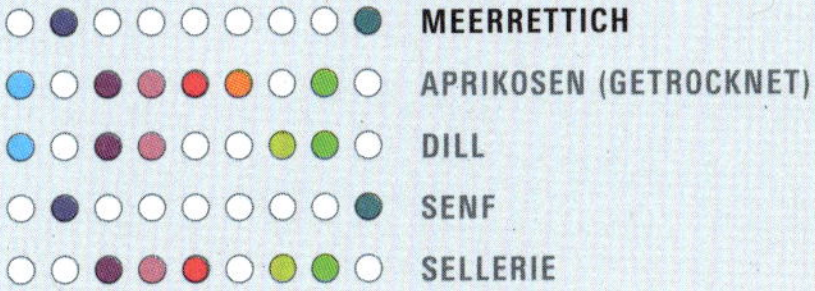

AROMENENTFALTUNG

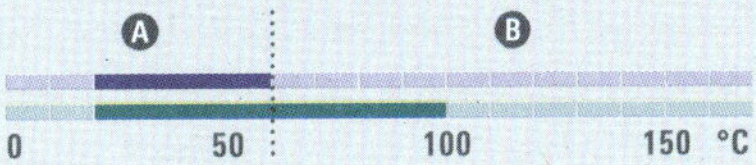

A Frisch, brennend scharf B Nachlassende trigeminale Reizung

LÖSLICHKEIT DER HAUPTAROMEN

- Alkohol, Fett, Wasser
- Fett, Wasser

GESCHMACK

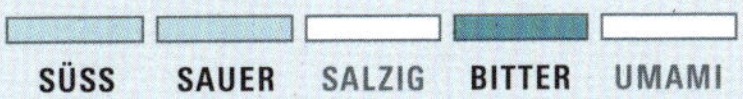

PASST GUT ZU

gekochtem, gepökeltem und geräuchertem Fleisch, Roastbeef, fettem Fisch, Kartoffelsalat, Roter Bete, Karotten, Wirsing

UNBEDINGT AUSPROBIEREN

Ein Hauch von frischem Meerrettich im Pesto

Meerrettich riecht sehr intensiv, erinnert an Senf und ist trigeminal tränenreizend kalt. Wasabi ist grünlich und noch reizender.

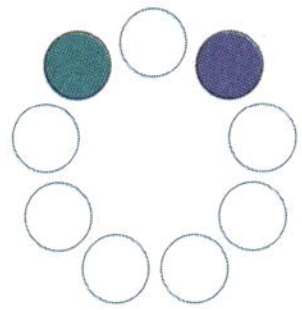

Zerschneidet man Meerrettich, spaltet sich das Senfölglycosid SINIGRIN in Zucker und das scharfe, tränenreizende ALLYLISOTHIOCYANAT. Hinzu kommen weitere stechende, schwefelhaltige Komponenten, unter anderem das 2-PHENYLETHYLISOTHIOCYANAT. Sein Fehlen im japanischen Wasabi erklärt den feinen Unterschied zwischen den Sorten. Zudem ist frischer Wasabi deutlich schärfer. Das QUERCETIN gibt dem Meerrettich seinen herben, leicht bitteren Unterton im Geschmack.

Die milden Blätter sind ebenfalls essbar, in erster Linie wird jedoch die geschälte und geriebene Wurzel roh verwendet. Gerieben verliert Meerrettich schnell seine Schärfe. Will man diese konservieren, empfiehlt sich Essig oder Zitronensaft. Dabei nimmt man allerdings eine Säurekomponente in Kauf. Der japanische Wasabi wird gerieben, getrocknet und zu einem Pulver verarbeitet.

Meerrettich setzt man gern zu fetten oder geräucherten Speisen ein, wie Lachs und Räucherfisch, *Eisbein* oder *Tafelspitz*. Die jiddische Küche Osteuropas kennt eine süßsaure Meerrettichsauce, häufig mit Roter Bete gefärbt: *Khreyn*. Hier wird die Verwandtschaft zum österreichischen „Kren" deutlich. Mit der aus Wasabipulver und Wasser zubereiteten Paste würzt man *Sushi* oder *Maki*. Mit Kräuterbutter schmeckt Wasabi aber auch zu einem europäischen Rinderbraten.

M

MINZE

AROMENENTFALTUNG

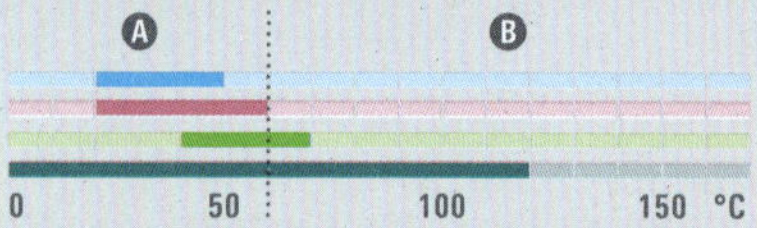

A Typisch florale grüne Minznoten
B Leichte Bitternoten, mehr „pfeffrig"

LÖSLICHKEIT DER HAUPTAROMEN

Alkohol, Fett, Wasser

GESCHMACK

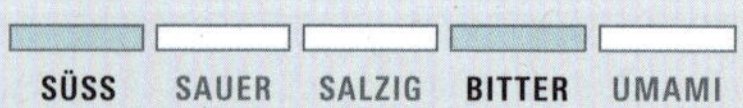

PASST GUT ZU

FRISCH: Auberginen, Karotten, Erbsen, Kartoffeln, Tomaten, Zucchini, fast allen Fleischsorten, Fisch

GETROCKNET: Joghurt, Hackfleisch

UNBEDINGT AUSPROBIEREN

Minze in den Schweizer Wurstsalat

Minze schmeckt leicht süßlich und zeigt eine deutlich kühlende Wirkung. Minze weist stets einen zitronigen, pfefferartigen Unterton auf.

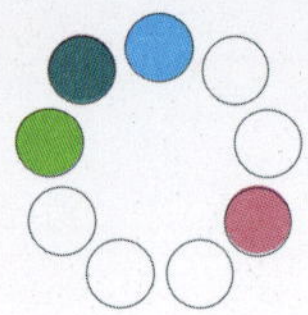

Minze wirkt frisch und kühlend. Verantwortlich sind vor allem die Aromen MENTHOL, MENTHYLACETAT und MENTHON. Menthol reizt die Schmerzrezeptoren der Zunge und erzeugt einen kühlenden Effekt. Das Aroma bei Pfefferminze ergänzen pfefferminzartige Noten mit einem Hauch Kampfer, ein minzig-scharfer Duft sowie erdig-minzige Töne mit dezenten Röstnoten. Minze schmeckt leicht bitter. Es gibt zahlreiche Arten, wobei die kulinarisch wichtigste die Grüne Minze ist.

Am besten verarbeitet man Minze frisch. Beim Trocknen verflüchtigt sich ein Teil des Menthols, allerdings wird der Minzcharakter durch viele der scharf bis erdig-minzigen Noten aufrechterhalten. Getrocknete Minze schwitzt man mit Öl oder Butter an. Damit kann man Bohnen- oder Linsensuppen, Lamm- oder Gemüseeintöpfe aromatisieren.

Die englische Minzsauce aus Grüner Minze, manchmal auch Pfefferminze, Essig, Zucker, Pfeffer und Salz würzt Hammelgerichte oder Steaks. In Griechenland begleiten kalte Minz-Joghurtsaucen Gemüse und Lamm. Auch hier ist der Kontrast der kühlen Süße zu den Röstaromen entscheidend. Scharfen Gewürzen geben die Minzen ebenso eine kühlende Gegennote. Daher kombiniert man in Südamerika gerne Minze mit Chili, Petersilie und Oregano. Das Kraut passt außerdem zu Eisparfait und Schokolade und tut auch Obstsalaten und dem levantinischen Petersiliensalat *Tabouleh* gut.

MOHN

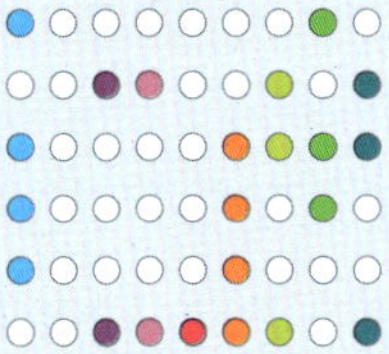

MOHN
KARDAMOM
(SÜSS-)MANDELN
NÜSSE
VANILLE
ZIMT

AROMENENTFALTUNG

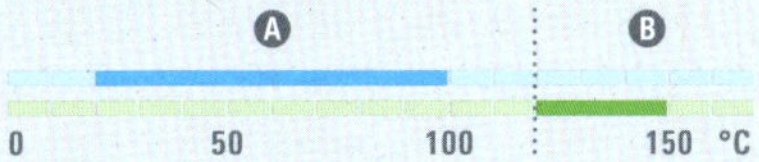

A Eher wachsig, leicht fettig B röstiger Mohnduft

LÖSLICHKEIT DER HAUPTAROMEN

Fett

GESCHMACK

SÜSS SAUER SALZIG **BITTER** UMAMI

PASST GUT ZU

Currys, Milch, Sahne, grünem Gemüse (Bohnen, Zucchini), hellen Kohlsorten (Kohlrabi, Weißkohl, Blumenkohl), Auberginen, Kartoffeln, Mais, Süßspeisen, Gebäck

UNBEDINGT AUSPROBIEREN

Kalbsleber mit Mohn ausbacken

Mohn schmeckt süß, wirkt fettig und duftet würzig-röstig. Das leicht verderbliche Mohnöl hat ein zart-nussiges Aroma.

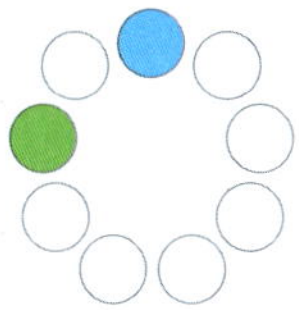

Rohe, ganze Mohnsamen schmecken butterig und leicht süß, duften aber nicht. Erst nach dem Zerbeißen – oder beim Mahlen oder leichten Erhitzen – werden die Aromen freigesetzt. Den typischen Mohngeruch erzeugt das würzig-röstig duftende Molekül 2-PENTYLFURAN. Die hierzulande bekannteren blaugrauen Samen duften kräftiger und mandelartiger als die indischen weißen.

Verwendet werden die Samen des Mohns, deren würzig-röstiges Aroma sich beim Backen und Anrösten noch verstärkt. Werden sie jedoch zu lange geröstet oder in der Mühle zu lange und zu heiß gemahlen, werden sie bitter. Um eine Mohnpaste zu erhalten, übergießt man die Samen mit kochendem Wasser und lässt sie 2 bis 3 Stunden einweichen. Danach gießt man die Flüssigkeit durch ein Tuch ab und zermahlt die Samen zu einer Paste. Das feine Mohnöl aus gerösteten Samen oxidiert leicht und kommt nur für den Einsatz in der kalten Küche infrage.

Mohn ist vor allem als Zutat in Süßspeisen bekannt und passt gut zu Vanille oder Zimt. In Indien kombiniert man geröstete und gemahlene helle Samen mit Mandeln und weiteren Gewürzen für *Kormas* und Currys. In der japanischen Küche streut man geröstete Mohnsamen bei Tisch über Suppen oder Nudelgerichte: So lassen sich ungebratenen Speisen nachträglich Röstaromen hinzufügen. Das fruchtige Mohnöl bereichert Salate durch seinen warmen röstigen Duft.

MORCHEL

AROMENENTFALTUNG

A Roher Pilzduft B Typischer Morchelduft und -geschmack

LÖSLICHKEIT DER HAUPTAROMEN

Alkohol, Fett

GESCHMACK

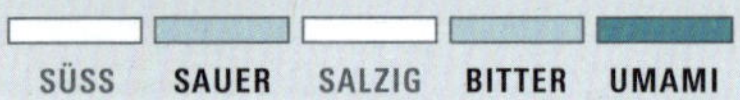

PASST GUT ZU

Rind-, Kalb- und Schweinefleisch, Geflügel, Wild, Fisch, Krustentieren, Gemüse, insbesondere Spargel oder Karotten, Pasteten, Terrinen, Suppen, Nudeln

UNBEDINGT AUSPROBIEREN

Morcheln quer in Ringe schneiden, in Butter garen und nach dem Abkühlen mit dunkler Schokolade überziehen

Morcheln duften waldbodig-feucht, holzig, frisch-erdig-grün, würzig bis thymianartig. Getrocknet sind sie aromatischer.

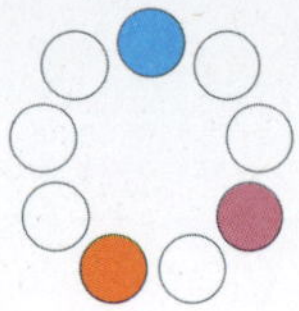

Wie viele andere Pilze enthalten Morcheln das Molekül (R)-1-OCTEN-3-OL, das während des Kochens zu 1-OCTEN-3-ON oxidiert und für einen Großteil des Pilzduftes sorgt. Daneben finden sich 3-OCTANOL, das nussig-feuchte und erdig-holzige Noten beisteuert, sowie 2-OCTANON mit erdig-grünem Duft. Hinzu kommen fruchtig-käsige Töne, aromatisch-würzige und kräuterige Noten, die sich beim Trocknen verstärken. Die Pilze schmecken säuerlich und herzhaft →„umami".

Die Pilze werden immer mitgekocht. Frisch enthalten sie ein leichtes Gift, das beim Waschen zum Großteil und beim Kochen vollständig verschwindet. Wichtig ist die Säuberung der frischen Pilze: Zuerst ausklopfen, dann je nach Verschmutzung eventuell halbieren, mit einer Bürste unter fließendem Wasser abspülen und in der Salatschleuder vorsichtig schleudern. Die Hüte lässt man ganz oder halbiert sie. Stiele kann man im Ganzen verarbeiten oder hacken. Getrocknete Pilze weicht man vor dem Garen etwa 15 Minuten in ein wenig Wasser ein.

Als natürliche „Geschmacksverstärker" in Richtung umami-Geschmack oder Säure sind die Pilze fast universell einsetzbar. Über ihre Aromen setzen sie schöne Kontraste zu süßlichem Gemüse wie Karotten oder zu Trockenobst (Aprikosen, Pflaumen). Morcheln harmonieren mit Schalotten, Muskatnuss, Zimt, Thymian, Rosmarin, Oregano, Majoran, Salbei und Bohnenkraut.

MUSKATNUSS, MACIS

AROMENENTFALTUNG

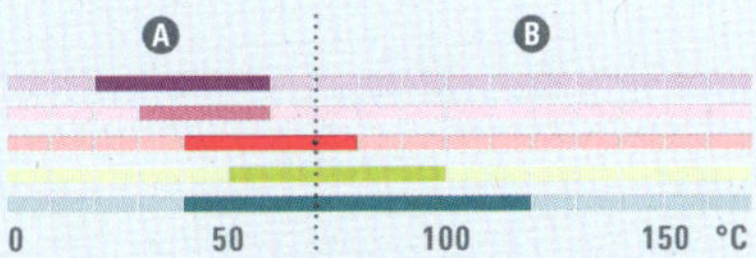

A Frisch, leicht zitrusartig **B** Sehr aromatisch und würzig, pfeffrige Schärfe

LÖSLICHKEIT DER HAUPTAROMEN

Alkohol, Fett · Fett, Wasser

GESCHMACK

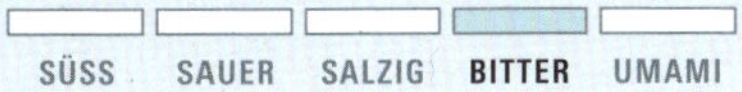

PASST GUT ZU

Kartoffelpüree, Gemüse, Suppen, Sauce Béchamel, Spinat, Wintergemüse, Kohl, Käse, Süßspeisen (Muskatblüte)

UNBEDINGT AUSPROBIEREN

Käsekuchen mit Muskatnuss

Die Nuss duftet nach Eukalyptus, sehr würzig, holzig und floral. Macis duftet stärker blumig, zitronig, ist etwas feiner im Aroma.

Der Duft der Muskatnuss lebt von einem breiten Spektrum an Aromen. Vor allem das würzig-warme MYRISTICIN, das nach Petersilie duftende SAFROL und das ELEMICIN mit seinen harzig-würzigen Noten tragen zum typischen Muskatduft bei. Hinzu kommen harzige, orangenartige und kampferige Noten, ein Duft nach Zitrus und Flieder, frisch-holzige und würzig-nelkige Aromen. Die trigeminale Schärfe wird auf das GINGEROL zurückgeführt. Als Macis wird der Samenmantel bezeichnet, der die Muskatnuss umgibt.

Muskatnuss wird meist erst kurz vor dem Servieren über die Speisen gerieben. Weil Muskat dominant ist, empfiehlt es sich, sparsam zu dosieren. Das Aroma von Macis ist floraler und zitroniger. Man gibt ihn zerstoßen über das fertige Gericht oder kocht ihn im Ganzen im Säckchen mit.

Muskatnuss fügt sich sehr gut in viele Gewürzmischungen ein, kann aber genauso gut als einzelnes Gewürz in Gemüsespeisen dienen. Spinat, Kartoffelgerichten und Wintergemüse gibt es eine besondere Note. Klassisch ist das Kartoffelpüree oder -gratin mit Milch, Butter und Muskatnuss. Auch helle Saucen, vor allem *Béchamel*, werden mit Muskat verfeinert. Einen würzig-fruchtigen Kontrapunkt ergeben Muskatnuss oder Macis in Süßspeisen, Honig- und Früchtekuchen sowie Obstsalaten. Eine Faustregel besagt, dass alles, was salzig ist, mit Muskatnuss, alles Süße mit Macis verfeinert werden kann.

MYRTE

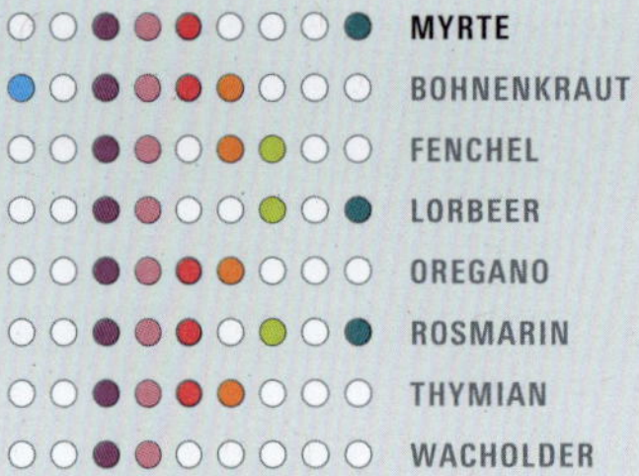

AROMENENTFALTUNG

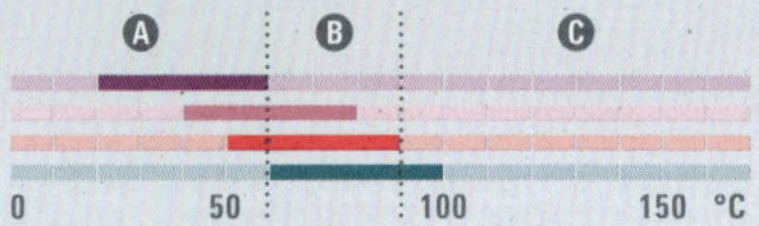

A Blumig-zitrusartig **B** Harzige Noten betont **C** Bittere Anklänge hervorgehoben

LÖSLICHKEIT DER HAUPTAROMEN

Alkohol, Fett, Wasser

GESCHMACK

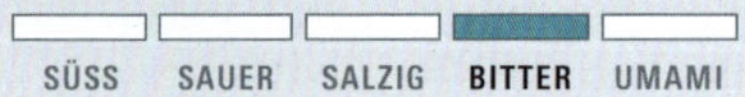

PASST GUT ZU

Fleischragouts, gegrilltem Fisch

UNBEDINGT AUSPROBIEREN

Myrte im Kartoffelgratin

Myrte ist holzig-würzig, frisch und blumig mit einer leichten Orangennote, die Beeren sind süß, erinnern an Piment und Rosmarin.

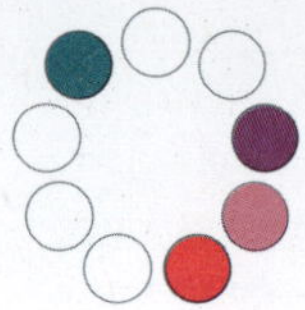

Dominant im Myrteduft sind das kampferige, eukalyptusartige Aroma 1,8-CINEOL sowie α-PINEN mit seinen warm-harzigen und ebenfalls kampferartigen Noten. Diese Ausrichtung wird von weiteren Aromen unterstützt, darunter MYRTENOL und CAMPHEN. Hinzu kommen frische, blumige, fast parfümartige Noten. Myrte schmeckt bitter und wirkt adstringierend.

Von der Myrte werden die Zweige, Blätter, Blüten und Beeren verwendet. Beim Trocknen und Kochen der harten, ledrigen Blätter verflüchtigen sich nur wenige Aromen. Wegen spürbarer Bitternoten sollte man sie jedoch sparsam verwenden und erst 15 Minuten vor Ende der Garzeit zugeben. Ganze Zweige kann man ebenfalls kurz mitkochen und dann wieder entfernen. Die Beeren und Blüten sind weniger bitter, weshalb man sie zerstoßen als Gewürz einsetzen kann.

Die Blätter kommen ähnlich wie Lorbeer an diverse Ragouts mit Schwein, Wildschwein, Reh, Hase oder Tauben. Myrte harmoniert mit mediterranen Kräutern wie Bohnenkraut, Thymian, Rosmarin oder Fenchel und passt gut zu Fisch, ob gedünstet oder gegrillt. Auf den mediterranen Inseln grillt man mit Myrtenholz, sodass der Rauch das Grillgut aromatisiert. Einen ähnlichen Effekt erzielt man, indem man Braten oder Grillgut mit Myrtenzweigen umwickelt. Mit den weniger bitteren Blüten würzt man Salate oder man verwendet sie zur Dekoration.

NIGELLA

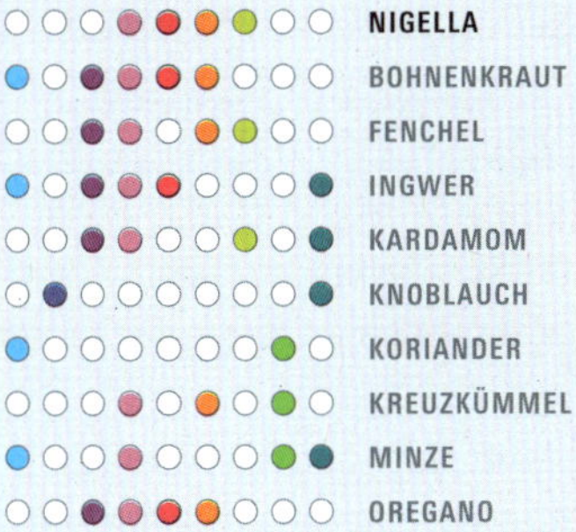

AROMENENTFALTUNG

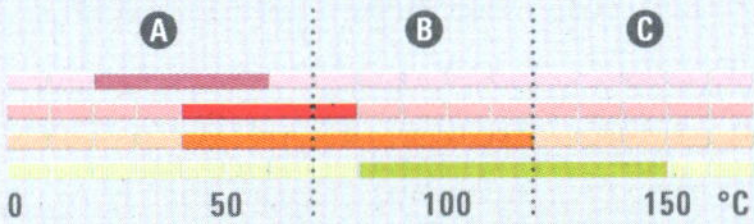

A Holzartig, anisartig-würzig
B Sehr aromatisch C Aromatische Brotkruste-Noten

LÖSLICHKEIT DER HAUPTAROMEN

Alkohol, Fett

GESCHMACK

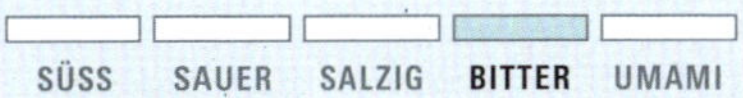

PASST GUT ZU

Brot, Gemüsegerichten (Kürbis und Aubergine), Hülsenfrüchten, Blatt- und Wurzelgemüsen, Bratkartoffeln, Käse, Quark, Joghurt

UNBEDINGT AUSPROBIEREN

Schwarzwurzel in Butter, Salz und reichlich Nigella dünsten

Die aromatisch-holzig duftenden Samen erinnern im Abgang an Sesam. Beim Anrösten wird der nussige Duft verstärkt.

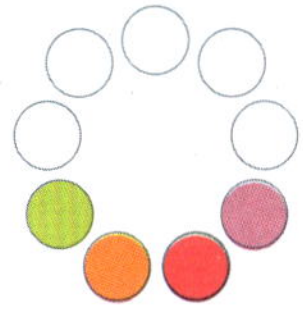

Nigella beziehungsweise Schwarzkümmel besitzt kein eindeutiges Schlüsselaroma. Seine Geschmacks- und Geruchssensation entsteht durch mehrere ähnliche Moleküle, die für das aromatische, holzige Aroma verantwortlich sind: P-CYMOL, TRANS-ANETHOL und THYMOQUINON. Dazu kommen Spuren weiterer Duftstoffe. Bei längerer Lagerung wird das Aroma schwächer. Nigella schmeckt bitter.

Am besten entfaltet Nigella sein Aroma, wenn man die Samen im Mörser zerstößt. Wird das Gewürz zuvor in einer Pfanne ohne Fett kurz geröstet, entstehen Röstaromen und es duftet nussig, erdig und ein bisschen pfeffrig. Deswegen galt im Mittelalter Schwarzkümmel – wie so vieles – als (aus chemischer Sicht unzureichender) Pfefferersatz.

Mit Nigella wurde im Orient schon immer Fladenbrot gewürzt. Auch Käse und Quark kann man mit den Samen den letzten Pfiff geben. Bratkartoffeln mit Schwarzkümmel sind eine köstliche Kombination, und zu orientalischen Kartoffel- oder Gemüseomelettes passen die schwarzen Körner ebenfalls. Geröstet ergänzen sie sich gut mit Minze, Fenchel oder Ingwer. Die Harmonie zwischen Nigella und Kreuzkümmel macht sich die bengalische Gewürzmischung →*Panch Phoron* zunutze. Schwarzkümmel lässt sich sogar in süßen Gerichten verwenden, etwa in Drops oder Lollis aus leicht karamellisiertem Zucker.

Meerrettich, Kren *frisch gerieben ein intensiv-würziger Begleiter zu fettem Fisch oder gekochtem Fleisch,* Wasabi, Paste *ähnelt Meerrettich in Duft und Schärfe* → Seite 129

Minze *viele Arten, die sich aber kulinarisch unterscheiden* → Seite 130
Grüne Minze *in Europa klassische Minzart mit wenig Menthol*

Wasserminze *eher milde Sorte, wild wachsend,* Rossminze *süß-aromatisch,* Pfefferminze *schärfere Minzart, verwendet eher für Tees und Getränke*

Mohnkapseln, Blaumohn, Graue Mohnsamen und Weiße Mohnsamen *viele Arten, die sich kulinarisch unterscheiden* → Seite 131

Morchel *edle, schwierig zu reinigende Zutat für dunkle Saucen* → Seite 132

Muskatnuss, Macis *einst das teuerste Gewürz, heute ein Küchenstandard* → Seite 133

Myrte *damit kann man deftige Fleischragouts und gegrillten Fisch würzen* → Seite 134

Nigella *in der jüdischen Küche würzt man mit den Samen Brot, gibt es auch als edles Öl* → Seite 135

OLIVEN

AROMENENTFALTUNG

A Säuerliches Olivenaroma, leichte Bitterkeit B Dezente Bitternoten

LÖSLICHKEIT DER HAUPTAROMEN

Alkohol, Fett, Wasser

GESCHMACK

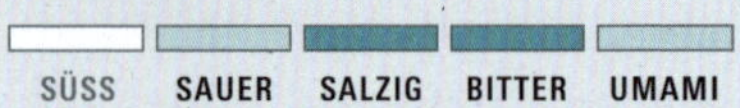

PASST GUT ZU

Weißbrot, Pasta, Pizza, Tomaten, Gemüse, Huhn, Wermut/Martini

UNBEDINGT AUSPROBIEREN

Schwarze Oliven entkernen, im Ofen knusprig trocknen und anschließend mit Zucker vorsichtig karamellisieren

Oliven duften grasig-fruchtig und schmecken bitter mit deutlicher Adstringenz. Schwarze Oliven sind weniger bitter.

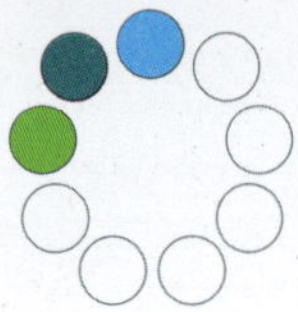

Grüne Oliven werden unreif geerntet, braunrote und violette sind reifer, schwarze sind die ausgereiften Früchte, die am intensivsten schmecken. Alle Oliven sind frisch geerntet sehr bitter. Erst durch die anschließende Gärung werden sie genießbar und es entsteht ihr bekannter Duft. Verantwortlich für den typischen grünlich-unreifen Duft grüner Oliven ist das HEXAN-1-OL, während bei schwarzen das fruchtige, reif-süßliche HEXYLACETAT dominiert. Oliven schmecken aufgrund der Fermentation säuerlich-bitter, manchmal auch etwas süßlich-herb. Die Bitternoten der Blätter des Olivenbaums werden in Tees geschätzt.

Man kann Oliven als säuerliche Schmorhilfe von Beginn an zugeben. Will man aber den reinen Olivengeschmack und -geruch erhalten, werden die Früchte erst kurz vor dem Servieren zugefügt. Gehackte und mit Olivenöl übergossene Oliven schmecken und duften noch intensiver.

Roh – und oft gefüllt – passen Oliven wunderbar zum Aperitif. Schwarze Oliven lassen sich püriert mit Sardellen, Kapern, Knoblauch und Senf zu einer *Tapenade* verfeinern, die man zu gekochten Eiern, rohem Gemüse oder Pasta reicht. In der Mittelmeerküche werden Oliven häufig mit Geflügel kombiniert. Ein ideales Paar sind Tomaten und Oliven. Daher kommen Oliven als Belag auf die Pizza, in Salate oder Tomatensugos.

ORANGE, BITTERORANGE

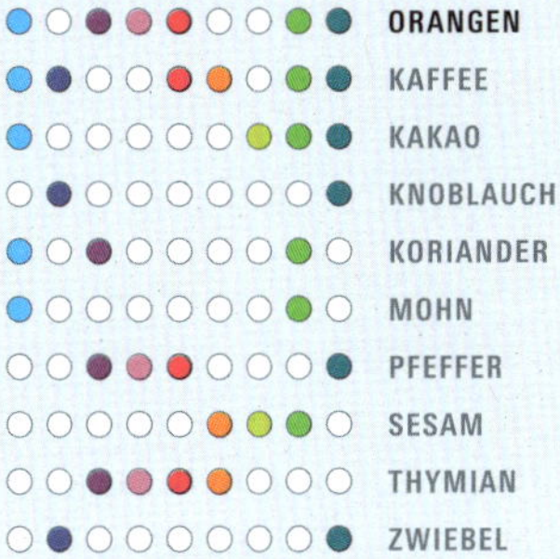

AROMENENTFALTUNG

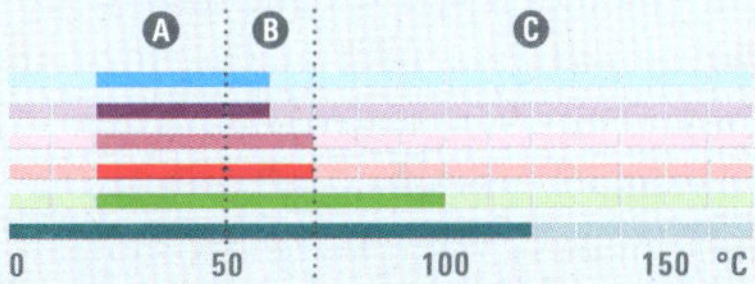

A Floral-wachsig-zitrusartig
B Plastikartig-holzartig **C** Bitterkeit sticht hervor

LÖSLICHKEIT DER HAUPTAROMEN

Alkohol, Fett
Alkohol

GESCHMACK

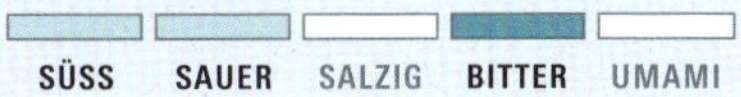

PASST GUT ZU

Ente, dunklem Fleisch in Schmorgerichten, Salaten, Tomaten, Schokolade, Obst, Kuchen, Süßspeisen, Eis, Nüssen

UNBEDINGT AUSPROBIEREN

Ente mit Bitterorangensauce

Süßorangen schmecken süßsauer. Die Schale ist wachsig-zitrusartig, mit anhaltendem Aroma, Bitterorangen sind deutlich bitterer.

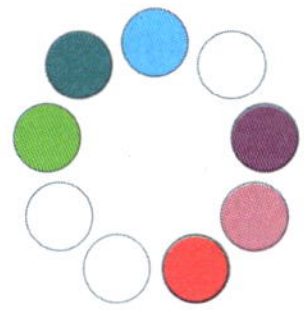

Bei Süßorangen sorgen wie bei Zitronen die Aromen GERANIAL und NERAL für einen blumig-rosenartigen Duft, der durch zitronige, frische, grüne Noten ergänzt wird. Allein typisch für Orangen sind hingegen die süßlich-wachsigen Aromen α- und β-SINENSAL sowie die fast alkoholisch stechenden Noten. Hinzu kommen butterige, süßliche, an Kokos und Holz anmutende Töne. Zum Duft des Safts tragen fruchtige Ananas- und „Orangen"-Noten bei. Süßorangen schmecken süßsäuerlich und wenig bitter, Bitterorangen bitter und recht sauer. Orangenblütenwasser duftet blumig, fruchtig-grün und zitrusartig.

Frisch abgeschält, duften und schmecken Süßorangenschalen wunderbar fruchtig, süßsauer und herb. Beim Trocknen verstärkt sich dieser Eindruck. Die getrockneten Schalen kann man im Ganzen verwenden oder im Mörser klein stückeln. Von Bitterorangen nutzt man Schale und Fruchtfleisch für Marmelade und Orangeat.

Bitter- und Süßorangen harmonieren gut mit dunkler Schokolade. Frische oder getrocknete Süßorangenschalen würzen dunkle Saucen, Vinaigrettes, Tomatensuppen oder Fisch ebenso wie Fruchtsalate, Espresso, Desserts und Backwaren. Sie passen gut zu Pfeffer, Sesam und Koriandersamen. Orangenblütenwasser würzt in der arabischen Küche Süßreis. Die britische Cumberlandsauce und zahlreiche Liköre werden mit Bitterorangenschalen aromatisiert.

OREGANO

Oregano duftet würzig, thymian- und majoranartig, aromatisch süßlich und schmeckt leicht bitter.

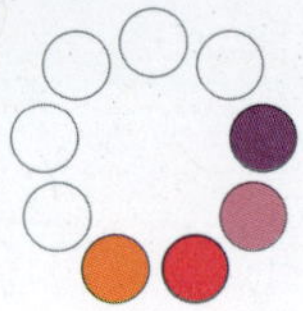

AROMENENTFALTUNG

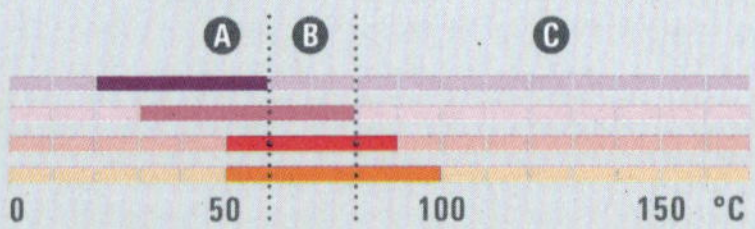

A Florale Noten B Floral-holzig
C Herb-aromatische Noten, an Thymian erinnernd

LÖSLICHKEIT DER HAUPTAROMEN

Alkohol, Fett

GESCHMACK

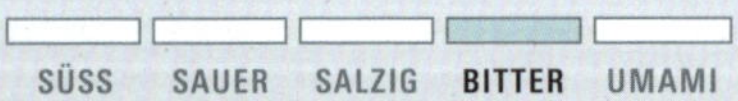

PASST GUT ZU

Tomaten, Auberginen, Zucchini, Gemüsepaprika, Bohnen, Lamm- und Schweinefleisch

UNBEDINGT AUSPROBIEREN

Sardinen mit reichlich Oregano

Die Duftverwandtschaft zwischen Oregano und Majoran ergibt sich über die kräuterigen, terpentin- bis zitrusartigen Aromen P-CYMOL, TERPINEN und TERPEN-4-OL. Das eigentliche Plus des Oregano liegt jedoch in den weniger flüchtigen Verbindungen. Das pizzaartig riechende CARVACROL und das thymianartige THYMOL verleihen dem Aroma mehr Tiefe und Hitzebeständigkeit als Majoran. Oregano wird als bitter empfunden, mit einer bohnenkrautartigen Terpenitennote.

Frischen Oregano sollte man beim Kochen erst am Ende dazugeben. Die getrockneten, gerebelten Blätter kann und sollte man hingegen mitkochen. Feuchtet man sie vorher mit etwas Olivenöl an, entwickeln sie ihr Aroma noch besser.

Oregano ist vielseitig einsetzbar. Er passt – frisch oder getrocknet – sehr gut zu Tomaten, Olivenöl und Oliven und gehört in viele Gemüsegerichte, etwa zu Zucchini oder Auberginen. Auch scharfe Speisen verfeinert er. In der mexikanischen Küche wird er gern mit Chili, Kreuzkümmel, Knoblauch und Zwiebeln kombiniert. Fisch und Meeresfrüchte bekommen mit etwas Oregano eine herrlich würzige, sommerliche Note. Das Kraut passt zu vielen mediterranen Kräutern wie Rosmarin, Thymian, Salbei oder Lavendel. Majoran und Oregano können sich gegenseitig verstärken und ergänzen, zum Beispiel bei Pilzgerichten oder Pizzabrot.

PAPRIKA

AROMENENTFALTUNG

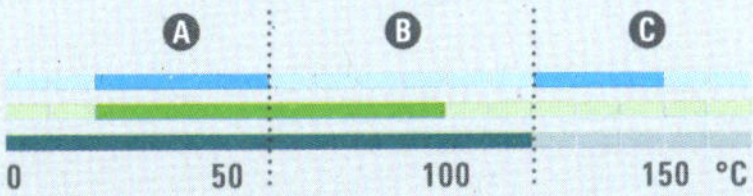

A Erdig-wachsig B Erdig-süßlich
C Erdige Röstnoten verstärkt, neue grüne, wachsige Aromen

LÖSLICHKEIT DER HAUPTAROMEN

Fett

GESCHMACK

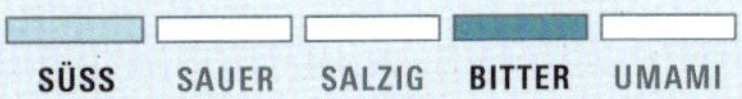

PASST GUT ZU

Zwiebeln, allen Fleischsorten, Kartoffeln, Reis, Eiern, Meeresfrüchten, Fisch, Wild, Gemüse

UNBEDINGT AUSPROBIEREN

Geräucherter Paprika ins fast fertige Risotto

Paprikapulver riecht erdig, würzig, je nach Sorte mild bis scharf und hat anders als Chili immer einen süßlichen Beigeschmack.

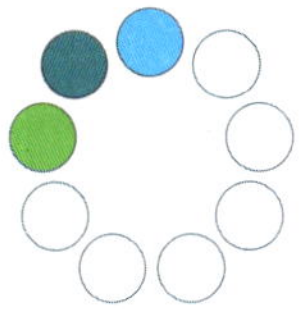

Aus den milden bis mittelscharfen Gewürzpaprika wird das Pulver hergestellt. Die typisch grün-erdigen, leicht süßlichen Aromen werden durch 3-ISOPROPYL-2-METHOXYPYRAZIN ausgelöst. Ebenfalls aromabestimmend sind Fettsäuren wie etwa die Palmitinsäure. Die Farbstoffe CAPSANTHIN und CAPSORUBIN färben die Schoten rot, das aus Kurkuma bekannte CURCUMIN färbt gelb. Grüne oder violette Paprika sind unreife Früchte. Bei ihnen dominiert Chlorophyll, die Farbe des Blattgrüns.

Beim Mahlen getrockneter Gewürzpaprikas werden je nach gewünschtem Schärfegrad weniger oder mehr Samen und Scheidewände mitvermahlen: So entstehen das milde Delikatess-Paprika, das pikante Edelsüß-Paprika und das scharfe Rosenpaprika. Will man die Paprika-Aromen betonen, darf das Pulver nur kurz mitgekocht werden; geht es vor allem um Schärfe und Färbung, kann es lange mitkochen. In heißem Fett sollte man es nur kurz anrösten, da es sonst bitter wird.

Paprika passt sehr gut zu Chili oder Ingwer sowie zu gerösteten Bockshornklee- und Kreuzkümmelsamen. In Spanien gehört er in das *Sofrito*, eine Mischung aus Zwiebeln, Petersilie, Knoblauch und Lorbeer, die in Olivenöl erhitzt, gepfeffert und gesalzen werden. Dem berühmten *Szegediner Gulasch* verleiht Paprika Farbe und Schärfe.

PARADIESKÖRNER

AROMENENTFALTUNG

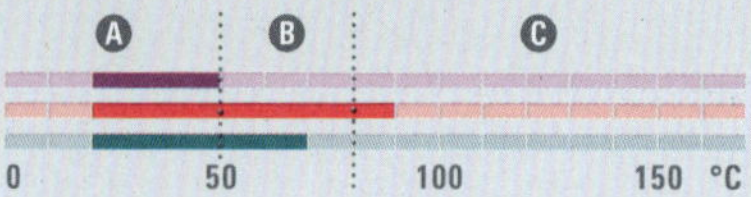

A Floraler Duft, ingwerartige Schärfe
B Holzige Noten, dezente Schärfe
C Nachlassende Schärfe, würzig-holzige Noten

LÖSLICHKEIT DER HAUPTAROMEN

Fett
Fett, Wasser

GESCHMACK

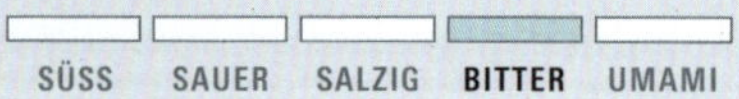

PASST GUT ZU

Wurstbrät, Lebkuchen, Likören, Schmorgerichten mit Fleisch, Fisch und Gemüse

UNBEDINGT AUSPROBIEREN

Kürbisragout mit Paradieskörnern

Paradieskörner duften pikant-würzig und hinterlassen einen warmen, ingwerartigen Reiz.

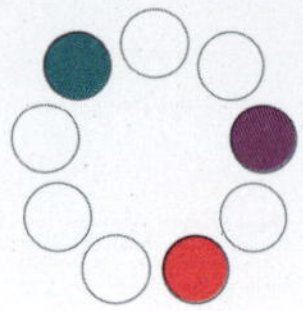

Paradieskörner, auch als Malagettapfeffer, Meleguetapfeffer, Guineapfeffer, Alligatorpfeffer bekannt, duften würzig-holzig bis terpentinartig. Verantwortlich dafür sind hauptsächlich die Aromen α- und β-CARYOPHYLLEN. Die Schärfe wird dem GINGEROL zugeschrieben, das auch Geschmack und Empfinden bei Ingwer bestimmt.

Verwendet werden ausschließlich die Samen. Durch zu langes Kochen oder Lagern verlieren sie an Schärfe, daher sollte man ganze Körner nicht allzu lange mitkochen. Gemahlene Samen gibt man erst gegen Ende der Garzeit in die Speisen, wobei großzügig dosiert werden kann.

Wegen ihres kräuterähnlichen Aromenspektrums können Paradieskörner als „Brücke" zwischen Kräutern und Gewürzen dienen. So lassen sich etwa Wildkräutersalate gut mit Paradieskörnern abschmecken. In Pesto oder anderen Kräutercremes verstärken sie mit ihrem Duft ähnliche Aromen der in der Creme enthaltenen Kräuter. Ihre gleichzeitige Nähe zu Zimt, Ingwer und Gewürznelken lassen sie auch in säuerlich-fruchtiger Umgebung gut zur Geltung kommen. Rotkohl, geschmort mit Portwein und Dörrobst, erhält mit Paradieskörnern Schärfe und ein würziges Aroma. Malziges *Glühbier* als Alternative zu Glühwein oder Biersaucen in Schmorgerichten lassen sich mit Paradieskörnern hervorragend aufwerten.

PARAKRESSE

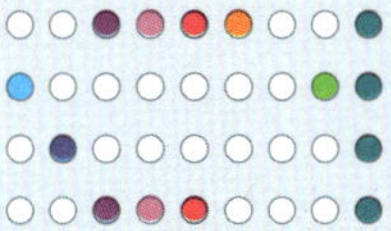

PARAKRESSE
CHILI
KNOBLAUCH
PFEFFER

AROMENENTFALTUNG

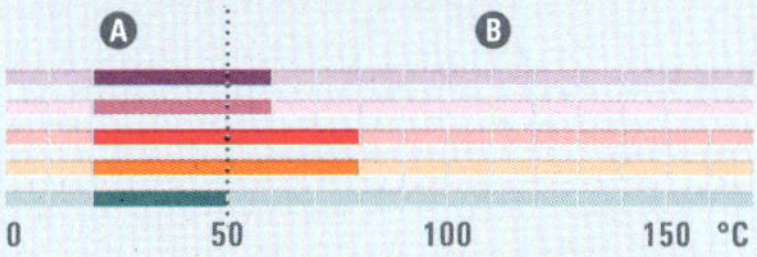

A Sehr würzig, kräuterig, prickelnd beim Zerbeißen **B** Leicht bitter, weniger prickelnd, leicht thymianartig

LÖSLICHKEIT DER HAUPTAROMEN

Alkohol
Alkohol, Fett

GESCHMACK

SÜSS SAUER SALZIG **BITTER** UMAMI

PASST GUT ZU

Fisch, Meeresfrüchten, Eintöpfen, Suppen, Salaten, Frischkäse

UNBEDINGT AUSPROBIEREN

Gibt Blattsalaten einen prickelnden Kick

Parakresse entwickelt im Mund eine prickelnde, leicht prickelnd-betäubende Schärfe, vergleichbar mit Szechuanpfeffer.

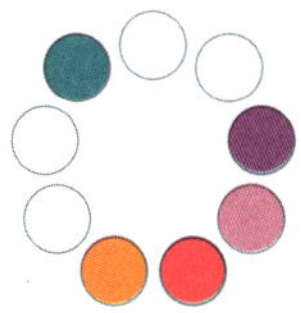

Die Blüten und Blätter der Parakresse wirken scharf, prickelnd und lösen ein Taubheitsgefühl auf der Zunge aus. Verantwortlich für das taube Gefühl ist, ähnlich wie beim Szechuanpfeffer, der Stoff HYDROXY-α-SANSHOOL. Die Blüten enthalten einen fruchtig-zitronigen, kiefernartigen Duft, dazu kommen würzige, holzige Töne. Auch das in Thymian dominante THYMOL spielt eine maßgebliche Rolle. Der Duft wird allerdings immer von der Schärfe überdeckt und dominiert.

Die Blüten, vor allem aber die etwas milderen Blätter, werden roh gegessen, ihr Schärfereiz bleibt aber bei kurzer Hitzeeinwirkung bestehen. Länger mitgekocht, werden sie ein mildes Würzgemüse. Schärfe und Prickeln werden von unterschiedlichen Rezeptorproteinen des Trigeminusnervs im Mundraum wahrgenommen, dadurch wird das Schärfeempfinden im Gesamteindruck erweitert und etwas abgemildert.

Aus diesem Grund würzt man scharfe bis sehr scharfe Gerichte mit Parakresse. Das „Nationalgericht" Amazoniens ist *Tacacá*, eine dicke Fisch- oder Garnelensuppe, die mit Chili, Knoblauch und Jambú, also Parakresse, gewürzt wird. Auch die chinesische Küche kombiniert die Schärfen von Parakresse und Chilis. Insbesondere die gelben Blüten, die noch schärfer und prickelnder sind als die Blätter, lassen sich auch mit Süßem kombinieren. Ihre prickelnde Schärfe führt zu überraschenden Effekten in Desserts.

Schwarze und grüne Oliven *gehören in französische Tapinade oder in sizilianische Caponata* → Seite 138

Orange, Bitterorange *die Aromakraft liegt vor allem in der Schale* → Seite 139

Oregano *duftet nach Pizza, Souvlaki und Mittelmeer, ist verwandt mit Majoran* → Seite 140

Paprika, Pulver *gibt es in verschiedenen Schärfegraden und auch geräuchert* → Seite 141

Paradieskörner *haben ein pikant-scharfes, angenehm würziges Aroma* → Seite 142

Parakresse *löst eine prickelnde Schärfe aus, nicht verwandt mit unserer (Garten-)Kresse* → Seite 143

PARANUSS

Paranüsse haben ein nussig-fettiges Aroma. Durch Rösten erweitert es sich um karamellige Düfte und Röstnoten.

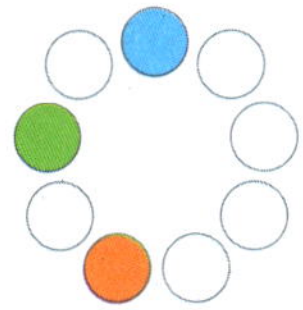

AROMENENTFALTUNG

A Wachsig, nussig-aromatisch
B Dominante Röstnoten zwischen Karamell und Kaffee

LÖSLICHKEIT DER HAUPTAROMEN

Alkohol, Fett

GESCHMACK

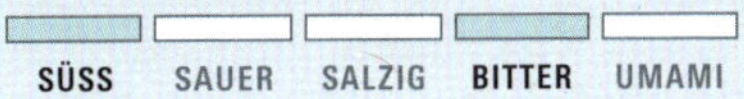

PASST GUT ZU

Gemüse, Fisch und Fleisch

UNBEDINGT AUSPROBIEREN

Gehackte Paranüsse unter eine Sahne-Kapern-Senfsauce mischen, zu gedämpften Meefischli reichen

Das leicht verbrannt wirkende Aroma der Samenkerne des Paranussbaums wird vor allem durch den Aromastoff METHYLBENZOFURAN bestimmt. Für den leicht fettigen Geruch und Geschmack, der etwas an Leinöl erinnert, sind Fettsäuren verantwortlich.

Die Schale der Paranüsse ist sehr schwer zu knacken, auch deshalb sind Paranüsse immer noch Exoten in der europäischen Küche. Ihr typisches Aroma entwickelt sich erst beim Trocknen der Samenkerne. Obwohl man diese auch kochen, rösten und braten kann – was ihr Aroma noch verstärkt –, werden die knackigen Nüsse fast immer roh gegessen. Die brasilianische Küche kennt auch ein aus den Nüssen erzeugtes Mehl und ein Speiseöl.

Die Nüsse passen hervorragend zu den wachsigen Aromen des Korianderkrauts. Kombiniert man dünne, frisch gehobelte Knoblauchscheiben mit ebenso dünnen Paranussraspeln, potenzieren sich ihre Aromen. Aus ungerösteten pürierten Paranüssen lässt sich in Kombination mit Knoblauch und Koriandersamen, Olivenöl und Essig, Salz und Pfeffer eine wohlschmeckende Sauce zubereiten, die gut zu gebratenem Thunfisch oder Steaks passt.

PARMESAN, PARMIGIANO

AROMENENTFALTUNG

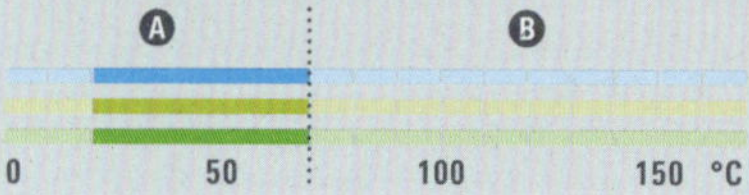

A Typisches Parmesanaroma
B Fast vollständiger Aromenverlust, kaum Charakter

LÖSLICHKEIT DER HAUPTAROMEN

Alkohol, Fett

GESCHMACK

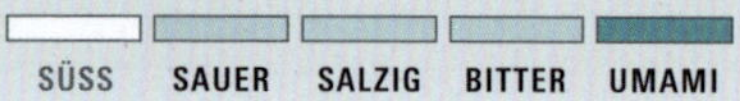

PASST GUT ZU

Pasta, Reis, Gemüse, Fleisch, Fisch, Trüffel, Nüsse, Trockenfrüchten, Brot

UNBEDINGT AUSPROBIEREN

Parmensan(rinde) mit etwas Salami in Wasser aufkochen, ziehen lassen: italienisches Dashi

Parmesan duftet fruchtig-seifig und etwas nussig-würzig. Entscheidend ist sein umami-Geschmack und seine „Mundfülle" (kokumi).

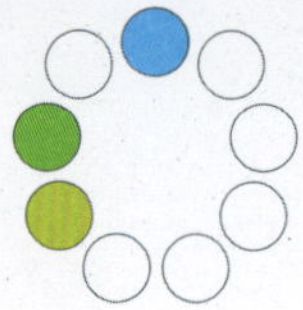

Im Aroma des Parmesankäses stehen fruchtige bis seifige Noten im Vordergrund: Verantwortlich dafür sind die Aromen ETHYLBUTANOAT, ETHYLHEXANOAT und ETHYLOCTANOAT. Hinzu kommen stechende, säuerlich-käsige, schweißige und wachsige Noten, ein Aroma, das fast an Blauschimmelkäse erinnert, sowie Anklänge an Kokos und Milch. Intensivere Noten des Parmesans werden durch nussig-röstige, nach Schokolade und Kaffee duftende Aromen unterstützt sowie durch grün-florale, würzige Töne. Die Besonderheit von Parmesan ist – neben seinem reichhaltigen Aroma – sein zentraler Beitrag zu der Grundgeschmacksrichtung →„umami".

Parmesan sollte grundsätzlich immer frisch gerieben oder gehobelt verwendet werden: In Spänen oder als Pulver verliert er schnell sein Aroma. Der Käse dient oft als herzhafter „Geschmacksverstärker" und erzeugt eine angenehme Mundfülle (→Abrunden: kokumi, Seite 26).

Parmesan würzt Pasta, Salate, Suppen, Risottos und Gemüseaufläufe und gehört in fast jedes Pesto. Nicht fehlen darf er in der *Minestrone* oder im Rucolasalat. Auch zu Meeresfrüchten passt er, sparsam dosiert. Ein Gericht mit Fisch, Olivenöl und Tomaten, bestreut mit Parmesan und gehackter Petersilie, ist sensationell. Sogar Früchtedesserts vertragen etwas Parmesan. Ersetzen lässt er sich teilweise durch Grana Padano, Pecorino oder den Schweizer Käse Sbrinz.

PEKANNUSS

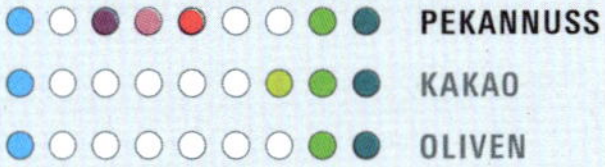

Pekannüsse schmecken etwas milder und süßer als Walnüsse, ohne deren adstringierende Wirkung auf der Zunge.

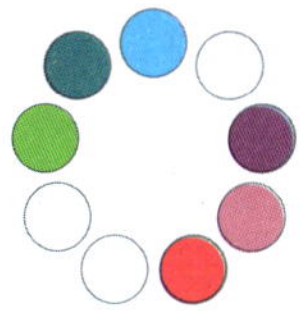

AROMENENTFALTUNG

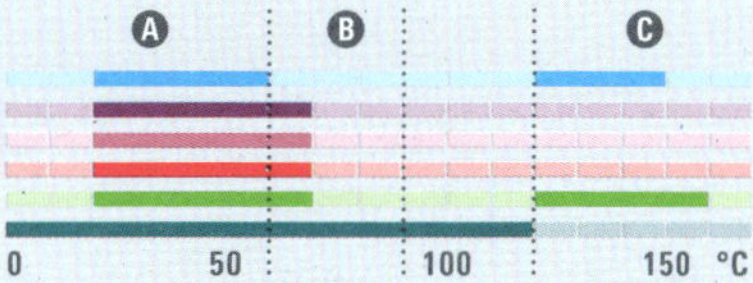

A Leicht floral, nussig-wachsig
B Samtig-cremig **C** Nussig-karamellig, weich-röstig

LÖSLICHKEIT DER HAUPTAROMEN

Alkohol, Fett
Alkohol Fett, Wasser

GESCHMACK

SÜSS SAUER SALZIG BITTER UMAMI

PASST GUT ZU

Geflügel und anderen Fleischsorten, Gemüse, Süßspeisen, Eis, Salaten, Käse, Quark, Schokolade

UNBEDINGT AUSPROBIEREN

Gemüsecurry mit Pekannüssen

Neben dominanten nussigen Grundaromen weisen die mit Walnüssen verwandten Pekannüsse einen leicht fruchtig-blumigen Duft auf. Ausgelöst wird er durch das blumig-frische LINALOOL, das fliederartig duftende α-TERPINEOL, den Aromastoff BORNEOL mit seinen holzig-kampferigen Noten sowie durch das nach Eukalyptus und Kampfer riechende 1,8-CINEOL. Weiterhin finden sich eher würzig-terpentinartige und wacholderartige Noten, nach Sandelholz duftende Untertöne und samtige, kokosartige Aromen. Die Fettsäurenzusammensetzung ähnelt der von Olivenöl. Pekannüsse schmecken und duften milder, etwas süßer, aber auch erdiger als Walnüsse.

Man verwendet die Nüsse roh, ungeröstet oder geröstet, im Ganzen, gehackt, gehobelt oder gerieben. Beim Rösten verflüchtigen sich teilweise die blumig-frischen Noten, während nussige, erdige Röstaromen entstehen. Aus den Nüssen wird ein hochwertiges, mild-nussiges Speiseöl gepresst.

In der nordamerikanischen Küche kommen Pekannüsse oft in Torten- und Kuchenfüllungen. Die berühmteste Spezialität ist der *Pecan Pie*. Die Nüsse passen ausgezeichnet zu Kakao und Schokolade, aber ebenso zu herzhaften Gerichten, insbesondere zu reiferen Käsesorten oder auch Oliven. Gehackt oder gehobelt streut man sie über Salate. Mit dem selten angebotenen Öl lassen sich Speisen aromatisieren (→ Walnussöl).

PERILLA

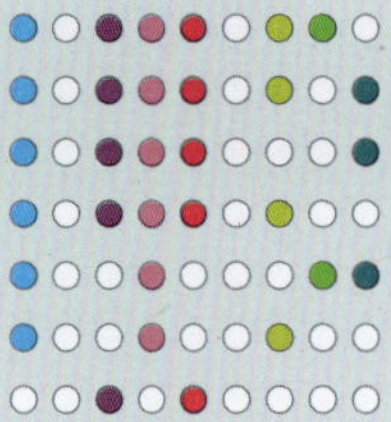

PERILLA
BASILIKUM
INGWER
LIMETTE
MINZE
PETERSILIE
ZITRONENGRAS

AROMENENTFALTUNG

A Frisch, fast zitral-herbal B Aromatisch-würzig C Aromaverlust; bei kurzem Frittieren Betonung der Bitterstoffe

LÖSLICHKEIT DER HAUPTAROMEN

Alkohol, Fett

GESCHMACK

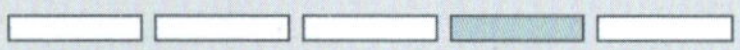

SÜSS SAUER SALZIG **BITTER** UMAMI

PASST GUT ZU

Kurzgebratenem, Rind, Huhn, Fisch, Salaten

UNBEDINGT AUSPROBIEREN

Rahmspinat mit Perilla

Die Blätter sind angenehm würzig, leicht scharf und erinnern an Sauerampfer und Minze. Auch ein bisschen Apfel spielt hinein.

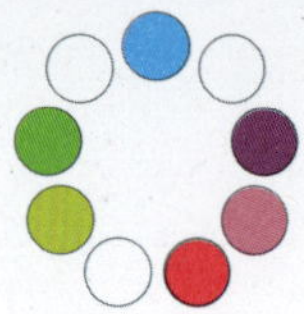

In Perilla, auch Schwarznessel oder auf Japanisch Shiso, sind vor allem das zimtig-würzig duftende PERILLALDEHYD und das zitronig-frische LIMONEN aromagebend, mitunter auch weitere, würzig und kräuterig riechende sowie blumig-würzige Aromen. Eine größere Rolle spielen außerdem grün-erdige, würzig-holzige und fettig riechende Noten. Der Geschmack von Perilla ist bitter.

Von Perilla kann man sowohl Blätter als auch Blütenkelche und Samen verwenden. Mitgaren darf man es nur kurz, weil seine Aromen hitzeempfindlich sind. Der Duft der Samen ähnelt dem der Blätter. Aus ihnen wird ein fettiges Speiseöl erzeugt, das im Aroma an Sesamöl erinnert.

Mit grüner Perilla kann man Fisch oder Huhn würzen. Sie verträgt sich gut mit Limetten, Zitronengras, Chili und Minze und kann in einer *Salsa verde* Basilikum ersetzen. Auch Reis lässt sich mit Perilla wunderbar aromatisieren – mit roter Perilla sogar färben. In Vietnam kommt das würzige Kraut in Wokgerichte, Teigrollen oder Suppen. In Japan verwendet man die Blätter auch frittiert als Tempura oder man streut sie über Nudeln. Perilla passt mit seiner minzartigen, aber im Unterschied zur Minze nicht kühlenden Note gut zu ohnehin kühl serviertem Obstsalat oder Joghurt. Die Perillasamen streut man wie Sesam über Speisen, deren Eigenaroma nicht zu dominant für sie ist.

PETERSILIE

AROMENENTFALTUNG

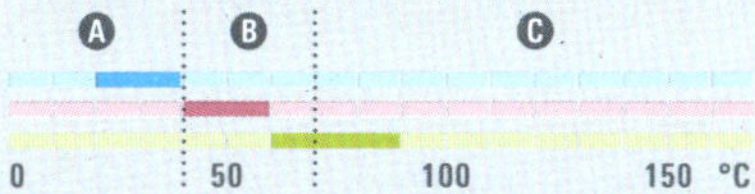

A Frisch, herbal B Würzig, muskatartig C Würzig, erdig

LÖSLICHKEIT DER HAUPTAROMEN

Alkohol, Fett

GESCHMACK

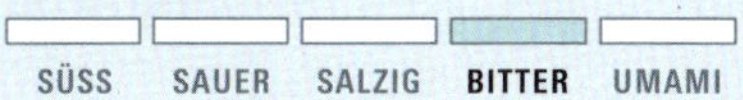

PASST GUT ZU

Saucen, Salaten, Marinaden, vielen Gemüsesorten, Kartoffeln, Fisch, Fleisch, Eierspeisen

UNBEDINGT AUSPROBIEREN

Rote Bete (roh)-Petersiliensalat

Petersilie riecht würzig nach Muskatnuss, Zitrusschale und Dill. Die glatte ist würziger als die krause Sorte.

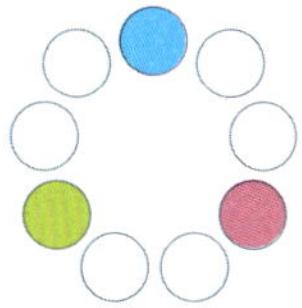

Das Aroma von Petersilie wird durch das aus der Muskatnuss bekannte MYRISTICIN dominiert. Für die Leichtigkeit im Duft sorgt das orangenartige, terpentinartig-zitronige LIMONEN. Wichtig ist auch der grün-erdige Aromastoff APIOL. Hinzu kommen grasig-würzige Noten.

Sowohl Blätter als auch Stiele würzen. Man sollte sie frisch verwenden, denn beim Trocknen, langen Lagern und auch Erhitzen verflüchtigen sich die grasig-grünen Gerüche. Will man jedoch die würzig-warmen Aromen betonen, kann man ganze Zweige mitziehen lassen und nach dem Kochen entfernen. Krause Petersilie lässt sich gut anrösten oder frittieren. Petersilienwurzeln kann man länger mitkochen. Sie duften ähnlich wie die Blätter, wobei allerdings erdig-gemüsige bis aromatisch-stechende Noten hinzukommen.

Petersilie harmoniert mit vielen Kräutern und Gewürzen: mit Muskat ebenso wie etwa mit Borretsch, Kerbel, Kresse, Pimpinelle, Sauerampfer und Schnittlauch (in der *Frankfurter Grünen Sauce*), mit Knoblauch (in der *Persillade*) oder mit Korianderkraut und Kreuzkümmel (in der kanarischen *Mojo verde*). Im Baskenland reicht man eine *Salsa verde* aus Petersilie und Erbsen zum Fisch. Der libanesische Petersiliensalat *Tabouleh* kombiniert das Kraut mit Tomaten, Zwiebeln, Minze, gekochtem Bulgur, Olivenöl und Zitronensaft.

P

Paranuss, Nuss *überzeugt durch ihre sehr knackige Struktur* → Seite 145

Parmesan, Parmigiano *dient als Würzkäse und natürlicher Geschmacksverstärker* → Seite 146

Pekannuss, Nuss *stammt aus Nordamerika und schmeckt ähnlich wie Walnuss* → Seite 147

Perilla *wird auch Schwarznessel oder auf Japanisch Shiso genannt* → Seite 148

Petersilie, glatt und kraus *Mitkochen zerstört die vielfältigen flüchtigen Aromen* → Seite 149

Pfeffer → Seite 152*:* Periyar *sehr ätherische weiße Sorte,* Sarawak weiß *bekannt für sein fruchtiges, mildes Aroma,* Pondicherry Rot *nicht nur besonders würzig auch dekorativ*

Grüner Pfeffer, trocken *unreif geerntete Pfefferkörner,* Penja Grün *edler Pfeffer auf mineralreicher Vulkanerde gewachsen,* Tellicherry Schwarz *würzig waldiges Aroma, wird sehr reif geerntet*

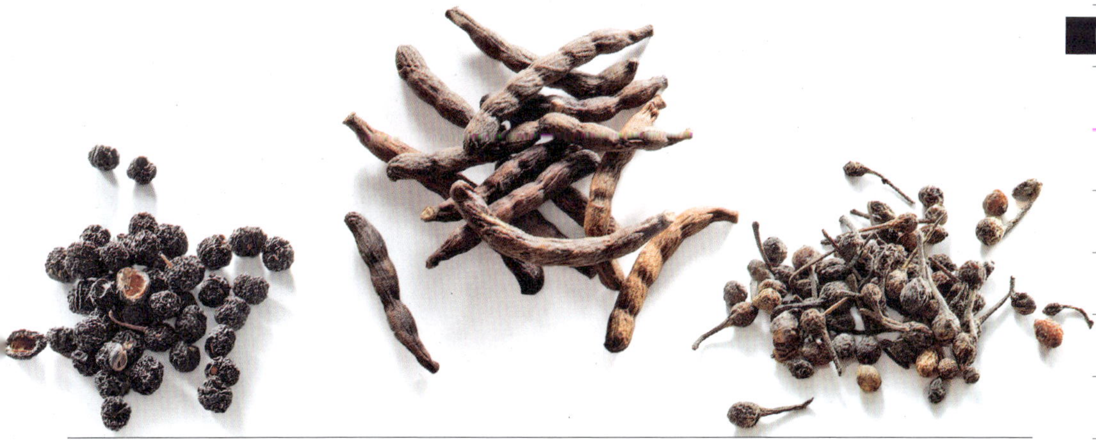

Tasmanischer Pfeffer *auch Australischer Bergpfeffer, wildwachsend,* Mohrenpfeffer *aromatische, sehr scharfe Sorte,* Voatsiperifery *edle, wilde Sorte aus Madagaskar*

PFEFFER

Pfeffer zeichnet sich neben Schärfe durch erdig-harzige, frische Noten aus. Spannend ist das Spiel mit den verschiedenen Sorten.

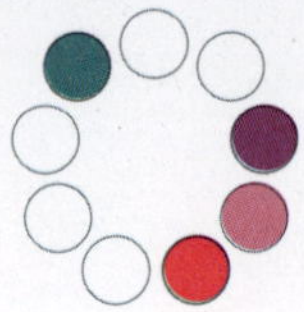

AROMENENTFALTUNG

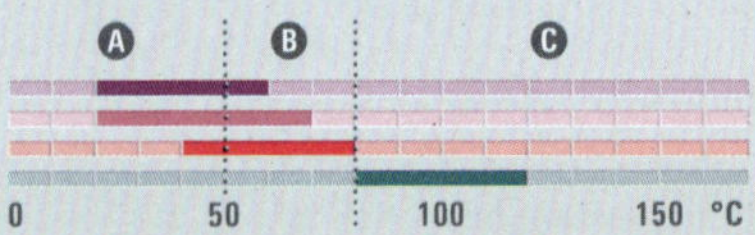

A Frische zitrus-pinienartige Pfeffernoten, leichte Schärfe **B** Betonung der balsamischen, kampferigen Note
C Deutliche trigeminale Schärfe

LÖSLICHKEIT DER HAUPTAROMEN

Alkohol, Fett
Fett

GESCHMACK

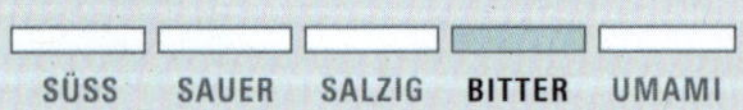

PASST GUT ZU

Gebratenem, Geschmortem, Gegrilltem (Fleisch, Fisch), hellen Saucen
SCHWARZER PFEFFER: klaren Suppen und Brühen, Eierspeisen, Käse, Gemüse, Marinaden WEISSER PFEFFER: hellem Fleisch und Fisch (aus optischen Gründen)
GRÜNER PFEFFER: Früchten und süßer Pfeffersauce

Neben dem Scharfmacher PIPERIN enthält Pfeffer das würzig-holzig duftende β-CARYOPHYLLEN, das süßliche 3-CAREN sowie α- und β-PINEN mit warm-harzigen Tönen. Hinzu kommen blumig-frische Noten und ein terpentinartig-zitroniger Duft. QUERCETIN sorgt für den bitteren Geschmack und die leichte Adstringenz. Unterschiede zwischen Schwarzem, Weißem, Rotem und Grünem Pfeffer ergeben sich aus verschiedenen Reifestadien und der Weiterverarbeitung der Körner.

Will man sowohl Schärfe als auch den frischen Duft erhalten, kocht man einige Körner mit und würzt direkt vor dem Servieren mit frisch gemahlenem Pfeffer nach. Nur Grünen Pfeffer gibt man auch im Ganzen erst gegen Ende der Kochzeit zu. Gemahlener Pfeffer verliert schnell sein Aroma.

SCHWARZER PFEFFER passt fast zu jedem Gericht, nur mit Paprika und Chili harmoniert er eher nicht – wie alle Pfeffer.

WEISSER PFEFFER ist schärfer und weniger aromatisch als Schwarzer. Man setzt ihn ein, wenn es nur um die Schärfe geht – oder aus optischen Gründen in hellen Speisen.

ROTER PFEFFER, nicht zu verwechseln mit → Rosa Beeren, besticht durch ausgeprägte Piniennoten und blumige, fast zitronale Frische. Er kommt am besten allein zur Geltung.

GRÜNER PFEFFER ist wenig scharf und duftet frisch und etwas krautig. Er passt gut zu Früchten, zu dunkler Schokolade sowie zu Ingwer, Fenchelsamen oder Zitronengras.

EINE PFLANZE – DREI AROMAPROFILE

Die Unterschiede zwischen den Pfeffersorten werden im Sensoriklabor untersucht. Testpersonen tragen den von ihnen empfundenen Geruch in spezielle Grafiken ein, die Achsenbeschriftung wird zuvor festgelegt. Die Aromaprofile setzen sich aus den Mittelwerten der Einträge zusammen: Objektiv sind die Unterschiede gar nicht so dramatisch.

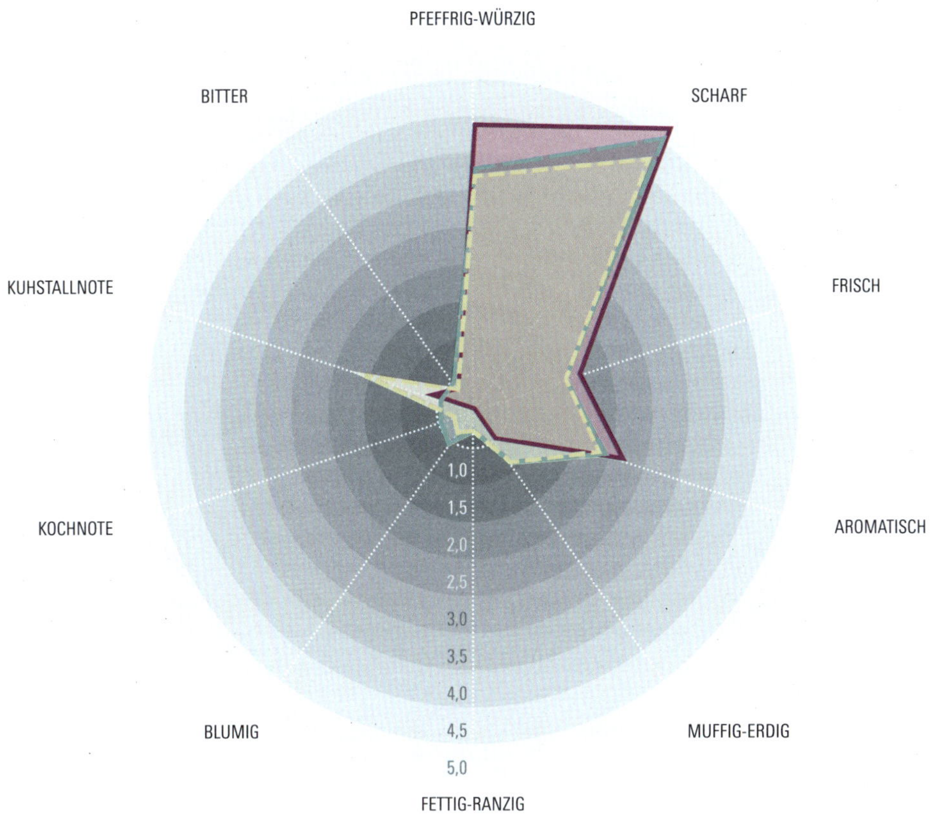

P

Blum, Carsten, Analytik und Sensorik von Gewürzextrakten und Gewürzölen. Dissertation Universität Hamburg, 1999.

PFIFFERLING

AROMENENTFALTUNG

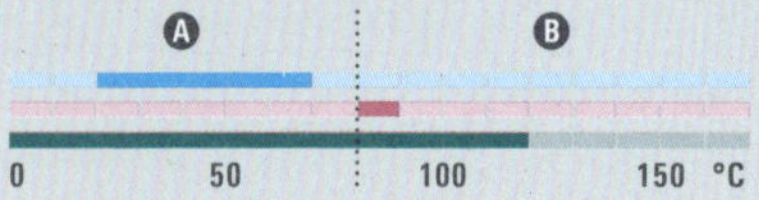

A Pfeffriges Aroma B Herbal-würzige Noten

LÖSLICHKEIT DER HAUPTAROMEN

Alkohol, Fett
Alkohol, Fett, Wasser

GESCHMACK

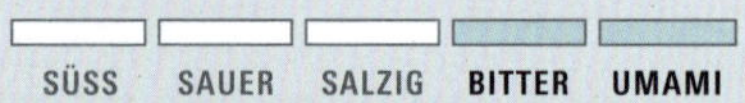

PASST GUT ZU

Fleisch, Fisch, Shrimps, Garnelen, Nudeln, Brot, Semmelknödeln, Linsen, Eierspeisen

UNBEDINGT AUSPROBIEREN

„Frikadellen" aus blitzgehackten Pfifferlingen mit Petersilie

Pfifferlinge eignen sich sehr gut zum Trocknen, etwa für ein Pilzpulver. Ihr würziger Duft bleibt dabei erhalten.

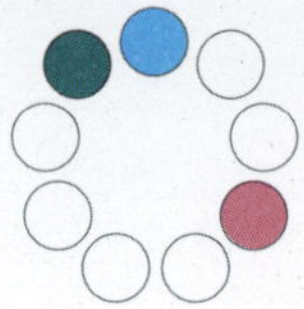

Das Hauptaroma ist wie bei allen Pilzen das muffig, pilzig und schimmelig duftende (R)-1-OCTEN-3-OL, das während des Kochens zu dem typisch pilzigen 1-OCTEN-3-ON oxidiert. Auch nussig-feuchte, erdig-holzige sowie kampferartige Töne tragen zum Aroma bei. Die waldig-erdige Würze in reifen Pilzen ist das Resultat einer Mischung aus dem eukalyptusartig-kampferigen 1,8-CINEOL und dem als kühl empfundenen, minzig duftenden MENTHOL.

Die Pfifferlinge nicht waschen, sondern trocken abreiben oder abbürsten. Sollten sie sehr sandig sein, mit Mehl bestäuben und kurz in Wasser schwenken: Das Mehl bindet die Erde. Sofort danach trocken tupfen. Zum Trocknen die Pilze in kleine Stücke schneiden und bei 60–80 °C circa drei Stunden im Ofen trocknen. Getrocknete Pilze eignen sich zerstoßen oder gemahlen hervorragend zur Herstellung eines Pilzpulvers.

Mit dem Pilzpulver würzt man Suppen, Saucen, Aufstriche und Füllungen. Über sein pfeffriges Aroma verträgt es sich hervorragend mit Pfeffer. Es passt zu Knoblauch, Schnittlauch oder Zwiebeln, aber auch zu Petersilie, Rosmarin, Salbei oder Basilikum. Pfifferlinge eignen sich gut zum Einlegen in Öl, zum Beispiel mit Weißweinessig, Chilis, Koriandersamen und Rosmarin. Nach der Mahlzeit kann man das übrig gebliebene, intensiv nach Pfifferlingen duftende Öl zum Aromatisieren von Salaten oder anderen Speisen verwenden.

PIMENT

AROMENENTFALTUNG

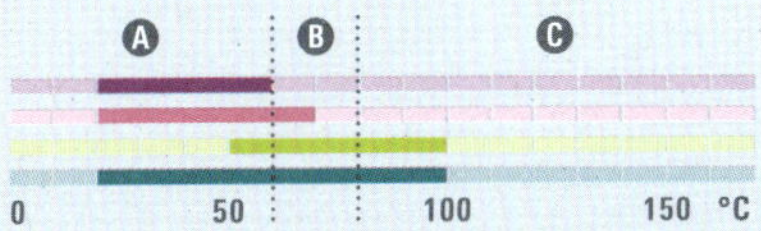

A Allspice-Charakter **B** Warme balsamische Noten **C** Eher nelkig, zimtig

LÖSLICHKEIT DER HAUPTAROMEN

Alkohol, Fett

GESCHMACK

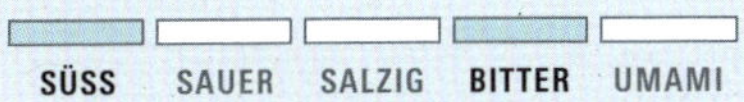

PASST GUT ZU

Schmorgerichten (Rind, Bulle), Wild, Leber, Grapefruit, Pflaumen, Schwarzen Johannisbeeren, Äpfeln

UNBEDINGT AUSPROBIEREN

Pimentzucker

Piment erinnert an Pfeffer, Gewürznelken, Zimt und Muskatnuss. Mit seinem breiten Aromenspektrum ist es ein Universalgewürz.

Die Hauptaromakomponenten von Piment, auch „Allspice" genannt, sind das nach Nelken duftende EUGENOL und das METHYLEUGENOL mit seinem Duft nach Nelken und Anis. Beide Aromen sind auch in Muskat, Lorbeer und Basilikum vorhanden, Eugenol findet sich ebenfalls in Gewürznelken und Zimt. Daneben wirken kampferartige und süßlich-balsamische Noten sowie terpentinartige Töne im Duftspektrum mit, die zum Beispiel ebenso in Kümmel, Fenchel, Dill und Ingwer enthalten sind. Die Bitternoten werden dem QUERCETIN zugeschrieben.

In Schmorgerichten sollte man die ganzen Früchte von Beginn an zugeben. Frisch gemahlen kann Piment jedoch ebenfalls eingesetzt werden. Gibt man die zerstoßenen Körner erst am Schluss der Schmorzeit zu, erreicht man die typischen Noten für ein *Jamaika-Jerk*.

Piment kann mit allen Gewürzen kombiniert werden, mit denen er ein oder sogar mehrere Aromastoffe teilt. Besonders gut macht er sich in fernöstlichen und karibischen Schmorgerichten mit rotem Fleisch, etwa Rind, aber auch in Wild- und Lebergerichten. Im *Pain d'épice* (Honigbrot) darf er nicht fehlen. Reizvoll sind Speisen, in denen das Gewürz mit Grapefruit, Pflaumen, Schwarzen Johannisbeeren und Äpfeln kombiniert wird.

P

PINIENKERNE

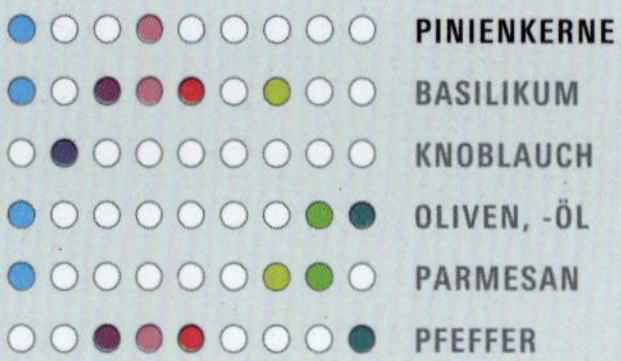

AROMENENTFALTUNG

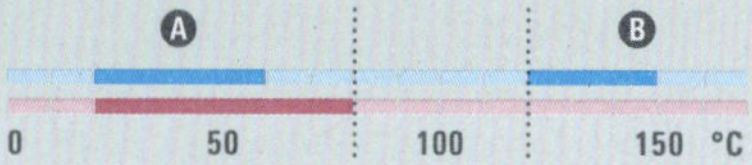

A Pinienartig-nussig B Neue Röstnoten

LÖSLICHKEIT DER HAUPTAROMEN

Fett

GESCHMACK

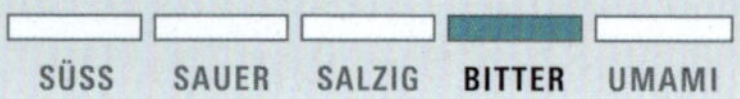

PASST GUT ZU

Spinat, Artischocken, Tomaten, Reis, Hackfleisch, Blattsalaten, Früchten

UNBEDINGT AUSPROBIEREN

Wildgeflügel mit gerösteten Pinienkernen

Pinienkerne haben ungeröstet eine leicht harzig-tannenartige Note, geröstet duften sie nussig und mild, mit süßlichen Noten.

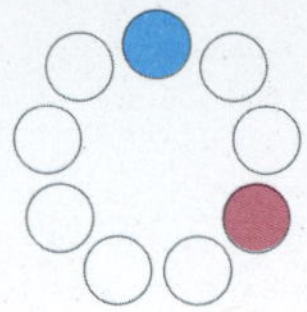

Ein Großteil des Aromenspektrums der ungerösteten Nüsse ist auf die Zersetzung von Fettsäuren zurückzuführen. Es überwiegt der wachsige, fettige Duft von N-HEXADECANSÄURE mit leichten harzigen, mitunter terpentinartigen Anklängen. Bei ungerösteten Kernen kann man ein tannenartiges, harziges Aroma ausmachen – und eine leicht säuerliche Unternote. Geröstete Pinienkerne haben ein nussiges, süßliches, mildes Aroma.

Die Kerne werden immer geschält. Sie können ungeröstet oder geröstet eingesetzt werden: gerieben als Füllung oder in Saucen oder im Ganzen als knackige Zutat. Leicht geröstet, aber nicht gebräunt, kommt ihr balsamisch-pinienartiges Aroma am besten zum Ausdruck. Das Öl der Nüsse hat einen hohen Anteil an Linolsäure und Ölsäure.

Ungeröstete Pinienkerne sind ein klassischer Bestandteil im *Pesto alla genovese.* Auch in Reisgerichten des Nahen und Mittleren Ostens sind sie eine beliebte Zutat. Im arabischen Raum gibt man sie in Fleischbällchen – wegen der knackigen Textur als ganze Kerne. Bei gebratener *Forelle Müllerinart* können sie die gerösteten Mandeln ersetzen – zum Beispiel gerieben als Mus in der Füllung. Aus den Kernen wird in Frankreich in kleinen Mengen ein köstliches Öl erzeugt, das etwa in Kombination mit Spinat oder in einer Dipsauce für Artischocken als Aromaöl dient.

PISTAZIE

AROMENENTFALTUNG

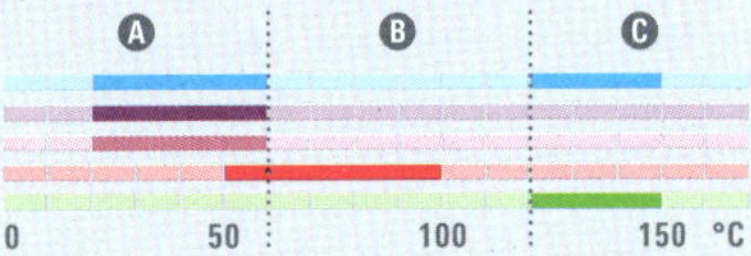

A Frisch, blumig-nussig, fettig (ungeröstet) B Leicht balsamisch-harzig C Bildung von Röstaromen

LÖSLICHKEIT DER HAUPTAROMEN

Alkohol, Fett

GESCHMACK

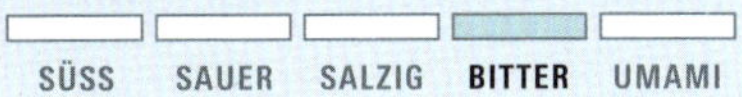

PASST GUT ZU

Süßspeisen, Schokolade, Wurst, Fleisch

UNBEDINGT AUSPROBIEREN

Vanillepudding mit salzigen Pistazien

Das Aroma hat fettige, leicht malzige und nussige Töne. Geröstet, entstehen fruchtig-röstige bis karamellige Noten.

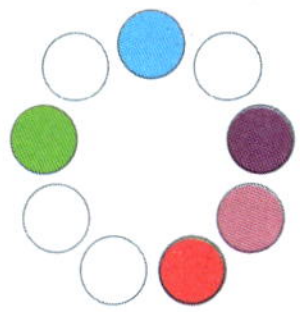

Der Duft ungerösteter Pistazien wird durch das warm-harzig-terpentinartige α-PINEN verursacht sowie durch Untertöne des orangenartigen LIMONENS. Süßlich-balsamische Noten unterstreichen das Aroma ebenso wie holzig-pfeffrige, minzige Töne. Beim Rösten bilden sich aus den Fettsäuren neue Aromen: fruchtig-röstige, leicht schweißige bis warm-kakaoartige; hinzu kommen karamellige, würzige Röstaromen. Das Pistazienöl wird aus den gerösteten und geschälten Nüssen erzeugt.

Im Orient und in Südeuropa isst man Pistazien meist roh, weder geröstet noch gesalzen. Bei schwachem Rösten werden vor allem die süßlich-balsamischen Noten betont, nach längerer Hitzeeinwirkung dominieren alle Röstaromen. Zu starkes Rösten lässt Pistazien verbrannt riechen und bitter schmecken.

Pistazien geben Speisen Farbe, Aroma und Biss. Die gehackten grünen Kerne bereichern und verschönern Backwaren, Cremes, Desserts oder helle Speisen wie Reis und Milchspeisen, passen aber auch gut zu herzhaften Gerichten. Paniert man etwa Fleisch mit gehackten, möglichst ungerösteten Pistazien, nutzt man das vielseitige Nussaroma und röstet die Kerne beim Braten. Gut kombinieren lassen sie sich auch mit Sternanis oder Thymian. Mit ein paar Tropfen Pistazienöl kann man Fisch, helles Fleisch, Leber, warmes Gemüse wie Zucchini oder Auberginen oder säurearmes Obst beträufeln.

PORTULAK

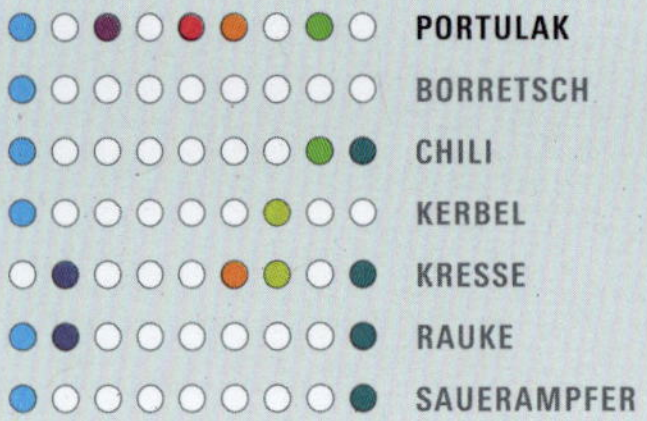

AROMENENTFALTUNG

A Blumig-bittere, würzige Noten
B Herb, leicht adstringierend

LÖSLICHKEIT DER HAUPTAROMEN

Alkohol, Fett, Wasser
Alkohol, Fett

GESCHMACK

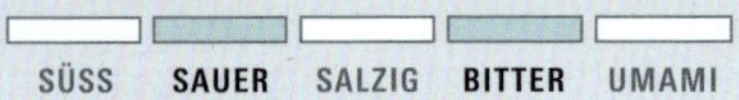

PASST GUT ZU

dicken Bohnen, Eiern, Joghurt, Gurken, Tomaten, Kopfsalat, Zitrone

UNBEDINGT AUSPROBIEREN

Portulak-Joghurtsauce (nicht erhitzt) zu Fisch

Portulak schmeckt würzig-nussig-bitter mit adstringierender Wirkung. Es duftet frisch-zitronig, die Textur ist knackig und saftig.

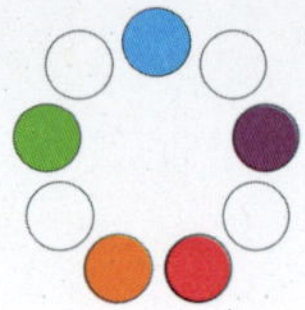

Bei dem erfrischend bitteren Portulak stehen eher die Geschmacksstoffe im Vordergrund. Der grasige Duft und der bitter-säuerliche Geschmack des Krauts wird durch BERGAPTEN und durch das leicht nach Heu duftende UMBELLIFERON bestimmt. Auch bitter-erdig schmeckende und metallische Aromen spielen eine Rolle. Kaum entscheidend sind die flüchtigen Aromen: Sie duften sehr schwach blumig-frisch mit einem Hauch von Jasmin.

Zum Verzehr eignen sich sowohl die Blätter als auch die jungen Stängel. Portulak wird frisch in Salaten verwendet, kann aber auch frittiert oder in Ragouts kurz mitgekocht werden. Beim Mitkochen wird neben seinem Aroma auch die Tatsache genutzt, dass die Blätter beim Kochen eine Art Schleim absondern, der Flüssigkeiten bindet und Saucen Konsistenz gibt. Selbst die gelben Blüten des vermeintlichen Unkrauts sind essbar und sehr dekorativ in Salaten.

Der bittere Portulak wird in Mexiko gern mit getrockneten, rauchig-scharfen Chipotle-Chilis und Tomatillos kombiniert. Das Kraut passt außerdem gut zu Kerbel und Borretsch, ebenso wie zu Spinat mit Olivenöl und Zitronen. In der türkischen Küche wird Lammragout mit Bohnen traditionell mit Portulakbündeln gewürzt. Und zu gegrilltem Fleisch wird das gehackte Kraut im ganzen Orient in einem Joghurtdip mit Knoblauch serviert.

Pfifferlinge, frisch und getrocknet *verlieren beim Kochen ihre Pfeffrigkeit* → Seite 154

Piment *ist ein wunderbares Gewürz für alle Fälle (All Spices)* → Seite 155

Pinienkerne, Kerne *sind die Grundzutat des Pesto Genovese* → Seite 156

Pistazie und Pistanzienöl *eine sehr beliebte Zutat der iranischen Küche* → Seite 157

Portulak *die fleischigen Blätter schmecken angenehm säuerlich* → Seite 158

RAUKE

AROMENENTFALTUNG

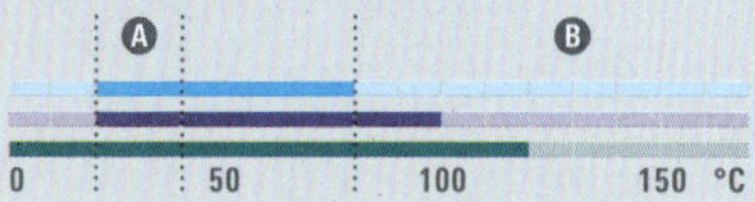

A Grünlich, blattartig, schwefelig-stechend, würzig **B** Wenig stechend, feine bitter-würzige Aromen

LÖSLICHKEIT DER HAUPTAROMEN

Alkohol, Wasser

GESCHMACK

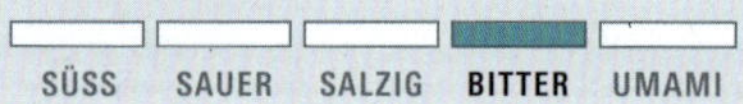

PASST GUT ZU

Blattsalat, rohem Schinken, Kartoffeln, Tomaten, Käse, insbesondere Parmesan

UNBEDINGT AUSPROBIEREN

Rauke-Obst-der-Saison-Salat mit Kokossirup

Rauke wird als meerrettich-, kresseartig und leicht nussig empfunden, sie erinnert an Kresse, ein bisschen auch an Senf.

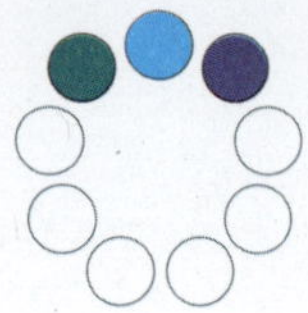

Der Duft der Rauke – sowohl der Wilden Rauke (Rucola) als auch der milderen Garten-Senfrauke – wird durch Senföle bestimmt, etwa das scharf-stechende 4-METHYLTHIOBUTYL-ISOTHIOCYANAT, das sich auch in Meerrettich findet. Hinzu kommen fruchtig-blättrige, säuerliche Töne sowie grüne, an unreife Äpfel und Grapefruit erinnernde Noten und ein leicht bitterer Geschmack. Die Samen duften ebenfalls scharf-stechend, die essbaren Blüten schwach nach Grapefruit.

Je älter die Rauke ist, desto schwefeliger und bitterer wird ihr Flavour. Sobald sich Blüten entwickeln, lässt die Schärfe in den Blättern aber nach. Man verwendet sie meist frisch, so kommen ihre Schärfe und die knackige Textur zur Geltung. Nur die Stiele lässt man weg, denn sie enthalten viel Nitrat. Beim Erhitzen verliert das Kraut an Schärfe und Aroma.

Frisch und im Ganzen passt Rauke in jeden Blatt- oder Tomatensalat. Das Kraut ergänzt sich gut mit Basilikum, Borretsch oder Parmesan. Nussöl unterstreicht sein brokkoliartiges Aroma, →*Aceto Balsamico* oder Honig können in einer Vinaigrette seine Bitterkeit mildern. In Streifen geschnitten und mit Butter vermengt, passen die Blätter zu Meeresfrüchten, Kräutersaucen oder Pestos. Fein gehackt mit Käse und Pilzen, bilden sie eine würzige Raviolifüllung.

ROSA BEEREN

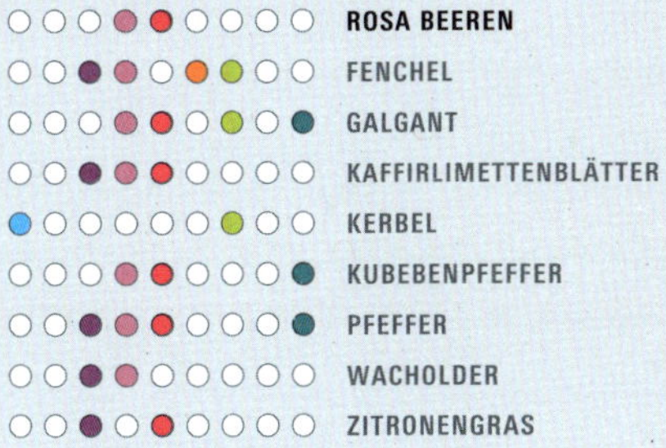

AROMENENTFALTUNG

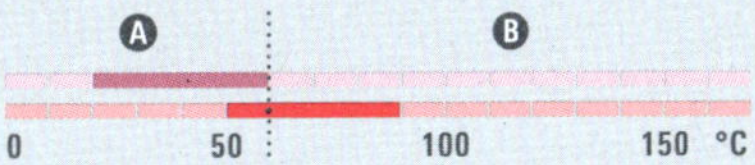

A Floral-herbale Noten B Würzig-holzig, leicht bitter

LÖSLICHKEIT DER HAUPTAROMEN

Alkohol, Fett

GESCHMACK

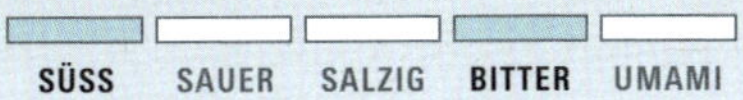

PASST GUT ZU

Fisch, Schalentieren, Geflügel, Wild, Spargel, Sahnesaucen, Salaten, Schokolade

UNBEDINGT AUSPROBIEREN

Hühnerherzenragout final mit reichlich Rosa Beeren aromatisieren

Ihr Aroma ist sehr vielfältig: Sie duften nach Wacholder, Baumharz und Hölzern und schmecken süßlich und leicht bitter.

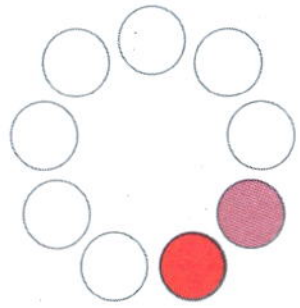

Der Duft der Rosa Beeren, auch Rosa Pfeffer genannt, wird durch das Zusammenspiel zahlreicher Duftstoffe erzeugt: das süßlich-terpentinartige 3-CAREN, das warm-harzige, kampferige α-PINEN sowie LIMONEN und P-CYMOL mit terpentinartig-zitronigen und holzigen Noten. Würzig-bittere, minzige Aromen tragen ebenfalls zum Gesamtaroma bei. Über α- und β-CUBEBEN mit ihrem frischen, kräuterig-wachsigen Duft lässt sich eine Verwandtschaft mit Kubebenpfeffer erkennen. Die Beeren schmecken leicht bitter, aber auch süß.

Rosa Beeren werden meist ganz oder nur sehr grob zerstoßen den Speisen zugegeben, damit sie ihre Aromen möglichst erst im Mund beim Zerbeißen verströmen. Zu langes Erhitzen lässt ihre flüchtigen Noten entweichen. Frisch zerstoßen – und ruhig großzügig dosiert – können sie zum Garnieren über das Gericht gestreut werden.

Rosa Beeren haben es schwer, sich gegenüber echtem Pfeffer zu behaupten. In handelsüblichen Pfeffermischungen geht ihr Aroma daher meist unter. Über die zitronigen Aromen harmonieren sie etwa mit Galgant, Kaffirlimettenblättern und Zitronengras. Als Einzelgewürz eignen sie sich für Pasteten und Sahnesaucen, aber auch für Geflügel- und Wildgerichte. Mit bitterer dunkler oder mit weißer Schokolade ergeben sich spannende Anwendungsmöglichkeiten. Auch eine Pfirsichkonfitüre mit Rosa Beeren sollte man unbedingt einmal probieren.

ROSE, ROSENWASSER

Die Blätter duften stark nach Rosen – mit deutlicher Zitrusnote und einem balsamisch-holzigen und sogar minzigen Unterton.

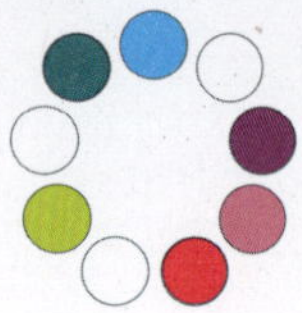

AROMENENTFALTUNG

A Volles florales, vielschichtiges Rosenaroma B Leichte, aromatische Noten dazu

LÖSLICHKEIT DER HAUPTAROMEN

Alkohol, Fett, Wasser

GESCHMACK

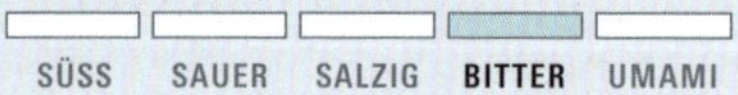

PASST GUT ZU

Süßspeisen, Marzipan, Joghurt, Fleisch, Früchten (Quitten, Aprikosen, Äpfeln, Erdbeeren)

UNBEDINGT AUSPROBIEREN

Kopfsalat mit Rosenwasservinaigrette

Der Duft der Rosenblüten wird durch die Verbindungen GERANIOL und NEROL bestimmt. Sie steuern typische „Rosen"-Noten und einen Hauch Zitrusaroma bei. Unterstützt werden sie durch das blumige CITRONELLOL, das süßliche RHODINOL, das frisch-blumige LINALOOL sowie fruchtig-florale und blumig-wachsige Noten. Des Weiteren finden sich würzige bis balsamische Töne, terpentinartige Kräuternoten, würzig-minzige Düfte und Anklänge an Jasmin, Gewürznelken und Zimt.

In der Küche nutzt man die frischen Blütenblätter oder Rosenwasser, das als Nebenprodukt bei der Destillation von Rosenöl für Parfüms anfällt. Rosenwasser darf man nur am Schluss des Kochprozesses oder an kalte Speisen geben, damit sich sein Aroma nicht verflüchtigt. Ölhaltige Speisen binden die Aromen im Fett. Auch mit getrockneten, gemahlenen Rosenblättern kann man würzen, sie duften aber längst nicht so stark.

In der orientalischen Küche würzt Rosenwasser, auch Rosenessenz oder Rosen-Attar genannt, sowohl herzhafte als auch viele süße Speisen. Das Aroma passt gut zu Früchten, Trockenfrüchten oder Jasmin. Die getrockneten Blätter finden sich in Gewürzmischungen wie dem marokkanischen →*Ras el-Hanout* oder dem iranischen →*Advieh*. Kandierte Blütenblätter dekorieren Torten und Süßspeisen. Eine Besonderheit ist Rosenessig, mit dem man – ähnlich wie mit Blütenblättern – Salate würzen kann.

ROSMARIN

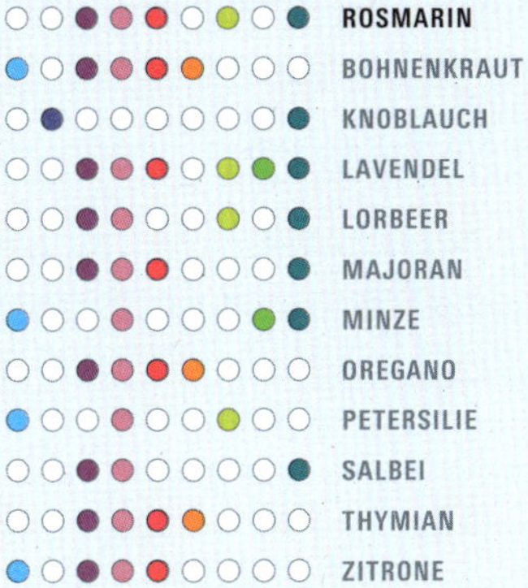

AROMENENTFALTUNG

A Dominant floral-herbal, „grüner" Eindruck **B** Würzig, balsamisch-herbal **C** Würzig-aromatisch **D** Starker Bittergeschmack

LÖSLICHKEIT DER HAUPTAROMEN

Alkohol, Fett
Wasser

GESCHMACK

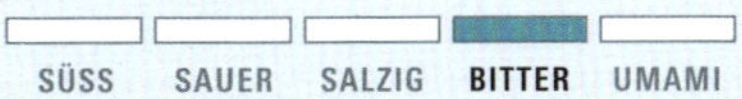

PASST GUT ZU

Auberginen, Zucchini, Kürbis, Kohl, Tomaten, Bohnen, Hülsenfrüchten, Zwiebeln, Kartoffeln, Lamm, Kalb, Kaninchen, Geflügel, Schwein, Wild, Rotwein, Parmesan, Nüssen, Aprikosen, Äpfeln

UNBEDINGT AUSPROBIEREN

Aprikosen-Rosmarinkonfitüre

Rosmarin schmeckt bitter und duftet angenehm nach Pinien und Fichten. Der harzige Ton verstärkt sich getrocknet noch.

Rosmarin enthält ein breites Spektrum von Aromen. Seine flüchtigen Duftstoffe setzen sich aus dem süßlich-balsamischen MYRCEN, dem blumigen LINALOOL und dem nach Rosen duftenden GERANIOL zusammen. Dazu kommen LIMONEN mit seinen terpentin-zitronenartigen Noten, das nach Eukalyptus und Kampfer duftende 1,8-CINEOL sowie ein harzig-holziges und ein nelkenartiges Aroma. Für den Bittergeschmack sorgen KAFFEE-, ROSMARIN- und CARNOSOLSÄURE.

Man kann die Blätter oder ganze frische Zweige mitkochen oder -braten und anschließend entfernen. Zu langes Kochen macht sie jedoch bitter. Will man die Blätter mitessen, sollte man sie vor dem Kochen klein schneiden. Getrocknet schmeckt Rosmarin intensiver, herber und sollte sparsam dosiert werden. Ganze Zweige lassen sich gut zum Räuchern und Grillen einsetzen. Erwärmt man zerkleinerte Blätter in Öl für eine Stunde auf 50 °C, erhält man ein aromatisches Öl.

Rosmarin ergänzt sich gut mit anderen mediterranen Kräutern und Gewürzen wie Thymian, Salbei oder Lorbeer. Er harmoniert mit Zitrusfrüchten oder getrockneten Aprikosen und passt sogar zu süßen Speisen. Ideal ist die Verbindung mit Olivenöl und allem, was man in oder mit Olivenöl braten und backen kann. Auch in dunklen Saucen auf Rotweinbasis macht sich ein ganzer Zweig Rosmarin gut.

Rauke *bitter-säuerlicher Geschmack, ist als Rucola wieder beliebt geworden* → Seite 160

Rosa Beeren *kommen in vielen Pfeffermischungen vor, sind aber kein Pfeffer* → Seite 161

Rose, Blütenblätter und getrocknet *sind eine klassische Zutat zu orientalischen Süßspeisen* → Seite 162

Rosmarin *sieht aus wie Tannennadeln und wächst wild rund ums Mittelmeer* → Seite 163

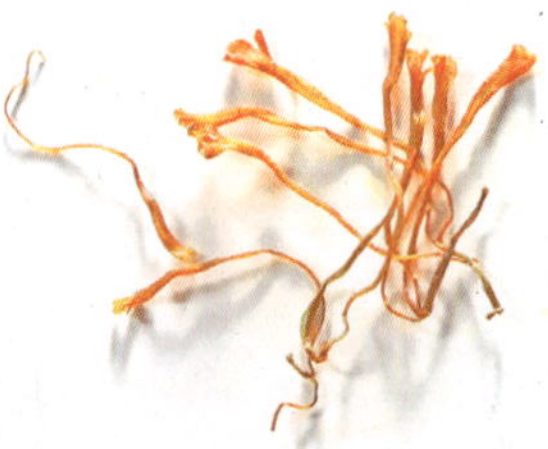

Safran, Fäden, getrocknet *das sehr teure Gewürz wird aus einer Art Krokus gewonnen* → Seite 165

Salbei *bringt ein bitteres, kräftiges und frisch-säuerliches Aroma* → Seite 166

SAFRAN

AROMENENTFALTUNG

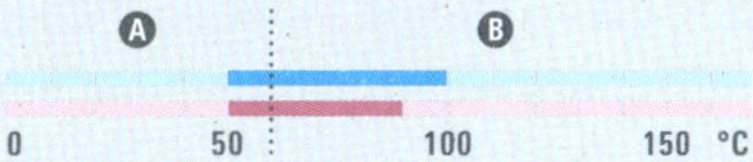

A Typisch erdig-roher Safrangeruch
B Entfaltung von Aromen und Farbe

LÖSLICHKEIT DER HAUPTAROMEN

Fett

GESCHMACK

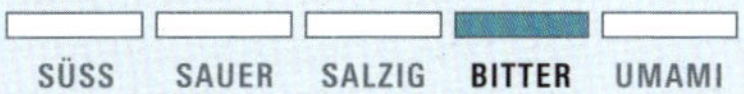

PASST GUT ZU

Risotto, Paella, Meeresfrüchten, Zitrusfrüchten, Biscotti, Hefegebäck, Kuchen

UNBEDINGT AUSPROBIEREN

Lammnieren mit Butter und Safran gebraten

Safran duftet süßlich, erdig-moschusartig, nach Rosen und Honig. Man findet Holzaromen und eine dezente, erdige Bitternote.

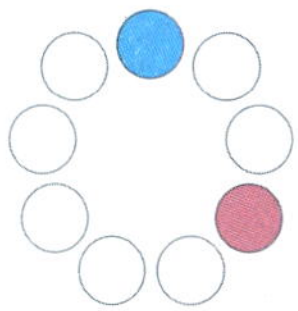

Safran zeichnet sich durch seine gelbe Farbe aus, die durch das CROCIN hervorgerufen wird, und durch den bitteren Geschmack, für den PICOCROCIN verantwortlich ist. Sein Geruch setzt sich aus über 60 Duftstoffen zusammen. Typisch ist ein heuartiges Aroma, dem SAFRANAL erdige, an Moschus erinnernde Noten hinzufügt. Hinzu kommen warmharzige, würzige bis kampferige und beerige, pfefferminzige, leicht zitrusartige Noten.

Die ganzen Fäden zerreibt man zwischen den Fingern oder zerstößt sie im Mörser. Safran sollte man nicht von Anfang an mitkochen. Am besten löst man einen Teil des zerkleinerten Safrans in lauwarmem Wasser, Zitronensaft oder Brühe auf und gibt ihn erst am Schluss dazu. Man sollte sparsam dosieren, sonst wirkt das Gericht rasch bitter und dumpf. Zu viel Safran ist auch toxisch: Mehr als 1,5 Gramm pro Tag sind nicht empfehlenswert. Geht es nur um die Farbe, so kann man diese viel günstiger mit Kurkuma erzielen.

Safran lässt sich nicht ohne Weiteres mit anderen Gewürzen kombinieren, ohne dass sein einzigartiges Aroma überdeckt würde. Er passt zu süßlichen Gewürzen wie Zimt, Süßholz oder Langem Pfeffer und verbindet sich ideal mit den Aromen von Krustentieren wie Garnelen und Krebsen. In süßbitteren Zitrusfrüchten bewirkt er kleine Geschmackswunder. In Iran werden Safranfäden oft mit etwas Zucker im Mörser zerstoßen und als süßbittere Beigabe den Gerichten zugefügt.

SALBEI

AROMENENTFALTUNG

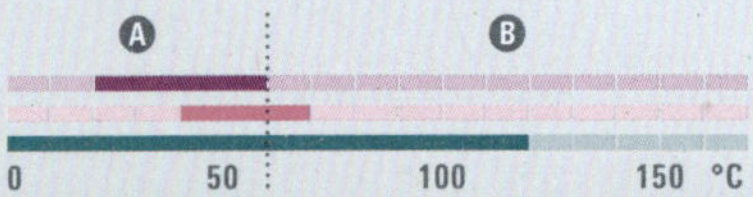

A Feine Salbeinoten B Zunehmend bitter

LÖSLICHKEIT DER HAUPTAROMEN

Alkohol, Fett

GESCHMACK

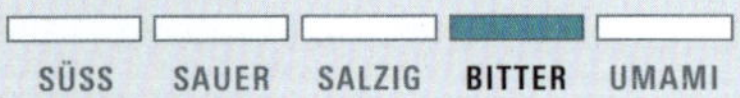

PASST GUT ZU

fettreichen Speisen (Schweinefleisch, Aal), Kalb, Geflügel, Federwild (Fasan), Äpfeln (Desserts), Käse, Tomaten, Zwiebeln, Bohnen

UNBEDINGT AUSPROBIEREN

Käsecreme mit Roquefort, Milch und Salbei (Gemüsedip)

Echter Salbei riecht würzig, minzig, eukalyptusartig und ist pfeffrig, bitter und adstringierend beim Kauen und in Tees.

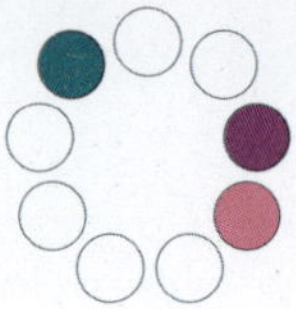

Salbei erinnert an Thymian und Rosmarin, mit denen er gut zusammenpasst. Seine Blumigkeit entstammt dem LINALOOL, seine kampferige bis mentholige Kräuterigkeit dem Zusammenspiel von 1,8-CINEOL, KAMPFER und THUJON. Hinzu kommen helle, zitronig-blumige Töne und nach Tannenharz duftende Aromen. Für seine Bitterkeit und die mitunter adstringierende Wirkung sind die URSOLSÄURE sowie Glycoside verantwortlich.

Das Kraut kann man frisch oder getrocknet verwenden: Junge, hellgrüne Blätter sind weniger scharf als die großen, älteren und frische weniger bitter als getrocknete – Letztere sollte man also vorsichtiger dosieren. In fettiger Umgebung vertragen die Aromen Hitze gut, etwa in Salbeibutter. Man kann ihn dann auch längere Zeit mitgaren. Salbeizweige eignen sich gut zum Räuchern und Grillen.

Der kräftige Salbei braucht starke Mitspieler in der Küche: Rosmarin, Lorbeer, Oregano, Knoblauch, Ingwer oder kräftige Käse wie Parmesan. Abgesehen davon ist er ein guter Einzelgänger – höchstens begleitet von etwas Pfeffer. Frisch würzt er Salate und mildes Fleisch wie Kalb oder Huhn. Auch Ente, Gans oder Schweinebraten spickt man gerne mit Salbei. In Butter gebratene Blätter würzen Pasta, Gnocchi oder Polenta mit Gorgonzola. Aus den getrockneten Blättern lässt sich ein würzig-herber Tee zubereiten.

SALZ

GESCHMACK

SÜSS SAUER **SALZIG** BITTER UMAMI

AROMENENTFALTUNG

Bei den in der Küche üblichen Temperaturen verändert sich Salz nicht.

Ganz schlicht: Salz riecht nach nichts. Es definiert die reine Grundgeschmacksrichtung „salzig".

Koch- oder Speisesalz besteht aus Natrium- und Chloridionen, die in einem Kristall zusammengefügt sind. Die feinen Unterschiede einzelner Salzsorten erklären sich aus Einlagerungen. Oft sind – etwa beim Meersalz – Mineralstoffe, Spurenelemente oder Algenreste in das Natriumchloridgitter als „Kristallfehler" eingebunden. Diese Bestandteile wirken aromabestimmend. Außerdem enthalten durch Sonne und Wind getrocknete Salze eine Restwassermenge, was Meersalz feuchter als Salinensalze macht. Gereinigtes Speisesalz ist oft mit Zusätzen aufbereitet: Kalzium- und Magnesiumcarbonat machen es rieselfähiger, Fluorid, Jod und Folsäure werden teilweise aus gesundheitlichen Gründen hinzugefügt.

Salzkristalle lösen sich im Kochwasser oder bei Zungenkontakt auf und zerfallen in Natrium- und Chloridionen. Die Rezeptoren auf der Zunge nehmen die elektrisch geladenen Ionen wahr. Für verschiedene Salzwahrnehmungen sind Kristallgröße und -form entscheidend. Perfekte Kristalle wie häufig bei Salzflocken sind sehr dünn, lösen sich aber eher langsam und wirken beim Zerbeißen „knusprig", ohne ein Zuviel an Salzgeschmack hervorzurufen. Fleur de Sel oder Maldon-Seasalt sollte man aufgrund ihres knusprigen Mehrwerts daher erst bei Tisch dazugeben (→ Abschmecken: salzig, Seite 20).

In Maßen eingesetzt, passt Salz zu allen Speisen und allen Gewürzen. Selbst in süße Speisen gehört etwas Salz. Eine sehr wohlschmeckende Anwendung ist Fisch in Salzkruste: Der ganze Fisch kommt in einen Teig aus grobem Meersalz, Eischnee, Mehl und Speisestärke und wird so im Ofen gebacken.

Kala namak *rosa Salz mit deutlich schwefeliger Note,* Halen Mon *über walisischer Eiche geräuchert,* Hawaiian Red Alaea *aus Pazifikwasser gewonnen, mit vulkanischer Tonerde vermischt, leicht würzig*

Amerikanisches Hickorysalz *leicht geräuchert,* Schwarzes Hawaiisalz Black Lava *gefärbt mit hochreiner Aktivkohle,* Maldonsalz *hat eine besonders knusprige Kristallstruktur*

Meersalz Marisol/Portugal *grobes Salz, reich an Mineralien und Spurenelementen,* Luisenhall *feines, mildes Salz,* Fleur de sel *wird wegen seiner leichten, kristallinen Textur erst am Tisch verwendet*

Sel gris *Salzkristalle mit eingeschlossenen Schwebstoffen wie Algen und Sedimentteilchen, sehr feucht,* Palm Island/Black Island *Lavasalz aus Island,* Siedesalz *auch Kochsalz, feines Salz*

Steinsalz *unbehandeltes Salz mit Mineralien und Spurenelementen,* Australian Murray River *pfirsichfarbenes Salz aus Australien, leichtes Algenaroma,* Tibet-Salz *seltenes und teures Salz mit leicht erdigem Aroma*

Himalayasalz *unbehandeltes Salz mit rosa Farbton,* Silver Crystal Kalahari *grobkörniges Salz aus Südafrika,* Inka-Sonnensalz *peruanisches Salz, ähnelt Fleur de Sel*

SALZ IN LEBENSMITTELN

Die meisten Menschen in den Industrieländern nehmen zu viel Salz zu sich – und gehen deshalb ein größeres Risiko ein, einen Herzinfarkt oder Schlaganfall zu erleiden. Die Deutsche Gesellschaft für Ernährung (DGE) empfiehlt einem Erwachsenen 6 g Salz pro Tag. Das ist ein gestrichener Teelöffel. Das meiste Salz streuen wir aber gar nicht selbst über unser Essen – sondern nehmen es mit der Nahrung auf, vor allem in vorproduzierten Lebensmitteln. Den Salzgehalt eines Produkts kann man am angegebenen Natriumgehalt hochrechnen, den man mal 2,5 nimmt. Ab 2016 muss der exakte Salzgehalt angegeben werden. Ein Tipp: Wer kräftig würzt, braucht weniger zu salzen.

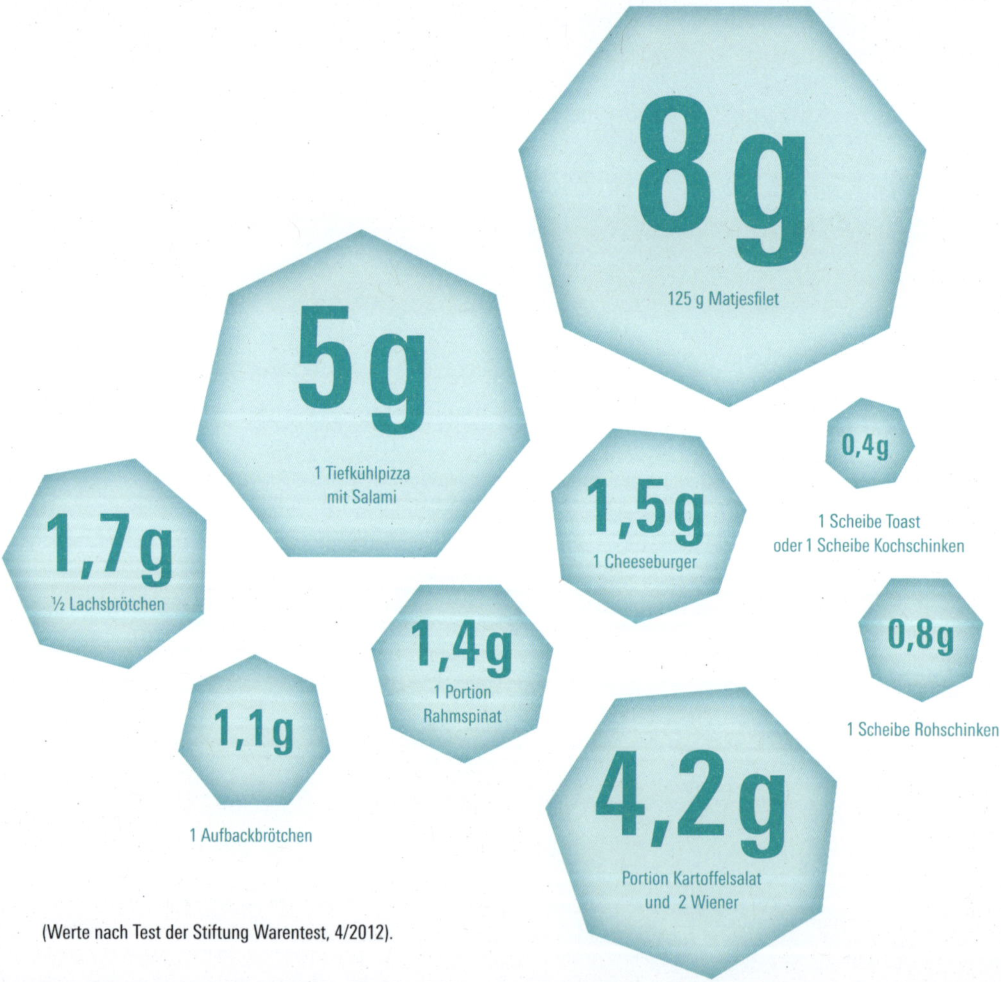

(Werte nach Test der Stiftung Warentest, 4/2012).

SAUERAMPFER

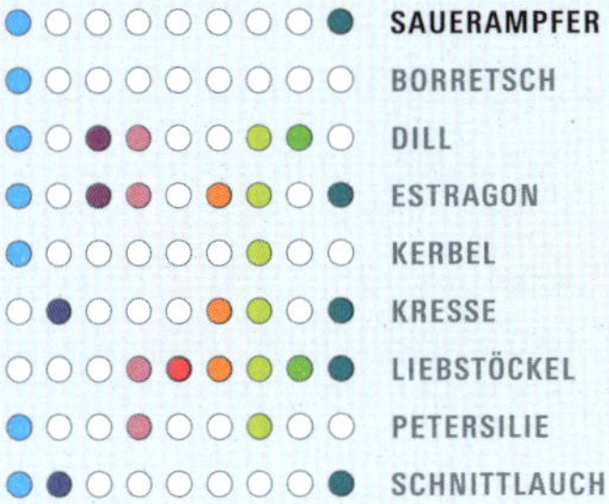

AROMENENTFALTUNG

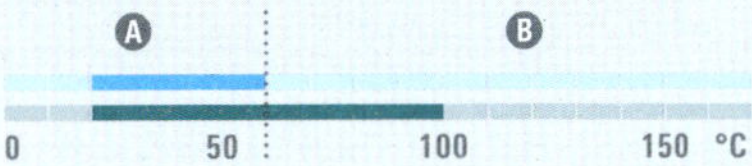

A Frische grüne Säure **B** Deutlich milder in Aroma und Säure

LÖSLICHKEIT DER HAUPTAROMEN

- Alkohol, Wasser
- Wasser

GESCHMACK

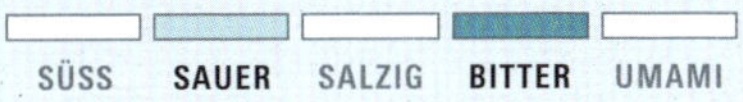

PASST GUT ZU

Fisch, Tomaten, Mangold, Spinat, Kartoffeln, Sahne, Quark, Eiern, Omelette, Kalb- und Schweinefleisch

UNBEDINGT AUSPROBIEREN

Sauerampfer mit Sonnenblumenöl sehr fein pürieren. Als grünes „Würzpüree" außergewöhnlich

Sauerampfer duftet kaum, schmeckt aber erfrischend säuerlich, scharf und etwas bitter. Seine Textur erinnert an Spinat.

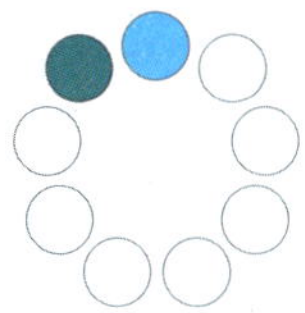

Sauerampfer hat keine ausgeprägten Kräuteraromen, lediglich einen leicht grünen, kräuterigen Duft durch das (Z)-HEX-3-ENAL. Sein Charakter wird durch die OXALSÄURE bestimmt, die sich auch in Spinat und Rhabarber findet. Neben ihrem sauren Geschmack erzeugt sie eine gewisse Bitterkeit sowie eine adstringierende und mineralisierende Wirkung, die sich als „stumpfe Zähne" bemerkbar macht. (→ Abschmecken: bitter, Seite 21).

Verwendet werden die Blätter, frisch oder gekocht. Man kann sie etwa in Butter unter wenig Hitze zusammenfallen lassen und anschließend pürieren: Damit lassen sich Suppen oder Kräutersaucen auf Sahnebasis würzen. Zum „Sauer marinieren" umwickelt man Fisch oder Filets mit frischen Blättern und dämpft sie nach einer gewissen Marinierzeit darin. Oder man stellt aus den Blättern eine dekorative Chiffonade her, die als Suppeneinlage dient. Das Kraut darf man nie in gusseisernen oder in Aluminiumtöpfen kochen – die Oxalsäure reagiert, und es schmeckt schnell unangenehm metallisch.

Sauerampfer harmoniert gut mit Kerbel oder Brunnenkresse. Zusammen mit Dill und Schnittlauch, Borretsch, Kerbel, Kresse, Petersilie und Pimpinelle findet er sich in der berühmten *Frankfurter Grünen Sauce*. Auch zu Fisch passt seine frische Säuerlichkeit: Lachs mit Sauerampfersauce ist ein französischer Küchenklassiker. Pestos bekommen mit Sauerampfer einen säuerlichen Kick.

SCHNITTLAUCH

AROMENENTFALTUNG

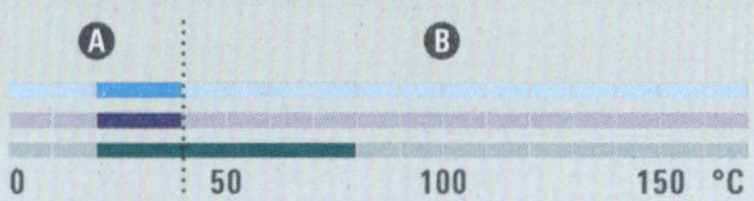

A Frischer schwefelig-lauchiger Duft
B Rascher Aromenverlust

LÖSLICHKEIT DER HAUPTAROMEN

Alkohol, Fett, Wasser

GESCHMACK

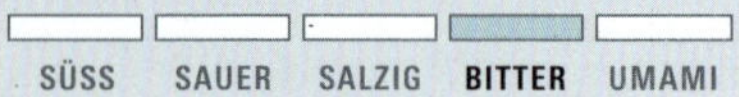

PASST GUT ZU

Suppen, Saucen, gekochtem wie kaltem Rindfleisch, Spargel, Wurzelgemüse, Kartoffeln, gedämpftem und eingelegtem Fisch (Matjes, Lachs), Butterbrot

UNBEDINGT AUSPROBIEREN

Salziges Quittenpüree mit Schnittlauch

Frisch geschnitten, verströmt Schnittlauch ein grasiges, schwefelig-lauchiges Aroma. Außerdem ist er reich an Vitaminen.

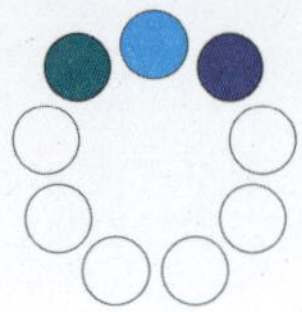

Das Aroma von Schnittlauch wird durch Schwefelverbindungen wie ALLIIN definiert, das beim Verletzen der Pflanzenzellen zum typisch schwefelig-knoblauchartigen ALLICIN umgewandelt wird. Im Unterschied zu Zwiebeln und Knoblauch spielen bei Schnittlauch flüchtige Aromaverbindungen eine größere Rolle. Dazu gehören DIPROPYLDISULFID, METHYLPENTYLDISULFID und PENTANTHIOL, die alle lauchig-schwefelig bis stechend riechen. Daneben finden sich grüne und erdige Noten.

Vom Schnittlauch werden die Stiele und Blüten verwendet. Er sollte immer frisch sein, denn beim Trocknen, Einfrieren oder Kochen verliert er sein Aroma und seine Konsistenz. Klein geschnitten, wird das frische Kraut über Saucen, Salate oder Brotaufstriche gestreut. Konservieren lässt sich sein Aroma in Öl: Dazu püriert man Schnittlauch mit neutralem Öl und lässt alles für eine Stunde ziehen, bevor man es abseiht. Die essbaren violetten Blüten eignen sich als Garnitur.

Die leicht erdige Note des Schnittlauchs harmoniert mit kohlenhydratreichen Lebensmitteln wie Kartoffeln, Linsen, dicken Bohnen und Wurzelgemüsen. Das Kraut findet sich in fast jedem Kräuterquark. Es passt zu Spargel und Fisch, traditionell besonders zu Matjes, und, in Kombination mit Dill und Estragon, zu gedämpftem Fisch. Zusammen mit Joghurt ergibt Schnittlauch eine frische Sauce zu gegrilltem Fisch. In Österreich wird er gerne mit Kürbiskernöl kombiniert.

SELLERIE (SAMEN)

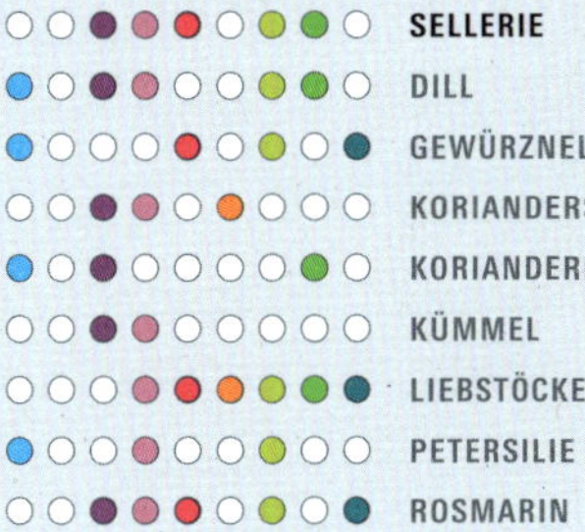

AROMENENTFALTUNG

A Erdig-zitroniges Aroma **B** Betonung der sellerietypischen erdigen Wurzelnoten

LÖSLICHKEIT DER HAUPTAROMEN

Alkohol, Fett

Fett

GESCHMACK

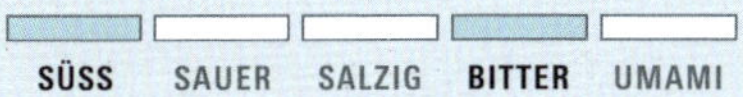

PASST GUT ZU

Fleisch, Fisch, Tomaten, Weißkohl, Suppen

UNBEDINGT AUSPROBIEREN

Bierrettich mit Selleriesamen

Selleriesamen haben ein sehr erdiges und würziges Aroma, ähnlich wie Knollen- oder Stangensellerie – nur harziger und bitterer.

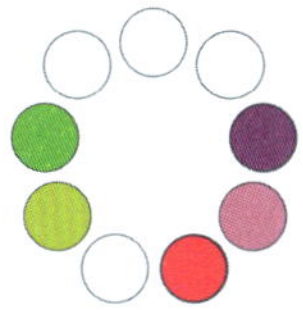

Für den typischen Selleriegeruch der ganzen Pflanze sind PHTHALID und dessen chemische Verwandte verantwortlich. Die Aromen der Früchte werden durch das orangen- und terpentinartige LIMONEN, das erdig-gemüsige β-SELINEN und das würzig-holzige α-CARYOPHYLLEN bestimmt. Übrigens, das Schlüsselaroma in den Blättern und der Wurzel ist das röstige, charakteristisch duftende 3-BUTYLPHTHALID.

Gibt man die Samen gleich zu Beginn des Garprozesses zu, wird ihr typisches Aroma abgemildert. Vor dem Kochen sollte man die Früchte leicht zerdrücken, damit sich ihr Aroma entfalten kann. Werden sie im Ganzen mitgekocht, kann man beim Essen auf die Früchte beißen, was eine kleine Sellerie-explosion im Mund zur Folge hat. Man sollte Selleriefrüchte immer nur sparsam dosieren, da sonst das Essen leicht bitter werden kann.

Sellerie passt gut zu Liebstöckel und Gewürznelken, aber auch zu Dill und Korianderkraut. Mit den würzigen Früchten lässt sich jeder Fleischfond und manches Gemüse verfeinern. Man streut sie über gekochte Möhren, gegrillte Tomaten oder gibt sie in eine Kürbissuppe. Auch in Salaten, Eier- und Fischgerichten oder in Brotteig machen sie eine gute Figur. Selleriefrüchte der verwandten Art *Radhuni* kommen in die bengalische Fünf-Gewürze-Mischung →*Panch Phoron*. Mit den erdig duftenden Sellerieblättern lässt sich ebenfalls Salat würzen – oder ein eigenwilliges Pesto herstellen.

S

SENF

AROMENENTFALTUNG

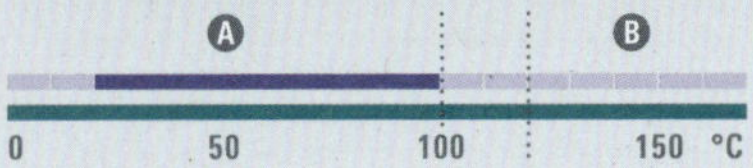

A Stechendes Aroma **B** Freisetzung der Aromen aus der Saat beim Anbraten

LÖSLICHKEIT DER HAUPTAROMEN

Fett, Wasser

GESCHMACK

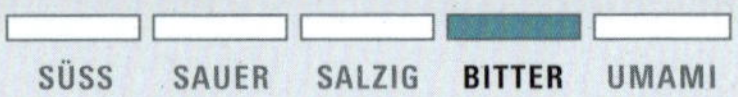

PASST GUT ZU

SCHWARZE UND BRAUNE SENFSAMEN: Roter Bete, Kartoffeln, Karotten WEISSE SENFSAMEN: eingelegtem Gemüse, Fleisch-, Geflügel- und Fischmarinaden SENFPASTEN: Saucen und Vinaigrettes, Käse (besonders Mostarda)

UNBEDINGT AUSPROBIEREN

Gebratener Wirsing mit Senf

Senfkörner riechen kaum, erst wenn man sie aufbricht und mit Wasser in Verbindung bringt, entfaltet sich das scharfe Aroma.

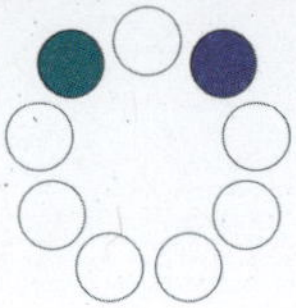

Es gibt drei Senfsorten: Weißen, Schwarzen und Braunen Senf. Aromagebend im Weißen Senf ist SINALBIN, im Schwarzen und Braunen Senf ist es SINIGRIN. Diese Senfölglycoside geben auch Meerrettich, Rucola und Kresse ihr Aroma. Beim Mahlen oder Kauen der Körner werden sie aufgespalten in Zucker (Glucose), Schwefelsäure und die für den scharfen und stechenden Geruch ebenso wie für den Tränenreiz verantwortlichen Isothiocyanate.

Erhitzt man Senfkörner stark oder länger, verblasst ihre Schärfe. Gibt man die Körner also schon von Anfang an zu oder reibt Fleisch vor dem Braten mit Senf ein, darf man ruhig reichlicher dosieren. Will man die Schärfe des Senfs erhalten, sollte man ihn erst zum Schluss der Garzeit zugeben. Industriell hergestellten Senfpasten wird Essig und Salz zugesetzt, welche die Schärfe erhalten.

Senf lässt sich, ähnlich wie Pfeffer, mit vielen anderen Gewürzen kombinieren. Der beim Zerstoßen der Körner entstehende Zucker verleiht ihm seine Anpassungsfähigkeit in Richtung „süß", der den Pasten zugesetzte Essig in Richtung „sauer". Senf würzt gegrilltes Gemüse und Fleisch, er passt zu Fisch oder zu Käse. Gerösteter Brauner und Schwarzer Senf gehört in viele indische →Madras Currys. Senfpasten gibt es in zahlreichen Varianten: etwa den scharfen *Dijon Senf* (aus Schwarzem Senf), den süßen bayerischen Senf (aus Weißem Senf, mit Honig) oder italienischen Feigensenf.

SESAM

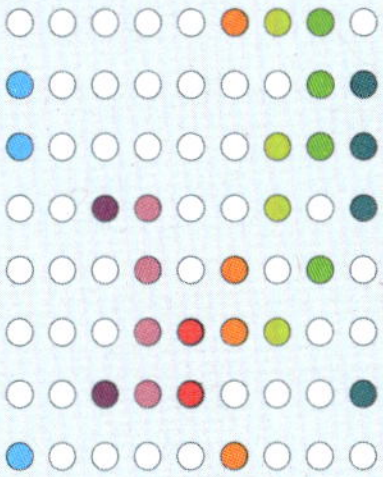

SESAM
CHILI
KAKAO
KARDAMOM
KREUZKÜMMEL
NIGELLA
PFEFFER
VANILLE

AROMENENTFALTUNG

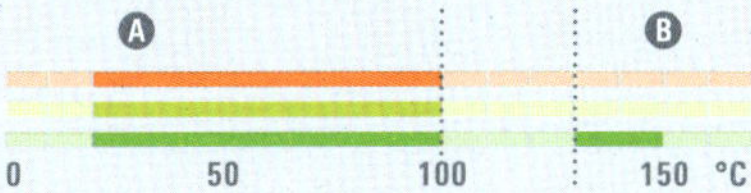

A Feine nussig-rauchige Sesamnoten **B** Zufügen von erdigen, kaffeeartigen Röstnoten

LÖSLICHKEIT DER HAUPTAROMEN

Alkohol, Fett

GESCHMACK

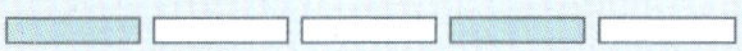

SÜSS SAUER SALZIG **BITTER** UMAMI

PASST GUT ZU

gedämpften und bei niedrigen Temperaturen gegarten Gerichten, Auberginen, Blattgemüse, Blattsalaten, Fisch, Honig, Hülsenfrüchten, Nudeln, Reis, Zitrone, Zucchini

UNBEDINGT AUSPROBIEREN

Längs halbierte Auberginen mit Sesamöl und Sesamkörnen langsam gegart

Ungeröstet ist das Aroma der Sesamsamen reisartig, die dunklen duften etwas erdig. Geröstet werden sie zur echten Delikatesse.

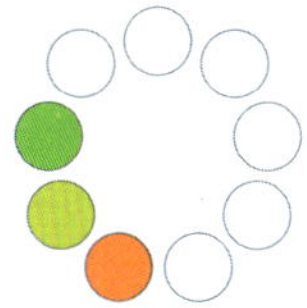

Sesam entfaltet sein aromatisches Potenzial erst durch Anrösten. Dabei entstehen das reisartig-nussig duftende 2-ACETYL-1-PYRROLIN, das röstig-nussige 2-FURYLMETHANTHIOL sowie PHENYLETHYLTHIOL, das verbrannt riecht. Zudem bildet sich das röstig-karamellige PYRAZIN. Je nach Rösttemperatur variiert die Ausprägung dieser Stoffe. Deshalb ist gerösteter Samen mal herb-süß-karamellig, mal kräftig und leicht bitter. Das Öl enthält einen hohen Anteil an SESAMOL, das Frittierfette auch bei hohen Temperaturen haltbarer macht.

Sesam lässt sich ungeröstet und geröstet verwenden. Ungeröstet duftet er reis- und getreideartig, die dunklen Samen etwas erdig. Ungeröstete Sesamsamen passen gut zu frischem Ziegenkäse. Im Orient zermahlt man sie zu einer Paste: *Tahini*. Sie gehört in *Hummus* (Kichererbsenpüree) oder wird als Dip mit Knoblauch und Joghurt zu gegrilltem Fleisch gereicht

Geröstete Samen liefern tief-würzige Noten für Speisen, die dadurch selbst nicht geröstet werden müssen. Aus den Samen wird sowohl raffiniertes als auch kaltgepresstes →Sesamöl produziert. In Japan wälzt man Maki und Sushi gerne in hellem oder dunklem Sesam und verleiht dem rohen Fisch dadurch Röstaromen. In Mexiko werden die gerösteten Samen mit getrockneten Chilis zu würzigen Saucen wie *Pipian* verarbeitet. Auch die →*Mole poblano* enthält gerösteten Sesam.

SHIITAKE

AROMENENTFALTUNG

A Erdig-schwefeliger Rohpilzduft
B Champignonartige Aromen, erdig, leicht bitter

LÖSLICHKEIT DER HAUPTAROMEN

Alkohol, Fett
Alkohol, Wasser

GESCHMACK

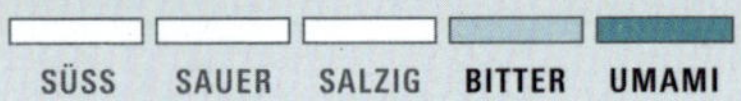

PASST GUT ZU

Gemüse, Pilzen, Meeresfrüchten, Saucen, Schmorgerichten mit oder ohne Fleisch

UNBEDINGT AUSPROBIEREN

Feines Shiitakepulver in Kartoffelpüree

Frisch riechen Shiitake erdig, würzig, lauch- bis knoblauchartig. Getrocknet haben sie einen deutlichen umami-Geschmack.

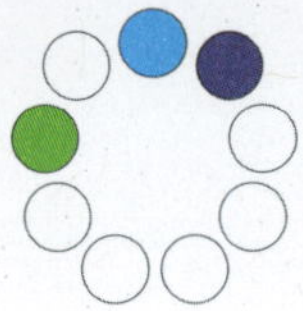

Shiitake unterscheiden sich von anderen Pilzen dadurch, dass ihre Hauptaromen aus eher „schweren“, röstigen Noten bestehen. Entscheidend ist die Schwefelverbindung LENTHIONIN, die erdig-pilzig bis typisch nach Shiitake riecht. Hinzu kommen das leicht kohlig und faulig duftende METHANTHIOL sowie typische Pilz-Aromen: das würzig-butterige OCTAN-3-ON, das metallisch-pilzige 1-OCTEN-3-ON und das feucht-nussige OCTAN-3-OL.

Zum Säubern sollte man Shiitake nur kurz abbrausen. Um ein Pilzpulver herzustellen, trocknet man die Pilze im Dehydrator bei 40 bis 50 °C über 12 Stunden und pulverisiert sie dann im Thermomix. Das Trocknen betont die aromatischen Noten und den umami-Geschmack der Pilze. Gibt man das Würzpulver zu Beginn des Kochprozesses zu, wird sein Aroma pilziger, fügt man es gegen Ende bei, wird es eher nussig. Getrocknete Shiitake lassen sich auch in lauwarmem Wasser einweichen und danach wie frische zubereiten. Das Wasser wird ebenso als Würze verwendet.

Shiitake gehören in viele Gerichte der asiatischen Küche – sowohl frisch als auch getrocknet oder als Pulver. Schmorgerichte und Suppen bereichern sie vorrangig um ihren vollen, herzhaften umami-Geschmack. In Japan dienen getrocknete und gemahlene Shiitake als Grundzutat für Dashi (Suppenbrühen). Das Aroma frischer Pilze harmoniert gut mit schwefelig-lauchigen Gewürzen wie Knoblauch oder Zwiebeln.

SONNENBLUMEN-KERNE

AROMENENTFALTUNG

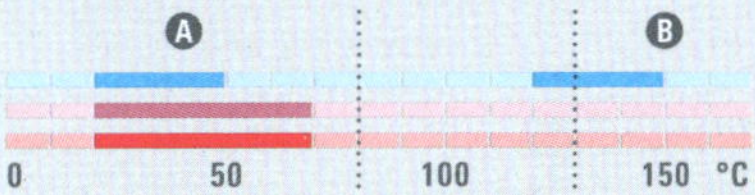

A Wachsiges, grünes, leicht harziges Aroma **B** Bildung von Röstnoten

LÖSLICHKEIT DER HAUPTAROMEN

Alkohol, Fett

GESCHMACK

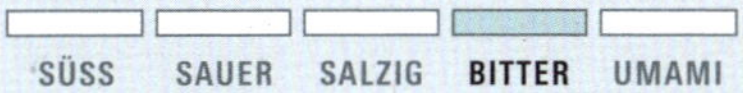

PASST GUT ZU

dunkler Schokolade, Salaten, Getreide (Brot)

UNBEDINGT AUSPROBIEREN

Steinpilzragout mit gerösteten Sonnenblumenkernen

Sonnenblumenkerne haben ein leicht harziges Aroma mit warmen Holztönen. Geröstet auch karamellartige, nussige Aromen.

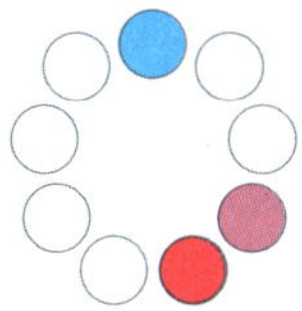

Der Duft der Sonnenblumenkerne wird vor allem von dem flüchtigen, warm-harzig-terpentinartig duftenden α-PINEN verursacht. Des Weiteren kommt im Untergrund über das Z-VERBENOL ein leicht pinienartiger Geruch mit einem Hauch Terpentin hinzu. Außerdem finden sich weich-holzig duftende Noten. Rund 90 Prozent des Öls bestehen aus ungesättigten Fettsäuren.

Die geschälten Kerne sind geröstet und ungeröstet genießbar. Beim Rösten bilden sich die bei Nüssen und fettreichen Samen üblichen würzigen Röststoffe sowie nussige Aromen. Aus den Kernen wird das universal einsetzbare Sonnenblumenkernöl hergestellt. Es ist hoch erhitzbar, bleibt aber auch bei Temperaturen unter 0 °C flüssig. Daher kann man es gut zur Konsistenzregulierung in Fettzubereitungen wie Schokocremes verwenden.

Aus Sonnenblumenkernen lässt sich die köstliche „Sonnenblumenbutter“ erzeugen. Dazu werden Sonnenblumenkerne geröstet, mit Butter lange gegart und anschließend fein püriert. In frischen Obstsalaten machen mit →Isomalt überzogene, ungeröstete oder geröstete Kerne eine hervorragende Figur. Auf Brotrinden und im Brot ergänzen sich die Röststoffe der Kerne mit denen des Getreides – auch die Röstnoten in Kaffee und Kakao passen dazu. Eine Kombination mit Zitronenverbene ergänzt den Duft der gerösteten Kerne um zitronige Aromen.

Sauerampfer *schmeckt erfrischend säuerlich, scharf und etwas bitter* → Seite 171

Schnittlauch *gehört nur in die kalte Küche oder erst kurz vor dem Servieren darübergestreut* → Seite 172

Sellerie, Samen, Früchte *seit der Antike ein beliebtes Gewürz, das vielfältig einsetzbar ist* → Seite 173

Senf, weiß, braun und schwarz *schmeckt und duftet unterschiedlich* → Seite 174

Sesam, schwarz, weiß und ungeschält *alle Samen enthalten 50 Prozent Ölanteil* → Seite 175

Shiitake, frisch und getrocknet *vor allem getrocknet ein echter Umamiverstärker* → Seite 176

Sonnenblumenkerne, geschält *anders als Nüsse reich an Eiweißen* → Seite 177

Steinpilz, frisch und getrocknet *mit einem sehr starken umami-Geschmack* → Seite 180

STEINPILZ

AROMENENTFALTUNG

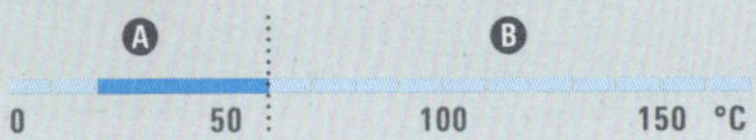

A Butterig-erdiges, leicht säuerlich-bitteres Pilzaroma B Tiefer umami-Geschmack mit leicht säuerlichen Bittertönen

LÖSLICHKEIT DER HAUPTAROMEN

Alkohol, Fett

GESCHMACK

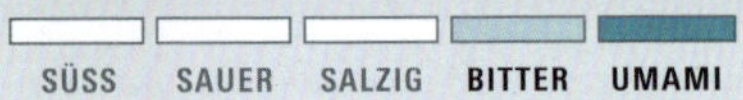

PASST GUT ZU

Pasta, Fleisch, Kartoffeln, Risotto, geräuchertem Schinken

UNBEDINGT AUSPROBIEREN

Intensives Steinpilzöl: rohe Pilze mit Traubenkernöl pürieren und auf 60 °C erhitzen. Filtern, Wasser ablaufen lassen

Steinpilze riechen intensiv nach feuchter, modriger Erde. Getrocknet eignen sie sich als natürlicher „Geschmacksverstärker".

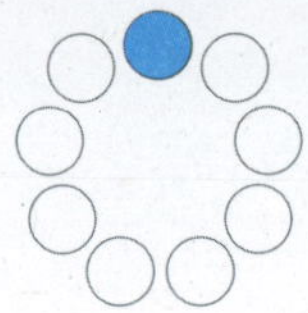

Wie bei anderen Pilzen wird das Aroma des Steinpilzes durch das muffig, pilzig, schimmelig riechende (R)-1-OCTEN-3-OL geprägt. Während des Kochens oxidiert der Stoff zu 1-OCTEN-3-ON, das dann für den typischen Pilzgeruch verantwortlich ist. Der starke umami-Geschmack der Steinpilze verdankt sich einem sehr hohen Anteil an freier Glutaminsäure (→ Abschmecken: umami, Seite 23). Organische Säuren sorgen außerdem für einen leicht sauren und bitteren Geschmack.

Steinpilze wirken sowohl frisch als auch getrocknet als „Geschmacksverstärker". Da die für den →umami-Geschmack verantwortlichen Stoffe nicht flüchtig sind, eignen sich Steinpilze besonders gut zum Trocknen. Aus den getrockneten Pilzen kann man im Blitzhacker oder Mörser ein Würzpulver herstellen. In Olivenöl eingelegte Steinpilze geben diesem ein deutliches Pilzaroma.

Wie bei Morcheln verleiht bereits eine kleine Menge an mitgekochten Steinpilzen Saucen umami-Geschmack, ohne dass dabei Pilzaromen wahrgenommen werden. Steinpilze harmonieren wie alle Pilze besonders gut mit Petersilie. Auch Zwiebeln und Knoblauch fügen sich gut in ihr Duftspektrum ein. Das Würzpulver aus Steinpilzen lässt sich vielseitig einsetzen: Suppen, Saucen und Füllungen verleiht es sein feines Aroma und kann einen überraschenden Akzent in Richtung „herzhaft" setzen.

STERNANIS

AROMENENTFALTUNG

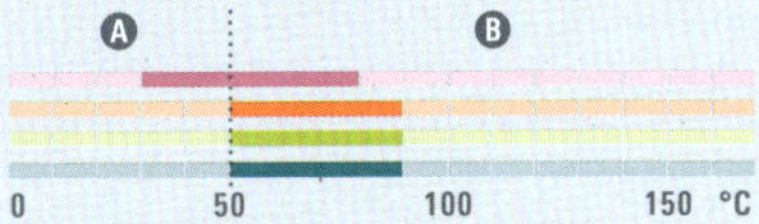

A Fast zitrusartiges Anisaroma
B Aromatisch, an Pastis und Ouzo erinnernd

LÖSLICHKEIT DER HAUPTAROMEN

Alkohol
Alkohol, Fett

GESCHMACK

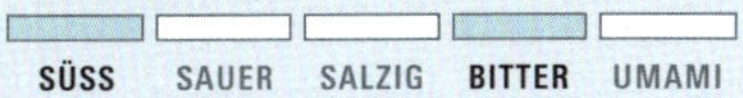

PASST GUT ZU

Feigen, tropischen Früchten, Kürbis, Lauch, Ochsenschwanz, Schwein, Wurzelgemüse, Hühnerbrühe, Fisch und Meeresfrüchten im Sud, Obstkompotten

UNBEDINGT AUSPROBIEREN

Fischsuppen mit Sternanis

Sternanis hat ein süßlich-kräftiges Aroma mit einem deutlichen trigeminalen Effekt. Er ist deutlich intensiver als Anis.

Wie bei Anis wird in Sternanis der typische süßlich-anisartige Geruch durch das ANETHOL bestimmt. Das 1,8-CINEOL ist für den leichten Eukalyptusgeruch verantwortlich. Laboranalysen können Sternanis- und Anisaroma unterscheiden, rein geruchlich sind die in Sternanis zusätzlich vorhandenen würzigen Noten von 1,4-CINEOL kaum wahrnehmbar.

Das Aroma steckt nur in den holzigen Fruchtwänden, nicht in den Samen. Man kann die Früchte entweder ganz mitkochen – und rechtzeitig wieder herausnehmen – oder sie vorher im Mörser oder Mixer zermahlen. Das typische Sternanisaroma ist nicht besonders flüchtig und löst sich besser in Alkohol als in Fett. Die Früchte können die gesamte Garzeit über mitgeschmort werden.

In der chinesischen Küche ist Sternanis neben Zimt mitbestimmend für den süßlichen Duft des → Fünf-Gewürze-Pulvers, das Hühner-, Enten- und Schweinefleischgerichte würzt. Das süßliche Aroma erklärt auch die Verwendung von Sternanis in Desserts und Konfitüren. Ebenso gut kann es die Süße von Kürbis, Lauch und Wurzelgemüse intensivieren. Sternanis würzt Fisch und Meeresfrüchte. Er kann durch Anis ersetzt werden, aber bei einem lange geschmorten Gericht wie *Canard à l'orange* würde der feine Anissamen sein Aroma schneller abgeben und nicht dieselbe Intensität erreichen. Umgekehrt wird in „Anis"-Schnäpsen der Anis gern durch den günstigeren Sternanis ersetzt.

S

SÜSSHOLZ

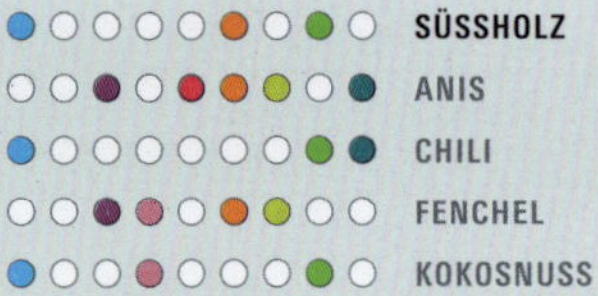

AROMENENTFALTUNG

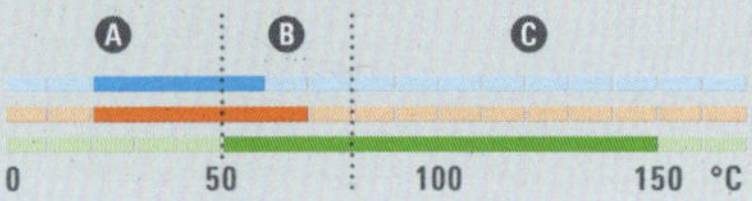

A Leicht stechendes, süßliches Aroma
B Sehr aromatische, anisartige Töne
C Eher karamellig-schokoladige Noten

LÖSLICHKEIT DER HAUPTAROMEN

Alkohol

GESCHMACK

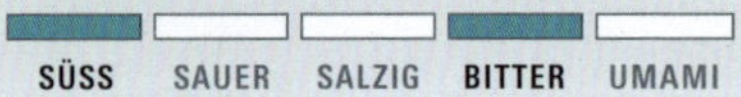

PASST GUT ZU

süßen Speisen, dunklen Biersorten, Saucen, Brühen, Meeresfrüchten, Lachs, Makrele

UNBEDINGT AUSPROBIEREN

Räuchern mit glimmenden Süßholzzweigen

Süßholz schmeckt sowohl süß als auch bitter. Diese ungewöhnliche Kombination gibt ihm einen besonderen Stellenwert in der Küche.

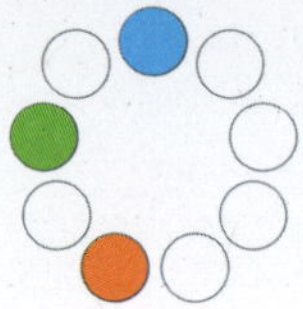

Der typische Geschmack des Süßholzes steckt in GLYCYRRHIZINSÄURE. Spaltet sie sich, wird der sehr süße Zuckerabkömmling Glycyrrhizin frei. Gleichzeitig entstehen bittere Töne. Die Kombination aus Süße und Bitterkeit sind das Alleinstellungsmerkmal von Süßholz in der Küche. Das anisartige Aroma wird durch das flüchtige ANETHOL bestimmt, im Hintergrund kommen aromatische, röstige Noten hinzu.

Von der Süßholzpflanze werden die holzigen Wurzeln verwendet, die geraspelt über die Speisen gegeben werden. Ganze Hölzer können gut mitgekocht werden, da die Aromen kaum flüchtig sind. Wegen der Wasserlöslichkeit der süßen und bitteren Geschmacksstoffe und der Alkohollöslichkeit des Anisaromas eignet sich Süßholz zum Aromatisieren alkoholischer Getränke. Aus dem Saft der zermahlenen Wurzeln wird Lakritze hergestellt.

Aus dem gemeinsamen Aromastoff Anethol erklärt sich die beliebte Kombination mit Anis, Fenchel und Sternanis. Wegen ihrer Süße passt die Wurzel gut in Desserts. Geraspeltes Süßholz würzt auch Gerichte mit Kokosnuss und Chili. Sojasauce schmeckt mit ein bisschen Süßholz ebenfalls noch besser, da ihr umami-Geschmack so um zwei Grundgeschmacksqualitäten erweitert wird. Sensationell ist Süßholz über gedämpften oder bei Niedrigtemperatur gegarten Lachs geraspelt. Mit Lakritzstückchen kann man ebenfalls würzen (→ Abschmecken: bitter, Seite 21).

SUMACH

AROMENENTFALTUNG

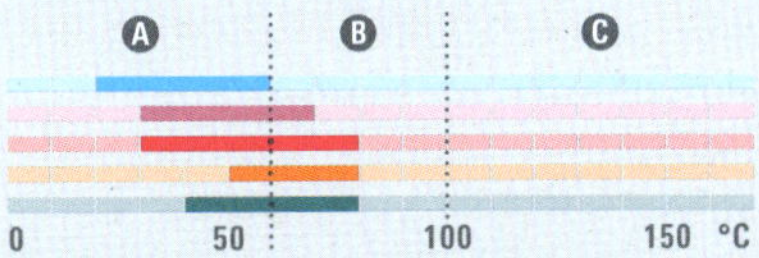

A Wachsig-frisch, leicht säuerlich
B Holzig-balsamisch C Nachlassende Säuerlichkeit

LÖSLICHKEIT DER HAUPTAROMEN

Alkohol, Wasser

GESCHMACK

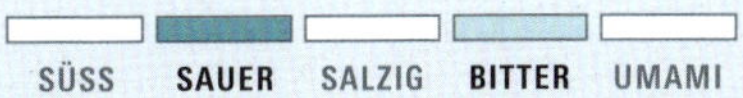

PASST GUT ZU

Kebab, Aubergine, Joghurt, Fisch, Meeresfrüchten, Fladenbrot, Huhn, Lamm

UNBEDINGT AUSPROBIEREN

Gedämpfte Hähnchenbrüste mit Sumach

Sumach wirkt angenehm säuerlich, adstringierend und fruchtig-herb. In der orientalischen Küche ein beliebtes Säuerungsmittel.

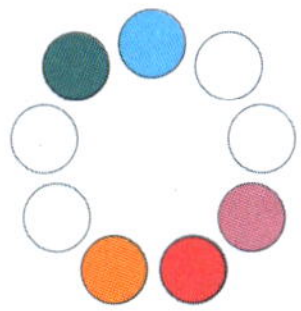

Das getrocknete Fruchtfleisch der Früchte des Gewürzsumach wirkt gleich auf drei Ebenen: Es schmeckt sauer, ist trigeminal adstringierend und duftet fruchtig-herb. Der saure Geschmack entsteht durch Fruchtsäuren wie ZITRONEN-, ÄPFEL-, WEIN- und BERNSTEINSÄURE. Die bittere und adstringierende Komponente wird durch CORILAGIN ausgelöst. Das Aroma setzt sich aus leicht fettigen, blumig-wachsigen bis kräuterigen Noten zusammen; hinzu kommen würzig-holzige, harzige und pinienartige Düfte und zitrus- bis fliederartige sowie pizzaartige Aromen.

Streut man Sumachpulver über fertige Gerichte, nutzt man auch sein Aroma; wird dagegen Grillgut damit eingerieben, erhält es vor allem Säuerlichkeit und Farbe. In Marinaden kann Sumach Zitrone oder Essig ersetzen: Man mischt das Gewürz im Verhältnis 1:4 mit Wasser, lässt das Gemisch 20 Minuten ruhen und drückt es dann durch ein Sieb. Die Farbe kann man gezielt nutzen, sie ist beim Würzen aber eher ein Nebeneffekt.

Sumach fügt Speisen eher adstringierende Säuerlichkeit denn neue Duftnoten hinzu. Neutralen Joghurtsaucen verleiht es jedoch auch eine schöne Farbe und ein feines Aroma. Es passt etwa zu Thymian, Oregano, Lorbeer, Rosmarin, Salbei oder Wacholder und würzt Fladen, Kebab, Teigtaschen, fertigen Reis oder Geflügel. Auch zu gegrilltem Fisch eignet sich das säuerliche Pulver statt der üblichen Zitrone.

SZECHUANPFEFFER

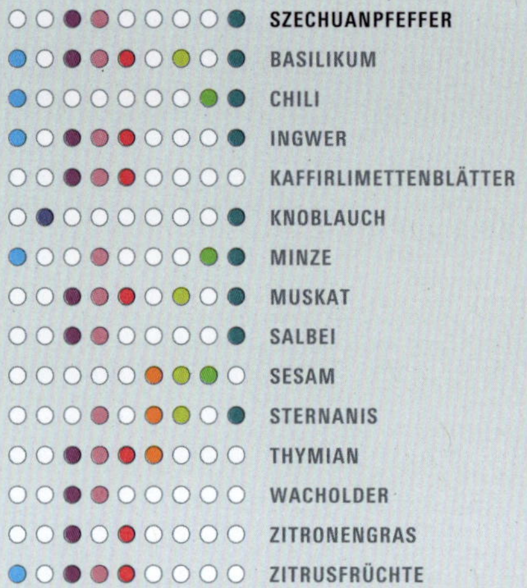

AROMENENTFALTUNG

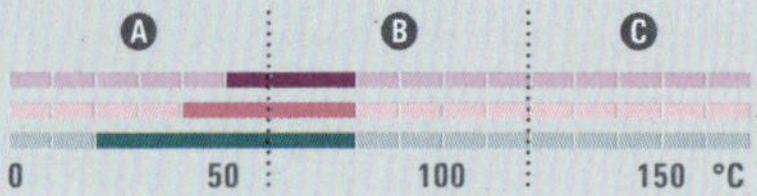

A Zitrusartig, floral, prickelnde Schärfe
B Warm-balsamisch, weniger scharf
C Leicht balsamisch, milde Noten

LÖSLICHKEIT DER HAUPTAROMEN

Alkohol
Alkohol, Fett

GESCHMACK

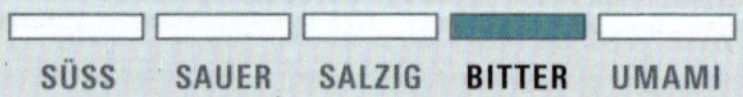

PASST GUT ZU

Geflügel, Fleisch (gebraten, gegrillt, frittiert – besonders zu trocken gebratenem Fleisch), Bohnen, Pilzen, Auberginen, grünem Tee

UNBEDINGT AUSPROBIEREN

Sechuanpfefferschokolade

Szechuanpfeffer würzt auf besondere Weise: blumig-zitronig, pfeffrig, mit einer anhaltend prickelnden Schärfe.

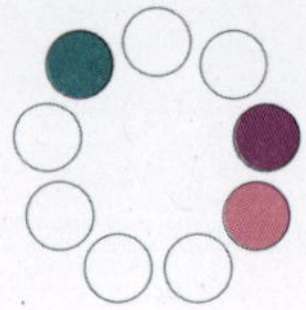

Szechuanpfeffer ist ein sehr komplexes Gewürz: Beißt man auf eine Beere, spürt man erst blumige Aromen, dann pfeffrige Schärfe, es kitzelt am Gaumen und duftet zitrusartig. Zuletzt bleibt ein anhaltendes Prickeln auf der leicht tauben Zunge. Die prickelnde Schärfe wird durch das HYDROXY-α-SANSHOOL ausgelöst. Der Duft wird bestimmt durch das rosenartige GERANIOL, das blumig-frische LINALOOL, die kampferigen Noten von 1,8-CINEOL sowie das zitronige CITRONELLAL. Bei einigen Arten kommen süßlich-balsamische, orangenartige und zitrus-kiefernartige Töne hinzu.

Ganze Beeren sollte man aufspalten und die bitteren Samen entfernen – es sei denn, man bevorzugt deren Geschmacksnoten und Knusprigkeit. Oft röstet man die Beeren mit oder ohne Samen trocken an und zerstößt sie danach im Mörser. Geröstet wird das Gewürz etwas milder. Brät man ganze Beeren in heißem Fett und kocht sie anschließend mit, bleibt das Aroma erhalten. Man kann aber auch frisch gemahlenen Pfeffer kurz vor dem Servieren über das Gericht streuen.

Szechuanpfeffer ist ein Kombinationskönig: Er passt zu Ingwer, Minze und Salbei ebenso wie zu Wacholder und Zitrusfrüchten, Lorbeer und Basilikum oder zu Koriander und Muskat. Er findet sich in der →*chinesischen Fünf-Gewürze-Mischung* und im japanischen →*Shichimi togarashi.*

TAMARINDE

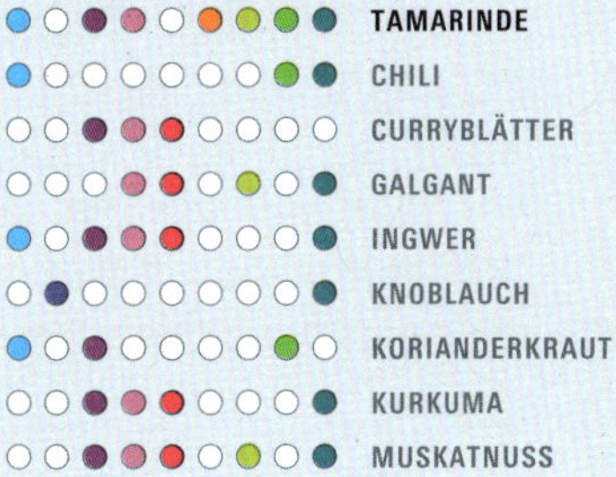

AROMENENTFALTUNG

A Säuerlich-würzige Fruchtnote
B Aromatisch, leicht erdige Säure

LÖSLICHKEIT DER HAUPTAROMEN

Alkohol, Fett

GESCHMACK

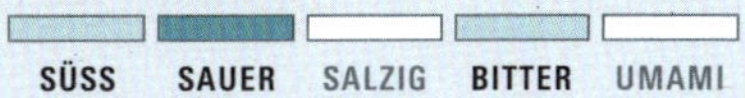

PASST GUT ZU

Nüssen, Fisch, Fleisch, Geflügel, Gemüse, Pilzen

UNBEDINGT AUSPROBIEREN

Gegrillte Maiskolben in Tamarindensauce

Tamarinde schmeckt sauer, aber auch süß. Ihr Duft ist fruchtig, insgesamt erinnert ihr Aroma an Sojasauce und Pflaumen.

Das Fruchtfleisch der Früchte des Tamarindenbaums schmeckt deutlich sauer und leicht süß. Sein Geschmack wird von WEINSÄURE und anderen Fruchtsäuren bestimmt. Sein Aroma lebt von LIMONEN mit seinen terpentin-zitronenartigen Noten, von dem rosenartigen GERANIOL und den Anistönen des SAFROL. Hinzu kommen honigartig-säuerliche, fruchtig-bittere, sogar röstig-karamellige und grün-florale sowie würzige Gerüche.

Das Gewürz wird meist als Block, Paste oder Konzentrat angeboten. Verwendet man Tamarinde vom Block, wird ein nussgroßes Stück 10–15 Minuten in etwas heißem Wasser eingeweicht. Danach rührt man das Mark um, drückt es aus und passiert es durch ein Sieb. So erhält man Tamarindenwasser, mit dem man die Speisen würzt. Alternativ löst man etwas Paste in Wasser auf oder verrührt 1–2 Teelöffel Konzentrat mit heißem Wasser. Tamarindenwasser wie -konzentrat riechen etwas angebrannt und sind vor allem sauer.

Meist wird Tamarinde zum Säuern von Speisen verwendet. Sie passt gut zu Knoblauch oder Muskat und zu scharfen Gewürzen wie Chili und Ingwer. Da Tamarinde reichlich Pektin enthält, bindet sie Chutneys und Marmeladen. Sie gehört in viele scharfe indische Gerichte wie *Vindaloo,* aber zum Beispiel auch in die englische *Worcestersauce*. Tamarindenpaste mit Honig, wenig Chili und etwas Salz vermengt passt hervorragend zu reifen, herzhaften Käsen.

T

Sternanis, getrocknet *beliebt in der Weihnachtsküche und in der indischen Kulinarik* → Seite 181

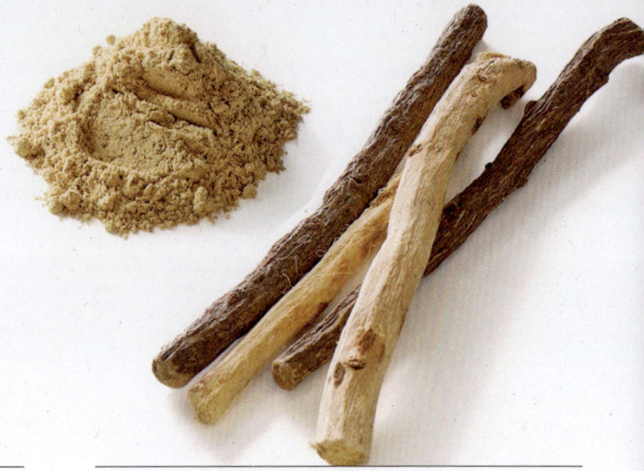

Süßholz, frisch und gemahlen *schmeckt sprichwörtlich süß und war früher ein Zuckerersatz* → Seite 182

Sumach, Pulver *in der orientalischen Küche ein beliebtes Säuerungsmittel* → Seite 183

Szechuanpfeffer *ruft ein reizvolles Prickeln hervor* → Seite 184

Tamarinde, Mark und Frucht *eine wichtige Zutat in der Worcestersauce, kommt aus Äthiopien* → Seite 185

Thymian *klassisches Kraut der Mittelmeerküche, sehr vielseitig einsetzbar* → Seite 187

THYMIAN

AROMENENTFALTUNG

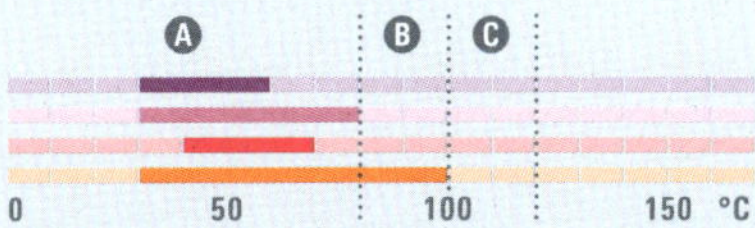

A Blumig-aromatisch **B** Sehr aromatische Noten **C** Bittere Anklänge

LÖSLICHKEIT DER HAUPTAROMEN

- Alkohol, Fett
- Alkohol, Fett, Wasser

GESCHMACK

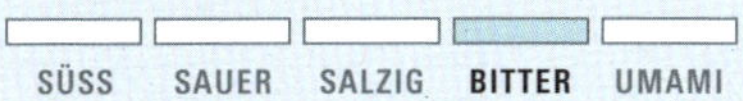

PASST GUT ZU

dunklem Fleisch, gegrilltem Fisch, Kohl, deftigen Suppen, Zucchini, Auberginen, Tomaten, Pilzen, Frischkäse

UNBEDINGT AUSPROBIEREN

Apfel-Thymian-Gelee

Frischer Thymian duftet blumig, aromatisch und oreganoartig. Getrocknet würzt er noch intensiver und kann mitgekocht werden.

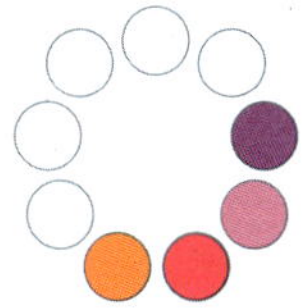

Es existieren zahlreiche Thymiansorten, von denen für die Küche der Echte Thymian und der Zitronenthymian am interessantesten sind. Allen Sorten ist der „pizzaartige" Geruch gemein, für den THYMOL und CARVACROL verantwortlich sind. Beim Zitronenthymian finden sich außerdem frische Rosen- und Zitrustöne durch NEROL und CITRONELLOL. Die ROSMARINSÄURE sorgt für bitteren Geschmack.

Das intensiv duftende Kraut muss vorsichtig dosiert werden. Man rebelt die Blättchen von den Zweigen ab. Weiche Triebe kann man ganz verwenden. Mit den floral duftenden Blüten wird ebenfalls gewürzt. Frischen Thymian sollte man erst gegen Ende der Garzeit zugeben. Mitgekocht, verflüchtigen sich einige Aromen und die Bitterstoffe werden betont. Schmort man das Kraut aber auf eher niedrigen Temperaturen mit, bleiben die Aromen im Fett erhalten. Getrockneter Thymian kann von Anfang an mitgekocht werden, er duftet würziger und nicht so fein wie der frische. Mit Thymian kann man sehr gut Essige aromatisieren.

Thymian passt zu Petersilie und Lorbeer und harmoniert mit Rosmarin, Oregano, Majoran, Salbei und Bohnenkraut. Thymian würzt Schweinebraten ebenso wie gegrillten Fisch, Wild oder Saucen, die mit Rotwein oder Bier zubereitet sind. Als Fischgewürz ist der mildere Zitronenthymian sehr beliebt.

TOMATEN, GETROCKNET

AROMENENTFALTUNG

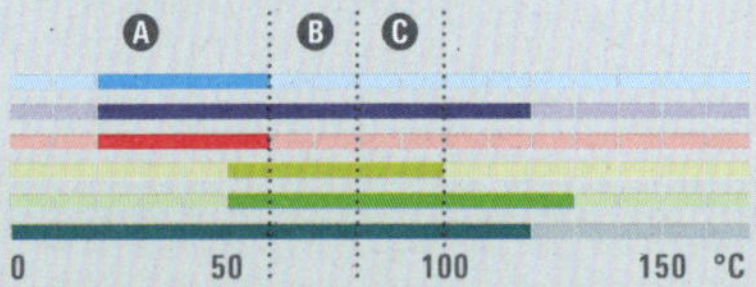

A Frisch-fruchtig-grünlich
B Blumig-aromatische Anklänge
C Satter umami-Geschmack

LÖSLICHKEIT DER HAUPTAROMEN

Alkohol

GESCHMACK

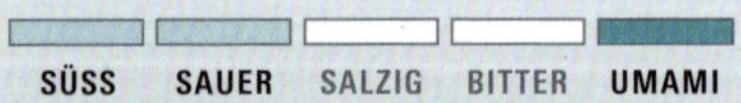

PASST GUT ZU

Sugos, Eintöpfen, Suppen, Schmorgerichten, Käse, Salaten, belegten Broten mit Käse oder Salami, pur zu jedem Antipasti-Teller, Früchten (Erdbeeren, Ananas)

UNBEDINGT AUSPROBIEREN

Sauerteigbrötchen mit reichlich getrockneten Tomaten gebacken

Getrocknete Tomaten duften intensiv fruchtig. Besonders der umami-Geschmack kommt in getrockneten Tomaten hinzu.

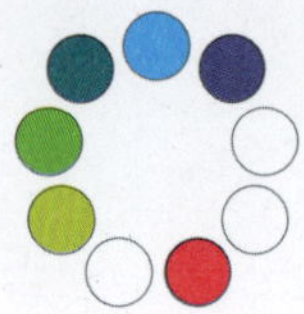

Frische Tomaten duften grün, blumig-rosenartig und etwas erdig-gemüsig. Beim Trocknen werden weitere Duftstoffe betont: das röstige, candyartige FURANEOL, ein veilchenartiger Duft sowie nelkenartige, fruchtig-süßliche und nussig-wachsige Töne. Sogar frische pfeffrige Noten finden sich. Getrocknete Tomaten sind leicht süß und haben einen intensiven umami-Geschmack durch viel freie GLUTAMINSÄURE (→ Grundgeschmacksrichtungen, Seite 8).

Man kann getrocknete Tomaten roh verzehren oder klein geschnitten kurz oder lang mitkochen. Dabei sollte man eher sparsam dosieren. Gesalzene Tomaten sollte man eventuell wässern, um das Salz zu entfernen. Getrocknete Tomaten ohne Öl muss man ohnehin kurz in ganz wenig Wasser kochen, um sie weich zu bekommen – es sei denn, sie köcheln lange in Eintöpfen oder Suppen mit.

Der umami-Geschmack getrockneter Tomaten würzt so gut wie jede Speise. Mit Olivenöl, dem Öl eingelegter Tomaten, Thymian, Rosmarin, Kapern, Knoblauch, Chili, schwarzen Oliven, Schwarzem Pfeffer und Zitronensaft kann man aus ihnen eine Tapenade herstellen, die gut zu gebratenem Fleisch oder Fisch passt. Auch ein Pesto aus getrockneten Tomaten schmeckt hervorragend. Getrocknet und in Öl eingelegt, kommen sie in Sandwiches und *Tramezzini*. Das übrig gebliebene Öl würzt Salate oder man gart bei niedrigen Temperaturen Fisch und Gemüse darin.

TONKABOHNE

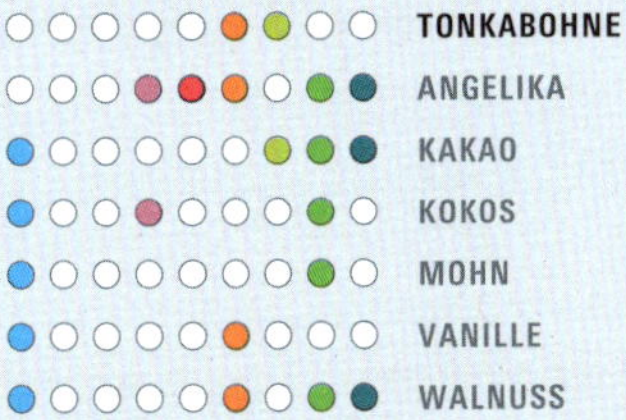

AROMENENTFALTUNG

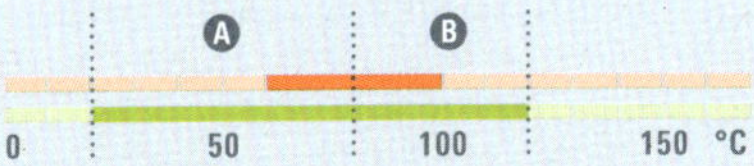

A Frisch, heuartig-süßlich
B Schwerere, süßliche, schokoladig-tabakähnliche Noten

LÖSLICHKEIT DER HAUPTAROMEN

Alkohol, Fett, Wasser

GESCHMACK

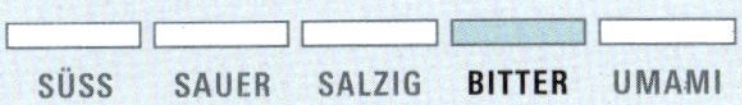

PASST GUT ZU

Süßspeisen, Saucen, Dressings, Schokolade, dunklen Bratensaucen

UNBEDINGT AUSPROBIEREN

Bratkartoffeln mit Tonkabohnenabrieb

Tonkabohnen duften betörend nach welkem Waldmeister und Vanille, sie schmecken leicht bitter.

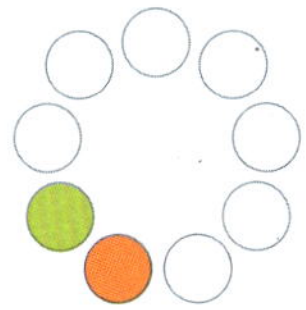

Das Hauptaroma der Tonkabohne wird durch das heuartige, an Vanille erinnernde CUMARIN definiert, das auch welkendem Waldmeister einen Teil seines Dufts gibt. In hohen Dosen ist es leberschädigend, bei den geringen Würzmengen ist jedoch für den überwiegenden Teil der Bevölkerung keine Gefährdung zu erwarten. Der dominante Grundgeschmack ist bitter.

Man reibt die getrockneten Samen mit einer feinen Reibe über die fertigen Speisen, dabei sollte man vorsichtig dosieren. Man kann sie auch im Ganzen in Sahne mitkochen und dann vor dem Essen entfernen, denn das Fett löst die Aromen. Mitgekocht, können sie bis zu zehn Mal wiederverwendet werden. Gerieben entfaltet sich ihr Duft jedoch viel besser.

Tonkabohnen passen zu allen Nüssen, besonders zu Walnüssen. Mohn und Kokos eignen sich ebenso als Partner – und natürlich Vanille: Sie werden mit Tonkabohnen in Eis, *Panna cotta*, *Flan* oder *Crème brûlée* kombiniert. Der bittere Geschmack funktioniert außerdem zusammen mit den Röststoffen von Schokolade oder mit gebratenem Gemüse und Fleisch. Auch in tiefen dunklen Saucen auf Weinbasis, etwa bei geschmortem Rindfleisch in Barolo, entfaltet die Tonkabohne ein unglaubliches Aromenspiel. Liköre lassen sich ebenfalls mit den Samen aromatisieren.

T

TRÜFFEL

AROMENENTFALTUNG

A Erdig-schwefelige Noten B Betonung der tierischen Aromen C Sehr erdig, aber mit Aromenverlust

LÖSLICHKEIT DER HAUPTAROMEN

Alkohol, Fett, Wasser

GESCHMACK

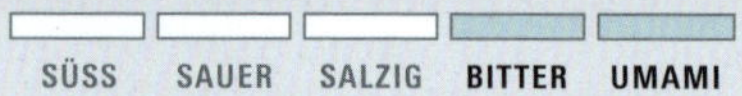

PASST GUT ZU

vor allem milden Speisen: Pasta, zartem Fisch, Meeresfrüchten (insbesondere Jakobsmuscheln), Eierspeisen, kurzgebratenem Fleisch, Linsen, Sellerie, Leberterrinen und -würsten

UNBEDINGT AUSPROBIEREN

Trüffel im Schokoladenmousse

Je nach Sorte spielen ein wenig Moschus, der Duft von Waldboden, Knoblauch und viele weitere Nuancen zusammen.

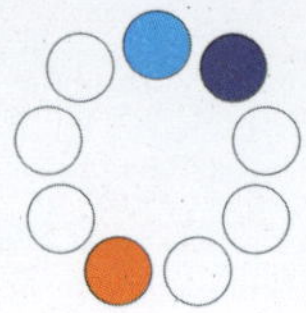

Der Duft der echten schwarzen Périgord-Trüffeln ist bestimmt durch den erdig-moschusartigen Ton des ANDROSTENOL. Je nach Sorte wird er durch schwefelige Verbindungen wie das leicht stechende DIMETHYLSULFID unterstützt. Hinzu kommen erdig-scharf bis stechend und erdig-süßlich duftende Noten. In weißen Alba-Trüffeln stehen schwefelige und erdig-würzige Aromen im Vordergrund, deren Duft an Knoblauch erinnert. Beiden Trüffeln gemein ist ein nussig-pilziger Charakter. Die Winter- und Sommertrüffeln haben ein deutlich schwächeres Aroma.

Man sollte Trüffeln nicht schälen und nicht waschen, sondern nur abbürsten. Weiße Trüffeln hobelt man direkt zu Tisch über warme Speisen. Die Schwarze Trüffel kann vielseitiger eingesetzt und kurz mitgekocht werden – ihre Aromen brauchen das sogar, um sich voll entfalten zu können. Sommer- und Wintertrüffeln kann man mit ein wenig Essig würzen. Kochen sollte man sie nie.

Das feine Trüffelaroma verträgt kaum andere Gewürze. Ein wenig Fleur de Sel passt dazu, auch Zwiebeln, Knoblauch, Sellerie und Parmesan sind gute Partner. Alle Trüffeln können sehr gut mit Sahne und Butter kombiniert werden. Die Weißen Trüffeln passen zu einfachen Gerichten wie Rührei, Bandnudeln oder Risotto. Die schwarze Périgord-Trüffel würzt Speisen mit etwas kräftigerem Eigenaroma wie etwa Kalbsfilet.

VANILLE

AROMENENTFALTUNG

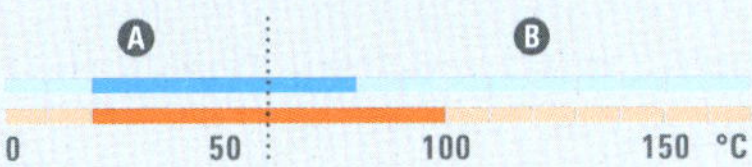

A Aromatische typische Vanille
B Cremige, süßlich-florale, aromatische Noten

LÖSLICHKEIT DER HAUPTAROMEN

Alkohol, Fett, Wasser

GESCHMACK

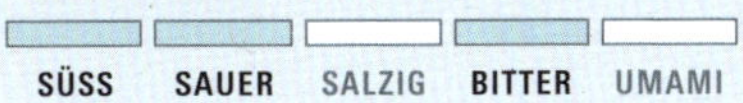

PASST GUT ZU

Süßspeisen aller Art, Fisch, Hähnchen, Wurzelgemüse wie Pastinaken, Karotten oder Petersilienwurzeln, Spargel

UNBEDINGT AUSPROBIEREN

Weißkohl mit Butter, Sahne und Vanille gegart

Vanille lässt Süßholz und Tabak anklingen, gepaart mit einem zart-fruchtigen, sahnig-süßen Aroma.

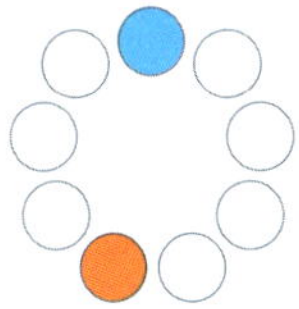

Der betörende Duft einer Vanilleschote wird durch über 100 Aromastoffe ausgelöst. Die wesentlichen Komponenten echter Vanille sind die charakteristisch duftenden Moleküle VANILLIN und VANILLYLALKOHOL sowie P-HYDROXYBENZALDEHYD mit seinen rauchig-zimtartigen Noten.

Man kann die ganzen Schoten in Creme oder Sirup ziehen lassen. Nach etwa 20 Minuten nimmt man sie heraus: Abgewaschen und getrocknet, kann die Schote öfter verwendet werden. Für Kuchenteige wird das Vanillemark herausgekratzt und zu den Backzutaten gegeben. In der fettreichen Umgebung bleiben die Aromen auch bei Ofenhitze erhalten. Die aufgeschlitzten Schoten kann man vielfältig weiterverwenden.

Ausgeschabte Schoten kann man über Früchte legen, die im Ofen gebacken werden, oder kleingemixt unter Zucker oder andere Gewürze mischen: Tonkabohnen, Zimt oder Kardamom. Vanille verfeinert nicht nur Pâtisseriecreme oder Eis, sondern lässt sich auch in der herzhaften Küche einsetzen: Sie passt zu den zarten Aromen von Hähnchen und Krustentieren und mildert die schwefeligen Noten in Kohlgemüse oder Spargel. Interessant ist auch die Kombination mit Chili. Ein Chili-Vanille-Öl ist ein hervorragendes Würzmittel für Gemüse und Fisch. Schon die Azteken stellten ein bitteres Getränk aus Wasser, Kakao, Vanille und Chili her: *Xocóatl*.

WACHOLDER

AROMENENTFALTUNG

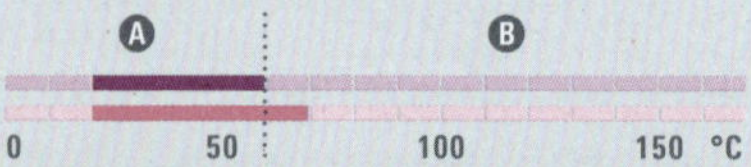

A Leicht blumige, deutlich harzige Aromen **B** Betonung der holzigen Duftanteile

LÖSLICHKEIT DER HAUPTAROMEN

Alkohol, Fett, Wasser

GESCHMACK

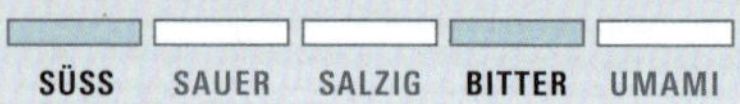

PASST GUT ZU

Wild, Wildgeflügel, Sauerkraut, Rind, Schwein, Kalbsnieren, Kalbsleber, kräftigem Fisch

UNBEDINGT AUSPROBIEREN

Walderdbeeren mit Wacholder und einem Hauch Pilzpulver

Wacholderbeeren erinnern in ihrem Aroma an Gin, sie duften würzig, harzig, schmecken süßlich und wirken wärmend.

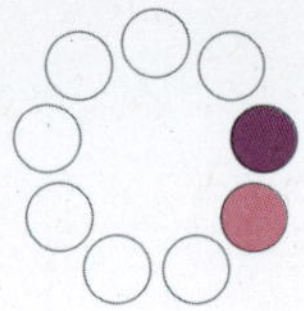

Der Duft des Wacholders wird von den warmharzigen, kampferigen Tönen des α- und β-PINEN bestimmt, von den pinienartigen Noten des TERPEN-4-OL und dem zitrus- bis fliederartigen Geruch des α-TERPINEOL. Des Weiteren spielen holzig-kampferige, rosenartige und würzig-kräuterige Düfte hinein. Die Süße der Beeren verdankt sich dem hohen Anteil an Zuckern.

Man kann Wacholderbeeren im Ganzen mitkochen, zum Beispiel 20 Minuten in einem Einwegteebeutel, und danach wieder entfernen. Frisch gemahlene oder im Mörser zerdrückte Beeren würzen rascher und kräftiger als ganze, daher kann man sie später zugeben. Man kann die Beeren auch in der Pfanne kurz trocken rösten. Grundsätzlich sollte man sparsam dosieren. Die Aromen lösen sich fast alle in fettiger Umgebung und in Alkohol: Bis auf die Zitrus- und Fliedernoten bleiben dort alle Nuancen erhalten.

Wacholder gibt nicht nur *Gin* seinen typischen Geschmack. Die violetten Beeren passen zu Äpfeln – etwa in Apfelkuchen – und zu kräftigem Fleisch wie Ente, Kaninchen, Schwein, Lamm und vor allem Wild. Auch Fische mit kräftigen Aromen kann man mit den zerdrückten Beeren würzen. Ebenso verträgt alles Gegrillte Wacholder, zum Beispiel in Kombination mit einer geschmorten Knoblauchzehe. Wacholder ist außerdem ein ideales Gewürz für säurebetonte Gerichte wie Sauerkraut oder Sauerbraten.

WALDMEISTER

AROMENENTFALTUNG

A Leicht fruchtig, wachsig B Typisch aromatisch, heuartig-blumige Aromen betont

LÖSLICHKEIT DER HAUPTAROMEN

Alkohol, Fett, Wasser
Alkohol, Fett

GESCHMACK

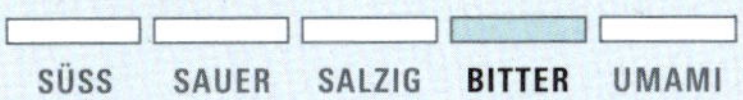

PASST GUT ZU

Wein, Äpfeln, Birnen, Erdbeeren, Melone, hellem Fleisch, Fisch, Salat, Frischkäse

UNBEDINGT AUSPROBIEREN

Coq au Riesling mit Waldmeister

Waldmeister duftet nach Schokolade, Vanille, Rosen, Zitrusfrüchten und Heu. Das Aroma entwickelt sich in welken Blättern kräftiger.

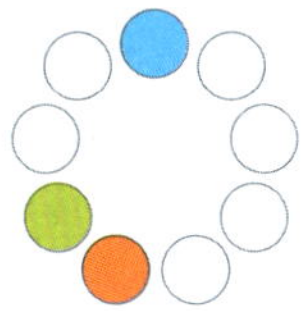

Das typisch heuartige Aroma des Waldmeisters bildet sich erst während des langsamen Trocknens: CUMARIN. Das Aroma ist in hohen Dosen toxisch, daher sollte man das Kraut nicht im Übermaß genießen. Häufig wird die Duftchemie von Waldmeister auf diese heuartigen Noten reduziert, dabei spielen noch weitere Aromaverbindungen eine große Rolle: grüne, fettige Noten sowie vor allem THYMOL und CARVACROL. Sie duften aromatisch, nach Thymian, Pizza und Oregano.

Um das volle Aroma von Waldmeister zu erleben, muss man ihn welken lassen – nicht trocknen. Erst dann fängt er richtig an zu duften. Das Kraut sollte immer eher vorsichtig dosiert werden, da sein Aroma sehr durchdringend ist. Man lässt die welken Zweige in den Speisen ziehen und entfernt sie am Schluss. Die drei Hauptaromen sind fett- und alkohollöslich, daher kann man mit dem Kraut alkoholhaltige Getränke, aber auch Milch oder Sahne aromatisieren.

Mit Waldmeister und Weißwein lässt sich eine etwas andere *Zabaglione* oder ein Waldmeistergelee herstellen. Für Desserts würzt man mit ihm Milch oder Sahne, die zusätzlich mit Waldmeisterblüten dekoriert wird. Das Kraut passt gut zu Estragon, Zitronenmelisse und Basilikum sowie zu Anis, Fenchel oder Kerbel. In Marinaden für helles Fleisch, Saucen oder Salatdressings sorgt es für eine aromatische Spitze mit heuartigen Noten.

WALNUSS

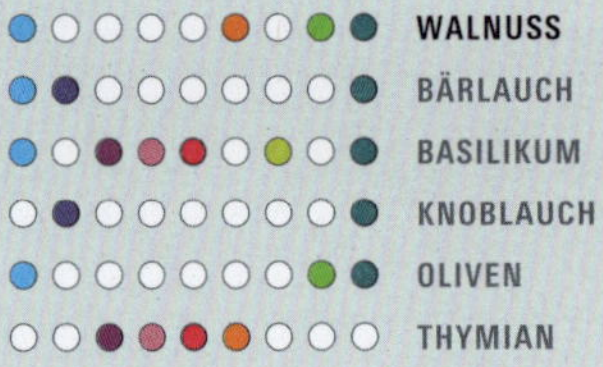

Walnüsse sind deutlich süß, kräftig aromatisch mit einem leicht bitteren Nachgeschmack und deutlicher Adstringenz.

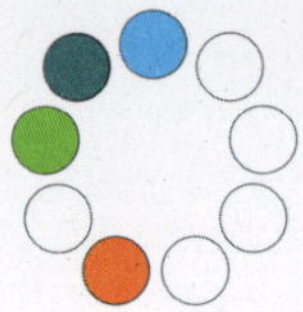

AROMENENTFALTUNG

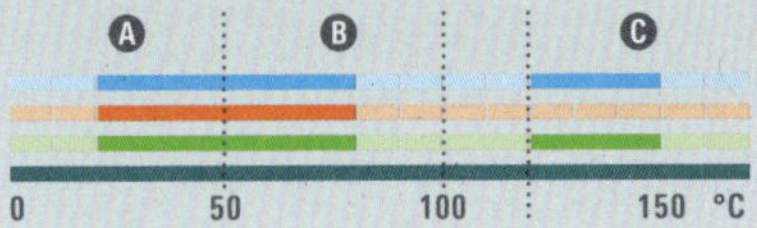

A Feine nussige Töne B Aromatische Noten im Nussaroma C Zusätzliche Röstaromen

LÖSLICHKEIT DER HAUPTAROMEN

- Alkohol, Fett, Wasser (warm)
- Alkohol, Fett

GESCHMACK

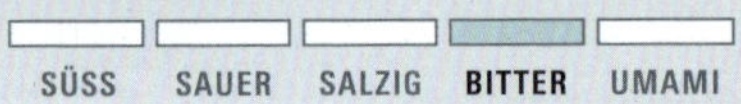

PASST GUT ZU

allen Fleischsorten, vielen Gemüsesorten, Süßspeisen, Eis, Salaten, Käse, Quark, Teigwaren, Brot

UNBEDINGT AUSPROBIEREN

Selleriesalat mit Remoulade und leicht gerösteten Walnüssen

Das Duftspektrum der Walnuss ist definiert durch das HEXANAL, das vor allem bei frischen Nüssen den fruchtigen Gründuft beisteuert, durch das fruchtig, leicht holzig duftende PENTANAL sowie einen butterigen, grünlichen Duft und fettig-grüne, leicht beißende Noten. Auch die nusstypischen Röstaromen tragen entscheidend zum Aroma bei. Die Nüsse wirken adstringierend, das liegt an Tanninen und bitteren Gerbstoffen wie QUERCETIN. Der Anteil an mehrfach ungesättigten Fettsäuren ist hoch. Walnussöl wird meist kaltgepresst.

Röstet man die Nüsse trocken, betont man ihren nussigen Aromaanteil. Kleingehackte Nüsse kann man mit Zucker karamellisieren: Bei der Hitze bilden sich karamellig-röstige Noten und Röstaromen (→ Würzpraxis Rösten, Seite 30). Das Aroma des Walnussöls ist so intensiv, dass man es fast in jedem Fall mit einem neutraleren Öl strecken sollte. Es darf nicht erhitzt werden.

Die Nüsse passen gut zu Brot, Bratkartoffeln oder Braten. In dunklen Bratensaucen sind Dörrobst, Maronen und Walnüsse eine beliebte Kombination. Die gehackten Nüsse würzen – ebenso wie das Öl – Salate. Sind im Salat Knoblauch oder Bärlauch enthalten, empfehlen sich geröstete Nüsse. Walnüsse harmonieren mit frischem Obst und mit Käse, vor allem Frisch- und Edelpilzkäse wie Gorgonzola oder Roquefort. In der süßen Küche nutzt man sie vielfältig als Füllung und in Torten.

WEINBEERE

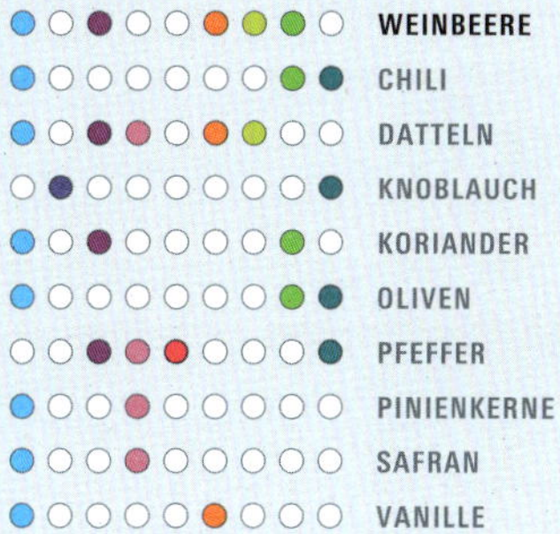

AROMENENTFALTUNG

A Feiner, floral-säuerlicher Duft und Geschmack B Intensivierung der aromatischen Anklänge

LÖSLICHKEIT DER HAUPTAROMEN

Alkohol, Fett, Wasser

GESCHMACK

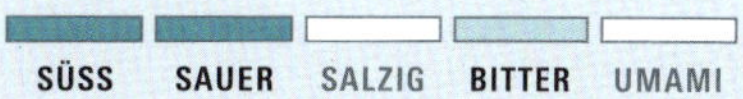

PASST GUT ZU

Mehlspeisen, Brot, Äpfeln, Gurken, Joghurt, Reis, Trockenfrüchten, dunklem Fleisch

UNBEDINGT AUSPROBIEREN

Weinbeeren mit schwarzen Oliven auf Käseteller

Weinbeeren schmecken nicht nur süß, sondern je nach Sorte auch ein wenig säuerlich. Ihr Aroma ist herb-würzig und fruchtig.

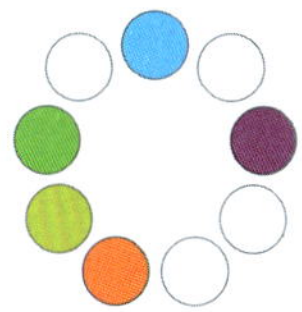

Die Aromenchemie der Weinbeere oder Rosine ist vielschichtig aufgebaut. Dominant sind HEXAN-1-OL, HEXAN-2-OL und HEXAN-3-OL, die grüngrasig-fruchtig bis kräuterig-aromatisch duften. Grünlich-zitrusschalige Noten werden durch OCTAN-1-OL eingetragen. Des Weiteren finden sich butterige Noten, eine leicht nussige Komponente sowie zitrusartige, wachsige Töne. Außerdem kommen blumig-frische, leicht holzige Düfte vor. Grünlich-florale sowie aromatisch-süßliche Töne vervollständigen das Aromenspektrum. Weinbeeren schmecken süß und leicht säuerlich.

Getrocknete Weinbeeren können roh verzehrt, blanchiert, gebraten, gebacken oder mitgekocht werden – das Aroma ändert sich nur wenig. Legt man sie in Wasser oder hochprozentigem Alkohol ein, werden sie beim Backen weicher und die im Alkohol gelösten Aromen verteilen sich besser auf den Kuchen. Nur die kleinen, festen Korinthen bleiben meist bissfest.

Die süßen Weinbeeren passen zu Vanille, Datteln, Nüssen und Äpfeln, aber auch zu herzhaften Speisen. Sie gehören in viele orientalische Reisgerichte, oft gemeinsam mit Safran, Rosenwasser, Zimt, Zucker und Kurkuma. Zusammen mit Minze, Gurken und Joghurt entsteht eine Creme, die zu Lammkoteletts oder Couscous gereicht wird. Die Trockenfrüchte passen auch gut zu Olivenöl und Knoblauch. Gemeinsam mit gerösteten Pinienkernen würzen sie gekochten Spinat.

WEINRAUTE

AROMENENTFALTUNG

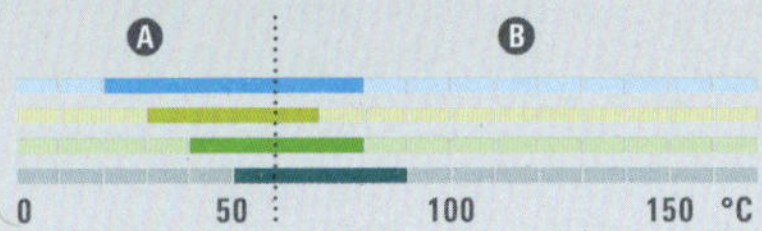

A Sehr intensiver Duft, herber Geschmack B Feine süß-bittere, heuartige Noten

LÖSLICHKEIT DER HAUPTAROMEN

Alkohol, Fett

Alkohol, Fett, Wasser

GESCHMACK

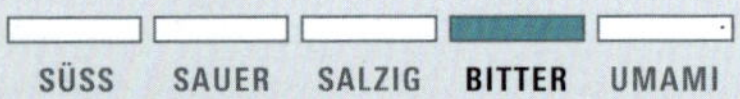

PASST GUT ZU

Obst, Erdbeeren, Reis

UNBEDINGT AUSPROBIEREN

Weinraute in Obstdesserts

Weinraute duftet charakteristisch heuartig-kräuterig. Sie schmeckt deutlich bitter und ist adstringierend.

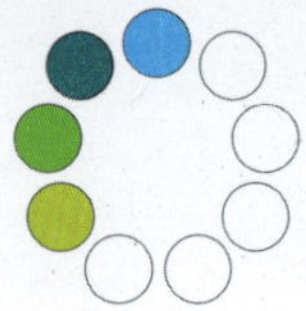

Das Aroma der Weinrautenblätter wird vor allem durch das fettig-wachsige, leicht kräuterige UNDECAN-2-ON sowie durch NONAN-2-ON mit fruchtig-erdig-süßlichen Noten definiert. Das CUMARIN steuert einen heuartigen Duft bei. Weitere Aromen tragen zum kräuterigen, grünlichen Duft und dem leichten Schärfereiz bei. Für die Bitterkeit und adstringierende Wirkung sorgen QUERCETIN und GALLUSSÄURE. In hohen Dosen ist das Kraut giftig, bei den üblichen Mengen besteht kein Grund zur Sorge, Schwangere sollten es jedoch meiden.

Die frischen Blätter werden im Mörser zerdrückt und vorsichtig dosiert den Speisen kurz vor dem Servieren zugefügt. Um das herbe Aroma zu reduzieren, gibt man nicht zerquetschte Blättchen zu den Speisen oder man lässt das Kraut kurz mitziehen und entfernt es anschließend wieder. Werden die frischen Blätter geröstet und gemahlen, bleiben vor allem Bittergeschmack und Adstringenz, leichte Schärfe und neue Röstaromen.

Die Weinraute passt gut zu Tomatensugos mit mediterranen Kräutern, Oliven und Kapern, aber ebenso zu Obstsalaten oder zu Erdbeeren. In der äthiopischen Küche wird Kaffee mit einigen frischen Blättern aromatisiert, außerdem gehört das Kraut in die beliebte Mischung → *Berbere*. Der Klassiker aus dem alten Rom ist *Moretum*: eine Paste aus Selleriegrün, Koriander, Knoblauch, Käse – und frischer, gemörserter Weinraute.

WERMUT

AROMENENTFALTUNG

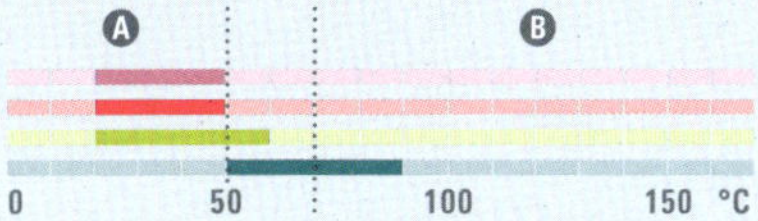

A Feine bittere, anisartige Aromen
B Starke Betonung der Bitternoten

LÖSLICHKEIT DER HAUPTAROMEN

Alkohol, Fett

GESCHMACK

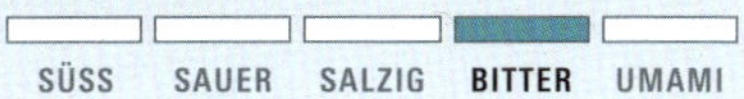

PASST GUT ZU

fettreichen Speisen, Lammfleisch, Schweinefleisch

UNBEDINGT AUSPROBIEREN

In flüssigier Form (Noilly Part) in jede Sauce

Wermut schmeckt ausgeprägt bitter und duftet nach Tannennadeln, Rauchharz, ein wenig nach Waldmeister mit einem Hauch Anis.

Die beiden Hauptaromen des Wermutdufts werden durch das mentholig und nach Pastis duftende THUJOL und das mentholige α-, β-THUJON beigesteuert. Hinzu kommen holzig-minzige, kräuterige, terpentinartige Noten, warme, kampferig-balsamische Töne und ein Duft nach Kampfer und Eukalyptus. Des Weiteren finden sich in Wermut rauchig-holzige Noten und ein deutlicher Anisduft. Der ausgeprägte Bittergeschmack kommt über das Molekül ABSINTHIN zustande.

Zum Würzen verwendet man die Blätter und die Zweigspitzen blühender Pflanzen – am besten frisch. Das bittere Kraut sollte sehr sparsam eingesetzt werden. Am besten gibt man es erst kurz vor dem Garwerden dazu: Dann verteilen sich die Aromen bereits in der Speise, während die Bitterstoffe keine Zeit haben, aus den Blättern auszutreten.

Wegen seiner verdauungsanregenden Bitterstoffe wird Wermut besonders in der fettreichen Küche eingesetzt. Es passt zu kräftigen Fleischgerichten wie Schwein oder Lamm und lässt sich mit Gewürzen kombinieren, deren Eigenaroma stark genug ist: Rosmarin, Eberraute, Beifuß, Fenchel, Anis oder Gewürznelken. Orangenschalen nehmen dem Wermut etwas von seiner Bitterkeit. Fast alle Wermutaromen lösen sich in Alkohol – das macht ihn für Spirituosen interessant. *Absinth* wird aus Wermut und anderen Kräutern hergestellt. Auch Pernod, Cinzano und Martini enthalten Wermut.

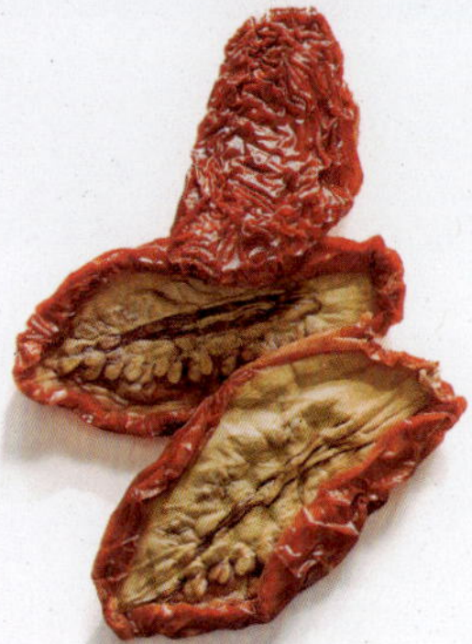

Tomaten, getrocknet *schmecken intensiver als frische Tomaten nach umami* → Seite 188

Tonkabohne, getrocknet *ergänzen Vanillearoma um eine exotische Note* → Seite 189

Trüffel *gibt es in unterschiedlichen Qualitäten, aber immer ist das Aroma einzigartig* → Seite 190

Vanille *ist eines der teuersten Gewürze und stammt von Orchideen* → Seite 191

Wacholder *macht nicht nur Gin oder Genever unverwechselbar* → Seite 192

Waldmeister *duftet betörend und schmeckt nicht nur in der Bowle* → Seite 193

Walnuss *besonders das Walnussöl ist in der Küche beliebt* → Seite 194

Weinraute *ist ausgesprochen bitter und ein bisschen scharf* → Seite 196

Weinbeere, getrocknet, *auch Rosine* Sultaninen *kernlos, aus der Sultana-Traube gewonnen,* Korinthen *aus der Rebsorte Korinthiaki, kräftig im Geschmack* → Seite 195

Wermut *kommt in das gleichnamige Getränk und ist mit Estragon verwandt* → Seite 197

Ysop *uralte mediterrane Gewürzpflanze, schmeckt bitter und säuerlich* → Seite 200

YSOP

AROMENENTFALTUNG

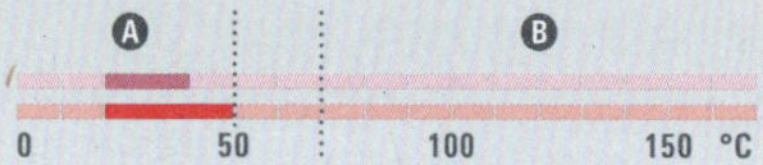

A Feines harzig-herbales Aroma
B Beginnende Bitterkeit, leichte Adstringenz

LÖSLICHKEIT DER HAUPTAROMEN

Alkohol, Fett

GESCHMACK

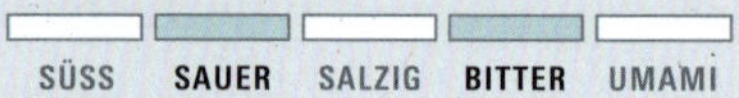

PASST GUT ZU

Lamm, Kaninchen, Zicklein, Wild, Pilzen, deftigen Suppen, Tomaten, Hülsenfrüchten, Kohl, Kürbis, Früchten, Desserts

UNBEDINGT AUSPROBIEREN

Kartoffel-Mörensuppe mit Ysop

Ysop schmeckt bitter und leicht säuerlich, duftet nach Kampfer und etwas pinienartig. Die Blüten sind zarter im Aroma.

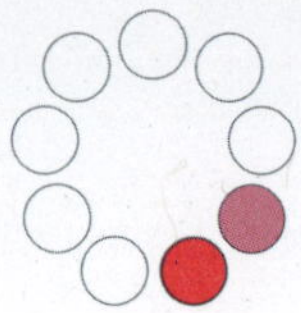

Der würzige Geruch des Ysops wird hauptsächlich durch das pinienartig-kampferig duftende β-PINEN, das leicht kampferige PINOCAMPHON sowie durch das eukalyptusartige PINOCARVON gesteuert – hinzu kommen würzig-holzige Töne. Für den bitteren Geschmack der Pflanze sorgen Bitterstoffe wie KAFFEESÄURE, CARNOSOLSÄURE und ROSMARINSÄURE.

Man verwendet die frischen Blätter und Blüten, allerdings nicht gleichzeitig in einem Gericht, weil die Blätter das zartere Aroma der Blüten überdecken würden. Die Blätter sollte man generell sparsam dosieren. Meist gibt man Ysop eher zum Schluss der Garzeit zum Essen, damit sich die Bitterstoffe nicht lösen. Der Geschmack kann jedoch andererseits auch gezielt eingesetzt werden: Reibt man Bratgut mit einer Ysop-Marinade ein, wird die Bitterkeit besonders betont, während sich die Duftstoffe verflüchtigen.

Mit den frischen Ysopblättern oder -blüten würzt man Salate, Dressings oder deftige Suppen. Auch Kaninchen und Wildragouts vertragen etwas Ysop. Für eine Marinade eignen sich Lammfleisch und andere kräftige Fleischsorten. Ysop verstärkt oder ersetzt Minze in Quark oder Kräuterbutter und passt gut zu süßen Früchten. Interessant sind Kräuter-Früchte-Gemüse-Kombinationen, die mit Ysop verfeinert werden, etwa Thymian-Rhabarber-Apfel oder Rosmarin-Orange. Ysop aromatisiert auch Spirituosen wie den bekannten Kräuterlikör *Chartreuse*.

YUZU

AROMENENTFALTUNG

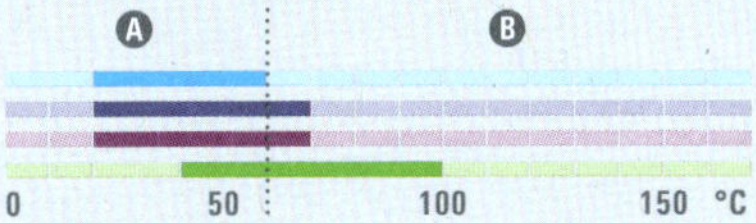

A Frische Säure, wachsige Anklänge, schwefelig **B** Feine, cremig-süßliche Zitrusaromen

LÖSLICHKEIT DER HAUPTAROMEN

Alkohol, Fett

GESCHMACK

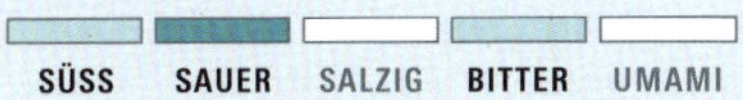

PASST GUT ZU

Fisch, Salat, Fleisch, Süßspeisen, Cocktails

UNBEDINGT AUSPROBIEREN

Yuzu mit Sojasauce mischen

Der Duft der Yuzu erinnert an Zitrone, Grapefruit und etwas an Mandarine, sie ist aber weniger sauer.

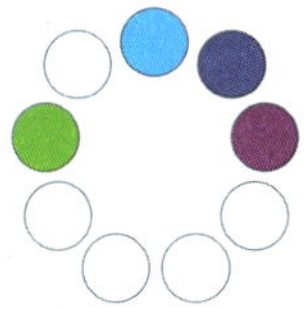

Für den typischen Yuzuduft ist vor allem das intensiv und grün-zitronig riechende YUZULACTON verantwortlich. Charakteristisch sind auch YUZUNON und YUZUNOL: Zusammen mit weiteren Aromen unterstreichen sie den milden, floralen Duft. Hinzu kommt ein Hauch cremig-kokosnussartiger Noten, die von wachsigen Aromen unterstützt werden, sowie ein Duft nach schwarzer Johannisbeere, schwefelige sowie pilzig-orangenartige und florale, zitrusartige Noten. Yuzu schmecken weniger sauer als Zitronen.

Ähnlich wie bei Zitronen kann man Schale und Saft als Gewürz verwenden. Man sollte Yuzus aber vorsichtig dosieren. Meist wird die fein geriebene Schale genutzt, die sich auch trocknen lässt. Der Vorteil der Yuzu gegenüber anderen Zitrusfrüchten ist die Hitzebeständigkeit der Aromen: Bei hohen Temperaturen bleiben neben der Säure auch fruchtige, zitrusartige Noten erhalten.

In Japan wird aus den Schalen zusammen mit Salz und frischen Chili eine bitter-scharfe fermentierte Gewürzpaste hergestellt: *Yuzukosho*. Diese wird zu Suppen, Eintöpfen und *Sashimi* (roher Fisch) gereicht. Yuzu lässt sich gut mit geröstetem Sesam oder Basilikum kombinieren. Als interessante, intensiv zitronige Alternative zu Zitrone oder Limette aromatisiert die Frucht Fischgerichte, Süßspeisen oder Salatsaucen. Sehr beliebt ist sie auch in Cocktails.

ZIMT

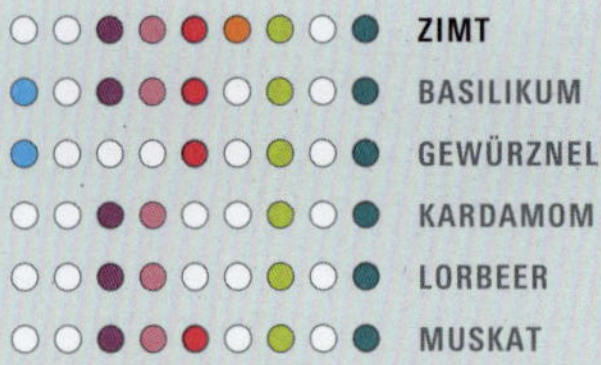

Zimt riecht sehr würzig, süß-aromatisch und warm, mit einer erkennbar adstringierenden Note aus der Rinde.

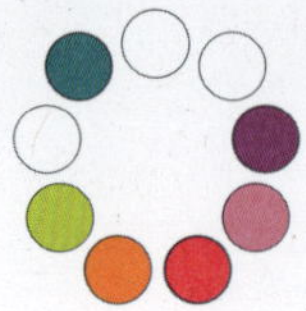

AROMENENTFALTUNG

A Feine würzig-florale Zimttöne
B Aromatische Noten **C** Würzig, warm, an Gewürznelke erinnernd

LÖSLICHKEIT DER HAUPTAROMEN

Alkohol, Fett, Wasser

GESCHMACK

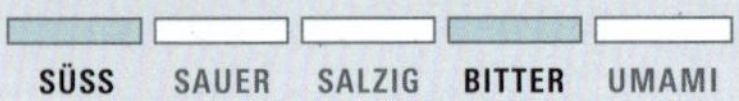

PASST GUT ZU

Süßspeisen, Gewürzbrot, Obst, Fleisch, Gemüse, Hülsenfrüchten, Käseauflauf, Pasta

UNBEDINGT AUSPROBIEREN

Phenolgewürz: 2 Teile Zimt, 2 Teile Muskatnuss, 1 Teil Tonkabohne, 1 Teil Gewürznelke. Unschlagbar für alle Winterragouts

Das dominante Aroma in Zimt ist ZIMTALDEHYD. Zusammen mit dem nelkenartig duftenden EUGENOL bestimmt es den Geruch. Der chinesische Cassia-Zimt unterscheidet sich von dem echten Ceylon-Zimt vor allem durch seinen weit höheren Gehalt an CUMARIN. Dieses ist für heuartige, herbe Aromen verantwortlich, führt aber in größeren Mengen zu Übelkeit und Erbrechen, weshalb der Genuss von Cassia-Zimt nicht übertrieben werden sollte.

Verwendet wird die Rinde der Pflanze als ganze längliche Stücke oder zu Pulver zermahlen. Ganze Rindenstücke sollte man immer mitkochen. Gemahlenen Zimt gibt man eher später dazu, weil sich beim Kochen die Aromen auf komplexe, nie genau vorhersagbare Weise verändern. Die Inhaltsstoffe des Zimts sind fettlöslich, daher lassen sich auch Milchprodukte gut mit Zimt würzen.

Neben dem klassischen „westlichen" Einsatz in Desserts wie Apfelkompott und Pflaumenkuchen passt Zimt auch gut in herzhafte und scharfe Gerichte. Er harmoniert mit Gewürznelken, Piment, Basilikum und Kardamom. Zusammen mit Muskat würzt Zimt ein Kartoffelpüree, zusammen mit Lorbeer lässt er sich gut in Schmorgerichten verwenden. Mit ganzen Zimtstangen kann man auch Ziegenkäse oder gegarte Gemüse à la minute räuchern (→ Würzpraxis Räuchern, Seite 31).

ZITRONE, ZITRONENSCHALE

Zitronen duften wachsig mit vielen Untertönen: balsamisch, blumig, pinienartig mit weiteren holzigen Noten.

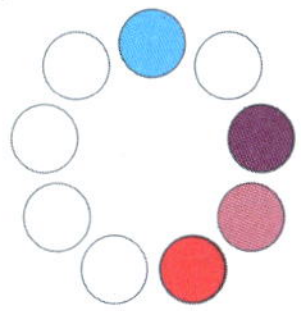

Das Schlüsselaroma der Zitronenschale wird durch GERANIAL und NERAL gebildet, unterstützt durch das orangenartige LIMONEN und das florale, zitronige LINALOOL. Hinzu kommen eine würzige bis minzige Frische, fliederartige, warm-würzige, balsamische Noten, kampfer- bis wachsartige und holzige Düfte sowie frisch-blumige Fruchtnoten. Bitter wirkende Aromen sind vor allem zu schmecken. Saft und Fruchtfleisch duften deutlich weniger intensiv. Hier steht mit der ZITRONENSÄURE der saure Geschmack im Vordergrund.

Von unbehandelten Früchten kann man Saft und Schale verwenden. Die Schalen sind aromatischer, bitterer und nicht so sauer wie der Saft. Man zieht sie am besten mit einem Zestenreißer ab. Stets nur die gelbe Schale verwenden – das Weiße darunter ist sehr bitter. Die Zesten kann man mitkochen und vor dem Servieren wieder entfernen. Kleingehackt oder zu Mus gerieben können sie auch mitgegessen werden.

Zitronensaft ist ein beliebtes Säuerungsmittel für Fisch- und Fleischgerichte. In der südamerikanischen Küche nutzt man einen besonderen Effekt: Dort wird Fischfilet in Zitronen- oder Limettensaft eingelegt und in dieser *Ceviche* „roh gegart". Eine marokkanische Spezialität sind gesalzene und mit Pfeffer, Lorbeer, Kardamom und Zimt in Öl eingelegte ganze Zitronen. Zitronenschale oder Zitronat werden oft in Kombination mit Vanille in Süßspeisen eingesetzt.

AROMENENTFALTUNG

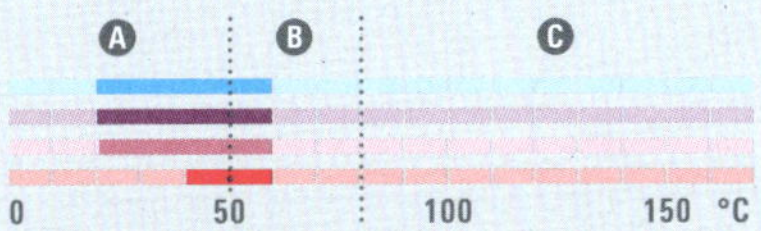

A Feine florale, wachsig-zitrale Aromen B Harzig-floral, leicht bitter C Hervorheben der Bitternoten

LÖSLICHKEIT DER HAUPTAROMEN

Alkohol, Fett

GESCHMACK

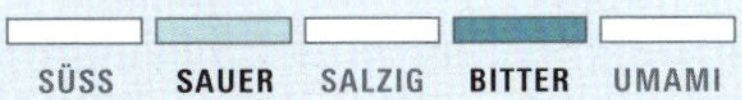

PASST GUT ZU

Fisch, Geflügel, hellem Fleisch, Salaten, Gemüse, Paniertem, Süßspeisen, Backwaren, Torten (Zitronat)

UNBEDINGT AUSPROBIEREN

Tomatensauce mit Zitrusschale

ZITRONENGRAS

AROMENENTFALTUNG

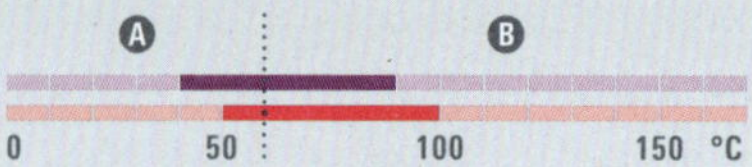

A Anklang an Zitrusblüten **B** Feine florale Zitrusnoten ohne Säure

LÖSLICHKEIT DER HAUPTAROMEN

Alkohol, Fett

GESCHMACK

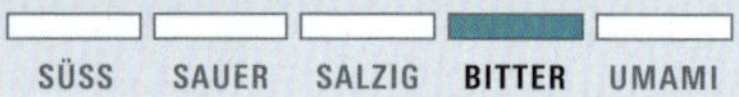

PASST GUT ZU

Geflügel, Kalb, Fisch, Meeresfrüchten, Krustentieren

UNBEDINGT AUSPROBIEREN

Auf Zitronengras gesteckte Fleisch/Fischstücke und gegrillt

Zitronengras duftet und schmeckt erfrischend zitronig, etwas bitter-holzig. Ein Hauch von Rosen und Verbene spielt mit.

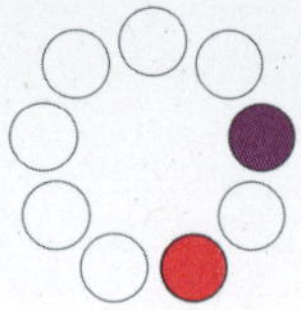

Das ätherische Öl des Zitronengrases wird – ähnlich wie bei Zitronen(schale) und Zitronenverbene – durch ein Gemisch aus dem zitronig-blumigen GERANIAL und dem zitronenartig duftenden NERAL bestimmt. Hinzu kommen süßlich-balsamische Noten, blumig-frische Töne und grün-apfelige Düfte mit Anklängen an Zitrus und Baumrinde.

Damit sich das feine Aroma entwickelt, muss man Zitronengras zerschneiden. Das Wurzelende und die beiden äußeren Blätter schneidet man weg, der Rest wird in größere Teile geschnitten oder als Ganzes mitgekocht und vor dem Servieren entfernt. Die Aromen lösen sich im Fett der Speisen. Möchte man das Zitronengras mitessen, darf man nur den weichen Teil zur Wurzel hin verwenden, der in feine Scheiben geschnitten wird.

Zitronengras passt zu zarten Speisen, die sein Aroma nicht überdecken, etwa helles Fleisch, Fisch oder Meeresfrüchte. Es harmoniert mit Basilikum und Ingwer und ergänzt sich gut mit Knoblauch, Kokosnuss und Chili. Südostasiatische Gerichte, in denen all diese Gewürze vorkommen, sind daher Beispiele für gleichzeitiges Food-Pairing und Food-Completing (→Seite 35). Für eine duftende Vinaigrette lässt man Zitronengras, Basilikum, Ingwer, Knoblauch, Kokosnuss und Chili 24 Stunden in Essig ziehen. Zitronengras eignet sich auch für ein Pfirsich- oder Birnendessert – oder man bereitet aus ihm einen wohlschmeckenden Tee zu.

Yuzu *japanische Zitrone mit einem intensiven Duft* → Seite 201

Zimt *vielseitiges Gewürz für die süße, würzige und scharfe Küche* → Seite 202

Zitrone, Zitronenschale *fruchtiger Duft und bitterer, saurer Geschmack* → Seite 203

Zitronengras *wird mitgekocht, vor allem in der asiatischen Küche* → Seite 204

Zitronenmelisse *schmeckt bittersüß und duftet nach Zitrone* → Seite 206

Zitronenverbene *stammt aus Südamerika, duftet nach Zitrone, schmeckt aber nicht sauer* → Seite 207

ZITRONENMELISSE

AROMENENTFALTUNG

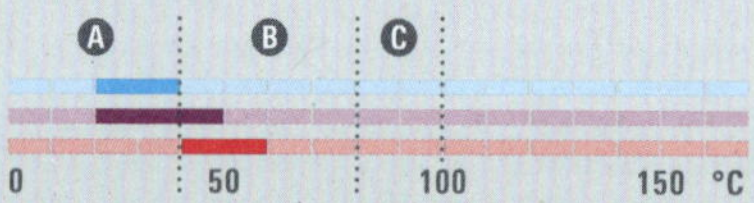

A Frisch, grünlich, zitronig-herbal
B Florales Zitrusaroma **C** Leichte Bitterkeit

LÖSLICHKEIT DER HAUPTAROMEN

Alkohol, Fett, Wasser

GESCHMACK

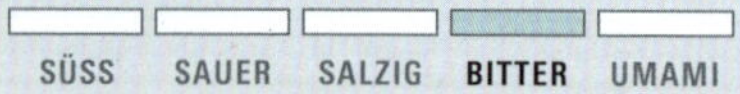

PASST GUT ZU

Fisch, Huhn, Gemüsesalaten

UNBEDINGT AUSPROBIEREN

Fisch/Huhn über Zitronenmelisse gedämpft

Das Kraut duftet sehr zitrusartig-floral, mit einem Hauch von holzigen Anklängen. Der Bittergeschmack hält sich angenehm zurück.

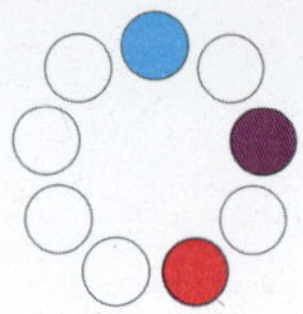

Der frische, blumige und zitronige Duft der Zitronenmelisse lässt sich auf die flüchtigen Bestandteile NERAL und GERANIAL zurückführen. Daneben finden sich das blumig-frische LINALOOL, das nach Rosen und Zitrus duftende NEROL sowie ein leicht süßlich-bitterer Geschmack. Hinzu kommen schwerer flüchtige holzig-terpentinartige und fruchtige, zitrusartige, grüne Noten.

Die Blätter der Zitronenmelisse werden immer frisch verwendet und am besten nur grob zerzupft über die fertigen Speisen gegeben. Mitkochen oder allzu feines Kleinhacken würde ihre Aromen zu früh aus der weichen Blattstruktur freisetzen. Beim Trocknen werden die holzig-harzigen Töne und der bittersüße Geschmack betont.

Immer wenn man auch mit Zitrone würzen könnte, passt Zitronenmelisse – zusätzlich oder als Ersatz. Sie harmoniert mit Galgant, Ingwer und mit vielen frischen Kräutern, zum Beispiel Basilikum und Thymian. Sie passt zu Äpfeln, Erdbeeren, Himbeeren, Melonen oder Pfirsichen. Fisch und Geflügel bekommen mit dem Kraut einen Frischekick. Interessant ist ein Pilzgericht, über das als Kontrast ein paar Zitronenmelisseblätter gestreut werden. Solo passt sie in Frischkäse, Joghurt und Kräuterbutter. Auch Essig, vor allem Apfelessig, kann man mit den Blättern aromatisieren. Getrocknet eignet sie sich für einen sehr guten Tee, der auch Sorbets einen fruchtigen Bitterton verleiht.

ZITRONENVERBENE

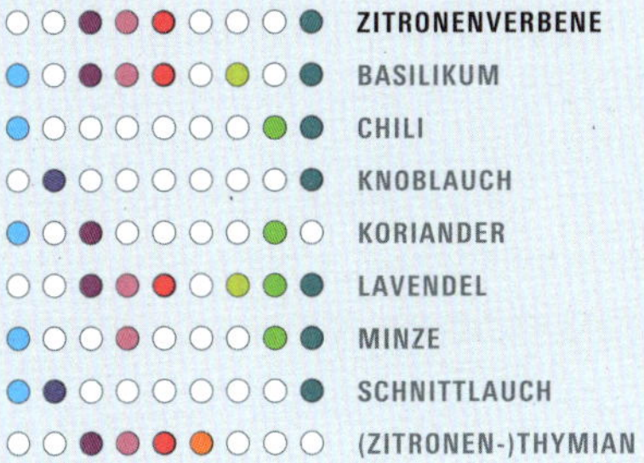

AROMENENTFALTUNG

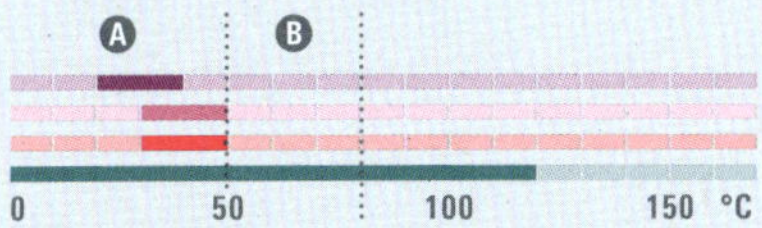

A Feine floral-zitrusartige Noten
B Deutliches, intensiv zitrus-harziges Aroma

LÖSLICHKEIT DER HAUPTAROMEN

Alkohol, Fett

GESCHMACK

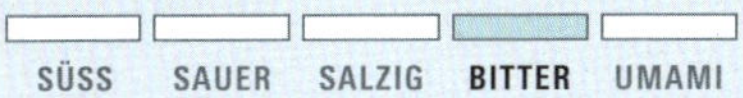

PASST GUT ZU

Fisch, Huhn, Ente, Pilzen, Reis, Obst

UNBEDINGT AUSPROBIEREN

Zitronenverbene im Couscous

Die Blätter der Zitronenverbene duften nach Zitrone, schmecken aber nicht sauer. Im Nachgeschmack sind sie etwas bitter.

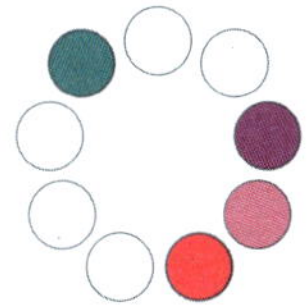

Der erste Dufteindruck der Zitronenverbene wird durch vier Hauptaromen erzeugt: das zitronig-blumige GERANIAL, das zitrusartige NERAL, das apfelig-säuerliche NEROLIDOL und das frisch-zitrusartige CITRONELLAL. Hinzu kommen eine Orangennote sowie warm-harzige, fruchtige Düfte. Außerdem finden sich in dem Kraut holzige, terpentinartige bis balsamische Töne, ein erdig-bitter wirkender Duft und ein etwas bitterer Geschmack.

Frisch duften die Blätter stark nach Zitrone und schmecken ähnlich – nur weniger sauer. Getrocknet behalten sie viel von ihrem Aroma, wenngleich sich ein Teil der blumigen Noten verflüchtigt. Man kann sie zwar fein gehackt mitkochen, am besten aber nur kurz, sonst verflüchtigen sich fast alle Aromen. Im Bauch von Fischen oder Geflügel können jedoch die Blätter oder sogar ganze frische Zweige mitgegart werden.

Zitronenverbene verträgt sich gut mit Basilikum, Zitronenthymian oder auch mit Minze. Das Kraut passt – ähnlich wie Zitronengras – gut zu asiatischen Gerichten und verträgt dort scharfe und schwefelig-stechende Gewürze wie Chili und Knoblauch. Die Kombination mit Fisch bietet sich ganz besonders an. Ebenso eignet sich das Kraut für herzhafte Saucen und Marinaden für Fisch und Geflügel. Es kann aber auch Sahneeis, Obstsalate und Bowlen aromatisieren. Getrocknete Blätter ergeben einen erfrischenden Tee, mild und intensiv zitronig.

ZUCKER

AROMENENTFALTUNG

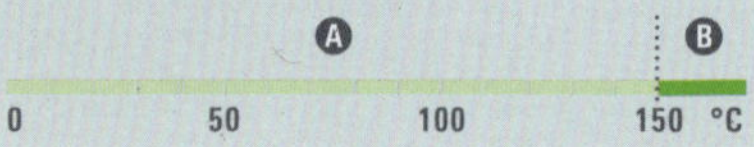

A Rein süß **B** Bildung karamelliger Noten

LÖSLICHKEIT DER HAUPTAROMEN

Alkohol, Wasser

GESCHMACK

SÜSS SAUER SALZIG BITTER UMAMI

PASST GUT ZU

süßen Speisen, herzhaften Speisen, in kleinen Dosen als harmonische Komponente

UNBEDINGT AUSPROBIEREN

Gemüsezucker: Zucker mit Gemüsesäften lösen und Wasser verdampfen lassen – aromatisierte Kristallzucker für Dessertanwendungen

Zucker definiert die reine Grundgeschmacksrichtung „süß" und hat kein Aroma. Bei hohen Temperaturen entstehen Karamellnoten.

Der Zucker in unseren Küchen ist Saccharose, eine Verbindung von Glucose (Traubenzucker) und Fructose (Fruchtzucker). Saccharose bildet Kristalle, die sich in Wasser auflösen. Er definiert die Geschmacksrichtung „süß" (→ Abschmecken: süß, Seite 18). Daneben gibt es viele weitere Zuckersorten, die sich auch in puncto Süßkraft unterscheiden.

Durch Zugabe von Wasser kann Zucker zu unterschiedlich konzentrierten Sirupen verkocht werden. Grundlage ist eine Mischung aus Zucker und Wasser im Verhältnis von etwa 3:2. Hat sich der Zucker unter Rühren bei schwacher Hitze aufgelöst, wird die Mischung zum Kochen gebracht und nicht mehr umgerührt. Je nach Dichte erhält man folgende Resultate: *Läuterzucker* entsteht, wenn die Saccharose-Lösung auf 100 °C erhitzt wird. *Fadenzucker* bildet sich zwischen 103 und 109 °C, wenn die Lösung weiterkocht, bis sie so dick ist, dass sie Fäden zieht– ideal für Glasuren und zum Kandieren. Weitere Stufen bilden *Flugzucker*, der sich für Baisers eignet, *Ballen bildender Zucker* für Marmeladen und *Bruchzucker*. Ab 150 °C wird Zucker zum festen *Karamell* und verändert sich: Während seine Süße abnimmt, entstehen karamellig-röstige Düfte und er wird braun. Aromen wie Färbung lassen sich beim Anbraten von Gemüse nutzen. Wird er jedoch zu lange erhitzt, bilden sich immer mehr Bitterstoffe.

Zucker süßt nicht nur, sondern betont und harmonisiert auch andere Geschmacksrichtungen. So mildert er Bitterstoffe ab (→ Abschmecken: bitter, Seite 21) oder auch Säure: Tomaten etwa nimmt Zucker ihre Säure und unterstützt zugleich deren eigene Süße (→ Abschmecken: sauer, Seite 19).

SÜSSKRAFT IM VERGLEICH

Süße ist messbar. Haushaltszucker (Saccharose) ist dabei das Standardmaß, an dessen Süße die Süßkraft anderer Süßmacher gemessen wird, ihm wird der Wert 1.0 zugeordnet. Alle anderen Süßungsmittel werden im Verglich dazu angegeben. Zuckerderivate oder -ersatzstoffe sind natürliche, etwa aus Früchten oder Pflanzen gewonnene Süßungsmittel. Synthetisch hergestellte Stoffe werden als Süßstoffe bezeichnet.

Kristallzucker *mit hoher Reinheit,* Einmachzucker *grobkörniger Weißzucker, löst sich langsam auf und bildet keine Klümpchen*

Gelierzucker *mit Pektin, Zitronen- oder Weinsäure versetzt,* Glucosesirup *nichtsüße, zähe Flüssigkeit, perfekt zum Eismachen*

Invertzucker *kristallisiert nicht mehr, ist schnelllöslich,* Farinzucker *meist mit Rohrzuckersirup gefärbter, grob auskristallisierter Weißzucker*

Kandiszucker *wird durch langsames Auskristallisieren von Zuckerlösung hergestellt,* Rapadura *auch Vollrohrzucker, aus dem eingedickten und getrockneten, unraffinierten Saft des Zuckerrohrs hergestellt*

Palmzucker *aus dem Blütensaft der Zuckerpalme gewonnen*

Rohrzucker *aus Roh-Rohrzucker raffiniert, besteht aus reiner Saccharose*

Frühlingszwiebel rot und Silberzwiebel *beides früh geerntete Sorten*

Schalotte *besonders aromatische Sorte*, Rose de Bretagne *regionale Spezialität mit feinem Aroma*

Gelbe Zwiebel *bekannteste Sorte in der Küche*, Weiße Zwiebel *milder Geschmack mit einem leichten Knoblaucharoma*

ZWIEBEL, SCHALOTTE, FRÜHLINGSZWIEBEL

Zwiebeln sind aufgrund ihrer schwefeligen Aromen und ihrer dezenten Süße weltweit eines der beliebtesten Würzmittel in der Küche.

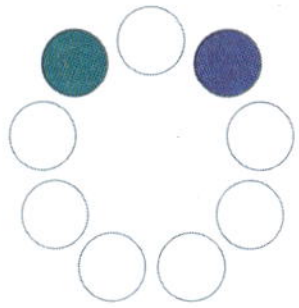

AROMENENTFALTUNG

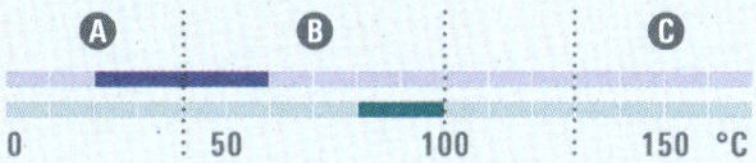

A Frische, stark stechende Schwefelnoten B Milde Zwiebelaromen, kaum stechend C Bildung vieler Röstnoten aus Zwiebelproteinen und Zuckern

LÖSLICHKEIT DER HAUPTAROMEN

Alkohol, Wasser

GESCHMACK

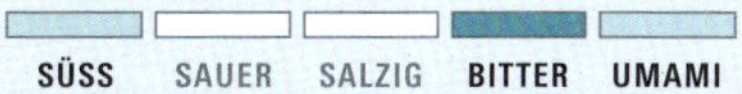

PASST GUT ZU

vielen herzhaften Gerichten (Würzbeilagen, Saucengrundlagen), Fleisch, Fisch

UNBEDINGT AUSPROBIEREN

Rohe Zwiebel unter warmes Kartoffelpüree mischen

Die tränenreizende Wirkung von Zwiebeln wird indirekt durch die Schwefelverbindung ISOALLIIN hervorgerufen. Sobald dieses beim Schneiden aus den Pflanzenzellen austritt, reagiert es zu dem eigentlich tränenreizenden Stoff THIOPROPANAL-S-OXID. Zucker sorgt für Süße, die beim Kochen weiter in den Vordergrund tritt, freie Glutaminsäure für einen herzhaften → umami-Geschmack.

Gelbe Zwiebeln sind am schärfsten, weiße milder und die roten am aromareichsten. Beim Kochen, Braten, Trocknen und Salzen verlieren die Zwiebeln rasch ihre Schärfe. Werden sie sehr langsam gebraten, entwickeln sie ihr volles Aroma und schmecken süßlich. Oft wird zum Schmoren eine halbierte, an der Oberfläche verbrannte Zwiebel mitgegeben (→ Würzpraxis Rösten, Seite 30, → Abschmecken: umami, Seite 23). Von jungen Frühlingszwiebeln wird nur die Knolle angebraten, den grünen Stiel gibt man erst ganz zum Schluss in das Gericht.

Was wären *Käsespätzle*, Gulasch, Risottos, Pastasaucen oder viele indische Gerichte ohne das Aroma langsam geschmorter Zwiebeln? Immer geht es dabei um umami-Geschmack, Süße und Röstaroma. Röstzwiebeln würzen daher auch Kartoffelpüree, Rostbraten oder *Hotdogs*. In Frankreich bevorzugt man die süßeren, aromareichen Schalotten. Sie werden häufig als Saucengrundlage eingekocht und lassen sich mit verschiedensten Kräutern kombinieren.

GEWÜRZ-MISCHUNGEN

Gewürzmischungen sind oft das Ergebnis einer lange Würztradition und passen daher perfekt in ihr jeweiliges Einsatzgebiet. Es ist besser, sie frisch zuzubereiten; gemahlen verlieren sie ihr Aroma. Deshalb stellt dieses Kapitel die bekanntesten Mischungen aus aller Welt nicht nur vor, sondern erklärt auch, wie man sie selbst herstellen kann. Wegen der unzähligen regionalen Varianten existieren keine endgültigen Rezepte: Zur groben Orientierung sind jeweils die ungefähren Mischungsverhältnisse angegeben. Wichtig für die Zubereitung ist ein guter Mörser, am besten mit geriffelter Oberfläche. Mixer oder Schnellhacker mögen praktischer sein, aber unter der entstehenden Hitze leidet oft das Aroma.

Wie wollen Sie würzen? Je nachdem, ob Sie auf der Suche nach einer aromatisch duftenden, einer scharfen oder einer eher sauren Mischung sind – das jeweilige Kapitel hält Varianten dafür bereit.

Gewürzmischungen leben von gleichzeitigem Pairing und Completing (siehe Seite 35), das heißt, bei der Kombination von Gewürzen werden bestimmte Aromagruppen verstärkt oder ergänzt. Damit entstehen völlig neue Gerüche, bei denen die eine oder andere Aromagruppe durch die Kombination dominiert. Welche das sind, lässt sich mithilfe unseres Farbschemas (siehe Seite 46) einfach verdeutlichen: Bei jeder Mischung haben wir die Aroma-Farbkreise der einzelnen Gewürze wie Zahlenreihen untereinander geschrieben und quasi addiert. Mit der Höhe der Summe nehmen die Durchmesser der jeweiligen Farbkreise zu – und zeigen, welche Aromagruppen dominieren.

EIN BEISPIEL „FANTASIEMISCHUNG“

FLAVOUR

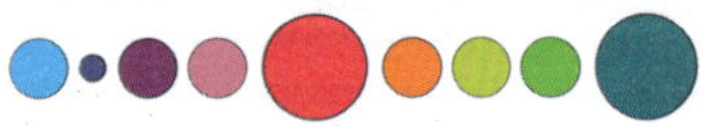

Natürlich kommt es dann noch darauf an, wie viel von dem jeweiligen Gewürz in der Mischung verwendet wird. Das kann je nach Tradition oder auch nach persönlichen Vorlieben variieren. Unsere Vorschläge sind ein Grundgerüst zur ersten Orientierung – und die Aufforderung, selbst loszulegen.

BOUQUET GARNI

FLAVOUR: kräuterig, würzig

ZUTATEN: frische Petersilie, Thymian, Lorbeer. Variante für Lammgerichte: Salbei, Basilikum, Pimpinelle, Kerbel, Estragon, Rosmarin, Bohnenkraut. Variante für Meeresfrüchte: Dill, Estragon, Zitronenschale

ZUBEREITUNG: Die Kräuterzweige und das Lorbeerblatt werden mit Garn zusammengebunden oder in ein Baumwollsäckchen gesteckt – es gehen auch Papierbeutelchen für Tee. Das Säckchen beziehungsweise Sträußchen wird nach dem Kochen entfernt.

Das bekannte Sträußchen besteht aus frischen und getrockneten Kräutern. Im Unterschied zu Fines Herbes ist diese Mischung so zusammengestellt, dass man sie mitkochen, zumindest längere Zeit mitziehen lassen kann. Man legt das Bouquet in Brühen, Suppen, Eintöpfe und Schmorgerichte und entfernt es am Ende wieder. Ein klassisches Bouquet garni besteht aus frischer Petersilie, Thymianzweigen (frisch oder getrocknet) und Lorbeerblättern, es gibt aber zahllose Varianten, je nach Verwendungszweck. Gute Grundzusammenstellung: 4 Zweige Petersilie, 2 Zweige Thymian und 1 Lorbeerblatt.

FINES HERBES

FLAVOUR: frisch-kräuterig

ZUTATEN: Schnittlauch, Kerbel, Petersilie, Estragon. Varianten zusätzlich mit: Bibernell, Basilikum, Thymian, Rosmarin, Kresse oder Melisse

ZUBEREITUNG: Die frischen Kräuter hacken, mischen und über das fertige Gericht streuen.

Die bekannte französische Gewürzmischung aus frischem Schnittlauch, Kerbel, Petersilie, Estragon und eventuell weiteren Kräutern würzt Suppen, Saucen, Omelettes oder Frischkäse und Quark. Sie sollte anders als die Kräuter und Gewürze im Bouquet garni nicht lange oder am besten gar nicht mitgekocht werden – Schnittlauch und Kresse vertragen Hitze überhaupt nicht, Petersilie und Basilikum nur kurz. Es gibt diese Mischung auch getrocknet zu kaufen, aber man sollte wissen, dass Schnittlauch, Petersilie und Basilikum beim Trocknen viele bis all ihre Aromen verlieren. Gute Grundzusammenstellung: Mischung aus Schnittlauch, Kerbel, Petersilie und Estragon zu gleichen Teilen.

FINES HERBES
LEBKUCHENGEWÜRZ
BOUQUET GARNI
KRÄUTER DER PROVENCE, HERBES DE PROVENCE

KRÄUTER DER PROVENCE, HERBES DE PROVENCE

FLAVOUR: kräuterig, blumig

ZUTATEN: Rosmarin, Oregano, Thymian, Salbei, Majoran, Bohnenkraut. Varianten mit Lavendel, Basilikum, Lorbeer, Estragon, Fenchelfrüchten

ZUBEREITUNG: Getrocknete Kräuter mischen – oder frische Kräuter rebeln und vermischen – und mitkochen. Getrocknet ist die Mischung in einem verschlossenen Glas ein Jahr haltbar.

Diese getrocknete Mischung passt praktisch zu allen mediterranen Gerichten. Bei edleren Zusammenstellungen kommt als besonders „provenzalische" Zutat noch Lavendel dazu, Teil der klassischen Mischung ist er allerdings nicht. Einige Varianten enthalten auch getrocknetes Basilikum, Lorbeerblätter, Estragon und Fenchelfrüchte. Die Mischung passt zu Gemüsesuppen und Gemüsegerichten mit Tomaten, Auberginen und Zucchini, sie würzt Salat-Vinaigrettes ebenso wie Geflügel, Lamm, Kurzgebratenes und Gegrilltes. Sie sollte immer mitgekocht werden. Kräuter der Provence lassen sich gut in Öl oder Essig einlegen und als Marinaden nutzen. Gute Grundzusammenstellung: Mischung aus Rosmarin, Oregano, Thymian, Salbei, Majoran und Bohnenkraut zu gleichen Teilen.

LEBKUCHENGEWÜRZ

FLAVOUR: herzhaft, blumig, würzig

ZUTATEN: Zimt, Nelken, Piment, Koriander, Ingwer, Kardamom, Muskatnuss oder Macis. Regionale Varianten zusätzlich mit Pfeffer, Anis, Fenchel, getrockneter Schale von Zitrusfrüchten, Vanille

ZUBEREITUNG: Die Zutaten mörsern und vermischen, Zimt und Nelken reichlich verwenden, den Rest zurückhaltend zur Abrundung.

Immer wenn es weihnachtlich duften soll, kommt Lebkuchengewürz zum Einsatz. Deutsche Mischungen enthalten viel Zimt, in ost- und nordeuropäischen Mischungen fehlt er fast ganz, dafür enthalten diese oft Pfeffer. Lebkuchengewürz würzt nicht nur Lebkuchen und *Pfefferkuchen*, sondern ebenso Joghurt, Schokolade oder Tee und Kaffee. Varianten sind Neunerleigewürz, Spekulatiusgewürz und Glühweingewürz. Auf den ersten Blick ähnelt das Lebkuchengewürz Curry-Mischungen, dennoch duftet es kaum „indisch". Das liegt an den Mengenverhältnissen: Im Lebkuchengewürz stehen Zimt und Nelken im Vordergrund, in nordindischen Currys und *Dal*-Mischungen Koriander, Ingwer und mitunter Fenchel. Gute Grundzusammenstellung: Mischung aus 17 Teilen Zimt, 4 Teilen Gewürznelken und je 1 Teil Piment, Muskat, Koriander, Kardamom und Ingwerpulver.

DUKKA, DUKKAH, DUQQA

FLAVOUR: nussig, mild, salzig

ZUTATEN: Haselnüsse, Cashew-, Pinienkerne, Koriandersamen, Kreuzkümmel, Sesamsamen, Fenchelfrüchte, Pfeffer, edelsüßes Paprikapulver, Salz. Variante zusätzlich mit Thymian

ZUBEREITUNG: Nüsse trocken anrösten und klein hacken. Koriandersamen, Kreuzkümmel, Sesamsamen und Fenchelfrüchte trocken rösten und mörsern, mit Pfeffer, Paprikapulver und Salz vermischen. Eventuell getrockneten Thymian dazugeben. Vor dem Servieren auf Fladenbrot mit Olivenöl zu einer Paste verrühren, kurz ziehen lassen.

Die afrikanisch-orientalische Nuss-Gewürzmischung kann man im Fachhandel kaufen – oder recht einfach selbst herstellen. Traditionell wird die Mischung mit Fladenbrot und Olivenöl als Vorspeise genossen, sie bietet sich aber auch überall dort an, wo im herzhaften Bereich Nüsse zum Einsatz kommen: etwa in einem Karottensalat, zu gebratenem Gemüse oder als nussige Kruste für Steak oder gebratenen Fisch. Gute Grundzusammenstellung: Mischung aus je 3 Teilen Haselnüsse und Cashewkerne, je 1 Teil Pinienkerne, Koriandersamen, Kreuzkümmel, Pfefferkörner, Paprikapulver und Salz, 3 Teilen Sesamsamen und Fenchelfrüchte nach Belieben.

GOMASIO, GOMASHIO

FLAVOUR: nussig, salzig

ZUTATEN: heller Sesam, Meersalz. Variante mit Nori-Flocken

ZUBEREITUNG: Der Sesam wird kurz trocken geröstet, um ihn nussiger und aromatischer zu machen. Abgekühlt, wird er im Mörser zerstoßen und mit Meersalz vermischt.

Die wörtliche Übersetzung aus dem Japanischen sagt klar, woraus diese Würze besteht, die in Japan auf jedem Tisch steht: „Goma" heißt Sesam und „Sio" beziehungsweise „Shio" Salz. Man nimmt meist die hellere Sesamsorte, seltener die dunkle. Damit werden Reis-, Gemüse- und Nudelgerichte, Suppen und Salate gewürzt. Mitgekocht wird Gomasio nie, sondern immer erst über die fertigen Gerichte gestreut. Es gibt eine Variante mit Nori-Flocken und sogar eine salzlose mit Sesam, Seetang-Flocken und etwas Sojasauce. Eine Prise Gomasio auf ein Schokomousse oder einen Orangenkuchen bewirkt kleine Flavourwunder. Die koreanische Version, *Kkaesogeum*, enthält mehr Sesam. Gute Grundzusammenstellung: Mischung aus 7 Teilen Sesam und 1 Teil Salz.

GOMASIO
KHMELI-SUNELI
DUKKA

SPIEL MIT AROMEN: EINE BASIS, DREI VARIANTEN

Auf der gemeinsamen Basis von Gewürznelke in Verbindung mit drei Varianten von Schärfe kommen je nach Komposition mit ähnlich duftenden Gewürzen deutlich unterschiedliche Würzspektren zur Geltung. Das deutsche Lebkuchengewürz, die chinesische Fünf-Gewürze-Mischung und das französische Quatre-épices definieren eine wichtige Basis der würzig-terpendominierten Gewürzmischungen, die in verschiedenen Kulturen geschaffen wurden.

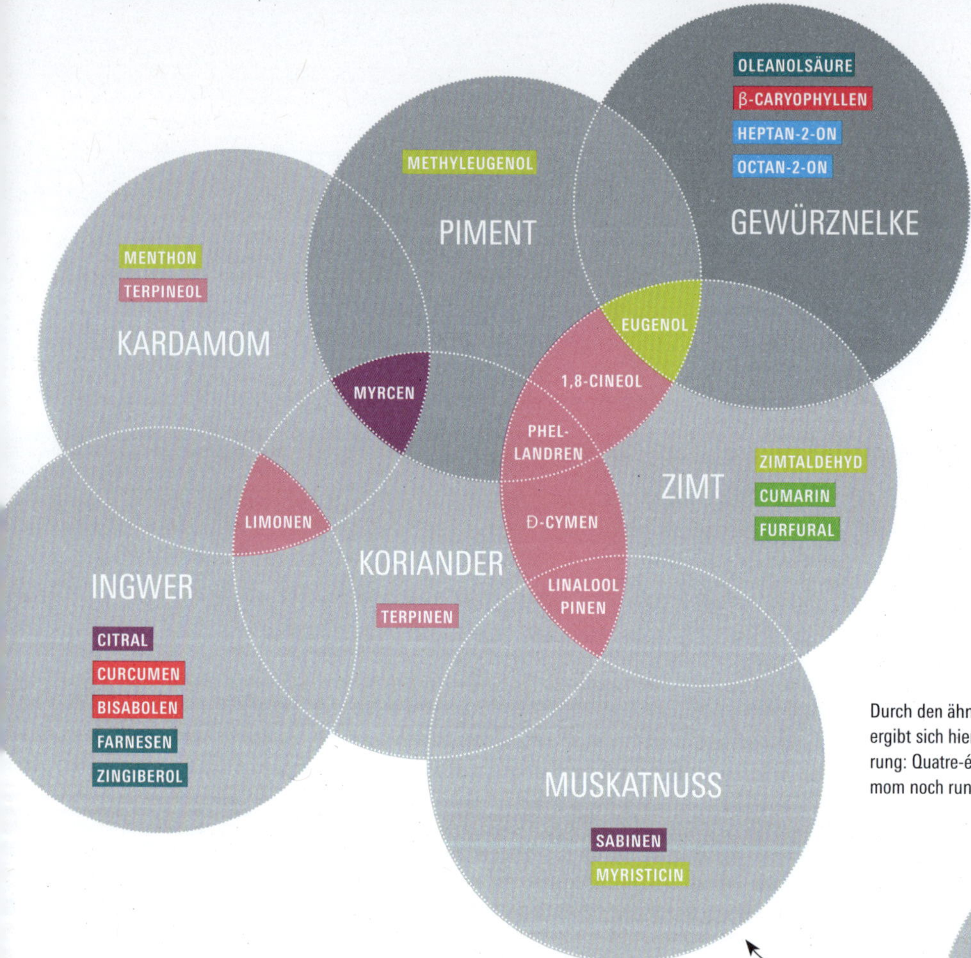

Durch den ähnlichen Grundaufbau ergibt sich hier eine mögliche Erweite-rung: Quatre-épices würde mit Karda-mom noch runder wirken.

LEBKUCHENGEWÜRZ

Würzig, floral bis harzig, süßlich-nelkenartig, aromatisch, leicht scharf. Die am breitesten aufgestellte Mischung lebt von ihren vielen sich überlappenden und ergänzenden Aromen. Im Zentrum steht Koriander mit seinen warm-würzigen balsamischen Noten, an den der süßliche, würzige Zimt und Kardamom mit zitrusartigen, floralen Noten andocken, genauso wie Muskatnuss mit ihrem erdig-würzigen Aroma. Ingwer bringt eine frische Schärfe mit ins Spiel, Piment sorgt ebenfalls für leichte Schärfe – aromatische Gewürznelken runden die Mischung ab (→ Seite 217).

FÜNF-GEWÜRZE-MISCHUNG

Würzig, nelkenartig, holzig-harzig bis zitrusartig, balsamisch, blumig, scharf. Zimt bildet hier das Zentrum. Sein dominierender würziger Duft, gepaart mit den harzigen bis fruchtigen, zitrusartigen Aromen, überlappt mit den charakteristischen Aromaverbindungen der übrigen vier Partner: dem Schlüsselaroma der Gewürznelke, den frisch-balsamischen Tönen in Sternanis, den blumigen Noten im scharfen Szechuanpfeffer sowie den holzigen und harzigen Aromen im Fenchel. Die jeweils eigenen Hauptaromen werden dabei nicht übertönt (→ Seite 223).

Der mildere Piment steht dem dominant scharfen Szechuanpfeffer gegenüber. Dementsprechen die eher eingebettete würzige Frische auf der einen bzw. die hervorstechenden Anisnoten auf der anderen Seite.

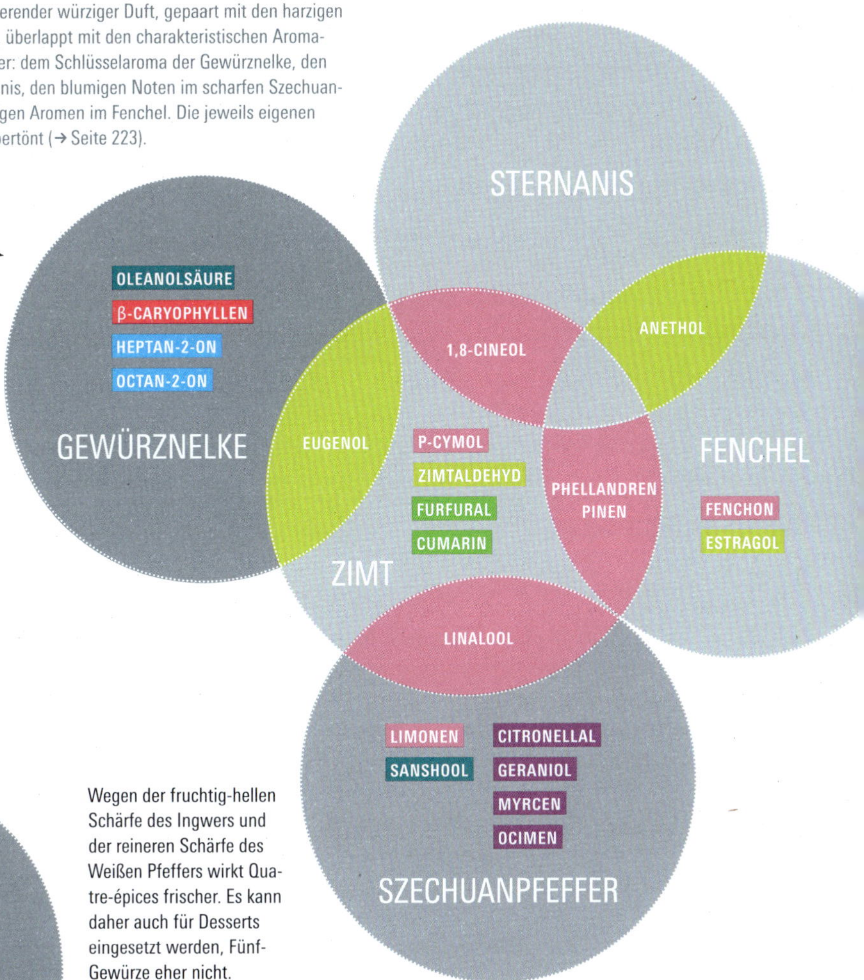

Wegen der fruchtig-hellen Schärfe des Ingwers und der reineren Schärfe des Weißen Pfeffers wirkt Quatre-épices frischer. Es kann daher auch für Desserts eingesetzt werden, Fünf-Gewürze eher nicht.

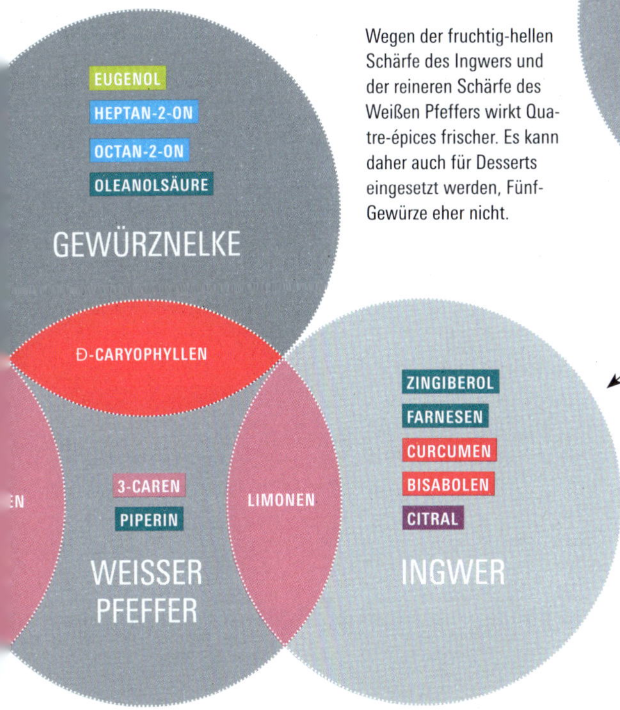

QUATRE-ÉPICES

Harzig, nelkenartig, erdig-würzig, scharf. Quatre-épices wirkt wie ein kleiner Ausschnitt aus dem Lebkuchengewürz. Der Allrounder Piment ist durch Weißen Pfeffer ersetzt, der neben seiner Schärfe eine harzigere Note einbringt. Er bildet das Zentrum für Gewürznelke, Muskat und Ingwer, deren nelkenartige, erdig-würzige bzw. scharfe Hauptaromen sich gar nicht überlappen. Quatre-épices erscheint daher weniger komplex als das Lebkuchengewürz (→Seite 231).

KHMELI-SUNELI

AROMA & SCHÄRFE

FLAVOUR: kräuterig, minzig, bitter, aromatisch-süßlich

ZUTATEN: Bockshornblätter, Ysop, Koriandersamen, Studentenblumen, Minze, Melisse, Dill, Bohnenkraut, Majoran, Estragon, Lorbeerblätter, Fenchelfrüchte, Zimt, Nelken

ZUBEREITUNG: Die getrockneten Bockshornblätter zerreiben, Ysopblätter, Studentenblumen und die anderen frischen Kräuter klein hacken. Koriandersamen, Fenchelfrüchte und Lorbeerblatt anrösten und im Mörser zerkleinern, die ganzen Nelken lediglich im Mörser zerkleinern. Alles mit Zimt vermischen.

Auf Märkten in Tiflis wird diese Mischung, übersetzt: „getrocknete Gewürze", in vielen Variationen angeboten. Khmeli-Suneli kann trockene gemahlene Bockshornblätter, Ysop, Koriandersamen, Studentenblumen (Tagetes), Minze oder Melisse, Dill, Bohnenkraut, Majoran, Estragon, Lorbeerblätter, einige Fenchelfrüchte, Zimt und eine Prise gemahlene Nelken enthalten. Die bitter-kräuterig-süßliche Mischung lässt sich für Marinaden oder zum Einreiben von Grillfleisch verwenden. Sie würzt Gemüsegerichte, Suppen und Eintöpfe. Gute Grundzusammenstellung: Mischung aller Zutaten zu gleichen Teilen.

ADVIEH

FLAVOUR: harmonisch, warm, röstig, aromatisch-süßlich, sauer, scharf

ZUTATEN: Zimt, Koriander, Muskat, Safran, Sesam, Rosenblätter, Kardamom. Regionale Varianten zusätzlich mit Kreuzkümmel oder mit Limettenschale, Chili, Kurkuma, Sumach, Pul Biber

ZUBEREITUNG: Kardamom, Sesam und Koriandersamen trocken anrösten und mörsern, mit Muskat, Safran und Rosenblättern vermischen. Eventuell um die anderen Zutaten ergänzen.

Advieh ist die Sammelbezeichnung für iranische, eher milde Würzmischungen, die auch in den arabischen Ländern der Golfregion beliebt sind. Sie werden je nach Region unterschiedlich oder für bestimmte Speisen speziell zusammengestellt. Eine syrische Variante etwa verwendet Sumach zum Säuern. Süßlich-erdige Advieh würzen gedämpften persischen Reis *(polo)*: Man gibt die Mischung kurz vor Ende der Garzeit hinzu oder streut sie über das fertige Gericht. Das iranische süßsaure Advieh für ***koresh*** (Eintöpfe) wird von Anfang an mitgekocht. Die Mischungen unter dieser Sammelbezeichnung unterscheiden sich so deutlich, dass es keine Grundzusammenstellung gibt.

BAHARAT

FLAVOUR: süßlich, warm-würzig, erdig, röstig, leicht scharf

ZUTATEN: edelsüßes Paprikapulver, Pfeffer, Koriander, Nelken, Kreuzkümmel, Kardamom, Muskatnuss, Zimt. Türkische Variante: zusätzlich mit Minze. Tunesische Variante: Rosenblüten, Schwarzer Pfeffer, Zimt. Variante am Persischen Golf: Loomi, Safran. Weitere Variante mit frisch gehackter Minze oder getrockneten Rosenblättern

ZUBEREITUNG: Koriandersamen, Nelken, Kreuzkümmel und Kardamom kurz trocken rösten und im Mörser zerstoßen. Mit Paprika, Pfeffer, geriebener Muskatnuss und Zimt vermischen.

Die ausgewogen warm-würzige, leicht süßliche Mischung würzt im arabischen Raum alle möglichen Fleisch- und Fischgerichte – besonders beliebt ist Lamm mit Couscous und Gemüse. Baharat wird den Speisen beim Kochen zugesetzt oder dient als Tischwürze. Auch Mokka lässt sich damit aromatisieren, indem man vor dem Aufbrühen etwas davon ins Kaffeepulver gibt. Gute Grundzusammenstellung: Mischung aus 6 Teilen Paprikapulver, je 2 Teilen Koriander, Zimt und Kreuzkümmel, je 1 Teil Muskat, Pfeffer und Nelkenpulver sowie sehr wenig Kardamom.

CHINESISCHE FÜNF-GEWÜRZE-MISCHUNG

FLAVOUR: süßlich-scharf-bitter, erdig-anisartig-würzig-mild

ZUTATEN: Zimt, Fenchelfrüchte, Sternanis, Gewürznelken, Szechuanpfeffer. Varianten mit getrockneter gemörserter Orangenschale, Ingwerpulver oder frisch gehacktem Ingwer oder Zitwerwurzel

ZUBEREITUNG: Die Fenchelfrüchte trocken anrösten, dann zusammen mit Zimt, Sternanis, Gewürznelken und Szechuanpfeffer im Mörser zerstoßen.

Das chinesische Fünf-Gewürze-Pulver vereint harmonisch unterschiedliche Geschmacks- und Aromarichtungen: Szechuanpfeffer ist scharf und säuerlich, Zimt süßlich, Gewürznelke süßlich-erdig-säuerlich, Fenchel würzig-scharf. Das Gewürz dient als Alleswürze in einer Küche, die Gewürze eher zurückhaltend verwendet, etwa für kantonesische Ente oder in der Sojasaucenmarinade für gekochtes Huhn. Man kann die ungemahlenen Gewürze auch wie eine Art Bouquet garni in einem Säckchen mitkochen und am Ende entfernen. Gute Grundzusammenstellung: Mischung aus gleichen Teilen Zimt, Fenchelfrüchten, Sternanis, Gewürznelken und Szechuanpfeffer.

GÂLAT DAGGA, QÂLAT DAQQA
ADVIEH
BAHARAT (TÜRKISCH)
BAHARAT (TUNESISCH)
COLOMBO POWDER

CHINESISCHE FÜNF-GEWÜRZE-MISCHUNG
HAWAYIJ
BAHARAT

COLOMBO POWDER

FLAVOUR: röstig, harzig, bitterartig, süßlich-röstartig

ZUTATEN: gerösteter Reis, Koriandersamen, Kreuzkümmel, schwarze Senfkörner, schwarze Pfefferkörner, Bockshornkleesamen, Gewürznelken, Kurkuma

ZUBEREITUNG: Ungekochten Reis etwa fünf Minuten bei mittlerer Hitze in einer trockenen Pfanne rösten. Dann Koriandersamen, Kreuzkümmel, Senfkörner, Bockshornkleesamen und Gewürznelken dazugeben und mitrösten lassen. Anschließend im Mörser zusammen mit den Pfefferkörnern zerstoßen und mit geriebenem Kurkuma vermischen.

Diese mildscharfe Mischung von den Antillen ist so etwas wie das karibische Gegenstück zu indischen Masalas. Die Besonderheit: Sie enthält gerösteten rohen Reis, der nussig-röstig duftet und als Verdickungsmittel dient. Colombo Powder würzt viele Fleischsorten, Schalentiere und Gemüse. Die Mischung wird im Fett kurz angedünstet (Tadka), bevor die übrigen Zutaten dazukommen. Man kann auch später damit nachwürzen. Gute Grundzusammenstellung: Mischung aus 4 Teilen Reis, je 2 Teilen Koriandersamen und Kurkuma, 2 Teilen Kreuzkümmel, je 1 Teil schwarze Senfkörner, schwarze Pfefferkörner und Bockshornkleesamen sowie pro 5 g Senfkörner 8 Gewürznelken.

GÂLAT DAGGA, QÂLAT DAQQA

FLAVOUR: mittelscharf bis scharf, pikant-kräuterig, erdig-warm-süßlich, röstig

ZUTATEN: Paradieskörner, Pfeffer, Zimt, Nelken, Muskat

ZUBEREITUNG: Alle Zutaten trocken anrösten, dann im Mörser zerstoßen und vermischen.

Die tunesische mittelscharfe bis scharfe Fünf-Gewürze-Mischung ist auch in anderen nordafrikanischen Ländern beliebt. Sie kommt häufig in Eintöpfen wie zum Beispiel einer Tajine mit Lammfleisch zum Einsatz. Da die Mischung hier zuvorderst Schärfe beitragen soll, wird sie die ganze Zeit über mitgekocht. Auch Fleisch kann man vor dem Braten mit ihr einreiben und marinieren. In Gemüsegerichten, vor allem mit Kürbis oder Auberginen, bringt sie warme, erdige Töne ein. Gibt man sie erst spät zu den Speisen, betont man ihren erdig-süßlichen Charakter. Gute Grundzusammenstellung: Mischung aus 3 Teilen schwarze Pfefferkörner, 2 Teilen Gewürznelken, 1 Teil Paradieskörner, 3 Teilen Muskat und 1 Teil Zimt.

HAWAYIJ

FLAVOUR: mittelscharf, leicht bitter, blumig-fein, pfeffrig

ZUTATEN: Safran, Schwarzer Pfeffer, Kreuzkümmel oder Kümmel, Kardamom, Kurkuma

ZUBEREITUNG: Die Gewürze werden angeröstet, dann mit dem Kurkuma und den zerriebenen Safranfäden vermischt.

Die jemenitische mittelscharfe Gewürzmischung ist auch in der israelischen Küche beliebt. Sie wird in Eintöpfen, Schmorgerichten und Suppen eingesetzt sowie als Einreibegewürz für Gegrilltes. Besonders zur Wirkung kommt die Mischung in süß-scharfen Kombinationen, wie zum Beispiel bei Ente mit Aprikosen, Lamm mit getrockneten Pflaumen oder Huhn mit Honig und Walnüssen. Auch eine Kürbissuppe mit einer kräftigen Prise Hawayij löst ganz neue Geschmackserlebnisse aus. Gute Grundzusammenstellung: Mischung aus je 3 Teilen schwarze Pfefferkörner und Kreuzkümmel, 2 Teilen Kurkuma sowie je 1 Teil Safran und Kardamomsamen.

MADRAS CURRY

FLAVOUR: aromatisch-würzig-erdig, sehr scharf

ZUTATEN: Chili, Schwarzer Pfeffer, Senfsamen, Ingwer, Kardamom, Koriandersamen, Kreuzkümmel, Nelken, Zimt, Lorbeer, Curryblätter, Kurkuma

ZUBEREITUNG: Senfsamen, Kardamom, Koriandersamen, Kreuzkümmel, Nelken und Lorbeer trocken anrösten, mit klein gehacktem Chili, Kurkuma, Zimt und Pfefferkörnern im Mörser zerstoßen. Dann mit gehacktem frischem Ingwer und Curryblättern ins Öl geben (Tadka). Man kann die Curryblätter auch vorher kurz in der heißen Pfanne trocknen.

Die Schärfe des Madras Curry stammt von Chilis, schwarzem Pfeffer, Senfsamen und Ingwer. Für die reine Schärfe wird die Mischung von Anfang an dazugegeben. Will man dagegen – zum Beispiel bei Fisch und Meeresfrüchten – die aromatische Würze betonen, gibt man sie erst kurz vor Ende der Kochzeit hinzu. Gute Grundzusammenstellung: Mischung aus je 12 Teilen Kurkuma, Koriandersamen und Kreuzkümmel, 6 Teilen gehackter Ingwer, 3 Teilen Schwarzer Pfeffer, je 2 Teilen gehackte Chili, Senfsamen und Kardamom, je 1 Teil Gewürznelken und Zimt sowie pro TL Senfsamen 10 Curryblätter und 5 Lorbeerblätter.

MASALAS

Für die Zubereitung eines Masalas Ihrer Wahl können Sie sich an den Farben orientieren. Ob von der Grundmischung etwas weggelassen wird, sehen Sie im unteren Farbteil der Schalen, einfach mit dem Farbschema von Garam Masala vergleichen. Was hinzukommt, steht in der Spitze der jeweiligen Variante.

GARAM MASALA
Aroma: scharf, süßlich, würzig, erdig, aromatisch-rund, Röstaromen. Garam Masala ist der Ausgangspunkt für die weiteren Varianten. Zubereitet werden die Gewürzmischungen immer gleich (siehe rechts).

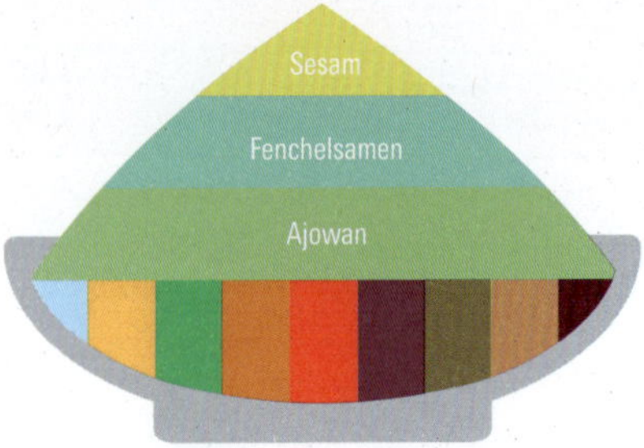

GUJARAT MASALA
Aroma: scharf, nussig, würzig

PUNJAB MASALA
Aroma: süßlich, mild frisch-scharf

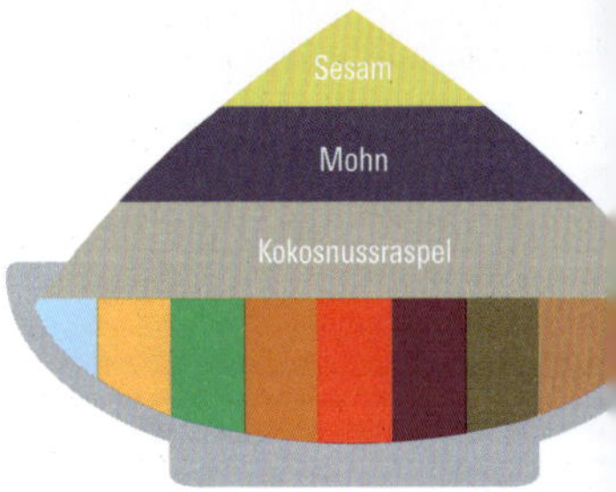

BOMBAY MASALA
Aroma: nussig-fruchtig, süßlich, etwas bitter

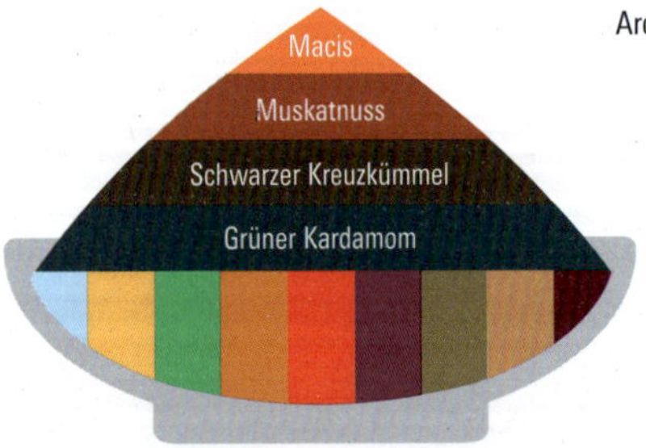

KASCHMIR MASALA
Aroma: mildscharf, erdig, leicht süßlich

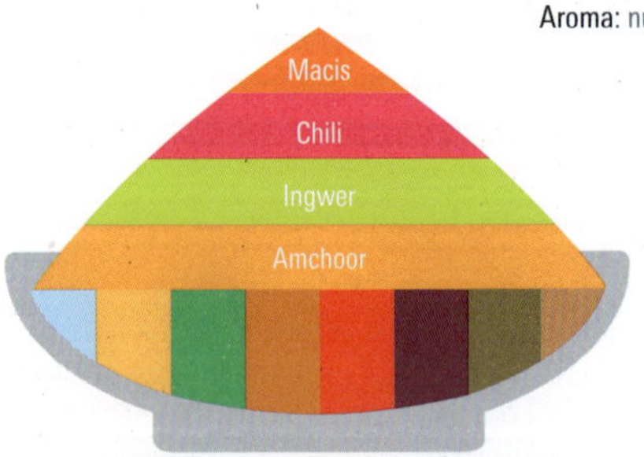

TANDOORI MASALA
Aroma: erdig-würzig, scharf-säuerlich

MASALAS

FLAVOUR: scharf, süßlich, würzig, erdig, aromatisch, rund, röstig

ZUTATEN FÜR „GARAM MASALA“: schwarze Kardamomsamen, Koriandersamen, Kreuzkümmel, schwarzer Pfeffer, Gewürznelken, Zimtstangen, Tejpat-Blätter bzw. echter Lorbeer

ZUBEREITUNG: Alle Gewürze werden einige Minuten trocken angeröstet, um ihre Aromen zu „aktivieren“, dann werden sie im Mörser gemahlen.

Indische Gewürzmischungen werden häufig etwas ungenau als „Curry“ bezeichnet. Korrekterweise sollte man von „Masala“ sprechen. So heißen Würzmischungen in Indien, die es fertig zu kaufen gibt, die aber auch jeder Koch und jede Köchin individuell zusammenstellt. Sie können aus gemahlenen oder ganzen Zutaten bestehen, die zu unterschiedlichen Zeiten an das Gericht gegeben werden, um ihre jeweiligen Aromen zur vollen Geltung kommen zu lassen. Die indischen Mischungen basieren fast alle auf Garam Masala, weshalb dessen Rezept hier als Grundmischung angegeben wird. Davon ausgehend haben sich regionale Varianten entwickelt, die bestimmte Zutaten weglassen und dafür andere ergänzen. Einige Beispiele stehen auf dem linken Schaubild.

MASSALÉ

FLAVOUR: mittelscharf, erdig, warm

ZUTATEN: Koriandersamen, Kreuzkümmel, Schwarzer Pfeffer, Kardamom, Nelken, Zimt, Chili, Muskatnuss

ZUBEREITUNG: Alle Zutaten kurz trocken rösten und im Mörser zerstoßen.

Die Gewürzmischung von der französischen Insel Réunion, die auch namensgebend für die dortigen curryartigen Gerichte ist, hat – offensichtlich von den Würzgewohnheiten indischer Einwanderer inspiriert – große Ähnlichkeit mit Garam Masala und anderen indischen Gewürzmischungen. Massalé würzt Eintöpfe, Suppen, Schmorgerichte und Marinaden für Fisch und Fleisch. Auch in der Verwendung gleicht die Gewürzmischung ihren indischen „Verwandten“: Sie wird mit der Tadka-Methode kurz in heißem Fett angebraten. Gute Grundzusammenstellung: Mischung aus je 2 Teilen Koriandersamen, Kreuzkümmel und Schwarzer Pfeffer, je 1 Teil Kardamom, Nelken und Muskatnuss sowie pro TL Koriandersamen ¼ Zimtstange, Chili nach Belieben.

KASCHMIR-VARIANTE
BOMBAY MASALA
GARAM MASALA
GUJARAT MASALA
PUNJAB MASALA

QUATRE-ÉPICES

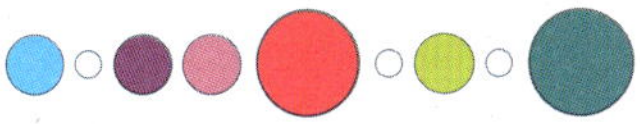

FLAVOUR: Trigeminusreiz (mild), erdig, manchmal etwas süßlich

ZUTATEN: Pfeffer, Nelken, Muskat, Ingwer. Variante mit Zimt/Macis statt Ingwer, Piment statt Nelken

ZUBEREITUNG: Pfefferkörner und Nelken kurz trocken rösten, dann mit geriebenem Muskat und frisch gehacktem Ingwer im Mörser zerstoßen.

Eine der wenigen klassischen europäischen Gewürzmischungen, die das Mittelalter überlebt haben. Sie wird in Frankreich für Wurst, Wildragouts, Pasteten, eingelegte Gewürzgurken und anderes mariniertes Gemüse verwendet. Schinken und Schweinebraten wird damit eingerieben, aber auch in Keksen oder Lebkuchen kommen die „vier Gewürze" bisweilen vor. Die Mischung besteht vor allem aus schwarzem oder weißem Pfeffer, dazu kommen Nelken, Muskat und Ingwer. Manchmal wird der Ingwer durch Zimt oder Macis ersetzt, die Nelken durch Piment. Quatre-épices duftet aber auch ohne Piment wie Piment – weshalb man diesen auch „Viergewürz" nennt. Gute Grundzusammenstellung: Mischung aus 9 Teilen Pfeffer, 3 Teilen Muskatnuss, 1 Teil Nelken und 2 Teilen Ingwer.

SAMBHAR-PULVER

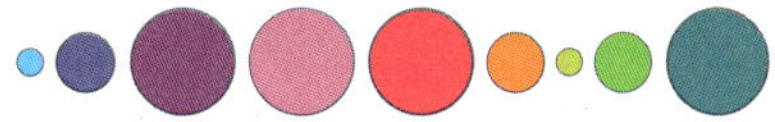

FLAVOUR: scharf, nussig, würzig-aromatisch

ZUTATEN: getrocknete Hülsenfrüchte, Koriandersamen, Kreuzkümmel, Schwarzer Pfeffer, schwarze Senfsamen, Bockshornkleesamen, getrocknete Chilis, Asant, Kurkuma. Variante zusätzlich mit Zimt, Kokosflocken

ZUBEREITUNG: Hülsenfrüchte kurz anbraten. Koriandersamen, Kreuzkümmel, Pfeffer, Senfsamen, Bockshornkleesamen und Chilis kurz trocken rösten. Mit Asant und Kurkuma im Mörser zerstoßen.

Die Würzzutat aus der südindischen Küche aromatisiert Hülsenfrüchte (Dal), Gemüse, Saucen – sie heißen ebenfalls Sambhar – und Suppen. Das Pulver enthält kurzgebratene, gebräunte Hülsenfrüchte, zum Beispiel weiße Kichererbsen oder schwarze Mungobohnen, die nussig duften und für eine cremige Konsistenz sorgen. Die frisch hergestellte Mischung hält sich luftdicht und ungekühlt etwa zwei Wochen. Gute Grundzusammenstellung: Mischung aus 3 Teilen Koriandersamen, je 1 Teil Kichererbsen, Mungobohnen und Urdbohnen, 2 Teilen Kreuzkümmel, je 1 Teil schwarze Pfefferkörner, Bockshornkleesamen, schwarze Senfsamen und Kurkuma, 1/8 Teil Asant sowie 1 TL Pfeffer, 1–2 getrocknete Chilis.

VINDALOO CURRY

FLAVOUR: aromatisch-würzig-erdig, sehr scharf

ZUTATEN: Chili, Schwarzer Pfeffer, Senfsamen, Ingwer, Kardamom, Koriandersamen, Kreuzkümmel, Nelken, Zimt, Lorbeer, Curryblätter, Kurkuma

ZUBEREITUNG: Senfsamen, Kardamom, Koriandersamen, Kreuzkümmel, Nelken und Lorbeer trocken anrösten, mit klein gehacktem Chili, Kurkuma, Zimt und Pfefferkörnern im Mörser zerstoßen. Anschließend mit gehacktem frischem Ingwer und Curryblättern ins Öl geben (Tadka). Man kann die Curryblätter auch vorher kurz in der heißen Pfanne trocknen.

Diese Mischungen aus Goa unterscheiden sich in der Zusammenstellung der Gewürze nicht wesentlich von anderen „Curry-Mischungen", durch die Zugabe von mehr Chilis sind sie allerdings schärfer. Vindaloo oder Vindalho ist unter dem Einfluss der Portugiesen entstanden. Diese importierten nach Goa ihre Art, Schweinefleisch zu marinieren: mit Wein, Knoblauch und Gewürzen. Vindaloo passt aber nicht nur zu Schweinefleisch, sondern ebenso zu Huhn, Lamm oder Kartoffeln. Gute Grundzusammenstellung: je 1 TL Pfeffer, Senfsamen, Ingwer, Kardamom, Curryblätter alle anderen Teile je einen halben TL.

TABIL

FLAVOUR: mildscharf und harmonisch, nussig, in manchen Varianten leicht süßlich

ZUTATEN: Koriander, Knoblauch, Kreuzkümmel, milde Chili oder Paprika. Varianten mit Pfeffer, Ingwer, Fenchel, Muskat, Nelke, Anis und Cassia-Zimt

ZUBEREITUNG: Knoblauch schälen und hacken. Frische oder getrocknete, milde Chilischoten klein hacken. Koriandersamen und Kreuzkümmel kurz trocken anrösten. Eventuell frischen Ingwer schälen und klein hacken. Alles mit den übrigen gemörserten Zutaten vermischen.

Tabil heißt übersetzt Koriander. Das ist die Hauptzutat dieser marokkanischen Gewürzmischung, die außerdem Knoblauch, Kreuzkümmel und milden Chili oder Paprika enthält. Sie wird oft mit Harissa in Eintopfgerichten und Couscous kombiniert und dabei reichlich dosiert. Man kann mit ihr auch Hackfleisch, Suppen oder Pastasaucen würzen oder sogar ein erdig-orientalisches Pesto herstellen. Gute Grundzusammenstellung: Mischung aus 3 Teilen Koriandersamen, 1 Teil Kreuzkümmel sowie pro EL Koriandersamen 2 Knoblauchzehen und ½–1 Chilischote.

TANDOORI MASALA
VINDALOO CURRY
CHAT MASALA
MADRAS CURRY

MASSALÉ
SAMBHAR-PULVER
TABIL
QUATRE-ÉPICES

BARBECUE-MISCHUNG

FLAVOUR: mittelscharf, leicht süßlich, salzig, würzig, kräuterig

ZUTATEN: Pfeffer, Thymian, Majoran, Kreuzkümmel, Cayennepfeffer, edelsüßes Paprikapulver, Senfpulver, Zucker, Salz

ZUBEREITUNG: Alle Zutaten vermischen, Kreuzkümmel vorher bei Bedarf kurz anrösten.

Die Nordamerikaner sind bekanntlich die (selbsternannten) Könige des Barbecues, kurz BBQ. Deshalb haben sie auch – inspiriert von der karibischen und kreolischen Küche – eine mittelscharfe Gewürzmischung entwickelt, mit der sie Steaks und Koteletts ein paar Stunden vor dem Grillen bestreichen. So eine Mischung kann im Detail höchst unterschiedlich zusammengestellt sein, aber sie enthält fast immer gemahlenen Pfeffer unterschiedlicher Farben, getrockneten Thymian und Majoran, Kreuzkümmel, Cayennepfeffer oder eine andere Sorte Chilipulver, edelsüßes Paprikapulver, Senfpulver der britischen Art (*Colman*) und Zucker zum Karamellisieren. Gute Grundzusammenstellung: Mischung aus je 6 Teilen Senfpulver und Zucker, 4 Teilen edelsüßes Paprikapulver, je 2 Teilen Kreuzkümmel und Pfefferkörner sowie je 1 Teil Majoran, Thymian und Cayennepfeffer.

BERBERE

FLAVOUR: scharf, bitter, kräuterig, würzig

ZUTATEN: Chilis, Ingwer, Knoblauch, Nelken, Koriandersamen, Piment, Ajowan, Basilikum, Bockshornklee, Langer Pfeffer, getrocknete Früchte der Weinraute, Korarima

ZUBEREITUNG: Alle Zutaten anrösten und im Mörser zerstoßen.

Die scharfe äthiopisch-eritreische Würzmischung vereint eine Vielzahl von arabischen und indischen Aromen. In Berbere gehört unter anderem Korarima, auch als äthiopischer Kardamom bekannt. Er erinnert an Kardamom und wird ähnlich wie dieser auch zum Würzen von Kaffee genutzt. Berbere prägt neben → Mitmita die äthiopische Küche und wird vielseitig zum Würzen eingesetzt: in Eintöpfen, aber ebenso zu gebratenem und geschmortem Fleisch. Gute Grundzusammenstellung: Mischung aus 2 Teilen gemahlener Chili (etwa Cayenne), je 1 Teil Salz und Ajowan, jeweils ½ Teil Kardamom, Bockshornklee, Knoblauch, Ingwer, Basilikum und Langer Pfeffer sowie je ⅛ Teil Piment und Nelken.

CAJUN-MISCHUNG

FLAVOUR: scharf, erdig, würzig, salzig

ZUTATEN: edelsüßes Paprikapulver, Schwarzer Pfeffer, Cayennepfeffer (Chili), Fenchelfrüchte, Kreuzkümmel, Senfpulver, Thymian, Oregano, Salbei, Salz, (getrockneter) Knoblauch, (getrocknete) Zwiebeln

ZUBEREITUNG: Die Gewürze trocken anrösten und die getrockneten Zwiebeln und Knoblauch durch sehr klein geschnittene frische ersetzen. Mit den gemörserten Gewürzen und Kräutern zu einem Brei vermischen.

In der kreolischen und der Cajun-Küche Louisianas wird gerne reichlich gewürzt. Die Zusammenstellung der Cajun-Mischung kann stark variieren. Es gibt fertiges Cajun-Pulver zu kaufen; aromatischer ist die Mischung jedoch, wenn man sie frisch herstellt. Mit dem Pulver wird Grillgut – Fisch ebenso wie Fleisch – eine Stunde vor dem Barbecue eingerieben oder es werden langsam garende Gerichte wie *Gumbos* (Eintöpfe) und *Jambalayas* (Reisgerichte) gewürzt. Gute Grundzusammenstellung: Mischung aus je 2 Teilen edelsüßes Paprikapulver und Thymian, je 1 Teil schwarze Pfefferkörner, Kreuzkümmel, Senfpulver, Cayennepfeffer, Oregano und Salz sowie pro TL Pfefferkörner 1 Knoblauchzehe und Zwiebel.

HARISSA-PULVER

FLAVOUR: sehr scharf, schwefelig, erdig-würzig

ZUTATEN: Chilischoten, Koriandersamen, Kreuzkümmel, Knoblauch. Variante zusätzlich mit Paprika

ZUBEREITUNG: Koriander, Kreuzkümmel und Chili trocken anrösten und eventuell mit Paprika im Mörser zerstoßen. Knoblauch hacken und mit den Gewürzen vermischen.

Es ist so etwas wie das tunesische Nationalgewürz: Harissa ist eine der bekanntesten nordafrikanischen Gewürzmischungen, die als bitterscharfe Fertigsauce in Dosen (→ Harissa-Sauce) oder als trockene Mischung auch bei uns angeboten wird. Sie enthält viel getrocknete oder frische Chilischoten, Koriandersamen, Kreuzkümmel und Knoblauch, manchmal auch Paprika. Harissa als Pulver würzt gegrilltes Fleisch, *Merguez* (pikante Würste), Couscous und *Tajines*. Gute Grundzusammenstellung: Mischung aus 3 Teilen Koriandersamen, 2 Teilen Kreuzkümmel sowie pro TL Kreuzkümmel 1 Knoblauchzehe und 1–2 getrocknete Chilischoten.

CHAT MASALA

FLAVOUR: säuerlich-scharf, würzig

ZUTATEN: Pfeffer, Kreuzkümmel, Ajowanfrüchte, Amchoor, Asant, getrocknete Minze, Anardana, Chili

ZUBEREITUNG: Die Zutaten im Mörser vermischen und zerstoßen. Sie werden diesmal nicht geröstet, weil man Röstaromen im Salat nicht unbedingt braucht beziehungsweise möchte.

Eine säuerliche Variante von Garam Masala, die man roh über Obst- und Gemüsesalate streut: „Chat" bedeutet „Salatsnack". Sie enthält unter anderem Amchoor, Minze, getrocknete Granatapfelkerne (Anardana) und Chili. Verrührt man die würzige, säuerlich-scharfe Mischung mit Joghurt oder Sauerrahm, ergibt sich ein schöner Kontrast zu süßem Obst: So wird aus einem schlichten Obstsalat ein interessanter Zwischengang. Zusammen mit Gemüse und Joghurt kann man aus Chat Masala eine Art indisches *Gazpacho* herstellen: Alles im Mixer mit etwas Öl und Knoblauch pürieren und kalt servieren. Gute Grundzusammenstellung: Mischung aus 2 Teilen Kreuzkümmel, 1 Teil Ayowan, Amchor, Minze, ½ Teil Asant, nach Geschmack Anardana und Chili.

MITMITA

FLAVOUR: scharf, würzig, salzig

ZUTATEN: Chilis (Piri Piri), Kardamom, Kreuzkümmel, Salz. Variante zusätzlich mit Zimt, Nelken, Ingwer

ZUBEREITUNG: Alle Zutaten anrösten und im Mörser vermischen.

Diese scharfe Mischung stammt ursprünglich aus Äthiopien. Sie besteht zum überwiegenden Teil aus den scharfen, kleinen roten Chilis (Piri Piri) mit sehr geringen Mengen Kardamom, Kreuzkümmel, Salz und je nach Mischung auch aus Zimt, Nelken oder Ingwer. Man würzt mit ihr *Kitfo* – rohes Rindfleisch, eine Art äthiopisches Tatar – und das aus Ägypten stammende Saubohnengericht *Ful*. Mitmita und → Berbere sind die beiden wichtigsten Gewürzmischungen in der äthiopischen Küche. Gute Grundzusammenstellung: Je ein Teil Chili, Kardamon und Kreuzkümmel, ½ bis 1 Teil Salz.

RAS EL-HANOUT
MITMITA
CAJUN-MISCHUNG
BERBERE

PANCH PHORA, PANCH PHORON
HARISSA-PULVER
BARBECUE-MISCHUNG
SHICHIMI TOGARASHI
ZA'ATAR, ZATAR

PANCH PHORA, PANCH PHORON

FLAVOUR: fenchel-anisartig, kräuterig, etwas bitter, leicht scharf

ZUTATEN: Kreuzkümmel, Fenchelfrüchte, Bockshornkleesamen, Nigella, schwarze Senfsamen. Variante zusätzlich mit Chili oder Pfeffer

ZUBEREITUNG: Samen ohne Fett in einer Pfanne kurz rösten, danach im Mörser zerkleinern und vermischen.

Auch bekannt unter dem Namen bengalische Fünf-Gewürze-Mischung. Sie enthält Kreuzkümmel, Fenchelfrüchte, Bockshornkleesamen, Nigella und schwarze Senfsamen, die in einigen regionalen Varianten durch Radhuni, eine Art „wilder Sellerie" mit Petersilienduft, ersetzt werden. Damit würzt man in Bengalen und im östlichen Indien vor allem Fisch und vegetarische Gerichte. Die gemahlenen Gewürze werden zu Beginn im Öl kurz gedünstet (Tadka-Methode). Eine ideale Mischung für Kartoffelgerichte und *Dals* (Linsengerichte). Man kann die verhaltene Schärfe jederzeit mit Chili oder Schwarzem Pfeffer steigern. Gute Grundzusammenstellung: Mischung aus allen Zutaten zu gleichen Teilen.

RAS EL-HANOUT

FLAVOUR: scharf, bitter, harmonisch-aromatisch

ZUTATEN: Kubebenpfeffer, Pfefferkörner, Zimtstangen, Gewürznelken, grüne Kardamomkapseln, getrocknete Chilischoten, Piment, Muskatnüsse, Rosenblätter, Lavendelblüten, Kreuzkümmel, Safran, Sternanis, Koriander, Paradieskörner, Nigella, Bockshornklee, Kurkuma, Ingwer, Galgant, Mönchspfeffer, Langer Pfeffer

ZUBEREITUNG: Alle Zutaten bis auf Muskatnüsse, Rosenblätter, Safran, Ingwer beziehungsweise Galgant, Kurkuma und Lavendel trocken anrösten, dann mit geriebener Muskatnuss, Kurkuma, Rosenblättern und Safran im Mörser vermischen. Ingwer oder Galgant fein hacken und untermengen.

Wörtlich bedeutet Ras el-Hanout so viel wie „Chef des Ladens". Die marokkanische Mischung kommt meist ungemahlen in den Handel. Gemahlen und angeröstet wird immer erst bei Bedarf. Ras el-Hanout kann zwischen 20 und 100 Zutaten enthalten; Variationen gibt es so viele, wie es Gewürzhändler gibt. Das scharfe, bittere und süßliche Aromenspiel passt zu einer Vielzahl von Speisen, nicht nur zu Couscous. Gute Grundzusammenstellung: je 1 Teil aller Zutaten, je ½ Teil Lavendel und Safran, nach Geschmack Chili.

SHICHIMI TOGARASHI

FLAVOUR: scharf, bitter, nussig, fruchtig, jodig

ZUTATEN: weiße und schwarze Sesamsamen, Mohnsamen, Tangerinen-, Mandarinen- oder Orangenschalen, Nori-Flocken, Chiliflocken, Sansho (Szechuanpfeffer). Variante zusätzlich mit Hanfsamen, Yuzu-Schale, Perilla

ZUBEREITUNG: Sesam, Hanf, Pfeffer und Mohn kurz trocken anrösten. Nori, Zitrusfrüchteschalen und Perilla fein hacken. Alles vermischen.

Der japanische Name steht für „Sieben-Zutaten-Chili". Die Mischung aus Sesam- und Mohn-, bisweilen auch Hanfsamen, Tangerinenschalen, Nori-Flocken, Chiliflocken und Sansho (Szechuanpfeffer) ist scharf, aber die Chili-Schärfe übertönt nie die übrigen Aromen. Manchmal tauchen außerdem Yuzu-Schale und Perilla in der Mischung auf. Mit Shichimi Togarashi würzt man Nudelsuppen, *Udon* (Nudelgerichte), *Nabemono* (Eintöpfe) und *Yakitori* (Hühnchenspieße). Nicht zu verwechseln mit Ichimi togarashi, was lediglich gemahlener Chili ist – wörtlich: Ein-Gewürz-Chili. Gute Grundzusammenstellung: Mischung aus je 3 Teilen Sansho, Chiliflocken und Tangerinenschalen, je 2 Teilen weiße Sesamsamen und schwarze Sesamsamen, je 1 Teil Mohnsamen und Nori.

ZA'ATAR, ZATAR

FLAVOUR: bitter, sauer, kräuterig

ZUTATEN: Sumach, geröstete Sesamsamen, Zatar-Kraut, Salz

ZUBEREITUNG: Sesam rösten, Zatar-Kraut klein hacken, mit Sumach vermischen, salzen. Für einen Dip mit Olivenöl anrühren.

Diese Gewürzmischung ist in Nordafrika, dem Nahen Osten und der Türkei verbreitet. Zu ihren Grundzutaten zählt unter anderem das Zatar-Kraut. Bei uns eher unbekannt, kann man es mit getrocknetem Thymian, Oregano oder Majoran ersetzen – es ist aber nicht das Gleiche. Mit Olivenöl vermischt, wird das Pulver vor dem Backen auf Fladenbrot gestrichen. So kann man es auch als Dip verwenden oder am Tisch damit Fleischbällchen würzen. Gute Grundzusammenstellung: Mischung aus je 2 Teilen Zatar-Kraut und Sesamsamen, 1 Teil Sumach sowie ¼ Teil Salz.

SAUCEN UND PASTEN

Marinaden, Dips, Saucen und Pasten – dieses Kapitel behandelt die Welt der Würzen mit flüssiger bis sämiger Konsistenz. Die bei der Zubereitung verwendeten Öle, Essige, Fruchtsäfte oder Wasser tragen nicht nur neue Aromen ein, sie dienen auch als Lösungsmittel für die Duftnoten, verhindern also einen Aromenverlust. Heutzutage gibt es in gut sortierten Lebensmittelläden fast alles in Flaschen oder Gläsern zu kaufen, aber erstaunlich vieles lässt sich auch selbst herstellen. Wo es möglich ist, liefert das Kapitel die Zubereitung.

Wie wollen Sie würzen? Die Saucen und Pasten sind nach ihrer jeweils dominanten Grundgeschmacksrichtung beziehungsweise ihrer Trigeminusreizung geordnet. Der Flavour, der Gesamteindruck aller Sinne während des Essens, zeigt die Einzelheiten einer Mischung.

KETCHUP

FLAVOUR: süß, sauer, umami, tomatig, würzig

ZUTATEN: Tomaten, Salz, Muskatblüte, Muskatnuss, Piment, Gewürznelke, Zimt, Ingwer, Pfeffer

ZUBEREITUNG: Reife Tomaten zerquetschen, salzen. 2 Stunden kochen lassen, dabei ständig rühren. Die noch heiße Masse durch ein Sieb passieren. Mit den Gewürzen abschmecken. Auf kleiner Flamme so lange kochen, bis sie eindickt.

Die dickflüssige, pikant-süß-säuerliche Sauce ist besser als ihr Ruf – wenn man sie selbst herstellt. Denn Tomaten sind ein natürlicher „Geschmacksverstärker" (→ Tomaten, getrocknet). Man verrührt das Mark aus reifen Tomaten mit Gewürzen, Salz, (wenig) Zucker und Essig und lässt die Mischung reifen. Dabei werden weitere Aromen freigesetzt. Mit einem solchen Ketchup lässt sich eine Tomatensauce oder -suppe im Handumdrehen aufpeppen. Oder man rührt einen guten Ketchup neben Senf in die Fleischmasse für Buletten.

STEAK- UND BARBECUESAUCEN

FLAVOUR: süß, sauer, umami, tomatig, rauchig, scharf

ZUTATEN (SAUCE): ½ gehackte Zwiebel, 50 ml Tomatenmark, 50 ml Tomatenketchup, 30 ml Balsamicoessig, 30 g brauner Zucker, 10 g Honig, etwas Senf, 1 TL Rauchsalz, Pfeffer, etwas Knoblauch, evtl. Worcestersauce

ZUBEREITUNG Grundzutaten verrühren und bei niedriger Hitze eine halbe Stunde köcheln lassen – dabei verliert sich der am Anfang etwas strenge Essiggeschmack.

Beim Grillen und Rösten entstehen neue Stoffe, die köstlich duften. Steaksaucen tragen meist ein Räucheraroma, das eng verwandt ist mit Röstaromen – aus diesem Grund passen sie so gut zu gegrilltem Fleisch (→ Würzpraxis: Räuchern, Seite 31). Es gibt unzählige Rezepte für Barbecuesaucen. Bei denjenigen auf Tomatenbasis können neben Tomatenketchup oder Tomatenmark Senf, Chili, Currypulver, Pfeffer, Honig, Zwiebeln, Knoblauch, ein Spritzer Zitrone, Tabasco und Balsamicoessig enthalten sein. Man kann sie auch mit Whiskey oder mit Marmeladen oder Fruchtsirupen verfeinern. Ebenso gibt es vor allem im Süden der USA Varianten ohne Tomaten, dafür mit Bier oder Senf, die mit Zucker, Melasse oder Honig kombiniert werden.

ACHIOTE-SAUCE

FLAVOUR: sauer, salzig, bitter, würzig-harzig, scharf

ZUTATEN: Annattosamen, Chilis, Knoblauch, Zwiebeln, Tomatenmark, Pfeffer, Salz, Essig, Wasser, Maisstärke

ZUBEREITUNG: Die Zutaten werden in einem Mörser oder Blitzhacker zu einer Paste verarbeitet. Im Kühlschrank einen Tag ziehen lassen.

Aromatisch in eine ähnliche Richtung wie die ebenfalls mexikanischen → Recado-Pasten gehen diese flüssigen mexikanischen Saucen: Sie enthalten die blumig-bitter duftenden und schmeckenden Annattosamen, die auch für die charakteristische rötlich-gelbe Färbung verantwortlich sind, dazu kommen Chilis, Knoblauch und Zwiebeln, Tomatenmark, Pfeffer und etwas Salz. Sie werden auf Basis von Essig und Wasser angerührt und mit Maisstärke eingedickt. Es gibt sie auch fertig in Flaschen zu kaufen.

SENF-BARBECUE-SAUCEN
EAST CAROLINA BARBECUESAUCE
BARBECUESAUCEN MIT FRÜCHTEN
CURRYKETCHUP
KETCHUP
STEAK- UND BARBECUESAUCE

CHERMOULA, CHARMOULA

FLAVOUR: sauer, salzig, kräuterig, scharf

ZUTATEN: Petersilie, Korianderkraut, Zitronensaft, eingelegte Zitronen, Knoblauch, Kreuzkümmel, Salz. Varianten zusätzlich mit Zwiebeln, Paprikapulver, Schwarzem Pfeffer, Safran oder Kurkuma

ZUBEREITUNG: Eingelegte Zitronen und Knoblauch klein schneiden, mit Zitronensaft und den Gewürzen und gehackten Kräutern vermischen.

Eine Mischung für Marinaden und Dips aus Algerien, Tunesien und Marokko. Sie besteht aus frischer Petersilie und Korianderkraut, aus Zitronensaft, eingelegten Zitronen, Knoblauch, Kreuzkümmel und Salz. Außerdem kann sie Zwiebeln, Paprikapulver, Schwarzen Pfeffer und für die Farbe Safran oder Kurkuma enthalten. In erster Linie werden mit Chermoula Fisch und Meeresfrüchte mariniert, aber auch Fleisch- oder Gemüsegerichte. Auch Schafskäse kann man darin über Nacht einlegen. Mit gebratenen Zwiebeln kann aus der Mischung auch eine Sauce zubereitet werden.

CHIMICHURRI

FLAVOUR: sauer, salzig, kräuterig, scharf

ZUTATEN: Rotweinessig, Petersilie, Frühlingszwiebeln, Knoblauch, Olivenöl, Schwarzer Pfeffer, Cayennepfeffer, Salz, Oregano, Thymian, Lorbeer, edelsüßes Paprikapulver, frischer Koriander, Tomaten

ZUBEREITUNG: Essig mit den Gewürzen verrühren. Das Öl nach und nach, die frischen, klein gehackten Zutaten zum Schluss unterrühren. Noch aromatischer wird die Sauce, wenn man sie bis zu zwei Wochen verschlossen im Kühlschrank ziehen lässt.

Diese frische und scharfe argentinische Petersiliensauce ist in ganz Süd- und Mittelamerika beliebt. Sie enthält unter anderem viel gehackte Petersilie, Knoblauch, Cayennepfeffer, etwas getrockneten Oregano und/oder Thymian, manchmal auch Lorbeer und süßes Paprikapulver. Sie wird zu Steaks oder Bratwurst auf ***Choripán*** (Weißbrot) gereicht und hat Ähnlichkeit mit italienischem Pesto. Man kann auch Geflügel oder Fisch damit marinieren. Der chilenische ***Pebre*** ist ähnlich in Zusammensetzung und Verwendung (***Choripán***), enthält jedoch statt Petersilie frisches Korianderkraut und Tomaten. Die brasilianische Variante ***Vinagrete*** für Grillgut verwendet ebenfalls Tomaten, lässt dafür aber die Kräuter weg.

CHUTNEYS

FLAVOUR: sauer, süß, fruchtig, pikant, scharf bzw. kühlend

ZUTATEN: eingekochtes Gemüse/Obst, Joghurt/Quark, Öl, Zitronensaft, Zitronensäure, Tamarinde oder Essig

ZUBEREITUNG: Chutneys werden entweder wie Marmeladen eingekocht oder die Zutaten werden roh und frisch vermischt und anschließend 30 Minuten stehen gelassen.

Chutneys haben eine musartige, manchmal auch eher flüssige Konsistenz. Prinzipiell kann man sie aus jeder Gewürz-, Gemüse- oder Fruchtart herstellen, auch aus Milchprodukten wie Joghurt oder Quark. Es gibt Chutneys aus Datteln, Zwiebeln, Kokosnüssen, Pflaumen, Tomaten, Mangos, unreifen Zitronen, selbst aus Erdnüssen. Als Säuerungsmittel kommt häufig Zitronensaft oder -säure, Tamarinde oder Essig zum Einsatz.

REGIONALE VARIANTEN

Verschiedene indische oder pakistanische Regionen bevorzugen jeweils andere Zusammensetzungen. In Nordindien sind etwa Joghurtchutneys beliebt, die mit Zwiebeln oder Minze gewürzt werden. Es gibt aber auch ausgesprochen scharfe Chutneys mit vielen frischen roten oder grünen Chilis.

HARI CHUTNEY Chutneys aus frischem Koriandergrün oder frischer Minze heißen auf dem indischen Subkontinent Hari Chutney, übersetzt „Grüne Sauce". Sie dienen auch dazu, die Schärfe der Chilis in Currys zu mildern. Mit ihnen würzt man gefüllte Teigtaschen wie Pakoras, Samosas und andere Snacks aus Gemüse sowie Salate.

MEETHI CHUTNEY So werden säuerlich-süße Chutneys aus Tamarinde genannt, übersetzt „Süße Sauce". Die Tamarinde wird in Wasser eingeweicht und dann mit Gewürzen und weiteren Zutaten im Mörser vermischt: Kreuzkümmel, Fenchelsamen, unraffiniertem Rohrzucker, Cashews und Rosinen.

KNOBLAUCH-CHUTNEY Beliebt in weiten Teilen Indiens und Pakistans sind Knoblauch-Chutneys, die neben Knoblauch getrocknete oder frische Kokosnussraspel und rotes Chilipulver enthalten. Das Pulver wird entweder direkt als Gewürz beim Kochen verwendet oder mit einer Art Quark, Buttermilch oder Öl angerührt.

INGWER-CHUTNEY Sie sind in der tamilischen Küche populär. Chutneys mit Ingwer werden zu Dosa (Pfannkuchen) gereicht. Sie bestehen neben geriebenem frischem Ingwer aus verschiedenen Linsen, frischer grüner Chili und getrockneter roter Chili, Tamarinde, Rohrzucker, Wasser, Salz und Öl. Alternativ kann man auch noch Senfsamen und Curryblätter dazugeben.

MINZSAUCE, MINT SAUCE

FLAVOUR: sauer, süß, frisch-kräuterig, kühlend

ZUTATEN: 1 Tasse Essig (für 25 g Minze), Grüne Minze, Pfefferminze, Zucker, Pfeffer, Salz. Indische Variante zusätzlich mit Koriander, Chili, Zwiebeln, Zitronensaft. Minz-Raita zusätzlich mit Joghurt.

ZUBEREITUNG: Minze fein hacken, mit etwas Zucker, Pfeffer und Salz vermischen, mit aufgekochtem Essig übergießen und kalt stellen.

Auf den Britischen Inseln ist Minzsauce eine sehr delikate Zutat zu Lamm und Hammel – und bisweilen zu Erbsen. Sie besteht aus gehackter →Minze, genauer gesagt aus der Grünen Minze ohne Menthol, aus der Pfefferminze mit Menthol oder aus einer Mischung beider. Die Sauce wird kalt gereicht. Der kühlende Effekt der Minze bietet immer einen interessanten Kontrast – in Südamerika etwa gleicht man die Schärfe von Chilis mit Minze aus. Die indische Küche kennt ein → Chutney mit Minze: *Hari Chutney*, das aber meist auch Koriander, Chili, Zwiebeln und Zitronensaft enthält.

MINZ-RAITA Mischt man indische Minzsauce mit Joghurt, bekommt man Minz-Raita, einen indischen Dip, der gekühlt zu vielen indischen Vorspeisen wie Samosa oder Grillspießen gereicht wird.

PERSILLADE

FLAVOUR: sauer, nussig-kräuterig

ZUTATEN: Petersilie, Knoblauch. Varianten mit Semmelbröseln, Lorbeerblättern, Estragon, Basilikum, Oregano oder Anchovis. Gremolata zusätzlich mit Zitronenschale

ZUBEREITUNG: Frische Petersilie und Knoblauch fein hacken und vermischen. Für eine Gremolata mit abgeriebener und klein geschnittener Zitronenschale vermischen.

Die Grundform aller Persilladen besteht aus viel Knoblauch und viel Petersilie, beides klein gehackt und nach kurzer Ziehzeit frisch verwendet. Kocht man sie mit, wird die Schärfe des Knoblauchs abgemildert, gibt man sie erst zum Schluss oder nach Ende der Garzeit zu Geflügel, Fisch oder Gemüse, ist die Schärfe deutlicher spürbar. Mischt man Persillade mit Semmelbröseln, kann man damit Fleisch gegen Ende der Garzeit einreiben, etwa Lammkoteletts. Mischt man abgeriebene Zitronenschale unter, wird daraus eine Gremolata, die klassische Mischung für Mailänder *Ossobuco*, also geschmorte Kalbshaxe. Sie passt ebenso zu gegrilltem oder gebackenem Fisch, Linsen- und Bohnensuppen, Eintöpfen und Salaten. Man kann die Petersilie auch mit Lorbeerblättern, Estragon, Basilikum oder Oregano ersetzen oder ergänzen.

MINZSAUCE, MINT SAUCE
CHERMOULA, CHARMOULA
WILDBEIZE
ESCABECHE

CHUTNEY
CHIMICHURRI
ZUTATEN FÜR CHUTNEYS
ACHIOTE-SAUCE
ZITRONEN-KNOBLAUCH-MARINADE

MOLE VERDE

FLAVOUR: sauer, kräuterig, bitter, scharf

ZUTATEN: Wasser/Brühe, Majoran, Thymian, Epazote, Hoja santa, Sauerampfer, Blattspinat, grüne Tomatillos, grüne Poblano-Chilis

ZUBEREITUNG: Frische Kräuter, Chilis und Tomatillos hacken und mit Brühe oder Wasser eine halbe Stunde leicht köcheln lassen. Salzen.

Mit Mole bezeichnet man eine Vielzahl an mexikanischen Saucen. Die meisten sind dominant scharf (→ Moles). Die grünen Moles sind eine mildere, säuerliche Ausnahme. Sie werden nicht aus Gewürzmischungen hergestellt, stattdessen werden frische Kräuter angerührt und mit Wasser oder Brühe gekocht. Die grüne Farbe kommt von den verwendeten Kräutern, etwa Majoran, Thymian, Hoja santa (mexikanischer Blattpfeffer), Sauerampfer oder Epazote – dieses Kraut ist, frisch oder getrocknet, in der mexikanischen Küche, aber nur dort, eine beliebte Zutat. Dazu enthält Mole verde Blattspinat, grüne Tomatillos sowie die milden grünen Poblano-Chili. Wie von allen Moles gibt es auch von Mole verde unzählige Variationen.

RECADO-PASTE

FLAVOUR: süß, salzig, würzig-schwefelig, etwas scharf

ZUTATEN: Knoblauch, Piment, Schwarzer Pfeffer, Koriandersamen, Kreuzkümmel, Zimt, Gewürznelken, Oregano, Salz, Weißweinessig/(Bitter-)Orangensaft. Recado rojo zusätzlich mit Annattosamen

Eine mexikanische Spezialität von der Halbinsel Yucatán. Recado-Paste enthält viel Knoblauch, Piment und Schwarzen Pfeffer, Koriandersamen, Kreuzkümmel, Zimt, Gewürznelken, getrockneten Oregano, Salz und Weißweinessig oder (Bitter-)Orangensaft.

RECADO ROJO: Diese beliebte Variante verwendet zusätzlich Annattosamen, um der Paste und den mit ihr bestrichenen Lebensmitteln eine tiefrote Farbe zu verleihen. Es gibt viele Varianten, die zum Würzen von Fleisch, Geflügel oder Fisch vor dem Grillen verwendet werden. Besonders beliebt ist *cochinita pibil*, langsam gebackenes oder gebratenes Schweinefleisch in Bananenblätter gewickelt. Ähnlich in der Zubereitung ist *pollo pibil*, gedämpftes oder gebackenes Huhn in Bananenblättern. Man kann Recado rojo in Lateinamerika-Geschäften fertig in Blöcken kaufen. Die Paste ist im Kühlschrank einige Monate haltbar.

SAUCE GRIBICHE
PISTOU
MOLE VERDE
GREMOLATA MIT ZITRONE
PERSILLADE
RECADO-PASTE

SAUCE GRIBICHE

FLAVOUR: sauer, würzig, fett

ZUTATEN: 2 EL Weißweinessig, Öl, Eigelb, 1 TL Senf, Kapern, Petersilie, Koriander, Estragon, Cornichons (kleine saure Gurken), Fleur de Sel, Pfeffer

ZUBEREITUNG: Eier hart kochen, Eigelb trennen und mit einer Gabel zerdrücken. Mit Senf vermischen und unter Zugabe von Öl zu einer Mayonnaise verrühren (montieren). Weißweinessig zugeben. Kapern, Kräuter, Cornichons und Eiweiß klein hacken. Alles vermengen, mit Meersalz (Fleur de sel) und Pfeffer abschmecken.

Eine klassische, etwas säuerliche Sauce der französischen Küche aus hart gekochtem Eigelb, sauer eingelegten Gurken, Kapern, Senf, Kräutern (Petersilie, Koriander, Estragon), Essig und Öl. Sie wird zu Kalbskopf, Sülzen und Fisch gereicht sowie zu Krebsen und anderen Schalentieren. Sie kann aber auch als Dressing zu Salaten serviert werden (→ Mayonnaise). Auch zu weißem oder grünem Spargel schmeckt sie – als gute Alternative zur üblichen milderen Sauce hollandaise.

ESCABECHE

FLAVOUR: säuerlich-frisch, kräuterig

ZUTATEN: Öl, Essig, Wasser, Zwiebel, Knoblauch, Lorbeer, Möhren, Paprika, Pfeffer, Senfkörner, Kräuter

ZUBEREITUNG: Alles zerkleinern, vermischen.

Saure Marinaden sind nicht nur geschmacklich eine Sensation, sie verlängern auch die Haltbarkeit der Lebensmittel. Zudem wirkt die Säure auf Proteine: Eiklar oder roher Lachs kann, mit Essig beträufelt, durch die Säure „gegart" werden (→ Abschmecken sauer). Die säuerlich-frische Escabeche enthält Öl, Essig, Wasser, Zwiebel, Knoblauch, Lorbeer, Möhren, Paprika und verschiedene Gewürze – unter anderem Pfeffer, Lorbeer, Senfkörner und Kräuter. In der spanischen, portugiesischen und lateinamerikanischen Küche nutzt man sie vor allem zum Einlegen von Fisch: Gebratener Fisch, den man zuvor in Mehl gewendet hat, damit seine Haut knusprig wird, wird rund 24 Stunden gekühlt in die Marinade eingelegt, also gebeizt. Danach wird er entweder kalt gegessen oder in Eintöpfen noch einmal aufgewärmt. In Spanien wird auch Huhn, Kaninchen oder Schweinefleisch auf diese Weise zubereitet. In Mexiko legt man Jalapeño-Chilis in Escabeche ein.

TANDOORI

FLAVOUR: säuerlich, herzhaft, erdig-würzig, scharf

ZUTATEN: Chili, Kreuzkümmel, Koriandersamen, Safran oder Kurkuma, Joghurt. Varianten zusätzlich mit Zwiebeln, Knoblauch, Ingwer, Zitronensaft

ZUBEREITUNG: Kreuzkümmel, Chili und Koriandersamen kurz trocken rösten und im Mörser mit Safran/Kurkuma zerkleinern. Mit Joghurt vermischen. Danach mit sehr klein gehackter Zwiebel, Knoblauch und etwas Ingwer abschmecken. Eventuell einen Spritzer Zitronensaft hinzufügen.

Die zunächst trockene Würzmischung →Tandoori Masala besteht im Wesentlichen aus Chili, Kreuzkümmel, Koriandersamen und Safran oder Kurkuma. Für eine Marinade wird sie in Joghurt eingerührt, der zusätzlich mit Zwiebeln, Knoblauch, Ingwer und Zitronensaft aromatisiert wird. Um Fleisch, besonders Huhn, im Tandur/Tandoor, dem indischen Lehmofen, zu rösten, wird es zuvor in diesem gewürzten Joghurt eingelegt. Das Fleisch wird durch den Joghurt nicht nur zarter, es bekommt wegen des Safrans bzw. Kurkumas auch eine typische orangerote Färbung.

WILDBEIZE

FLAVOUR: säuerlich herzhaft, warm-würzig, glühweinartig

ZUTATEN: Rotwein/Rotweinessig, Zwiebeln, Knoblauch, Lorbeer, Wacholderbeeren, Piment, Gewürznelken, Senfkörner, Pfeffer, Karotten, Thymian, Rosmarin, Salbei, Petersilie, Knollensellerie, Honig, Zimt

ZUBEREITUNG: Alle Zutaten vermischen und kurz aufkochen lassen.

Möchte man dunkles Fleisch einlegen, nimmt man als Grundlage der Marinade Rotwein und Rotweinessig, weil deren Farbe sich hervorragend in das dunkle Fleisch, besonders Wild, einfügt. Des Weiteren kommen die schweren, adstringierenden Weine dem süßlichen „Blutgeschmack" und dem umami-Charakter des Wildbrets sehr entgegen. Dazu kommen gewöhnlich Zwiebeln, Knoblauch, verschiedene Gewürze, Knollensellerie oder ein anderes Wurzelgemüse wie Petersilienwurzel oder gelbe Rüben, Honig und eventuell Zimt. Das Ganze wird aufgekocht und dann über das rohe Fleisch gegossen. Wildbeize ist durch seine Zutaten etwas süßer, weniger sauer und dafür erdiger als Escabeche. Man bekommt heute Wild allerdings oft in so guter Qualität, dass sich ein Beizen nicht mehr lohnt und nur das Aroma übertönen würde.

ZITRONEN-KNOBLAUCH-MARINADE

FLAVOUR: frisch-säuerlich, kräuterig-scharf, schwefelig, lauchartig, zitrusartig

ZUTATEN: Olivenöl, Zitronensaft, Knoblauch, Petersilie, Zitrone

ZUBEREITUNG: Alle Zutaten zerkleinern und roh vermischen.

Eine in Griechenland populäre Art, zum Beispiel Hühnerspieße zuzubereiten. Man stellt eine Mischung aus Olivenöl, Zitronensaft, klein geschnittenem Knoblauch und gehackter Petersilie her und mariniert darin einige Stunden die Fleischstücke, die man dann auf ebenfalls in der Marinade eingelegte Holzspieße steckt. Das Marinieren der Holzspieße verhindert ihr Verbrennen beim Grillen, außerdem geben sie dann weiter Aroma an das Fleisch ab.

FISCHSAUCE

FLAVOUR: umami, salzig, nussig, käsig, würzig

ZUTATEN: Unausgenommener Fisch, Meersalz. Als Sauce zum Dippen bei Tisch werden regional verschiedene weitere Zutaten beigegeben, zum Beispiel Knoblauch, Chilis, Kreuzkümmel, Kukurma, Koriandersamen, frischer Koriander, Zitronengras, Garnelenpasten, Ingwer, Kokosmilch, Limetten.

ZUBEREITUNG: Fisch mit Innereien dicht in ein Fass drücken, immer wieder salzen, Deckel drauf und bis zu einem Jahr gären lassen.

Fischsauce in ihrer traditionellen Form entsteht durch Fermentation von rohem, gesalzenem Fisch oder anderen Meerestieren in Holz- oder Steinbehältern. Dieser Prozess kann über ein Jahr dauern. Das Ergebnis ist eine dünnflüssige, herzhaft-würzige und salzige, hell- bis dunkelbraune Sauce.
REGIONALE UNTERSCHIEDE Es gibt zahlreiche regionale Unterschiede in der verwendeten Fischart, dem Mengenverhältnis von Fisch und Salz, der Fermentationsdauer sowie mit anderen Zutaten verfeinert. Einige Beispiele sind im Schaubild rechts aufgenommen.

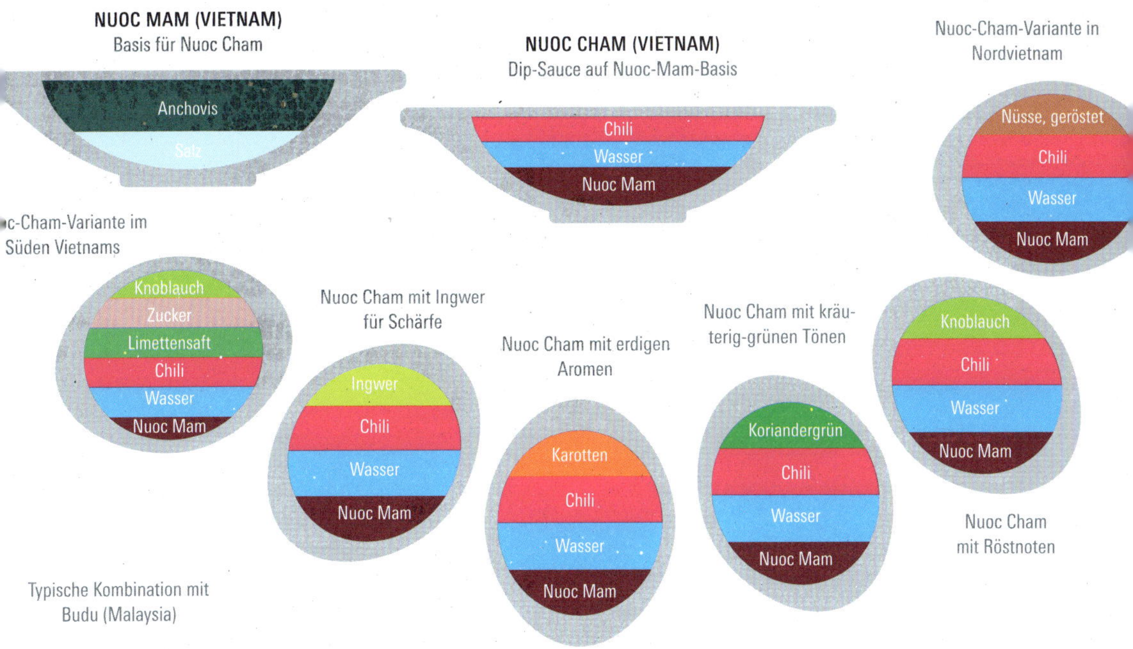

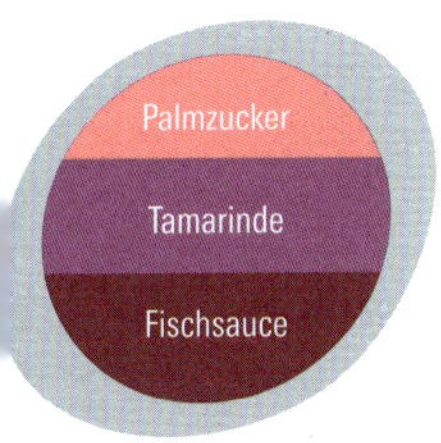

FISCHSAUCEN UND VARIANTEN

Die Basis besteht immer aus gesalzenen, fermentierten Fischen und Meeresfrüchten, das Aroma ist umami, salzig. Durch regional spezifische Kombinationen mit weiteren Zutaten entstanden in Vietnam, Laos, Thailand, Malaysia und anderen asiatischen Ländern verschiedenste Varianten.

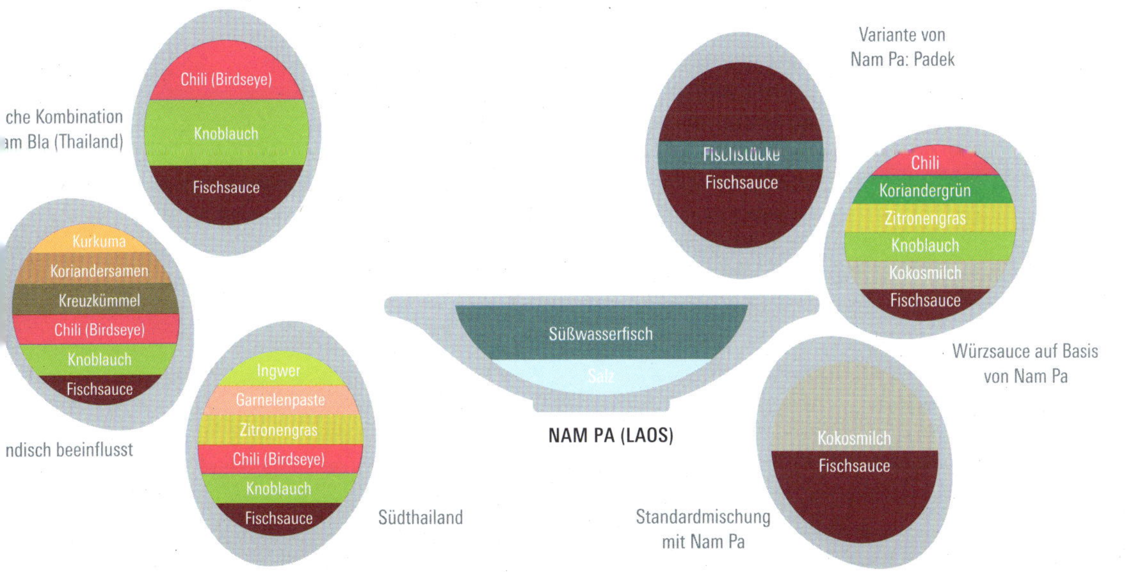

HÄUFIG MIT BUDU KOMBINIERTE ZUTATEN
HÄUFIG MIT NAM PA KOMBINIERTE ZUTATEN
ZUTATEN FÜR ANCHOÏADE
HÄUFIG MIT NAM BLA KOMBINIERTE ZUTATEN
NUOC MAM (WÜRZVARIANTEN)
KOMBU-BLÄTTER UND DASHI-INSTANT-GRANUL
NUOC CHAM
NGAN PYA YE (WÜRZVARIANTEN)
ANCHOVISPASTE
TRASSI

NUOC CHAM

FLAVOUR: umami, sauer, süß, erdig, kräuterig, leicht scharf und wärmend

ZUTATEN: Nuoc Mam, Wasser, Chilis. Varianten zusätzlich mit Knoblauch, Zucker, Limettensaft, Ingwer, Karotten, Korianderkraut, Nüssen.

ZUBEREITUNG: Alle Zutaten mit Fischsauce vermengen. Oft wird die Sauce kurz erhitzt, um den Zucker besser zu lösen. Ein paar Stunden bei Raumtemperatur ziehen lassen. Man sollte sie immer frisch zubereiten.

Ein vietnamesischer Dip, der dort zu jeder Speise als Tischwürze gereicht wird. Besonders beliebt ist er zu Frühlingsrollen, er wird aber auch als Salatsauce oder zu Nudeln und Suppen verwendet. Es gibt viele regionale Varianten, meist versucht man, alle Geschmacksrichtungen sowie die Schärfe auszubalancieren. Man kann auch fein gehackten Ingwer für etwas Schärfe, fein geschnittene Karotten für erdige Aromen oder frisches Korianderkraut für kräuterige, grüne Töne dazugeben. Man kann den Knoblauch vorher außerdem ein wenig anrösten, um der Sauce Röstaromen zu geben. Geröstete und gemahlene Nüsse liefern neben ihren nussigen Röstaromen noch eine knusprige textuelle Ergänzung.

ANCHOVISPASTE,

SARDELLENPASTE

FLAVOUR: umami, salzig, meeresartig, algenartig

Die Pasta ist sozusagen das europäische Gegenstück zur indonesischen → Trassi. Sie wird aus Anchovis erzeugt, die in Salz eingelegt und fermentiert wurden. Anchovis sind die Filets von in Salzlake eingelegten Sardellen, die durch die Fermentierung ein intensives Aroma entwickeln. Man kann die Paste roh als Aufstrich verwenden, zum Beispiel anstelle von Salz zu hart gekochten Eiern – dann schmeckt sie deutlich nach Anchovis. Oder man würzt mit ihr Hackfleischmischungen, Eintöpfe oder Saucen. Anchovis- oder Sardellenpasten sind anders als Trassi nicht scharf.
ANCHOÏADE In der Provence wird aus Anchovis ein Dip erzeugt: eine Mischung aus klein gehackten Anchovis, Knoblauch und manchmal schwarzen Oliven und Kapern. Mit Olivenöl aufgeschlagen, dient sie als Dip für Rohkost-Gemüsegerichte oder man nimmt sie als sehr würzigen Brotaufstrich.

TRASSI, BELACHAN, KAPI, BAGOONG

FLAVOUR: umami, salzig, röstig, scharf

Diese Pasten werden aus gesalzenen, fermentierten und getrockneten Garnelen erzeugt. In Indonesien heißen sie *Trassi*, in Thailand *Kapi*, auf den Philippinen *Bagoong* und in Malaysia *Belachan*. In China werden sie unter dem Namen *ham ha* angeboten. Auf den Märkten gibt es die Paste meist getrocknet in dreieckigen, krümeligen, dunkelbraunen Blöcken. In Vietnam und Hongkong gibt es sie auch als wässrig-graue Paste. Die fischigen, sehr salzigen und streng schmeckenden Pasten sind für europäische Gaumen gewöhnungsbedürftig, aber in ganz Südostasien und China als Würzzutat beliebt. Ähnlich wie die Fischsaucen riechen und schmecken sie deutlich nach Fisch (Garnelen). Man sollte mit ihnen sparsam würzen: Das Würzziel ist nicht das fischige Aroma, sondern der umami-Geschmack. Die Pasten müssen immer mitgekocht werden – meist werden sie mit anderen Gewürzen in Fett sautiert. Sie kommen in viele Currys und Dips. In Thailand und ähnlich in Vietnam ist Garnelenpaste die Grundzutat für die Würzsauce *Nam phrik kapi.* Trassi oder Belanchan ist auch Bestandteil einiger → Sambals, Würzpasten auf Chilibasis: Zum Beispiel besteht Sambal Belachan aus Belachan, Chili, Knoblauch, Schalotten und Zucker. Diese Mischung wird in Malaysia oft pur mit Reis gegessen.

DASHI

FLAVOUR: umami, rauchig, pilzig, meeresartig

Der Fischsud Dashi ist eine wichtige Zutat in der japanischen Küche. Er ist in seinem Einsatzspektrum vergleichbar mit den europäischen Brühen und eine Grundlage für viele Suppen, beispielsweise *Misosuppe*. Klassische Grundzutaten sind Kombu-Algen (→ Algen), Wasser und Bonitoflocken (*Katsuobushi*), hauchdünne Scheiben einer in einem langwierigen Verfahren holzartig getrockneten Fischart aus der Familie der Makrelen und Thunfische. Die Flocken sind auch als Topping für Salate beliebt. Algen und Bonitoflocken werden nur sehr kurze Zeit im sich erwärmenden Wasser eingeweicht, der Sud dann abgegossen. Inzwischen wird häufig Instant-Dashi-Granulat verwendet. In der chinesischen Küche benutzt man getrocknete Austern, Jakobsmuscheln und Kalmare, die wie getrocknete Pilze eingeweicht werden – wie dort kann man auch das Einweichwasser mitverwenden.

AUSTERNSAUCE

FLAVOUR: umami, würzig-süßlich, meeresfrüchteartig, vergoren, animalisch, fäkal, salzig

Ursprünglich wurde diese in der chinesischen Küche beliebte, dickflüssige, dunkle Würzsauce aus fermentierten Austern hergestellt. Heute dient als Basis meist Sojasauce und Austernextrakt, eingekocht mit Salz, Knoblauch und Zwiebeln. Sie wird mit Maismehl eingedickt und mit Zuckercouleur dunkelbraun gefärbt. Sie riecht und schmeckt würzig-süßlich und angenehm nach Fisch beziehungsweise Meeresfrüchten. Auf ihrer Basis kann man – vermischt mit vorzugsweise der dunklen Sojasauce – wohlschmeckende Saucen herstellen, die besonders gut zu deftigem pfannengebratenem und geschmortem Rindfleisch passen, ebenso zu Pilzgerichten und zu Brokkoli oder Auberginen. Das leicht fischartige Aroma der Sauce und das Fleisch passen überraschend gut zusammen. Einen ähnlichen Effekt nutzt man in der vietnamesischen und thailändischen Küche bei der Verwendung von klaren → Fischsaucen.

BOHNENSAUCEN

GELBE-BOHNEN-SAUCE
FLAVOUR: umami, scharf, erdig, bohnenartig, grün

SCHWARZE-BOHNEN-SAUCE
FLAVOUR: umami, erdig, bohnenartig, grün

ZUTATEN: Helle und/oder dunkle Sojasauce, Reiswein/Sherry, Zucker, Salz, gemahlener Pfeffer

Auf Basis von gelber Sojabohnenpaste wird in China und Thailand die Gelbe-Bohnen-Sauce erzeugt. In China ist sie das traditionelle Würzmittel für Peking-Ente. Auch zum Würzen von Nudelgerichten ist sie beliebt. In den Provinzen Szechuan und Hunan wird daraus mit Chilis eine sehr scharfe Angelegenheit. In Thailand würzt man ***phad pakk bung taujiau*** (Wasserspinat) mit Gelber-Bohnen-Sauce, heller Sojasauce und Austernsauce.

Diese Sauce – oder je nach Konsistenz Paste – wird aus fermentierten Sojabohnen (chinesisch: ***douchi***) hergestellt und ist in der asiatischen Küche eine wichtige Würzzutat anstelle von oder ergänzend zur Sojasauce. Außerdem dient die Paste wiederum als Basis für weitere Saucen und Würzpaste.

HÄUFIG KOMBINIERTE ZUTATEN ZU SOJASA
SOJASAUCE – GRUNDZUTATEN
SOJASAUCE UND DAMIT HÄUFIG KOMBI
SCHWARZE-BOHNEN-PASTE
GELBE-BOHNEN-PASTE, -SAUCE
ZUTATEN FÜR EINE SOJASAUCEN-MARINADE

NESISCHEN KÜCHE

AUSTERNSAUCE

NESISCHE SOJASAUCE (WÜRZVARIANTEN)

N IN KOREA

EINIGE ZUTATEN ZU HOISIN-SAUCE

HELLES MISO UND GRUNDZUTATEN

PHILIPPINISCHE SOJASAUCE – GRUNDZUTATEN

WÜRZVARIANTEN MIT SOJASAUCE

Die asiatische Küche kennt viele regionale Vorlieben, wenn es um Sojasauce mit unterschiedlichen Würzzutaten geht. Oft werden die Würzsaucen als Marinade verwendet. In einer anderen Variante werden Würzzutaten wie etwa Ingwer frisch zum Gericht gegeben und dann mit Sojasauce abgerundet.

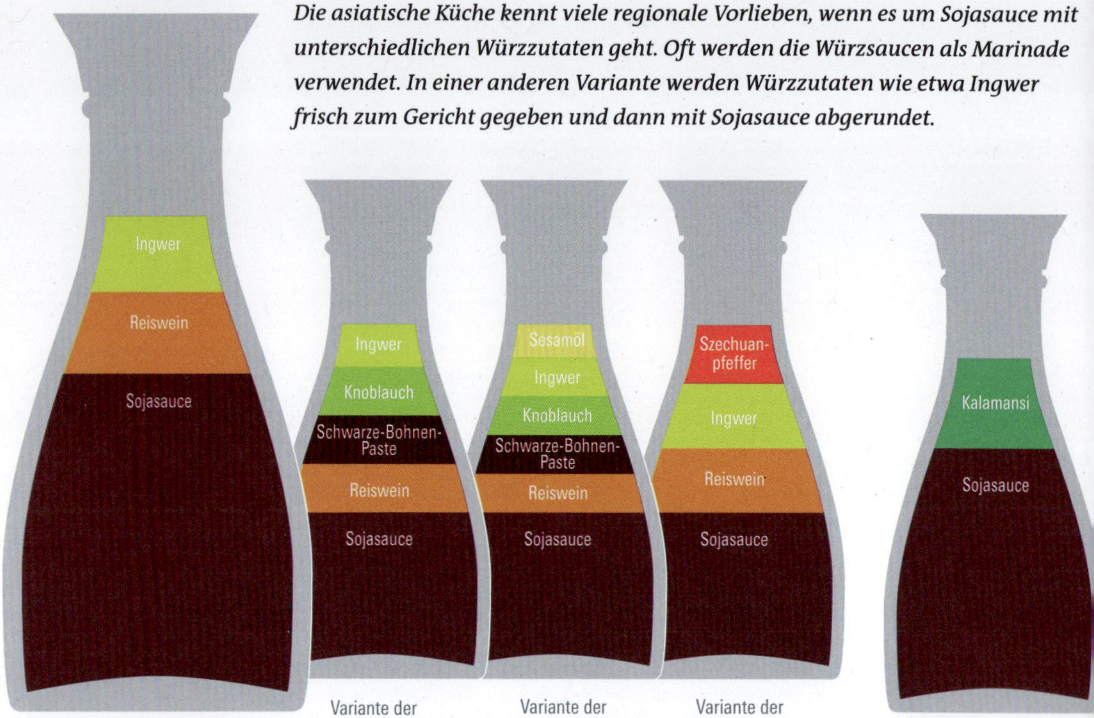

WÜRZSAUCE (CHINA)
Auf Basis von Jiangyou

Variante der kantonesischen Küche

Variante der nördlichen Pekingküche

Variante der Szechuanküche

TOYO MANSI (PHILIPPINE
Aromatisierte Sojasauce

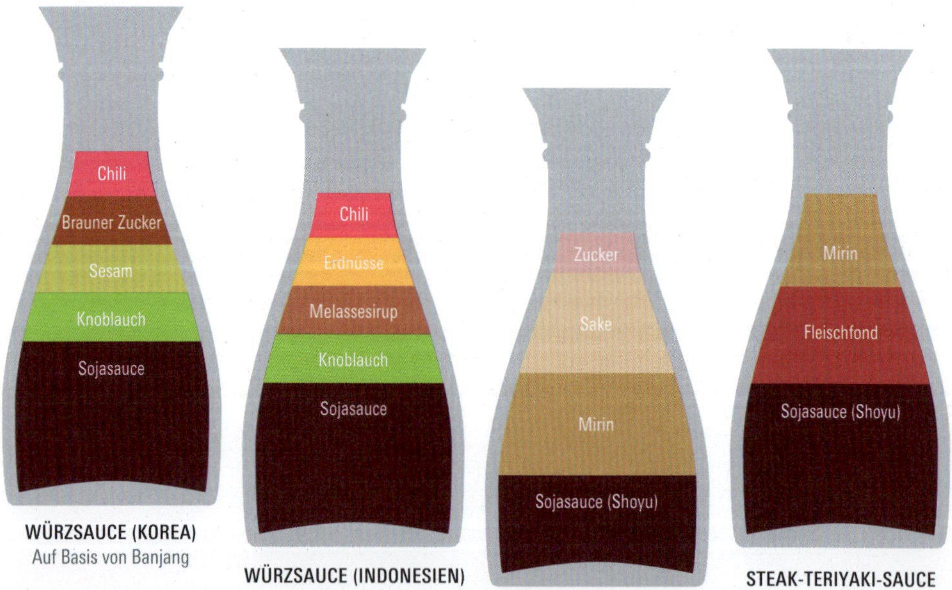

WÜRZSAUCE (KOREA)
Auf Basis von Banjang

WÜRZSAUCE (INDONESIEN)
Auf Basis von Ketjap

TERIYAKI-SAUCE (JAPAN)
Beliebte Würzsauce

STEAK-TERIYAKI-SAUCE
Variante der Teriyaki-Sauce

SOJASAUCE

FLAVOUR: umami, salzig, sauer, leicht bitter

Sojasauce wird aus einer Mischung aus gedünsteten Sojabohnen, geröstetem Getreide (meist Weizen), Salz und Wasser hergestellt. Diese Mischung fermentiert mithilfe einer Schimmelpilzkultur (Aspergillus) in Fässern zumeist aus Zedernholz. Traditionell reift Sojasauce mindestens 18 Monate, manchmal bis zu fünf Jahre. Dauer, Fermentation und Lagerung bestimmen Geschmack und Aroma. Alle Sojasaucen haben einen intensiven → umami-Geschmack. Es gibt in Asien viele Varianten: In der Provinz Kanton werden Knoblauch und Schwarze-Bohnen-Sauce hinzugefügt, in der Szechuan-Küche Szechuanpfeffer oder Chilis. Japanische Sojasaucen, *Shoyu*, sind etwas feiner und süßer im Geschmack. Auch dort existiert eine weizenfreie Variante, *Tamari* genannt, die als die klassische Sauce zu Sashimi (Sushi) gilt. Auch *Teriyaki*-Sauce für gegrillte, gebratene und gebackene Speisen basiert auf Sojasauce, die zu gleichen Teilen mit Sake und Mirin gemischt wird, dazu kommt ein wenig Zucker. In Korea kombiniert man Sojasaucen (*Kanjang*) mit Knoblauch, braunem Zucker, Sesamsaat und Chili. Die indonesische Sojasauce *ketjap* ist würzig und von dunkler Farbe.

SOJASAUCEN-MARINADEN

FLAVOUR: umami, salzig, süß

ZUTATEN: Sojasauce, Reiswein (oder Sherry), Zucker, Salz, Pfeffer

ZUBEREITUNG: Alle Zutaten vermischen.

In der chinesischen Küche ist das kurze Marinieren von geschnittenem Fleisch, bevor es im Wok gebraten wird, sehr beliebt. Das macht das Fleisch etwas zarter, vor allem aber würzt die Marinade. Üblicherweise besteht diese Marinade aus heller oder dunkler Sojasauce – oder einem Gemisch aus beiden. Dazu kommt Reiswein, ersatzweise Sherry, eine Prise Zucker, Salz und gemahlener Pfeffer. Die Marinade kann mit Wasser verlängert werden, dann kann man sie später als Sauce verwenden. In diese Marinade wird das geschnittene Fleisch eingelegt und mit etwas Kartoffelstärke bestreut. Dann verrührt man es mit der Flüssigkeit. Man lässt das Fleisch eine halbe bis eine Stunde bedeckt im Kühlschrank marinieren. Am Ende des Marinierens kann man noch mit ein paar Tropfen Sesamöl aromatisieren.

HOISIN-SAUCE

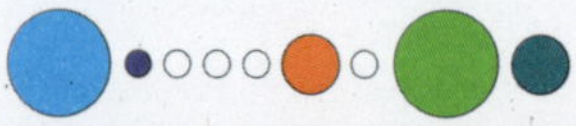

FLAVOUR: umami, salzig, sauer, scharf

ZUTATEN: 2 EL neutrales Öl, Knoblauch, Chili, 125 ml Rote-Bohnen-Paste, 3–4 EL Zucker, 2 EL Sojasauce, 3 EL Reisessig, 2 EL Wasser, Salz

ZUBEREITUNG: Knoblauch und Chili anbraten, Chilischoten herausnehmen, Rote-Bohnen-Paste dazugeben, mit Zucker, Sojasauce, Reisessig und Wasser eine halbe Stunde köcheln lassen.

Eine Würzsauce der chinesischen und vietnamesischen Küche. Sie schmeckt süß-scharf und eignet sich für alle pfannengebratenen Gerichte, auch zum Marinieren von Fleisch vor dem Grillen. Man kann sie in asiatischen Feinkostgeschäften fertig kaufen, selbst gemacht ist aber wie immer: eben selbst gemacht!

MISO

FLAVOUR: immer salzig und umami, dazu je nach Art auch süßlich

ZUTATEN: Sojabohnen, Koji-Starterkultur, Wasser, Salz. Zusätzlich Reis (bei Kome miso) oder Gerste (bei Mugi miso)

ZUBEREITUNG: Zutaten mischen und bei einer Temperatur zwischen 30 bis 38 °C bis zu einem Jahr fermentieren lassen.

Miso gehört zusammen mit → Dashi in die Miso-Suppe, kann aber auch zum Einlegen verwendet (*Pickles*) oder als Würzpaste direkt über Lebensmittel gegeben werden. Miso aus Sojabohnen und fermentiertem Reis heißt *Kome miso*. Es schmeckt süß und kaum salzig und eignet sich gut für Dressings. Wird statt Reis Gerste zugesetzt, nennt man es *Mugi miso:* diese dicklichere Paste schmeckt viel weniger süßlich, dafür salziger. *Mame miso* besteht ausschließlich aus fermentierten Sojabohnen, es ist meist dunkel und dicklich, schmeckt eher nach umami und wenig süß. Miso sollte grundsätzlich beim Kochen nicht zu hoch erhitzt werden, weil das viele der wertvollen Inhaltsstoffe zerstören würde.
FÜR EIN MISO-DRESSING: Miso und Joghurt als Basis zusammenmischen, dann Sesamöl und Zitronensaft dazugeben, zum Schluss die Chili.

MAGGI-WÜRZE
TAMARINDENSAUCE
SALZLAKE
KARIBISCHE BARBADOS-MISCHUNG
WORCESTERSHIRESAUCE, WORCESTERSAUCE

TAMARINDENSAUCE

FLAVOUR: umami, würzig, fruchtig-süß-säuerlich

HP ist die führende Marke der berühmt-berüchtigten englischen „Brown Sauce". Diese dünnflüssige Würzsauce erinnert in Konsistenz, Aroma und den Zutaten an Worcestershiresauce und erzeugt wie diese einen umami-Geschmack: würzig, fleischig, herzhaft, auch ein wenig fruchtig-süß-säuerlich. HP Sauce besteht aus Gerstenmalzessig, Tomaten, Melasse, Branntweinessig, Traubenzucker-Fruchtzucker-Sirup, Datteln, Zucker, Salz, modifizierter Maisstärke, Roggenmehl, Tamarindenextrakt, Sojasauce, Gewürzen und Zwiebelextrakt. In der englischen und nordamerikanischen Küche wird alles Mögliche mit ihr gewürzt, selbst Marinaden werden daraus hergestellt. Beim Frühstück passt sie zum Spiegelei, mittags kommt sie in den *Shepherd's Pie* und abends wird sie zum Steak gereicht. Spötter sagen, sie sei so populär, weil sie die Fantasielosigkeit des jeweiligen Gerichts wenigstens etwas kaschiert. Hier liegt der Vergleich mit der Maggi-Würze nahe.

Erfunden hat sie (vermutlich) der englische Kolonialwarenhändler Frederick Gibson Garton, der sie 1895 unter dem Namen „H.P. Sauce" zum Patent anmeldete. Das Rezept hatte er einem gewissen Harry Palmer abgekauft.

KARIBISCHE BARBADOS-MISCHUNG

FLAVOUR: umami, salzig, frisch-kräuterig

ZUTATEN: Worcestersauce/Sojasauce, Zwiebel, Knoblauch, Frühlingszwiebeln, Schnittlauch, Thymian, Petersilie, Majoran, Piment, Salz

ZUBEREITUNG: Alle Zutaten roh vermengen.

Eine der Alleswürze-Pasten aus der Karibik (→ Karibische Würzsaucen), mit der Grillgut mariniert wird und Eintöpfe oder Saucen gewürzt werden. Diese milde Sauce besteht aus Zwiebel, Knoblauch, Frühlingszwiebeln, Schnittlauch, frischem Thymian, Petersilie, Majoran, Piment und Salz. Die Basis ist Worcestersauce oder Sojasauce.

MAGGI-WÜRZE

FLAVOUR: umami, würzig, salzig, sojasaucenartig

Maggi und Sojasauce hatten früher den gemeinsamen Nenner Soja – heute sind die Basis der Maggiwürze hydrolisierte Weizenproteine. Diese Proteine werden enzymatisch zu Bruchstücken gespalten, wodurch Glutaminsäure freigesetzt wird: ein „natürlicher Geschmacksverstärker", der für den umami-Geschmack verantwortlich ist. Letztlich spielt es kaum eine Rolle, ob Soja- oder Weizenproteine verwendet werden, Ziel ist stets der umami-Effekt.

Maggi-Würze dient genauso wie Tamarindensauce (HP Sauce) oder Worcestershiresauce als „Allzweckwaffe" in der Küche. Auch wer überhaupt keine Ahnung vom Würzen hat: Mit diesen Kondimenten bringt er immer etwas „Geschmack" ans Essen. Aus dem gleichen Grund werden sie von Feinschmeckern abgelehnt: Will man Geschmack und Duft gezielter steuern, greift man lieber zu Zutaten, die nur spezifische Aromen ins Essen tragen.

SALZBEIZE

FLAVOUR: bitterartig, harzig, würzig leicht scharf, salzig

ZUTATEN: 200 g Salz auf 1 l Wasser. Varianten zusätzlich mit Kümmel, Piment, Pfefferkörnern, Zucker, Wacholder, Koriander, Lorbeer, Thymian, Rosmarin

ZUBEREITUNG: Wasser salzen. Werden Gewürze hinzugefügt, muss man die Lake kurz aufkochen.

Die stark salzige wässrige Lösung wird zum Nasspökeln von Fisch, Fleisch, Gemüse oder Käse (Schafskäse, Feta) eingesetzt. Das Einlegen in Salzlake dient in erster Linie der Haltbarmachung, weil den Lebensmitteln über die Osmose Wasser entzogen wird. Käse wird vor Austrocknung bewahrt – entfernt man ihn aus der Lake, wird er schnell trocken und verfärbt sich, er beginnt auch zu gären und wird ungenießbar. Auch das Berliner Solei ist ein typisches Salzlakenprodukt: Hart gekochte Eier in der angebrochenen Schale werden in Salzlake eingelegt, die mit Kümmel, Piment und Pfefferkörnern gewürzt ist. Ansonsten sind zur Würzung von Salzlaken Zucker, Wacholder, Pfeffer, Koriander, Lorbeer, getrocknete Kräuter wie Thymian oder Rosmarin beliebt.

WORCESTERSHIRE-SAUCE, WORCESTERSAUCE

FLAVOUR: umami, säuerlich, würzig-fruchtig, leicht scharf

Das Besondere an der englischen Worcester(shire)sauce ist das Herstellungsverfahren: Die Zutaten reifen und fermentieren jahrelang in geschlossenen Behältern, meist Holzfässern. Ursprünglich war Sojasauce die Basis für die Würze. Inzwischen besteht sie im Wesentlichen aus Gerstenmalzessig, Zucker, Salz, Sardellen, Tamarinden, Zwiebeln, Knoblauch sowie diversen Gewürzen. Sie hat ein würzig-fruchtig-säuerliches Aroma mit leicht scharfem Abgang. Ähnlich wie Maggi passt sie zu allen Lebensmitteln und betont den umami-Geschmack. Wegen der umami-Brücke zum Käse ist sie eine klassische Zutat zum *Caesar's Salad*. Auch andere eher würzig-salzige Salatdressings lassen sich mit der Sauce verfeinern. In *Welsh rarebit*, die britische Version des Käsefondues, gehören ein paar Spritzer der Sauce, ebenso in die *Bloody Mary*. Worcestersauce kann durch die ähnlich schmeckende Braune Sauce ersetzt werden. Im Kühlschrank ist sie auch geöffnet jahrelang haltbar.

GUACAMOLE

FLAVOUR: fettig, zitrusartig, frisch-kräuterig, grün, manchmal fruchtig-scharf

ZUTATEN: Avocado, Zitronen-/Limettensaft, Salz, Pfeffer. Varianten zusätzlich mit Sauerrahm, Tomaten, Korianderkraut/-samen, Chili, Knoblauch

ZUBEREITUNG: Avocadofruchtfleisch mit einer Gabel zerquetschen und sofort mit Zitronen- oder Limettensaft mischen. Salzen und pfeffern, eventuell weiter verfeinern.

Eine mexikanische Mole, die hauptsächlich aus reifen Avocados und frischem Zitronen- oder Limettensaft besteht (→ Moles). Dieser verhindert die sofort einsetzende Oxidation, das Braunwerden des Avocadofruchtfleisches – ähnlich wie bei Äpfeln. Gewürzt wird mit Salz und Pfeffer. Man kann den Dip mit Sauerrahm, rohen Tomaten oder Tomatillos, mit frischem Korianderkraut oder Koriandersamen, frischem Chili – die eher fruchtigen, frischen Sorten wie Habanero, Poblano oder Bonnet, keine mit Raucharoma – und Knoblauch verfeinern. Sie passt zu Nachochips und vielen anderen mexikanischen Speisen: etwa *Tacos*, *Tortillas* oder *Enchiladas*.

GRÜNE SAUCE
AIOLI
GUACAMOLE
GLOUCESTERSAUCE
COCKTAILSAUCE
AMERICAN DRESSING
REMOULADE

SAUCE TARTARE
SAUCE CHANTILLY
SAUCE PALOISE
SAUCE HOLLANDAISE
SAUCE BÉARNAISE
ROUILLE

MAYONNAISE

FLAVOUR: fett, fruchtig, nussig, säuerlich, bitter (je nach Öl)

ZUTATEN: Eigelb, Öl, milder Essig oder Zitronensaft, Salz, Pfeffer

ZUBEREITUNG: Eigelb mit Salz, Pfeffer und Zitronensaft/Essig verrühren. Zugabe von Senf erleichtert das Emulgieren. Öl tropfenweise zugeben.

Diese Mischung aus Eigelb, Öl und Essig ist die Basis vieler vor allem kalter Saucen. Ihre einzigartige sämige Konsistenz bekommt sie durch das Aufschlagen von Eigelb mit Öl. Das Lecithin und die Proteine aus dem Eigelb dienen als Emulgator, Fett dient als Aromaträger. Das Öl schließlich bestimmt das Aroma der Mayonnaise. Neutral und zurückhaltend schmeckt sie mit Sonnenblumenöl. Olivenöl macht sie vollmundiger, aber auch bitterer. Aromatische Öle wie Haselnuss-, Walnuss-, Sesam-, Mohn- oder Arganöl setzen noch stärkere Akzente. Am besten verlängert man diese Öle mit einem geschmacksneutralen Öl. Auch Pesto eignet sich zum Aromatisieren, ebenso wie Meerrettich, Chutneys, Sardellenpaste, Fruchtpürees, Senf, Ketchup, getrocknete Tomaten, Tapenade, frische Kräuter wie etwa Dill oder Brunnenkresse, Gewürze, Currymischungen oder abgeriebene Zitronenschale.

KLASSIKER AUF MAYONNAISEBASIS

AIOLI Angeblich die Urform der Mayonnaise – mit reichlich Knoblauch. Abgeschmeckt wird mit Salz, Zitrone und Cayenne- oder Weißem Pfeffer. Aioli passt zur provenzalischen Fischsuppe Bouillabaisse, zu gegrilltem Fleisch, Lamm, Pell- oder gebackenen Kartoffeln und Krustentieren. Man kann sie auch mit Dijonsenf und Sardellenpaste würzen.

AMERICAN DRESSING Für diese Sauce wird Mayonnaise mit Joghurt, Ketchup, klein gehackten Essiggürkchen, Rosmarin, Thymian, Dill, Zucker, Salz und Pfeffer gewürzt. Ein idealer Dip für Rohkost und anderes.

COCKTAILSAUCE Eine kalte Würzsauce, die zu kaltem Fleisch, Geflügel, Fisch, auch zu Krabben und zu Gegrilltem passt. Hierfür wird Mayonnaise mit Ketchup oder Tomatenmark, Meerrettich, Senf, Madeira, Tabasco und Gewürzen verfeinert. Auch Ingwer und Curry eignen sich – der Fantasie sind keine Grenzen gesetzt.

GLOUCESTERSAUCE Mayonnaise wird mit Senfpulver, Cayennepfeffer und Worcestershiresauce gewürzt und mit Fenchelkraut und etwas saurer Sahne verrührt. Das Ergebnis ist eine englische Sauce zu kaltem Braten, Sülze und Räucherfisch.

GRÜNE SAUCE Mayonnaise, Schmand oder Sahne werden mit einer Vielzahl frischer Kräuter vermischt. Grüne Sauce wird kalt zu gekochtem Fleisch oder Fisch, zu kaltem Braten oder zu Pell- und Salzkartoffeln gereicht. Regionale Varianten sind zum Beispiel die *Frankfurter Grüne Sauce*, die italienische *Salsa verde* oder die französische *Sauce verte*.

REMOULADE Diese Sauce besteht aus Mayonnaise, Senf, Anchovis und gehackten Essiggurken, gewürzt mit Estragon, Kapern, Kerbel und Petersilie. Sie passt zu gebackenem Fisch und Meeresfrüchten.

ROUILLE Eine scharf-würzige Variante von *Aioli*: mit Paprika, Chili, Safran und einer mehligen zerquetschten Kartoffel.

SAUCE BÉARNAISE Sie besteht aus einer Sauce hollandaise mit Estragon, bisweilen auch Kerbel, trockenem Weißwein, Schalotten und Weißem Pfeffer. Sie ist ein Klassiker zu Steak oder gegrilltem Lachs.

SAUCE CHANTILLY Das ist mit Schlagsahne aufgeschlagene und mit Zitrone gewürzte Mayonnaise. Sie passt zu Fischfilets, Schalentieren und zu Steaks.

SAUCE HOLLANDAISE Eine Art milde Mayonnaise, nur ohne Öl. Sie besteht aus aufgeschlagenem Eigelb und Butter, abgeschmeckt mit Salz, Zitrone und etwas Muskat. Zu gekochtem Fisch, Krustentieren und feinem Gemüse wie Spargel oder Artischocken passt sie perfekt.

SAUCE PALOISE Ersetzt man den Estragon in der Sauce béarnaise durch Pfefferminze, bekommt man eine Sauce für gedämpften Fisch, Grillhähnchen oder Lamm.

SAUCE TARTARE Diese Sauce besteht aus Mayonnaise, gehacktem Eigelb und Schnittlauch. Kompliziertere Varianten lassen die Mayonnaise weg: Dann wird gehacktes Eigelb mit Schnittlauch, Essiggurken, Kapern, grünen Oliven, Petersilie, Senf und Schalotten vermischt. Sie passt zu Fisch und zu Meeresfrüchten, aber auch zu kalten Braten.

PESTO ALLA GENOVESE

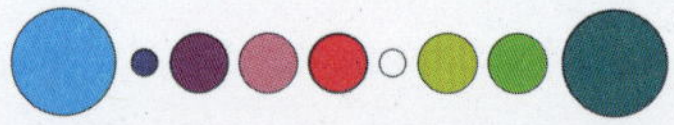

FLAVOUR: fettig, kräuterig, nussig, leicht trigeminal kühlend als auch wärmend

ZUTATEN: 1–2 Bund Basilikum genovese, 40 g Pinienkerne, 1 Knoblauchzehe, 3 EL Olivenöl, 30 g Parmesan, Pfeffer, Salz

ZUBEREITUNG: Basilikumblätter, (eventuell angeröstete) Pinienkerne und gehackten Knoblauch mörsern. Nach und nach Öl zugeben. Geriebenen Parmesan unterheben, salzen und pfeffern.

Das klassische Pesto alla genovese besteht aus Basilikum, Knoblauch, gegebenenfalls trocken angerösteten Pinienkernen, Parmesan oder Pecorino (Käse) und Olivenöl. Man kann es leicht in einem Schnellhacker herstellen, aber Achtung: Es darf nicht heiß werden, denn einige Aromen sind nicht hitzebeständig. Schonender ist die Zubereitung im Mörser. Ein frisches Pesto hält etwa zwei Wochen im Kühlschrank. Wichtig ist, dass es dabei immer von Öl bedeckt ist. Mit Pesto würzt man *Pasta*, man kann es aber auch als Brotaufstrich für *Bruschetta*, als Dip oder als Würze für Salate und Suppen verwenden. Ebenso kann man Fische nach dem Braten dünn mit Pesto bestreichen. Als Varianten davon kann man Basilikum durch Koriander oder Rucola ersetzen und Walnüsse anstelle der Pinienkerne verwenden.

BÄRLAUCHPESTO Dafür werden Pinienkerne oder Mandeln angeröstet und statt Knoblauch mit frischem Bärlauch, Petersilie, Käse und Olivenöl gemixt.

ORIENTALISCHE PESTO-VARIANTE
Hierfür werden getrocknete Tomaten verwendet und mit Limettenschale, geröstetem Sesam, Rosinen, mit etwas Sesamöl und einem neutralen Öl (Sonnenblumen, Distel) vermischt. Gewürzt wird mit Salz, Pfeffer und Ras el-Hanout. Das ergibt eine würzige, leicht scharfe Pastasauce, aber auch ein Gewürz für Fisch, Suppen oder Couscous.

TOMATENPESTO Für ein rotes Tomatenpesto werden Mandeln oder Pinienkerne mit gehackten getrockneten Tomaten vermischt und mit Knoblauch, etwas rotem Chili und Olivenöl püriert. Mit Salz abschmecken.

WALNUSS-KAPERN-PESTO
Gehackte Walnüsse trocken anrösten und mit Knoblauch, Kapern, Petersilie und Olivenöl – noch besser eignet sich Walnussöl – pürieren. Dann geriebenen Parmesan untermischen und mit Zitronensaft, Salz und Pfeffer würzen.

SCHARF

CHILI-SAUCE SÜSS-SAUER

FLAVOUR: scharf, sauer, süß, fruchtig

ZUTATEN: Chilis (z. B. Habaneros, Vogelaugenchilis), Knoblauch, Honig oder Zucker, Salz, Reisessig und/oder Zitrone, ggf. Fischsauce, Frühlingszwiebeln, Ingwer. Variante zusätzlich mit Erdnüssen oder frischen Früchten oder Tomaten

ZUBEREITUNG: Alle Zutaten klein hacken und zusammen aufkochen, bis die Sauce eine sämige Konsistenz erhält. Anschließend in Gläser oder Fläschchen füllen. Im Kühlschrank hält sich die Sauce mindestens ein Jahr.

In Asien eine beliebte Sauce, besonders zu gegrilltem Huhn oder Frühlingsrollen. Man kann sie als Dip zu *Tacos* oder Fleischfondue einsetzen, als Marinade für Geflügel oder als Tischwürze für Suppen. Besonders gut eignen sich Habaneros oder Vogelaugenchilis. Dazu kommen Knoblauch, Honig, Salz und Reisessig, in Südostasien oft auch ein Schuss Fischsauce. Verfeinert man sie nach dem Kochen mit klein gehackten Erdnüssen, bekommt sie eine noch sämigere Textur. Für eine fruchtigere Version kann man pürierte frische Früchte mitkochen: Mango, Ananas, Banane, Pfirsich oder auch Sultaninen. Fruchtig wird sie ebenso mit Johannisbeergelee oder Pflaumenmarmelade – oder man verlängert sie mit Tomaten.

HARISSA-PASTE

FLAVOUR: sehr scharf, schwefelig, erdig-würzig

ZUTATEN: Gehackte Chilischoten, Koriandersamen, Kreuzkümmel, Knoblauch. Variante zusätzlich mit Tomatenmark, Olivenöl

ZUBEREITUNG: Eingeweichte Chilischoten mit gemahlenem Koriander und Kreuzkümmel sowie frischem Knoblauch im Mörser vermischen. Tomatenmark und Olivenöl unterheben.

Harissa ist das tunesische Nationalgewürz. Die sehr scharfe nordafrikanische Gewürzmischung wird als Pulver (→ Harissa-Pulver) und fertig als Paste in Tuben oder Dosen angeboten. Harissa als Dip ist das mit Olivenöl angerührte Pulver, es würzt gegrilltes Fleisch, ***Merguez*** (pikante Würste) und die im ganzen Norden Afrikas verbreiteten Speisen beziehungsweise Gerichte Couscous und Tajine. In Tunesien isst man Harissa-Paste sogar als Brotaufstrich zum Frühstück.

KARIBISCHE WÜRZ-SAUCEN UND -PASTEN

FLAVOUR: scharf, kühlend, bitter, kräuterig, frisch, erdig

GRUNDZUTATEN: Petersilie, Minze, Thymian, Selleriekraut, Oregano, Korianderkraut, Culentro, Schnittlauch, Frühlingszwiebeln, Knoblauch, Ingwer, Nelken, Zimt, Piment, Paprika, Pfeffer, Chili, Bitterorangensaft oder süßer Orangensaft, Worcestersauce, Limettensaft, Essig, Öl

ZUBEREITUNG: Alle Zutaten frisch zerkleinern, vermengen, dann einige Stunden ziehen lassen.

Auf den karibischen Inseln werden zum Marinieren von Fleisch und Fisch sowie zum Würzen von Eintöpfen und Saucen Würzpasten mit frischen Kräutern verwendet. Es gibt davon unzählige Varianten, die sich in ihrer Zusammensetzung jedoch ähneln. Zu den Grundzutaten gehören frische Kräuter wie Petersilie, Minze, Thymian, Selleriekraut, Oregano, Korianderkraut, Culentro (Langer Koriander) und Schnittlauch. Dazu kommen oft Frühlingszwiebeln und Knoblauch. Häufig verwendete Gewürze sind Ingwer, Nelken, Zimt, Piment, Paprika, Pfeffer und Chili. Zur weiteren Aromatisierung werden Bitterorangensaft oder süßer Orangensaft, Worcestersauce, Limettensaft, Essig und Öl verwendet. Nicht alle Varianten sind dominant scharf. Frisch zubereitet, halten die Pasten einige Wochen im Kühlschrank.

BAJAN-MISCHUNG Diese Würzsauce für Fleisch und Fisch besteht aus Scotch-Bonnet-Chilis sowie Frühlingszwiebeln, Knoblauch, Petersilie, Thymian, Schnittlauch, Salz und Limettensaft.

JAMAIKA-JERK Eine weniger kräuterige, recht scharfe Würzpaste, mit der man Schweine- und Hühnerfleisch, aber auch Garnelen vor dem Grillen einreibt. Sie besteht aus Scotch-Bonnet-Chilis, Frühlingszwiebeln, Schalotten, Knoblauch, Ingwer und Thymian, Piment, Pfeffer, Zimt, Muskat, Nelken, braunem Zucker, Salz, Weißweinessig und Öl.

KUBANISCHER ADOBO Adobos sind trockene oder flüssige Gewürzmischungen, die man zum Einreiben oder als flüssige Marinade verwendet. Sie enthalten eine Mischung aus mediterranen Kräutern wie Oregano und Thymian, kombiniert mit Kreuzkümmel, Koriandergrün, Knoblauch und Schwarzem Pfeffer. Für die flüssige Variante wird Bitterorangen- oder Limettensaft dazugegeben.

MILD SEASONING Eine milde Variante ohne Chili, zum Beispiel für Brathuhn oder Ofenkartoffeln: Zimt, Nelken, Thymian, Schwarzer Pfeffer, Salz, abgeriebene Zitronenschale, Knoblauch und Paprika tragen dazu bei. Mit Öl nach Belieben wird daraus eine Paste.

TRINIDAD-MISCHUNG Die Zutaten für diese Tischwürze zu vielen Gerichten sind grüne Chili, Schwarzer Pfeffer, Frühlings- und gelbe Zwiebeln, Knoblauch, Culentro oder Korianderkraut, Minze, Ingwer, Salz und Limettensaft.

HARISSA (SAUCE)
MILD SEASONING
CHILI-SAUCE SÜSS-SAUER
BAJAN-MISCHUNG
JAMAICA-JERK
KUBANISCHER ADOBO
MOLE NEGRO

PIPIÁN, PIPIÁN VERDE
MOLE COLORADITO
MOJO VERDE
MOJO ROT
MOLE POBLANO
TRINIDAD-MISCHUNG

MOLE

FLAVOUR: scharf, süßlich, leicht bitter sauer, kräuterig, fruchtig, nussig, schokoladenartig

ZUTATEN (MOLE NEGRO): 70 g eher milde, große Chilischoten (Anchos, Pasillas, Mulatos), Öl, 200 g Tomaten, 750 g Zwiebeln, 10 Knoblauchzehen, 30 g Chipotle-Chilis, 150 g Mandeln, 100 g Erdnüsse, 8 Nelken, 1 TL Pfefferkörner, 1 Zimtstange, ½ TL Anissamen, 30 g Butter, 100 g Rosinen, 150 g zartbittere Schokolade, ½ l Hühnerbrühe

ZUBEREITUNG (MOLE NEGRO): Große Chilischoten kurz in Öl braten, danach in warmem Wasser 30 Minuten einweichen und pürieren. Tomaten häuten, mit gehackten Zwiebeln und Knoblauchzehen sowie den Chipotle-Chilis dünsten, dann pürieren. Mandeln, Erdnüsse, Nelken, Pfeffer, Zimt und Anis in Butter andünsten und mit den Rosinen pürieren. Alle Zutaten in einem Topf einige Minuten köcheln lassen, Schokolade darüberraspeln, mit Hühnerbrühe auffüllen und eine halbe Stunde köcheln lassen.

Mole ist der Sammelbegriff für eine spezielle Art meist gekochter Saucen. Der Flavour einer Mole setzt sich so zusammen: Schärfereiz (Chili), sauer (Tomatillos, Tomaten), süß (getrocknete Früchte, Zucker, Tomaten), bitter (Schokolade, Röstaromen), diverse Düfte und eine sämige Textur (zerkleinerte Tortillas, Nussmehl, Kürbiskerne).

MOLE COLORADITO Diese rote Mole besteht hauptsächlich aus Tomaten, Nüssen, roten Chilis, Zimt, Oregano, Kreuzkümmel, Piment, mexikanischer Schokolade, Zwiebeln, Knoblauch, Rosinen, Hühnerbrühe und Tortillakrümeln.

MOLE POBLANO Außerhalb Mexikos meint man mit Mole meist diese Sauce. Ihre wichtigsten Zutaten sind Chili und mexikanische, ersatzweise dunkle Schokolade. Als Chilis werden getrocknete Poblano (Ancho) oder auch Mulato-Chilis bevorzugt. Mole poblano wird zu allen möglichen Fleischgerichten gereicht, traditionell ist es Truthahn.

MOLE NEGRO Eine Variation der *poblano*. Sie kann als Chilisorten Ancho, Pasilla, Mulato oder Chipotle enthalten. Hinzu kommen wie in der *poblano* oft Annattosamen, Tomaten, Tomatillos, getrocknete Früchte, Kreuzkümmel, Nelken, Knoblauch, Anis, Sesam, Makulan (mexikanischer Blattpfeffer, Hoja santa) und Tomaten.

PIPIÁN, PIPIÁN VERDE Die entscheidende Zutat für diese nussige Mole, die zu gegrilltem Geflügel und Enchiladas gereicht wird, sind Kürbiskerne, getrocknet oder geröstet. Sie werden gemahlen und in Öl gesotten, vermischt mit anderen Gewürzen: Kreuzkümmel, Pfeffer, Knoblauch, Culentro (Langer Koriander) und getrocknete Chilis (Ancho). Dazu kommt häufig Zitronensaft und Brühe. Man kann mit Pipián auch Fleisch marinieren. Oft wird sie gemeinsam mit Mole poblano gereicht.

MOJO

FLAVOUR: scharf, sauer, erdig, kräuterig, lauchartig-schwefelig

ZUTATEN: Grüne bzw. rote Chilis, Knoblauch, Petersilie, Koriandergrün, Kreuzkümmel, Weinessig, Olivenöl. Varianten ohne Chili oder zusätzlich mit Avocado

ZUBEREITUNG: Alle Zutaten roh vermischen. Gegebenenfalls mit Avocado vermengen.

Diese scharfe kanarische Sauce gibt es in einer roten und einer grünen Variante. Mojos sind die klassische Ergänzung zum kanarischen „Nationalgericht" *Papas arrugadas* (runzelige Kartoffeln). Aber die Mojos passen auch zu gegrilltem Fleisch oder Fisch. Sogar Salate kann man mit ihnen anmachen. Eine typische grüne Mojo kann aus einer Mischung aus milden und scharfen grünen Chilis, viel Knoblauch, etwas Petersilie, reichlich Koriandergrün, etwas Kreuzkümmel, Weinessig und Olivenöl bestehen. Das wird alles roh vermischt. Möchte man es milder, kann man die Chilis weglassen – dann hat man eine Petersilien-Koriander-Sauce. Für eine rote Mojo verwendet man statt der grünen Chilis süße und scharfe rote Paprika beziehungsweise Chilis. Man kann die Mojo auch mit Avocado vermischen und dann als Dip zu Fisch und hellem Geflügel reichen.

NAM PRIK

FLAVOUR: scharf, umami, sauer, süß, würzig, nussig, erdig

Wörtlich übersetzt heißt diese beliebte thailändische Sauce, die auch in hiesigen Thai-Restaurants als Alleswürze häufig auf dem Tisch steht, „Chili-Wasser". Sie enthält getrocknete Garnelen, Garnelenpaste (→ Fischsauce), mit Palmzucker gemörserte Chilis, reichlich Knoblauch, Fischsauce und Limettensaft. Weiter können dazukommen: Schalotten, Erdnüsse, Korianderkraut, kleine Auberginen und unreife Früchte.

NAM PRIK PAO

Eine Variante mit gerösteten roten Chilis und Tamarindenextrakt als Säuerungsmittel. Diese Paste wird sehr gerne mit unreifen Mangos kombiniert – eine Leibspeise der Thailänder. Die scharf-saure umami-Würzpaste kommt auch in die berühmte sauer-scharfe Garnelensuppe *Tom Yung Goong* und in viele Currys. Es gibt in Thailand unzählige regionale Varianten dieser Sauce.

ROMESCO-SAUCE

FLAVOUR: scharf, sauer, süß, salzig, leicht bitter, erdig, nussig, fruchtig, röstig

ZUTATEN: 4 getrocknete Chilis (ohne Samen), Olivenöl, 1 Scheibe Weißbrot, 20 g Mandeln, 20 g Haselnüsse, 2 Knoblauchzehen, Tomaten, 2 EL Rotweinessig, Salz, Pfeffer

ZUBEREITUNG: Chilis 30 Minuten einweichen, danach in Olivenöl mit Weißbrot rösten. Mandeln und Nüsse anbräunen. Chilis, Brot, Nüsse und Knoblauch pürieren. In einem Topf abgezogene, entkernte, gehackte Tomaten zu Püree eindicken, mit den übrigen Zutaten pürieren. Dabei 1 EL Olivenöl zugießen, mit Rotweinessig, Salz und Pfeffer würzen.

Eine würzige und leicht scharfe Sauce aus Katalonien. Man verwendet für sie Nyora/Ñora-Chilis, sie sind geröstet und getrocknet. Dazu kommen geröstete Mandeln und Haselnüsse, gerösteter Knoblauch, geröstete reife, süße Paprikas, Tomatenmark, Tomaten, Weißweinessig, Salz und Pfeffer. Zum Andicken wird zerkleinertes Weißbrot verwendet. Die Sauce besticht durch ihre ausgeprägten Röstaromen. Sie begleitet Fisch, gegrillte Fleischgerichte und gegrilltes Gemüse. Die berühmten katalanischen *Calçots* mit Romesco-Sauce sind am offenen Feuer geröstete Frühlingszwiebeln.

SCHARFE CHILISAUCE

FLAVOUR: scharf, sauer, salzig, süß, fruchtig, rauchig, würzig

ZUTATEN: Chilis, Salz, Branntweinessig, trockene Eichenzweige, Bourbon Whiskey

ZUBEREITUNG: Chilis pürieren, durch ein Sieb drücken, mit Salz und Essig würzen. Eichenzweige ankokeln und in die Sauce geben, zusätzlich mit dem Whiskey aromatisieren. Das Ganze im Kühlschrank verschlossen eine Woche ziehen lassen. Die Eichenzweige entfernen.

Die Pfeffersauce „Tabasco" ist ein eingetragenes Markenzeichen und wird nach geheimem Originalrezept aus der namensgebenden Chilisorte hergestellt. Neben den Tabasco-Chilis enthält die Sauce Essig und Salz. Der Chilisud lagert bis zu drei Jahre in Eichenfässern, hier bildet sich das besondere Aroma heraus. Aber natürlich kann man seine scharfe Chilisauce auch selber machen.

ROMESCO-SAUCE
SALSA BRAVA
SALSA CHIPOTLE (SALSA TAQUERA)
NAM PRIK
SALSA NEGRA
SALSA VERDE
SALSA CRIOLLA
SALSA FRESCA (PICO DI GALLO)

SALSAS

Salsa ist der Oberbegriff für eine Vielzahl lateinamerikanischer Saucen, die roh oder gekocht aus verschiedenen Zutaten gerührt werden. Basis sind Chilis, Tomaten, Zwiebeln und frische Kräuter. Oft werden sie als Dips für Nachos oder zu Kartoffeln (Salsa brava) verwendet. Dazu ein mexikanisches Bier und es ist nicht mehr weit zur fiesta mexicana.

SALSA FRESCA (PICO DI GALLO)
Eine der klassischen Salsa-Mischungen

SALSA CHIPOTLE
Variante der Salsa fresca

SALSA VERDE
Spezielle mexikanische Variante

SALSA VERDE
Die Grundmischung

SALSA VERDE
Mediterrane Variante

SALSA CRIOLLA
Südamerikanische Variante

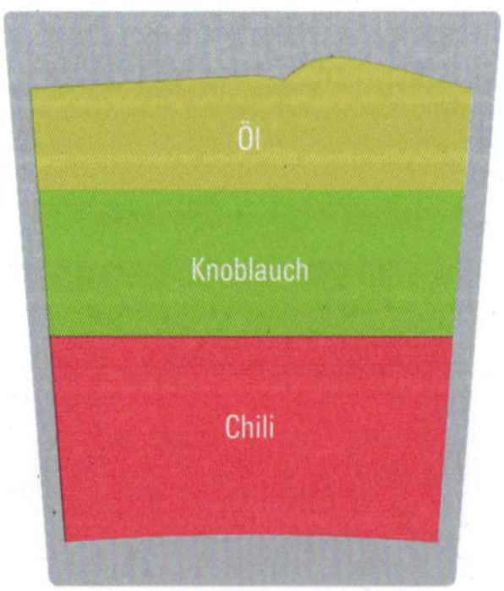

SALSA NEGRA
Dunkle und scharfe Variante

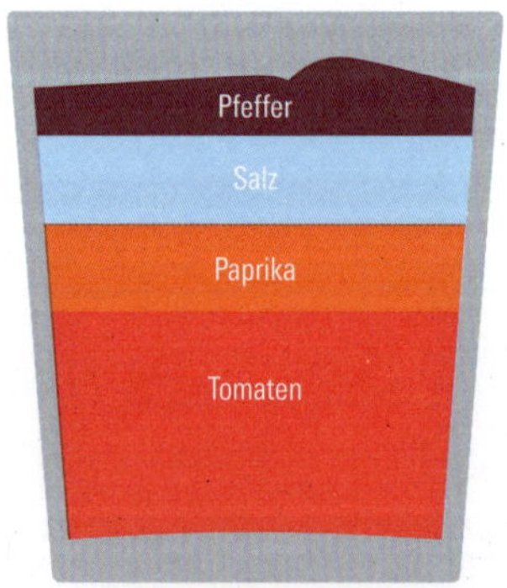

SALSA BRAVA
Eher milde Salsa-Variante

SALSA

FLAVOUR: scharf, fruchtig, kräuterig, rauchig

ZUTATEN FÜR DIE BASIS: Chilis, Tomaten, Zwiebeln

ZUBEREITUNG: Zutaten roh oder gekocht miteinander verrühren

Salsa ist das spanische Wort für Sauce. Salsas sind kräuterbetonte Saucen, gekocht oder aus rohen Zutaten zubereitet, die in ganz Lateinamerika, besonders in Mexiko, beliebt sind. Die meisten Salsas haben eine dominierende Schärfe – aber nicht alle sind scharf. Es gibt sie in unzähligen Varianten, die einander alle ähneln – lediglich einige Zutaten werden ausgetauscht. Salsas können fertig in Flaschen und Dosen gekauft werden, man kann sie jedoch auch recht einfach selbst herstellen. Einige spannende Varianten findet man in dem Schaubild links.

ZHUG, ZUG, SKHUG

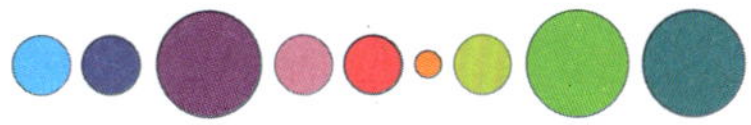

FLAVOUR: scharf, schwefelig, erdig-würzig

ZUTATEN: Frische grüne oder rote Chilis oder Tomaten, Kardamom, Kreuzkümmel, Knoblauch, Pfeffer, evtl. Koriandergrün

ZUBEREITUNG: Gewürze trocken rösten, dann im Mörser fein mahlen. Mit den übrigen Zutaten im Mörser oder mit dem Mixer pürieren. Die Paste in ein Glas füllen und mit Öl bedeckt einige Wochen im Kühlschrank lagern. Macht man sie mit Zitronensaft und Olivenöl flüssiger, wird daraus eine pikante Salatsauce.

Eine scharfe Gewürzpaste aus dem Jemen, die auch in der jüdischen Küche beliebt ist. In Israel reicht man Skhug zusammen mit *Hummus* als Tischwürze und würzt damit *Falafel* (frittierte Kichererbsenbällchen) und *Schawarma* (Fleisch vom Spieß) oder streicht sie aufs Pitabrot. Dort gibt es eine grüne und eine rote Variante mit frischen grünen oder roten Chilis sowie braunen Skhug mit Tomaten. Daneben besteht die Gewürzpaste aus Kardamom, Kreuzkümmel, Knoblauch und Pfeffer, manchmal auch frischem Koriandergrün. Eng verwandt mit Zhug ist →Hawayij, eine ebenfalls in der gesamten Levante verbreitete jemenitische Würzmischung.

SAMBAL MANIS, TUMIS, KALASAN
SAMBAL TRASSI
SAMBAL PETAI
SAMBAL ASAM, ASSEM
SAMBAL BAJAK
SAMBAL TUMIS
SAMBAL OELEK, ULEK
SAMBAL BELACAN

SAMBAL

FLAVOUR: scharf, süß, sauer, salzig, umami (bei Fischzugabe), fruchtig, erdig, karamellig, kokumi (bei Bohnenvariationen)

Sambals sind indonesische, dickflüssige Würzsaucen auf Chilibasis, die es in unzähligen Varianten gibt – nicht alle sind scharf. Sie sind ebenso in Malaysia und anderen asiatischen Küchen beliebt, zum Beispiel in Singapur, auf den südlichen Philippinen oder auf Sri Lanka. Zunehmend werden sie auch in Europa populär und man bekommt bereits einige Varianten in Gläsern im Supermarkt. Ausgefallenere Sorten kauft man im Asiashop. Mit Sambals würzt man am Tisch nach oder man kocht sie mit – dann ersetzen sie im Gericht die Chilis. Besonders gut geeignet ist Sambal zum Würzen von pfannengebratenen Gerichten oder gebratenen Nudeln beziehungsweise Reis. Auch zu milderen Käsesorten wie Gouda oder Edamer kann man Sambals reichen. Ergänzt man Sambals mit frischen Früchten wie Mango, Banane oder Durian (→ Sambal Durian), mildert sich die Schärfe der Chilis.

SAMBAL ASAM, ASSEM Rohe rote und grüne Chilis mit Zitronen- oder Limettensaft und Tamarindenextrakt, Zucker und Salz oder Trassi vermischen.

SAMBAL BAJAK Chilis mit Knoblauch, Trassi und Kernen des Lichtnussbaums (Kemirinüsse) in Öl sieden und zusammenmischen. Passt zu Reisgerichten oder in Currys.

SAMBAL BELACAN Aus rohen roten und grünen Chilis, gewürzt mit Zitronen- oder Limettensaft, Zucker, Salz (oder Trassi).

SAMBAL PETAI Chilis mit Schalotten, Zitronengras, Anchovis, Kurkumablättern und Parkia braten – „Stinkbohnen", die knoblauchartig riechen. Das Ergebnis schmeckt süß-sauer und scharf.

SAMBAL OELEK, ULEK Frische, mit dem Mörser (ulek) klein geriebene Chilis und Salz, kann mit Zitronensaft und etwas Zucker verfeinert werden.

SAMBAL TRASSI Rohe Chilipaste mit Garnelenpaste (Trassi) statt Salz. Die Garnelenpaste fügt dem Sambal ihren eigenen, etwas strengen Charakter hinzu.

SAMBAL TUMIS Chilischoten mit Tomaten, Zwiebeln, Knoblauch und weiteren Gewürzen braten und anschließend vermengen.

THAILÄNDISCHE CURRYPASTEN

FLAVOUR: scharf, sauer, salzig, umami, fruchtig, zitrusartig, herzhaft, erdig, schwefelig

ZUTATEN: Rote oder grüne Chilis, Garnelenpaste, Knoblauch, Schalotten, Zitronengras, Galgant, Kaffirlimettenblätter, Koriandersamen und Kreuzkümmel. Varianten zusätzlich mit Korianderkraut und Thai-Basilikum oder Kardamom, Nelken, Muskat und Macis oder Zimt, Gewürznelken und Kurkuma

ZUBEREITUNG: Koriandersamen und Kreuzkümmel – gegebenenfalls auch Kardamom, Nelken und Macis – kurz trocken rösten, im Mörser zerstoßen und mit den übrigen Zutaten vermengen.

In Thailand werden diese Pasten (Krueang Kaeng) häufig selbst hergestellt, bei uns kann man sie im Glas kaufen und damit im Handumdrehen thailändische Currys zaubern. Man kann sich jedoch auch selbst daran versuchen.

GELBE CURRYPASTE Diese mittelscharfe Variante enthält neben den klassischen Zutaten für Thai-Pasten außerdem Zimt und Gewürznelken. Gelb wird sie aufgrund der Zugabe von Kurkuma. Sie ist universell einsetzbar.

GRÜNE CURRYPASTE Sie enthält ähnliche Zutaten wie die rote Variante. Grün wird sie durch die grünen Chilis, frisches Korianderkraut und frisches gehacktes (Thai-)Basilikum. Sie schmeckt besonders gut zu Fisch, aber auch zu anderen Varianten.

ROTE CURRYPASTE Diese Paste enthält rote Chilis, kapi (Garnelenpaste), viel Knoblauch, Schalotten, Zitronengras, Galgant, Kaffirlimettenblätter sowie meist auch Koriandersamen und Kreuzkümmel. Sie dient als Würzgrundlage für alle thailändischen Currygerichte mit Huhn, Rind, Lamm oder Fisch.

MASSAMAN So heißt eine indisch beeinflusste thailändische Paste mit einem etwas anderen Aroma: Aufgrund von Zutaten wie Kardamom, Nelken, Muskat und Macis hat sie ein wärmeres und erdigeres, „indischeres“ Aroma. Massaman passt gut zu Huhn und Lamm.

TABASCO RED PEPPER
ABASCO GREEN PEPPER
TABASCO (SELBST GEMACHT)
MASSAMAN
ROTE CURRYPASTE
GRÜNE CURRYPASTE
GRUNDZUTATEN CURRYPASTE
GELBE CURRYPASTE
ZHUG, ZUG, SKHUG

ALKOHOLE, ESSIGE, FETTE UND ÖLE

In diesem Kapitel werden alle „Aromaträger" zusammengefasst: Alkohole – also auch Essige – sowie Fette und Öle lösen aufgrund ihrer chemischen Struktur besonders gut Aromen und halten sogar flüchtige Düfte in den Gerichten fest. Gleichzeitig fügen sie den Speisen ihre eigenen Duft- und Geschmacksnoten hinzu. Bei Weinen, Likören und Bränden kann etwa die alkoholische Note erwünscht sein. Diese verliert sich allerdings beim Erhitzen und die leichte Bitterkeit eines Rotweins oder die Torfigkeit eines Whiskys stehen dann im Vordergrund. Fette und Öle sorgen außerdem dafür, dass die Poren des in ihnen gebratenen Fleischs rasch geschlossen werden, wodurch das Steak saftig bleibt und seinen Eigengeschmack behält.

Wie wollen Sie würzen? Die Aromaträger dieses Kapitels sind nach ihrer jeweils dominanten Grundgeschmacksrichtung beziehungsweise ihrer adstringierend-alkoholischen Trigeminusreizung geordnet.

ACETO BALSAMICO TRADIZIONALE

TYPISCHE VERWENDUNG: Gelato di crema mit Aceto Balsamico, Rucolasalat mit Ziegenfrischkäse, Mousse au Chocolat mit Balsamico-Vinaigrette, Entenlebermousse

Bei einem Balsamico-Essig steht noch der leicht säuerliche Geschmack im Vordergrund. Der echte Aceto Balsamico Tradizionale ist dagegen süß-würzig und nur leicht säuerlich. Bei der traditionellen Reifung in Fässern gehen aus dem Holz Aromen in den Balsamico über – etwa vanillige, rauchige und holzig-karamellige Noten. Je älter der Aceto, desto vielschichtiger ist sein Aroma. Aber auch der günstigere Aceto Balsamico, der mit Most vermischt ist, lässt sich vielseitig einsetzen. Mit Aceto Balsamico (Tradizionale) und Olivenöl kann man herrliche Vinaigrettes erzeugen. In butterigen Saucen gibt er Fischgerichten den letzten Pfiff, Tomatensaucen verleiht er ein süß-säuerliches Aroma. Echten Aceto Balsamico Tradizionale sollte man für kalte Speisen verwenden oder erst ganz zum Schluss in heiße Speisen geben. Man würzt sparsam, mit wenigen Tropfen, Erdbeeren, Vanilleeis oder dunkle Schokolade – aber auch Parmesan, Saucen und kalte Marinaden. Bei Leberpasteten betont er deren süßliche Aromen. Auch gekochtes Kraut lässt sich mit Balsamico süßsäuerlich würzen: ein ebenso deftiges wie feines Erlebnis.

SÜSSE LIKÖRE

TYPISCHE VERWENDUNG: gegrillte Bananen mit Grand Marnier, geschmorte Ente mit Grand Marnier, Obstsalat mit Cassis, Crevettenspieße flambiert mit Anisette

Mit Likören und feinen → Obstbränden würzt man in erster Linie Süßspeisen mit Schlagsahne. Zum Schokoladendessert wird Sahne mit Nusslikör oder Kaffeelikör aromatisiert, für Obstsalate mit Cassis, einem Likör aus schwarzen Johannisbeeren. Liköre sollten nicht mitgekocht werden, damit ihre alkoholischen Noten erhalten bleiben.

Orangenbetonte Liköre wie *Cointreau, Grand Marnier* und *Curaçao* enthalten neben ihrer Süße auch viel Säure, was ihrem Aroma Frische verleiht. Dies kommt in Fruchtsalaten sehr gut zur Geltung, aber ebenfalls zum Beispiel in Kombination mit dunkler Schokolade oder in dunklen Saucen für Schmorgerichte mit Lamm oder Ente.

Anisliköre wiederum – *Anisettes* in Frankreich, *Anisados* in Spanien – sind die klassische Verfeinerung für Fisch und Krustentiere. Diese Spirituosen sind mit viel Zucker und Gewürzen wie Zimt und vor allem → Anis beziehungsweise → Sternanis versetzt. Es gibt auch nichtsüße Anisschnäpse wie *Rakı, Mastika, Pastis, Ouzo* oder *Arrak*, mit denen man ebenso würzen kann. Auch das kann sich bei Krustentieren und Fisch anbieten.

MIRIN

TYPISCHE VERWENDUNG: Misosuppe, Huhn mit Teriyaki-Sauce

Die japanischen Pendants zum chinesischen, dunklen und würzigen → Shao Xing sind Mirin und →Sake, beide heller in der Farbe. Mirin schmeckt wesentlich süßer und hat weniger Alkohol (14 Volumenprozent), da er nicht vollständig durchgegoren ist. Eine nahezu alkoholfreie Sorte nennt sich *shin mirin*. Mit Mirin betont man den fischigen Geschmack eines Gerichts. Man würzt mit ihm Misosuppen, *Teriyaki*-Sauce und Sushireis – getrunken wird er nicht.

SÜSSWEINE

TYPISCHE VERWENDUNG: Zabaione mit Marsala, gebratene Geflügelleber mit Portwein

Süße Weißweine oder Dessertweine verwendet man – außer in Süßspeisen und zu reifen (Blauschimmel-)Käsen – für Schweinefleisch, Leber oder Geflügel, weil hier süße Noten willkommen sein können. Wie bei trockenen Weinen gilt: Vorsicht bei der Dosierung. Durch die Reduktion beim Einkochen können süße Weine das Essen schnell zu süß machen. Werden sie erst am Schluss dazugegeben, verkocht der Alkohol nicht und lässt sich noch deutlich wahrnehmen.

Desserts werden in erster Linie mit Süßweinen verfeinert. Hier kommen die ausgeprägten Dessertweine wie *süße Sherrys, Portwein, Madeira* oder *Marsala* zum Einsatz. Lediglich mit lieblichen Weinen und mit → Sherrys sollte man Süßspeisen eher nicht würzen – es besteht die Gefahr, dass die im Wein enthaltenen Bitterstoffe zu sehr in den Vordergrund treten. Eine schnell hergestellte Begleitung zu Rindersteaks oder gebratener Geflügelleber ist die Portwein-Sauce: Man mischt Rotwein mit rotem Portwein zu gleichen Teilen und kocht sie ein. Das dickflüssige Ergebnis wird mit Butter montiert oder mit Sahne legiert.

VERJUS, AGREST

TYPISCHE VERWENDUNG: Vinaigrettes, Desserts, geröstetes Schwein (nach Le Viandier)

Verjus („vert" und „jus", grüner Saft) zeichnet sich durch eine ausgeprägte Säure, leichte Bitterkeit und eine deutliche Adstringenz aus. Das macht ihn zu einem ganz besonderen Würzmittel. Verjus ist der ausgepresste Saft unreifer Weintrauben. Er muss schnell und gekühlt verarbeitet werden, um Oxidationsnoten zu vermeiden, und lässt sich wie Essig oder Zitronensaft einsetzen. Im Gegensatz zu Essig hat Verjus keine stechende Essigsäure, ebenso fehlen die fruchtig-sauren Aromen, die den Duft des Zitronensafts bestimmen. Wegen seiner milden Säure kann man ihn mit Erdnussbutter, Mandelbutter oder Pistazienpüree zu einer säuerlich-nussigen Vinaigrette aufschlagen, die vor allem Gemüsesalaten oder Desserts ganz besondere Noten verleiht. Verjus lässt sich auch in Marinaden zu Fisch, Schweine- oder Hähnchenfleisch bestens verwenden. Fein geschnittene Wurzelgemüsestreifen (*julienne*) oder -würfel (*brunoise*), in Verjus eingelegt und mariniert, sind eine wunderbare, leicht säuerliche Einlage für Pürees oder Saucen. Der originale *Dijon-Senf* wird von alters her mit Verjus statt mit Essig gesäuert.

COINTREAU
CURAÇAO
GRAND MARNIER
PORTWEIN
KAFFEELIKÖR
MADEIRA
MIRIN
ACETO BALSAMICO TRADIZIONALE
CASSIS

ESSIGE

TYPISCHE VERWENDUNG: rheinischer Sauerbraten, Blattsalate (Fruchtessig), gegrillte Paprika (Tomatenessig), chinesische Rohkost (Reisessig), Fish & Chips (Malzessig), Rehragout (Baroloessig)

Essig kann man sowohl frisch dazugeben als auch mitkochen – dann wird vor allem das Säuerliche betont. Viele der oft teuren Essige kocht man nicht mit, um das feine Aromaspiel zu erhalten (→ Aceto Balsamico Tradizionale). Sie werden erst zum Schluss vorsichtig dosiert an die Speisen gegeben. Man kann sie auch reduzieren und aus diesen dickflüssigen Essigen hocharomatische Tupfer auf den Teller setzen.

BRANNTWEINESSIG Dieser Essig ist nur sauer und hat kein eigenes Aroma außer dem stechenden Geruch der Essigsäure. Dabei spielt das Ausgangsmaterial geschmacklich kaum eine Rolle. Das ist auch beabsichtigt, denn dieser Essig soll „neutral" sauer schmecken.

FRUCHT- UND OBSTESSIGE Frucht- und Obstessige bringen das Aroma der Frucht mit, aus der sie erzeugt wurden. Man kann also alle Gerichte, in denen Apfel oder Äpfelsäure vorkommt, sehr gut mit Apfelessig säuern. Aber natürlich kann man auch Kontraste setzen und einen Erdbeeressig zu einem Salat geben, der keine Erdbeeren enthält.
ZUBEREITUNG: Man kann Fruchtessige selbst herstellen, etwa mit Fruchtmark. Dazu werden Früchte – Himbeeren, Erdbeeren oder schwarze Johannisbeeren – mit gutem, neutralem Branntweinessig gemixt. Dann lässt man die Früchte den Essig aromatisieren und filtert eventuell das Fruchtfleisch oder die Kerne heraus.

GEMÜSEESSIGE Auch aus fermentiertem Gemüse lassen sich feine Gourmetessige vergären, die nichts mehr mit dem sauren Essig gemein haben – bis auf eine fein in die Gemüsearomen eingebundene Säure.
ZUBEREITUNG: Gemüseessige werden genauso hergestellt wie Fruchtessige. Köstlich ist zum Beispiel ein Essig aus gegrillter Gemüsepaprika. Dazu wird Paprika gleich welcher Farbe gegrillt, bis deutliche Röstaromen zu riechen sind. Danach werden sie mit Essig – wegen ihrer passenden Aromen hier auch gern mit Wein- oder Sherryessig – mit einem Stabmixer aufgeschlagen, dann lässt man die Aromen einwirken. Damit würzt man zum Beispiel kalte Tapas oder italienische Antipasti.

GETREIDEESSIGE Aus Bier lässt sich ***Bieressig*** herstellen, dieser besticht durch seine feine, malzige Note, ohne den oft bitteren Biergeschmack in den Vordergrund zu rücken. Mit „Sauerbier" hat das nicht mehr viel zu tun. Der englische ***Malzessig*** ist ein ähnliches Produkt, hier wird allerdings nicht Bier vergoren, sondern eine Getreidemaische. Mit diesem süßlich-würzigen Essig wird auf den Britischen Inseln gerne der Fisch bei Fish & Chips gewürzt. ***Reisessige*** sind in den asiatischen Ländern der Standardessig wie bei uns der Branntwein- oder Weinessig. Reisessig duftet wie Branntweinessig eher neutral und ist so klar wie Wasser. Vor allem ist er auch deutlich milder, hat also weniger Essigsäure als europäischer Branntweinessig.

HONIGESSIG Er wird aus Honigwein (Met) vergoren und kann je nach Reifung des Mets und des Essigs sehr harmonisch schmecken, fast wie ein Balsamico. Manche enthalten so wenig Essigsäure, dass man sie als Aperitif trinken kann. ZUBEREITUNG: Einfach einen milden, neutralen Essig – zum Beispiel Reisessig, Weißweinessig – mit etwas erwärmtem, flüssigem Honig versetzen und an einem eher warmen Ort 14 Tage ziehen lassen: „mazerieren". Man könnte das Honig-Essig-Gemisch vor dem Mazerieren auch noch mit etwas frischer Zitronenmelisse versetzen, das gibt dem Essig eine spritzige Note. Damit lassen sich vor allem Salate und Süßspeisen aromatisieren.

WEINESSIGE Die saure Geschmacksrichtung wird durch das aromatische Spiel der Weine ergänzt. So haben Weinessige aus Rot- oder Weißweinen bereits deutlich unterschiedliche Charaktere: *Rotweinessige* sind kräftiger, dunkler, *Weißweinessige* etwas fruchtiger, milder und heller in der Farbe. Entsprechend verwendet man sie: Rotweinessige für deftige, dunkle Speisen, dunkle Saucen, dunkles Fleisch, Wild, Rind. Weißweinessige für helle Saucen, Geflügel, Fisch. In Salatvinaigrettes ist die Wahl eher Geschmackssache. Der spanische *Sherryessig* oder ein *Champagneressig* schmecken oder riechen charakteristisch nach ihren jeweiligen Ausgangsprodukten. Sherryessig schmeckt vollmundig-kräftig, nach Holz und etwas süßlich. Mit ihm sollte man vorsichtig würzen, weil er manchmal auch Speisen zu viel Aroma beifügen kann und dann andere Aromen überdeckt.

SHAO XING

TYPISCHE VERWENDUNG: betrunkenes Huhn, pfannengebratenes Gemüse

Der Reiswein Shao Xing wird in China als trockener Aperitif getrunken und vor allem zum Kochen verwendet. Es gibt zahllose Gerichte, zu denen Shao Xing gehört, besonders bekannt ist *Drunken chicken* (betrunkenes Huhn), das in altem Reiswein mariniert und gekocht wird. Es gibt auch eine Variante, in der es erst gekocht und dann mindestens eine Nacht im Kühlschrank in Shao Xing mariniert wird. Durch die Kälte entsteht eine Gelatine aus der Kochflüssigkeit und dem Reiswein. Das Huhn wird auch kalt gegessen. Ansonsten dient Shao Xing zusammen mit Sojasauce als Grundlage für zahlreiche Marinaden. Er passt zu allen Fleisch- und Fischsorten, eignet sich etwa dazu, ein pfannengerührtes Gericht mit gebratenen Zwiebeln, Knoblauch und Ingwer abzulöschen. Immer steuert er ein herbsaures, vollmundiges Aroma bei – vergleichbar einem trockenen Sherry. Durch diesen lässt sich Shao Xing auch ersetzen: Obwohl sich beide Getränke aromatisch deutlich unterscheiden, gehen sie doch in die gleiche Richtung.

WEISSWEIN
VERJUS (AGREST)
WEISSWEINESSIG
ROTWEIN
ROTWEINESSIG
OBSTESSIG
HONIGESSIG

BRANNTWEINESSIG
APFELESSIG
BIERESSIG
SHAO XING
MOLKENESSIG
TOMATENESSIG
AMONTILLADO
MANZANILLA
FINO

SHERRY

TYPISCHE VERWENDUNG: Gemüsesuppe, Ochsenschwanzconsommé, Mockturtlesuppe

Ein trockener Sherry Fino oder Amontillado erinnert leicht an trockene asiatische Reisweine, die er auch ersetzen kann. Das Aroma erinnert an Mandeln oder Nüsse, mit einem deutlichen Hefeton.

Mit den trockenen Qualitäten kann man Saucen für Kurzgebratenes ablöschen und Marinaden würzen. Morcheln und Pilze passen gut zum nussigen Aroma des Sherrys. Gemüsesuppen auf Kürbis- oder Avocadobasis vertragen ebenfalls Sherry, der süße Kürbis durchaus auch einen Spritzer süßen Sherry. Desserts wie eine *Zabaione* können mit halbtrockenem oder trockenem Sherry gewürzt werden. Der Basis-Sherry für die trockenen Qualitäten ist ein *Fino*: hellgelbe Farbe, trocken, mindestens drei Jahre gelagert. Er ist gut zum Kochen geeignet. Die feinere Variante nennt sich *Manzanilla*. Dessen lange gereifte Version heißt *Manzanilla Pasada*. Ihr Aroma ist kräftiger, würziger, etwas salzig und trockenherb. Qualitativ noch höher steht der sehr körperreiche *Amontillado*: mit einem höheren Alkoholgehalt von bis zu 22 Volumenprozent. Er duftet nussig und nach Mandeln und ist sehr trocken (→ Süßweine).

WEIN

TYPISCHE VERWENDUNG: Coq au Vin, Burgunderbraten, Meeresfrüchte Buzara-Art

Dominant im Aroma des Weins sind grasig-grünliche und fruchtig-süßliche Aromen aus den Trauben, dazu kommen würzigere und butterige Noten und blumige, zitrusartige bis leicht holzige Töne. Ergänzt wird das Aromenspektrum durch Noten, die bei der Gärung und Lagerung entstehen. Würzt man mit trockenem Wein, nutzt man in erster Linie die Säure. Grundsätzlich sollte man beim Kochen mit Wein diesen reduzieren, um die Aromen zu konzentrieren. Gibt man Wein erst gegen Ende des Garprozesses zu, bleibt die Sauce alkoholischer und weiniger. Wein sollte man immer vorsichtig dosieren, sonst wird das Gericht schnell zu sauer oder zu bitter.

ROTWEIN ODER WEISSWEIN? Rotwein passt gut zu einem Gulasch oder Burgunderbraten – sowohl farblich als auch über die rotbeerigen, dunklen Aromen und die Holztöne der Barriquefässer, in denen er gelagert wurde. Bei Schalen- und Krustentieren sucht man dagegen eher die spritzigen, säurebetonten Aromen des Weißweins. Wichtig ist oft das Zusammenspiel von Röstaromen bei gebratenem Fleisch mit den Röstaromen von Weinen, die lange in Holz gelagert wurden. Das können auch reifere Weißweine aus dem Barrique sein.

ANGOSTURA

TYPISCHE VERWENDUNG: Manhattan (Cocktail), Champagner-Cocktail, marinierte Thunfischsteaks nach Guayana-Art

Angostura ist ein Bitterlikör. Er besteht aus Enzianwurzel, Angelika, Kardamom, Zimt, Nelken, Bitterorangenschale und weiteren Gewürzen. Einige Sorten, aber nicht das Original aus Trinidad und Tobago, enthalten auch Rinde des Angostura-Baumes. Angosturabitter ist eine klassische Barzutat und macht aus trockenen Drinks sehr trockene. Man kann ihn auch in der Küche einsetzen – wenn man Speisen einen interessanten, vielschichtigen Bittergeschmack mitgeben möchte: Suppen, Saucen sowie auch und gerade Desserts. Der aromaprägende Kardamom kann dabei als Brücke zu Gerichten mit Kardamom dienen. Ursprünglich war Angostura als Tonikum gegen Malaria und Magenbeschwerden gedacht und wurde im 19. Jahrhundert erstmals im venezolanischen Ort Angostura (Ciudad Bolívar) hergestellt. Daher der Name – nicht etwa von der Rinde.

BIER

TYPISCHE VERWENDUNG: Schweinebraten in Biersauce, Schwarzbiersauce mit Speck, Ananas auf Guinness-Sabayon, englischer Plumpudding

Das bittere Hopfengetränk dient unter Feinschmeckern nicht nur als durstlöschender Sommeraperitif, sondern verleiht Gerichten und Saucen einen deutlich wahrnehmbaren bitteren Geschmack. So lassen sich Schmorgerichte mit Bier statt mit Wein zubereiten: Schon wird die Sauce malzigbitter, und auch das darin geschmorte Fleisch erhält eine wunderbar karamellartige und bittere Note. Vor allem in den Bierbraugebieten in Frankreich (Nordfrankreich, Bretagne, Alsace), in Flandern oder auch in England wurden dazu köstliche Gerichte entwickelt. Ähnliche Gerichte gibt es auch in den deutschen Braugebieten: bayerischen Schweinebraten mit Biersauce, das ***Bierbratl***, oder in Norddeutschland die Schwarzbiersauce mit Speck. Bei Schwein oder Wild ergibt sich stets ein köstlicher Kontrast zu der leichten Süße des Fleischs. Dunkles Bier liefert ebenfalls Bitterstoffe, wenn auch nicht so prägnant wie Pils. Durch das stärkere Mälzen spalten sich mehr Kohlenhydrate, das Bier erscheint „süßer" – und die Schmorgerichte weniger bitter.

CAMPARI

TYPISCHE VERWENDUNG: Fruchtterrine, Sorbet, gebratene Leber

Der Likör aus Bitterorangen verleiht Fruchtterrinen eine angenehm bittere Note. Werden zum Beispiel Orangenfilets, Mangos und Äpfel mit einem heißen Sirup aus Wasser – ca. 1 g Agar-Agar auf 100 ml –, etwas Zucker und einem Schuss Campari übergossen, erhält die Terrine eine fruchtig-bittere Note, die sowohl der Säure als auch der Süße der Früchte entgegenkommt. Auch viele Eis- oder Sorbetzubereitungen lassen sich mit Campari verfeinern. Hier muss allerdings etwas sparsamer dosiert werden, denn Bitternoten sind bei niedrigen Temperaturen viel deutlicher wahrnehmbar. Die fruchtige Bitterkeit des Orangenlikörs harmoniert auch bestens mit den zarten Bitternoten von Leber. Ein Lebergericht – etwa eine Creme aus Geflügelleber, Butter und Joghurt – lässt sich deshalb statt mit dem üblichen Portwein mit einem Schuss Campari wunderbar ablöschen. Campari lässt sich auch in Leberterrinen oder selbst hergestellten Leberwürsten oder -mousse einsetzen – vor allem bei Mousses aus Fischleber: Auch hier harmoniert die fruchtige Bitterkeit des Camparis mit den herzhaften und süßlichen Noten der Innereien hervorragend.

DUNKLE SCHOKOLADE

TYPISCHE VERWENDUNG: Mole poblano, brasilianisches Chili con carne, Wildragout

Schokolade besteht zu einem großen Teil aus Kakaobutter. Diese schmilzt bei 33,8 °C und entfaltet dabei den vollen Duft und Geschmack der Schokolade. Erst während des Schmelzens im Mund und beim Kontakt mit Speichel werden viele der Röstaromen der Schokolade freigegeben, die retronasal wahrgenommen werden oder als bitterer Geschmack auf der Zunge liegen. Schokolade hat einen adstringierenden Effekt, der den Gesamteindruck abrundet. Kombinationsmöglichkeiten auch in der herzhaften Küche ergeben sich aus den Aromen des → Kakaos, der in Bitterschokolade besonders konzentriert vorliegt. Kakao harmoniert mit einer Vielzahl anderer Aromen: mit Nüssen und Kaffee wegen der gemeinsamen Röstnoten, mit Zimt oder mit Muskatnuss. Auch Früchte wie Himbeeren oder Orangen ergänzen sich gut mit Schokolade. Man kann kurzgebratenes Fleisch, vor allem Wild, in Kakaopulver wälzen oder Saucen auf Rotwein- oder Portweinbasis mit Kakao oder Schokolade abschmecken. Auch *Chili con carne* kann man mit Schokolade verfeinern. Die mexikanischen → Moles enthalten ebenfalls Schokolade und schmecken eher bitter-aromatisch als süßlich.

BROMBEER-BIER
HELLES STARKBIER
DUNKLES BIER
HELLES BIER
SCHWARZBIER
BIER
DUNKLE SCHOKOLADE
NOILLY PRAT
MARTINI
CAMPARI
ANGOSTURA

WERMUT

TYPISCHE VERWENDUNG: Kaninchenkeulen, Bouillabaisse (Fischsuppe), Aprikosendessert, Jakobsmuscheln, Manhattan (Cocktail)

Ein Wermutwein (Vermouth) ist grundsätzlich ein mit Kräutern und Gewürzen aromatisierter, oft mit Alkohol aufgespritzter Wein von ungefähr 15–18 Volumenprozent Alkohol und relativ hohem Zuckergehalt. Aroma- und namensgebend ist das bittere Wermutkraut. Aber in einen echten Wermut kommen noch viele andere Kräuter und Gewürze. Italienische Wermuts wie *Cinzano* und Martini sind oft etwas süßer als die französischen. Der edelste aus der Familie der trockenen Wermutweine ist der französische *Noilly Prat,* ein sehr aromatischer, trockener, sherryähnlicher Wein mit viel Körper. Er wird mit etwas Mistelle (Most und Alkohol) und einer Fruchtessenz angereichert. Dann kommen Kräuter und Gewürze dazu – unter anderem Kamille, Bitterorangenschale, Muskat, Koriander, Nelken, Enzian und vermutlich Wermut. Dadurch ergibt sich eine Mischung aus eher erdigen, süßlichen und bitteren Aromen. Noilly Prat ist bei Köchen zum Aromatisieren von Saucen beliebt, speziell zu Fisch. Er ersetzt dort den Weißwein als Aromageber, weil er aufgrund seiner Kräuter- und Gewürzaromen einen ganz speziellen südfranzösischen Touch hat.

UMAMI

REIFER KÄSE

TYPISCHE VERWENDUNG: Käsespätzle, Gratins, Lasagne, Nudelaufläufe, Fonduta

Viele reife Käse haben einen ausgeprägten umami-Geschmack aufgrund des Proteinabbaus während der Reifung (→ Verwendung von Fett, Seite 25, → Abschmecken: umami, Seite 23). Allerdings löst sich der umami-Geschmack nicht in Fett. Im Käsefett sind vielmehr die typischen fruchtig-seifigen, nussigen Käsedüfte vorhanden. Sie sind Beigabe, Abrundung und Zusatz zum umami-Geschmack. Man kann daher Käse mit Wasser aufkochen und das Fett abschöpfen. Das verbleibende „Käsewasser" ist der eigentliche Geschmacksträger für umami- und Salzgeschmack. Auch natürliche (nicht gewachste), trockene Käserinden lassen sich auskochen. Das entstehende Würzwasser kann als eine Art → Dashi verwendet werden.

KOMBU-ALGENÖL

TYPISCHE VERWENDUNG: Fisch- und Fleischgerichte

Dazu werden eingeweichte Kombu-Algen (→ Algen), die reich an Glutaminsäure sind, mit neutralem Öl auf 80 °C erwärmt und anschließend püriert und gefiltert. Das so erhaltene Öl lässt sich für Fisch- und Fleischzubereitungen verwenden und gibt Speisen einen kräftigen umami-Geschmack. Hier wird die übliche Löslichkeit umgangen: Der umami-Geschmack löst sich zwar nicht direkt im Öl beziehungsweise in Fett, allerdings werden durch das Pürieren genügend Emulgatoren aus den Algen gelöst, die den Geschmack im Öl halten.

SAKE

TYPISCHE VERWENDUNG: Sushi, Sashimi, Sake Nanban (süßsauer eingelegter Fisch)

Sake besteht aus Reis, Wasser und Hefe. Durch Zugabe eines Schimmelpilzes verwandelt sich die Stärke im Reis in Zucker – und dieser wiederum durch Gärung in Alkohol. Mit 18–20 Volumenprozent Alkohol wird dieser „Reiswein" gefiltert und in Tanks zur Reifung gegeben. Es gibt sehr trockene bis eher süße Sorten – der umami-Geschmack ist immer vorhanden. Außerdem bietet guter Sake noch eine Reihe weiterer Aromen: fruchtige Düfte nach Äpfeln, Bananen und Melonen, kräuterige, würzige Aromen, selbst Schokolade oder Karamell kann man manchmal herausriechen. Hochwertige Qualitäten werden auf etwa 7 °C gekühlt und dann getrunken – vor, nach und während einer Mahlzeit. Kalt ist er aber auch ein fantastischer Begleiter zu fermentierten japanischen Vorgerichten, zu denen er eine leichte umami-Note beisteuert. Sake kann wie Weißwein zum Ablöschen von Fisch oder Meeresfrüchten in der Pfanne verwendet werden oder als Bestandteil einer Marinade. Meeresfrüchte können auch in Sake gedämpft werden.

TRÜFFELÖL
KOMBU-ALGENÖL
UMAMIÖL
GOUDA CANDEMA (1000 TAGE ALT)
GRANA PADANO
SCHWEIZER SBRINZ
SAKE

TRÜFFELÖL

TYPISCHE VERWENDUNG: Kartoffelpüree, Pasta, lauwarmer Kartoffelsalat, Fonduta (geschmolzener Käse)

Echtes Trüffelöl ist ein gutes Speiseöl, das mit → Trüffeln oder zumindest Trüffelresten (Schalen) versetzt wurde. Es kann interessante Akzente setzen: Ein mit wenigen Tropfen aromatisiertes Kartoffelpüree ist ein Gedicht. Auch Pasta verträgt ein paar Tropfen. Großzügig über das Gericht gelöffeltes Öl macht alles wieder zunichte – Geschmack und Aroma werden penetrant-aufdringlich. Beim Kauf von Trüffelöl ist darauf zu achten, dass wirklich das Aroma echter Trüffeln darin ist. Das heißt, auf dem Etikett darf nicht stehen, es befinde sich „Aroma", „Trüffelaroma" oder „naturidentisches Aroma" in der Flasche: Im Labor erzeugtes Trüffelaroma ist zwar weder schädlich noch verwerflich, es ist das identische Molekül: Androsterol. Es wird aber niemals das Aroma echter Trüffeln nachahmen können, das – wie bei so vielen aromatischen Zutaten – erst aus der Kombination aller höchst komplexer Bestandteile entsteht.

UMAMIÖL

TYPISCHE VERWENDUNG: gedämpfter Fisch, Gemüsesalat, Fleischsalat, Ravioli, Involtini

Bessere Alternativen zu einem schlechten Trüffelöl sind selbst hergestellte Öle aus Pilzen und deren Resten, die nicht zum Kochen verwendet werden. Dazu können Füße von Champignons, Steinpilzen, Pfifferlingen und auch Trüffelreste in neutrales Öl gelegt werden. Diese Mixtur wird im Thermomix bei 50 °C für 10 Minuten erwärmt und anschließend püriert. Danach lässt man sie über Nacht stehen und filtert das aromatisierte Öl ab. Das Resultat ist ein intensives, nach Pilzen duftendes „Umamiöl". Es lässt sich zum Würzen von Gemüsesalaten, Fleischsalaten oder auch zum Finalisieren von Saucen verwenden. Interessant ist das Würzen von gedämpften Speisen: Ihnen können über das Öl herzhafte Noten hinzugefügt werden. Aus den abgefilterten Feststoffen lässt sich mit Frischkäse noch eine köstliche Farce für Ravioli oder Involtini zaubern.

ARGANÖL

TYPISCHE VERWENDUNG: Obstsalat, Kartoffelpüree, marokkanische Brioche

Das edle, aromatische Öl der marokkanischen Arganbäume gibt Gerichten beim Finalisieren immer erdige Komponenten. Arganöl ist reich an ungesättigten Fettsäuren (80 Prozent) und in seiner Fettzusammensetzung mit Erdnussöl zu vergleichen. Das empfindliche Öl sollte man nie erhitzen, sondern über warme Speisen erst kurz vor dem Servieren geben – oder gleich in der kalten Küche einsetzen. Salate oder Dips bekommen mit Arganöl einen ganz eigenen, erdigen, auch nussigen Geschmack: Das Aroma duftet ein wenig nach Moschus und nach gerösteten Haselnüssen, mit sommerlichen, mediterranen, auch etwas harzigen Noten. Wegen seiner süßlichen Komponenten erinnert es entfernt an Mohnöl, weshalb es wie dieses auch mit süßen Speisen und Desserts harmoniert, sofern es nicht überdosiert wird.

AVOCADOÖL

TYPISCHE VERWENDUNG: Marinierte Lammlachse, Brotspezialitäten, Blattsalate

Es wird aus den fettreichen Früchten des südamerikanischen Avocadobaumes gewonnen. Das Aroma wird durch einen fruchtigen, wachsigen Geruch bestimmt, es lassen sich auch nussige und erdige sowie grünlich-holzige Aromen erkennen. Zudem ruft das Öl ein angenehm butteriges Mundgefühl hervor. Aufgrund seines hohen Anteils an einfach ungesättigten Fettsäuren (Palmitinsäure) und des geringen Anteils an mehrfach ungesättigten Fettsäuren ist Avocadoöl hocherhitzbar: Mit über 250 °C hat es den höchsten Rauchpunkt aller Pflanzenöle und eignet sich deshalb auch zum Braten, worunter aber seine feine Aromatik weitgehend verloren geht. Mit Avocadoöl lassen sich etwa hervorragend Grillmarinaden anrühren – es verbrennt nicht beim Grillen und gibt der Marinade sein typisches Aroma. Beim Backen kann Avocadoöl Butter ersetzen – und andere aromatische Effekte als Butter erzeugen. Avocadoöl von guter Qualität ist auffällig grün, die Farbe verschwindet allerdings beim Erhitzen.

BUTTER

TYPISCHE VERWENDUNG: schottisches Shortbread, Zuckerkuchen, Butterschnitzel vom Kalb, Spaghetti al Limone

BUTTER AROMATISIEREN: Ihr Fett löst viele Aromen, ihre Konsistenz hält sie fest. Bekannte Varianten sind Butter mit Salz, Paprika, frischen Kräutern oder gerösteten Sonnenblumenkernen. Es gibt auch Algen- und Räucherbutter.

Der Rauchpunkt von Butter liegt mit etwa 150–175 °C recht niedrig, bei hohen Temperaturen bräunen und verkohlen die in der Molke gelösten Proteine. Neben Butter aus Kuhmilch gibt es Butter aus Schaf- oder Ziegenmilch, vor allem in Asien auch aus Büffel- oder Yakmilch. Süßrahmbutter wird ohne Zusatz von Milchsäurebakterien hergestellt, sie ist milder und sahniger als die säuerlich-süße Sauerrahmbutter, flockt beim Erhitzen weniger schnell aus und eignet sich gut, um Saucen aufzumontieren. Butter eignet sich besonders gut zum Backen, beim Braten wird sie schnell braun und bitter. Eigens gebräunte Butter wiederum duftet nussig, man kann mit ihr Gemüse, Spätzle oder sogar Desserts würzen. BUTTERSCHMALZ, GHEE Entzieht man Butter Eiweiß und Wasser, erhält man ein nahezu reines Fett, dessen Rauchpunkt knapp über 200 °C liegt. Ghee duftet nussig und eignet sich zum Frittieren, Backen und Braten.

ERDNUSSBUTTER, ERDNUSSÖL

TYPISCHE VERWENDUNG: Peanut-Butter-Brownies, Mayonnaise mit Erdnussöl, Selleriecreme mit Zitrone und Erdnussöl

Erdnussbutter ist in den USA und in Afrika beliebt: Die Nüsse werden blanchiert, leicht geröstet und mit Öl zu einer glatten Masse verrührt. Die Butter wird als Backzutat, etwa für Erdnussplätzchen, für *peanut butter fudge* (eine Art weicher Bonbons) verwendet – oder als Brotaufstrich statt Butter, zusammen mit Marmelade zum Frühstück.

Das fast neutral schmeckende, raffinierte Erdnussöl ist lange haltbar. Weil es hocherhitzbar ist, kann man es gut zum Kochen, Braten und Frittieren verwenden. Der Rauchpunkt des unraffinierten, aromatischen Öls liegt deutlich niedriger: Es eignet sich zwar zum Kochen und Braten, nicht jedoch zum Frittieren. Gekochten Speisen verleiht es ein leichtes Aroma nach → Erdnuss. Wenn man es nicht sofort dazugibt, sondern erst nach einiger Zeit, erhöht sich der aromatische Effekt. Auch in der kalten Küche ist natives Erdnussöl zum Anmachen von Salaten oder zum Aromatisieren von Fleisch und Gemüse geeignet. Für die Zubereitung von Remouladen oder Mayonnaisen ist natives oder raffiniertes Erdnussöl gleichfalls besser geeignet als viele andere Nussöle, weil es nicht dominant ist.

HASELNUSSÖL

TYPISCHE VERWENDUNG: Pfannkuchen, Ziegenkäseröllchen, Bohnen-Erbsen-Gazpacho, Pampelmuse mit Salbei, Schokolade

Haselnüsse duften und schmecken frisch, fruchtig und nussig, mit Röstaromen, die selbst in ungerösteten Nüssen deutlich wahrnehmbar sind – und auch im Öl, das meist aus den ungerösteten Nüssen hergestellt wird. Es hat eine gelbe Farbe, ein mild süßlich-nussiges Aroma und wie die meisten Nussöle eine deutliche Bitternote. Wegen seines Fettsäurenspektrums lässt sich Haselnussöl gut erhitzen. Es ist ein schmackhafter Aromazusatz für viele Gemüsegerichte oder Salate, sollte aber sparsam eingesetzt werden, da sein Aroma schnell dominant wird. Wenn das der Fall ist, kann man es mit geschmacksneutralem Öl strecken. Klassisch ist die Kombination mit Schokolade, da sich hier die Röstaromen des Öls mit der Süße verbinden. Pfannkuchen in Haselnussöl auszubacken verleiht diesen ein schönes Nussaroma. Auch herzhafte Kombinationen funktionieren gut: etwa über Ziegenkäse und Frischkäse geträufelt, mit grünem Salat oder als Zugabe zu cremigen Gemüsesuppen. Gebratene Leber kann noch in der Pfanne mit Haselnussöl und gehackten Haselnüssen gewürzt werden.

KOKOSÖL

TYPISCHE VERWENDUNG: gebackene Garnelen, Eiskonfekt, Kokosflocken (Kekse), Kalter Hund, indische Linsen- und Bohnengerichte (Dal)

Kokosfett spielt in der Margarine- und Süßwarenherstellung eine wichtige Rolle. Das nichtraffinierte, stark aromatische Fett bringt deutliche Kokosaromen (→ Kokosnuss) in die Speisen und kann direkt zum Aromatisieren verwendet werden. Raffiniertes Öl zeichnet sich nicht nur durch eine natürliche Festigkeit aus, sondern ist dazu hocherhitzbar, geschmacksneutral und lange haltbar. In asiatischen Ländern wird es als alltägliches Brat- und Frittierfett eingesetzt.

KÜRBISKERNÖL

TYPISCHE VERWENDUNG: steirischer Käferbohnensalat, Kürbiscremesuppe, kalter Rindfleischsalat, Kartoffelsalat, Sülze

Das Fettsäurenspektrum von → Kürbiskernen ist durch einen hohen Anteil an ungesättigten und längerkettigen Fettsäuren bestimmt, und das Öl ist daher recht hitzeempfindlich. Sein Aromenspektrum reicht von holzigen, leicht stechenden Noten über grasig-grünfruchtige Töne bis hin zu einem nussigen Duft. Da die Kerne vor der Verarbeitung geröstet werden, enthält es zudem tiefe Röstnoten. Wegen seiner Hitzeempfindlichkeit wird das Öl in der kalten Küche verwendet oder um warme Speisen vor dem Servieren zu aromatisieren. Wenn man das durchdringende Aroma etwas abmildern möchte – etwa in Salaten –, streckt man es mit geschmacksneutralem Öl. Die steirische Küche ist berühmt für seinen vielfältigen Einsatz: Ein Salat aus Käferbohnen und Rettich wird mit Kürbiskernöl und Essig angemacht, Kartoffelsalat verleiht es hellgrüne Farbe und eine nussige Note. Saures, kaltes Rindfleisch oder Sülze mit Kürbiskernöl ist eine beliebte Spezialität. Gemüsesuppen lassen sich mit einigen Tropfen wunderbar nussig aromatisieren. Selbst Eis mit Kürbiskernöl oder ein Kürbisparfait funktionieren.

LEINÖL

TYPISCHE VERWENDUNG: Pellkartoffeln mit Quark und Leinöl, fruchtige Essige, zu Obst

Leinöl wird aus den Samen von Lein gewonnen. Es schmeckt sanft bitter und hinterlässt einen nussigen Eindruck. Mit 56 bis 71 Prozent hat es von allen Ölen den höchsten Anteil an Omega-3-Fettsäure (alpha-Linolensäure). Daher darf das Öl nicht erhitzt werden und sollte, damit es nicht ranzig wird, im Kühlschrank gelagert und schnell verbraucht werden.

SONNENBLUMENKERNÖL
AVOCADOÖL
ARGANÖL
PALMÖL
MOHNÖL
HASELNUSSÖL

OLIVENÖL, TRÜB
OLIVENÖL
ERDNUSSÖL
KÜRBISKERNÖL

MACADAMIANUSSÖL

TYPISCHE VERWENDUNG: Salate aller Art, Gemüsesaft, gebratene Seezunge

Macadamianussöl ist ein eher zurückhaltendes, nur leicht bitteres Speiseöl. Es zeichnet sich durch einen sehr hohen Anteil an ungesättigten Fettsäuren aus, und zwar sowohl bei den kürzerkettigen als auch bei den längerkettigen Fettsäuren. Das Öl löst flüchtige Aromen bestens. Man sollte das feine Öl immer erst an die fertigen Speisen geben, da sich durch langes Erhitzen seine feinen, tabakartig-orangenartigen bis erdigen Aromen verflüchtigen. Bei Zimmertemperatur ist es sehr dünnflüssig: Diese besonderen Fließeigenschaften machen es zu einem idealen Salatöl, das alle Bestandteile gleichmäßig benetzt. Man kann damit auch zarten Fisch aromatisieren, da es – anders als zum Beispiel Olivenöl – dessen feine Aromen nicht überdeckt. Ebenso passt es zu mildem Frischkäse, milden Suppen, zu frischen Gemüse- und Obstsäften sowie zu Süßspeisen.

MANDELÖL

TYPISCHE VERWENDUNG: Tapenade aus grünen Oliven, gebratene Entenleber

Mandelöl bietet sich immer dann an, wenn man eine Alternative zu Olivenöl sucht, einem aber Walnussöl zu rustikal, Haselnussöl zu kräftig und Arganöl zu intensiv ist. Es fügt Speisen eine angenehm süßliche, nussige Aromakomponente hinzu und harmoniert insbesondere mit Fisch, Salaten, Fruchtsäften und Spargel. Über die süßen Komponenten passt das Öl gleichfalls gut zu Ente und Entenleber. Es lässt sich aber auch zum Braten verwenden – was in der indischen und chinesischen Küche genutzt wird, etwa in Gerichten mit Fisch oder Geflügel wie zum Beispiel Ente. Eine Anregung für ein europäisches Bratengericht wäre ein Kaninchenrücken, den man mit einem Rosmarinzweig in auf 50 °C erhitztes Mandelöl legt und 15 Minuten ziehen lässt: Das Ergebnis ist wunderbar zart mit einem Hauch von Mandel und Rosmarin.

MOHNÖL

TYPISCHE VERWENDUNG: Kartoffelsalat, Tomaten mit Mozzarella, Mohnnudeln

Die ätherischen Öle von Mohn enthalten viele ungesättigte Fettsäuren. Besonders die Linolensäure kann rasch oxidieren, daher muss Mohnöl schnell aufgebraucht werden und darf nicht erhitzt oder wenn, dann nur unmittelbar vor dem Servieren eingesetzt werden. Mit dem fruchtigen Mohnöl würzt man Salate und gibt ihnen ein zart-nussiges Aroma – zarter als mit Haselnuss- oder Walnussöl. Kartoffelsalat ohne Mayonnaise schmeckt mit einem Schuss Mohnöl noch besser: Die Röstaromen und die Frucht setzen einen schönen Kontrast. Ähnliche Effekte kann man bei Spargel oder bei Tomaten mit Mozzarella erzielen, wenn man Mohnöl statt des üblichen Olivenöls verwendet: Dabei ergänzen sich die fruchtigen Aromen. Mohnöl kann auch wie die Mohnsamen für Desserts eingesetzt werden.

OLIVENÖL

TYPISCHE VERWENDUNG: Spaghetti aglio, olio e peperoncino, gegrillte Dorade, Avocadocreme mit Zitronengras, griechischer Joghurt mit Nüssen

Olivenöl riecht fruchtig, grünlich bis nussig, je nach Olivensorte und Anbaugebiet, und schmeckt leicht bitter. Natives Olivenöl lässt sich auf 170–180 °C erhitzen – das reicht zum Schmoren, Braten und Frittieren. Gefiltert sollte es aber sein, sonst raucht es zu schnell. Will man mit Olivenöl heiß braten, sollte man zu raffiniertem greifen. Ansonsten setzt man Olivenöl in der kalten Küche ein oder beträufelt warme Speisen damit. Das Öl passt perfekt zu allen mediterranen Kräutern. Man kann es mit diesen aromatisieren – und frische Kräuter in ihm konservieren (→ Pesto). Die Siegel A.O.C. (Frankreich, Schweiz) oder D.O.P., D.O.C. und D.O.C.G. (Italien) stehen für eine gute Qualität. Mildfruchtige Olivenöle passen zu gedämpftem Fisch, zu Blattsalaten, Mayonnaisen und feinen Saucen. Mit mittelfruchtigen Olivenölen kann man helles Fleisch oder Fisch braten, backen oder danach beträufeln. Es harmoniert mit Kräutern, vielen Gemüsesorten und mit Obst – etwa Orangen. Intensiv grünfruchtiges Olivenöl eignet sich gut für alle dunklen Fleischsorten. Auch der Klassiker Spaghetti a*glio, olio e peperoncino* schmeckt mit einem aromareichen, kräftigen Öl am besten.

KOKOSFETT
PALMFETT
BUTTER
SCHWEINESCHMALZ
RINDERTALG MIT GRIEBEN
ERDNUSSBUTTER
GHEE

PALMKERNFETT

TYPISCHE VERWENDUNG: Margarine

Palmkernfett wird aus den Kernen der Ölpalmenfrüchte gewonnen und enthält über 80 Prozent gesättigte Fettsäuren, hauptsächlich Laurinsäure. Sowohl → Kokosfett als auch Palmkernfett sind Fette mit natürlicher Festigkeit. Sie sind hocherhitzbar, völlig geschmacksneutral und lange haltbar. Deshalb werden sie in asiatischen Ländern als alltägliche Brat- und Frittierfette eingesetzt.

PALMÖL

TYPISCHE VERWENDUNG: Bobó de camarão (brasilianischer Garneleneintopf), Feijão de Óleo de Palma (angolanischer Bohneneintopf)

Palmöl enthält einen relativ hohen Anteil an der gesättigten Fettsäure Palmitinsäure, aber auch einen fast ebenso hohen Anteil an der einfach ungesättigten Ölsäure sowie einen spürbaren Anteil an der mehrfach ungesättigten Linolsäure. Es duftet nach Veilchen, schmeckt etwas süßlich und hinterlässt ein angenehm butteriges Mundgefühl. Unraffiniert ist es leuchtend orangerot. Weltweit ist meist raffiniertes Palmöl noch vor Sojaöl das quantitativ wichtigste Speiseöl. Es eignet sich aufgrund des hohen Anteils an gesättigten Fettsäuren hervorragend zum Braten und Frittieren – wozu es in asiatischen und afrikanischen Ländern auch eingesetzt wird. Unraffiniertes Palmöl enthält zudem sehr viele Carotine und die Vitamine A und E. Problematisch ist, dass für die Anpflanzung von Ölpalmen in vielen asiatischen Ländern wie etwa Indonesien großflächig Regenwald abgeholzt wird. Von Nachhaltigkeit kann hier nur selten gesprochen werden.

PEKANNUSSÖL

TYPISCHE VERWENDUNG: Rohkost, Obstsalate, amerikanische Cookies

Mit dem sehr aromatischen, aber hierzulande selten angebotenen Öl kann man wie mit anderen Nussölen Speisen aromatisieren. Man sollte es aufgrund seines komplexen Aromas erst über die fertigen Gerichte geben. Es passt gut zu Salaten – ein lauwarmer Kartoffelsalat bekommt dadurch eine nussige Note –, kann aber auch warmen Gemüsegerichten interessante Akzente geben. Neben den nussigen Grundaromen weist die → Pekannuss einen leicht fruchtig-blumigen Duft mit kampferig-würzig-holzigen Noten auf. Das Fettsäurenspektrum der Pekannuss ist ähnlich wie das des Olivenöls zusammengesetzt. Anders als Olivenöl flockt Pekannussöl nicht im Kühlschrank aus.

PINIENKERNÖL

TYPISCHE VERWENDUNG: Carpaccio mit Bresaola, Pesto, sautierte Erdbeeren und Kirschen

Das Öl aus Pinienkernen wird noch selten, aber zunehmend häufiger angeboten. Es besitzt ein besonders mild-feines, dezent nussiges Aroma, das wie die Kerne zart an Kiefernnadeln erinnert. Damit veredelt man Nudel- und Reisgerichte – immer erst am Ende dazugeben, nie mitkochen –, aromatisiert Vinaigrettes oder reicht es zu mildem Käse – kräftiger Käse würde es überdecken. Besonders gut harmoniert das Öl mit Fisch.

PISTAZIENÖL

TYPISCHE VERWENDUNG: marokkanische Aprikosen-Pastilla (Gebäck), gedämpfte Garnelen mit Pfirsichen und Pistazien-Vinaigrette, Rote-Bete-Carpaccio mit Manchego-Käse

Das hellgrüne Öl wird aus gerösteten und geschälten → Pistazien erzeugt. Es ist eine Köstlichkeit, vor allem wegen seines Dufts: Das Pistazienaroma ist durch warm-harzig-terpentinartige Noten gekennzeichnet und durch süßlich-balsamische und holzig-pfeffrige Töne. Beim Rösten bildet sich aus den Fettsäuren ein ganzes Spektrum an fruchtigen, röstigen, warm-kakaoartig bis karamellig-holzig duftenden Aromen. Ein paar Tropfen Pistazienöl bereichern Fisch oder helles Fleisch wie Kalb oder Geflügel. Leber harmoniert gut wegen der gemeinsamen süßen Aromen. Man kann Pistazienöl auch zu warmem Gemüse wie zum Beispiel Zucchini, Avocado oder Aubergine geben. Bei Obst sollten entsprechend nur säurearme Sorten genommen werden, denn das feine Öl verträgt keine Säure.

ROSENÖL

TYPISCHE VERWENDUNG: persische Eintöpfe, Muffins, Rosenblütencreme (Dessert), Bowle

Das ausgeprägt blumige Rosenöl ist Bestandteil jeder großen Küche, besonders im Bereich der Süßigkeiten und Desserts. Die Düfte der Rosenblüten werden vordergründig durch die typischen „Rosen"-Noten und einen Hauch Zitrusaroma bestimmt. Daneben besteht der Rosenduft aber noch aus einer Vielzahl weiterer Aromen, die den Rosenblütencharakter teils unterstützen und teils durch zimtige bis blumig-wachsige Noten ergänzen. Viele Bestandteile des betörenden Dufts sind leicht flüchtig, daher ist der Umgang mit Rosenöl und -wasser nicht einfach. Es darf nur am Schluss eines Kochprozesses oder in kalte Speisen gegeben werden, wenn man das volle Aroma erhalten und genießen möchte. Sind die Speisen ölhaltig, ist die Flüchtigkeit etwas reduziert, da die Aromen im Fett gebunden werden.

SCHMALZ

TYPISCHE VERWENDUNG: Schmalzgebäck, Wiener Schnitzel, Schmalzbrot, Blätterteig

Schmalz besteht aus tierischem Fett. Als besonders fein gilt Flomenschmalz, das aus dem Bauchwandfett von Schweinen erzeugt wird. Anders als viele Margarinen enthält naturbelassenes Schmalz keine ungesunden Trans-Fettsäuren. Es lässt sich gut zum Braten einsetzen, da es einen hohen Rauchpunkt hat. Man kann Bratöle oder Butter häufig durch Schmalz ersetzen. Klassisch ist etwa ein in Schmalz ausgebackenes Wiener Schnitzel – oder in Schmalz frittiertes Gebäck.

Das gelbliche Gänseschmalz schmilzt schon bei 25 °C. Es wird daher oft mit Schweineschmalz oder → Talg aus Rinderfett gemischt, um den Schmelzpunkt zu erhöhen. Ebenso wie Schweineschmalz zeichnet es sich durch einen relativ hohen Gehalt an ungesättigten Fettsäuren aus und ist nicht lange haltbar. Die Aromen des jeweiligen Schmalzes sind durch die Proteine und Fettsäurenabbauprodukte bestimmt, die auch die Fleischaromen der Tiergattungen bestimmen (→ Verwendung von Fett, Seite 25).

SESAMÖL

TYPISCHE VERWENDUNG: japanische Sesam-Eiscreme, Chinakohl-Salat, sautierte Garnelen mit Sesam

Aus den Sesamsamen werden zwei verschiedene Öle hergestellt: Raffiniertes Sesamöl ist blassgelb und schmeckt eher neutral. Es kann hoch erhitzt werden und heißt in Indien, wo es gerne verwendet wird, *Gingili* oder *Til-Öl*. Das kalt gepresste Öl ist dunkler, bernsteinfarben. Es schmeckt deutlich nach Sesam und ist besonders in der asiatischen und orientalischen Küche zum Würzen der fertigen Gerichte beliebt. In der chinesischen Küche wird auch Sesamöl aus gerösteten Samen verwendet. In dieser Variante werden die Würzeigenschaften der Röststoffe gezielt eingesetzt. Besonders in der scharfen Szechuanküche sind Sesamsamen und dieses Sesamöl verbreitet. Dort lässt man gestoßene rote Chilis in dunklem Sesamöl ziehen, wobei die Aromen der Chilis im Öl gelöst werden: Das Ergebnis ist orangerot und herrlich aromatisch-röstig-scharf.

ROSENÖL
MACADAMIANUSSÖL
TRAUBENKERNÖL
PINIENKERNÖL
PISTAZIENÖL
WALNUSSÖL
PEKANNUSSÖL

SONNENBLUMENKERNÖL

TYPISCHE VERWENDUNG: Mayonnaise und davon abgeleitete Saucen, Vinaigrettes, Ganaches

Das geschmacksneutrale Öl weist einen überdurchschnittlich hohen Anteil an der zweifach ungesättigten Linolsäure auf. Insgesamt besteht Sonnenblumenöl aus mehr als 90 Prozent ungesättigten Fettsäuren, weswegen es sowohl in der kalten als auch in der warmen Küche vielseitig einsetzbar ist: Sofern gefiltert und raffiniert, ist es hocherhitzbar. Ölsäure und Oleinsäure sorgen außerdem dafür, dass das Öl auch bei Temperaturen von bis zu –10 °C flüssig bleibt. Somit kann raffiniertes Sonnenblumenöl neben seiner Funktion als Brat- und Frittieröl oder als geschmacksneutrale Grundlage für Saucen oder Mayonnaisen bestens zur Konsistenzregulierung in Fettzubereitungen genützt werden, etwa in Schokocremes. Im Gegensatz zum → Olivenöl hat es keine Bitteraromen.

TALG

TYPISCHE VERWENDUNG: belgische Pommes frites, Mititei (rumänische Hackfleischwürste)

Schmalz von Rindern heißt Talg. Wie bei Gänse- und Schweineschmalz gibt es davon ebenfalls unterschiedliche Qualitäten: Premier Jus – vorsichtig geschmolzen und gereinigt – oder Nierentalg, englisch suet, beliebt in der britischen und nordamerikanischen Küche. In Belgien werden Pommes traditionell in Nierentalg frittiert. Nierenfett ist hoch erhitzbar und verdirbt kaum. Damit ist ausgelassenes Nierenfett eines der besten Bratfette überhaupt. Die knusprigen Grieben des ausgelassenen Fetts schmecken ausgezeichnet zum Aperitif: eine leider vergessene Köstlichkeit, die wiederentdeckt werden sollte.

TRAUBENKERNÖL

TYPISCHE VERWENDUNG: Insalata Caprese, gefüllte Chicorée mit Rote Bete

Traubenkernöl wird aus Trestern hergestellt, also den Resten, die beim Weinpressen anfallen. Der Duft des Öls ist durch fruchtig-grasige, stechende-medizinale und süßlich-fettig-butterige Noten mit leicht zitrusartigen Untertönen geprägt. Das Öl enthält nur sehr wenig der dreifach ungesättigten Linolensäure und ist dadurch relativ haltbar. Wegen seines hohen Rauchpunkts kann das native Öl zum Braten eingesetzt werden, aber auch raffiniert behält Traubenkernöl sein typisches Aroma. Das weiße Traubenkernöl ist etwas lieblicher und fruchtiger, es eignet sich gut zum Anbraten von edlen Fischen und Meeresfrüchten sowie für Rohkost. Rotes Traubenkernöl duftet herber, kräftiger und erinnert mit seiner Adstringenz auf der Zunge an Rotwein. Es verfeinert Käse und man kann damit Fleischsorten wie Rind oder Wild anbraten. Im Abgang nimmt man bei beiden Ölen ein Nussaroma und den leicht herben Duft von Trester wahr. Da das Öl bei niedrigen Temperaturen geschmeidig bleibt, ist es ideal für die Herstellung von Würzölen, Marinaden und Dressings, die im Kühlschrank aufbewahrt werden.

WALNUSSÖL

TYPISCHE VERWENDUNG: Linsensuppe, Apfel-Tartelettes, Waldorfsalat

Walnussöl ist eines der vollmundigsten Aromaöle überhaupt. Es wird in einem aufwendigen Verfahren meist kaltgepresst: Aus zehn Kilogramm Kernen erhält man etwa vier bis fünf Liter Öl. Das Duftspektrum der → Walnuss, das sich auch im Öl wiederfindet, definiert sich durch einen frischen Gründuft, fruchtig-holzige, butterig-grünliche und leicht beißende Noten, aber auch durch würzig-röstige, nusstypische Aromen und rein bitter wirkende Stoffe. Der Anteil an mehrfach ungesättigten Fettsäuren, darunter auch Omega-3-Säure, ist recht hoch. Weil diese – zusammen mit dem reichlich vorhandenen Vitamin E – empfindlich auf Hitze reagiert, lässt sich Walnussöl nicht zum Braten einsetzen. Solche feinen Öle eignen sich nur für Rohkost, Salate – berühmt ist der Waldorfsalat – oder finalisieren mit wenigen Tropfen gegarte Speisen. Walnussöl ist so aromatisch, dass man es für ein Salatdressing fast immer mit einem neutraleren Öl strecken sollte. Zum Verbacken ist es viel zu schade – wer etwas Walnussaroma haben möchte, sollte besser einen Teil des Mehls durch fein gemahlene Walnüsse ersetzen.

COGNAC UND ANDERE WEINBRÄNDE

TYPISCHE VERWENDUNG: Parmesanrisotto, Apple Pie, Badische Schneckensuppe, Bœuf Bourguignon, Mousse au Chocolat

Der herkunftsgeschützte Branntwein (Weinbrand) aus Weißweinen der westfranzösischen Region Cognacais heißt ***Cognac***. Zu 90 Prozent besteht er aus der Rebsorte Ugni Blanc, auch bekannt als Trebbiano. Sie ist ebenso die Grundlage für den südfranzösischen ***Armagnac***. In den Eichenholzfässern vermischen sich die Aromen der Weintrauben mit denen der Holzfässer. Cognac ist verhalten süß mit milden Holztönen, er ähnelt vom Aroma her Bourbon Whiskey. Mit Cognac, ersatzweise auch anderem Weinbrand oder spanischem Brandy, der aber meist etwas süßer ist, würzt man vor allem Saucen. Bei einem Parmesanrisotto löscht man den angerösteten Reis mit Cognac ab, bevor man mit Brühe aufgießt. Ein weiterer Einsatzbereich für Cognac (und Rum) sind eingelegte Früchte. Klassische Gerichte mit Cognac sind ***Crêpe Suzette***, Obstsalat und ***Mousse au Chocolat*** nach Charentaiser Art. Man kann mit Cognac marinieren oder Mayonnaise für Fisch, Meeresfrüchte und Geflügelsalat aromatisieren. Überhaupt passt sein edles, feines Aroma hervorragend zu Krusten- und Schalentieren.

OBSTBRÄNDE

TYPISCHE VERWENDUNG: Fruchtsalate, Apfeleierkuchen, Käsefondue, Rehragout

Obstbrände haben einen so hohen Alkoholanteil, dass bei ihnen – im Gegensatz zu → süßen Likören – der brennende, trigeminale Reiz die Süße überwiegt. Trotzdem werden sie nicht mitgekocht, denn anders als bei Cognac, Rum, Wein oder Whisk(e)y soll der alkoholisch-stechende Reiz erhalten bleiben. Grundsätzlich passen Obstbrände immer zu dem Obst, aus dem sie gebrannt wurden – aber nicht nur dazu: Kirschwasser gibt auch einem Schweizer Käsefondue einen fruchtigen Pfiff. ***Gin***, der aus Wacholder hergestellt wird, harmoniert mit allen Wildgerichten, zu denen → Wacholder als Gewürz passt. Der trockene ***Calvados***, ein nordfranzösischer Branntwein aus Äpfeln, ist köstlich zu Apfeldesserts – weil hier seine leicht herbe Note zur Geltung kommt.

RUM

TYPISCHE VERWENDUNG: Marmelade, Rumtopf, Risotto

Die Maische beim echten Rum besteht aus Melasse, seltener aus frischem Zuckerrohrsaft wie beim brasilianischen *Cachaça* oder beim *Rhum agricole*. Wie bei Whisky oder Cognac gilt lange gelagerter Rum als der beste. Weißer Rum lagert in Edelstahlfässern, dunkler Rum reift in Holzfässern und nimmt Aromen und Farbstoffe aus dem Holz an. Besondere Qualitäten sind der Rhum agricole von den französischen Antillen, aus Martinique und Guatemala. *Jamaika-Rum* schmeckt kräftiger und würziger als andere Rumsorten.

Rum wird traditionell zum Backen verwendet: Der Alkohol lockert den Teig auf und verdampft während des Backens, während das süßlich-würzige Rum-Aroma verbleibt und manchen Backwaren erst den letzten Schliff gibt. Herzhafte Rezepte mit Rum sind eher selten. Analog zum → Cognac kann man etwa ein Risotto mit Rum ablöschen. Besonders gut eignet sich Rum zum Flambieren, weil es ihn auch in sehr hochprozentigen Versionen gibt. Außerdem kann man natürlich alle möglichen Früchte für einen *Rumtopf* einlegen oder Marmelade mit Rum aromatisieren. Zu Süßspeisen wie Vanilleeis oder -sauce passt Rum aufgrund seiner oft deutlichen Karamelltöne und der gemeinsamen Brücke „Zucker".

WHISKY, WHISKEY

TYPISCHE VERWENDUNG: Grüne Pfeffersauce, Barbecue-Saucen, eingelegte Mangos

In Schottland schreibt man Whisky, in Irland und den USA Whiskey. Das Getreide – Gerste, Roggen oder Mais – wird feucht zum Keimen gebracht. Der entstandene Grünmalz kann über rauchendem Torf getrocknet werden, was das typische Torfaroma erzeugt. Besonders torfig sind die Whiskys der schottischen Insel *Islay*. *Irischer Whiskey* ist nie getorft und deshalb milder, fast süß. *Tennessee Whiskey* wird über Holzkohle gefiltert, was ihn sehr mild macht. Die süßlicheren schottischen Whiskys der Speyside werden oft in Sherryfässern gelagert. Schottische Inselwhiskys reifen in alten *Bourbon*-Fässern und nehmen deren rauchigen Geschmack an. Gute Sorten reifen 10 bis 15 Jahre.

Whisk(e)y kann man bereits zu Anfang an die Speisen geben – so verbleibt nur Süße oder Torfigkeit – oder erst kurz vor dem Servieren: Dann ist er zusätzlich spürbar stechend. Süßliche, milde Whiskys lassen sich wie Cognac einsetzen. Klassisch ist eine Sauce mit Grünem Pfeffer, Sahne und Whisky. Früchte wie Mangos vertragen durchaus kräftige Röst- und Torfaromen. Whisky passt zu Süßspeisen und harmoniert besonders mit Vanille. Auch Ketchup und BBQ-Saucen vertragen einen Schuss Bourbon.

SCOTCH
BOURBON
IRISH MALT
JAMAIKA-RUM
CACHAÇA
WEISSER RUM

BRANNTWEIN
GIN
KIRSCHWASSER

KLEINE GERUCHSSCHULE

Es gibt weit mehr Aromastoffe und Gerüche als Worte, daher sind verbale Beschreibungen von Düften oft unzulänglich. Deshalb sollen auf diesem Schaubild diejenigen Duftnuancen innerhalb einer Aromagruppe näher beschrieben werden, unter deren Eigenschaften sich viele am wenigsten vorstellen können. Da einige Duftausprägungen in mehreren Gruppen zu finden sind, überlappen sich die Blasen zum Teil.

Ätherisch: flüchtiges Betäubungsmittel, Krankenhausgeruch Chloroformartig: stechend, eindinglich Fuselig: stechende Noten in schlechtem Schnaps Grün: frisch gemähter Rasen, Duft im Olivenöl, Avocado Medizinal: Anklänge an Hustensaft, Kräuterlikör Wachsig: bienenwachsartig, Kerzenwachs, Paraffin, Gurkenartig bis fettig

Schweflig: typischer Kohlgeruch, gekochter Kohl, Zwiebelartig, Lauchartig, Kresse und Rettichartig

Blumig: duftendes warmes Holz, ein Hauch Kräutersalbe Floral: Geranie, Apfelblüte, Strauch- und Baumblüten, aus denen noch eine Frucht entsteht

Herbal: unspezifischer Kräuterstrauß ohne Thymian Kampfer: stark kräuterartig, wärmend, ein wenig wie junge Schafgarbenblätter oder Buchsblätter Koniferenartig: junge Triebe von Koniferen Moschusartig: starkes Herrenparfum, leicht schweißartig Terpentinartig: ein wenig wie Klebstoff, Pinselreiniger, Bohnenkraut Toluolig: ein wenig wie Klebstoff, stark aromatisch wie Fettlöser, Nagellackentferner Zitrusartig: Duft von Zitrusschalen

Aromatisch-holzig: Sandelholz, Eichenholz, würziges Holz ohne Harz Erdig-muffig: feuchter Waldboden, leicht moderig Harzig: Baumharz, frische Tannentriebe Holzig: frisch gebrochenes Waldholz Kräuterig-bitter: frisch zerriebener Rosmarin Nadelholzig: frische Pinientriebe, Tannentrieb, mit etwas Harz Sandelholzartig: sehr warme, tropische Noten, würziges Holz Weichholzig: frisch geschnittenes Holz der Gartenheckensträucher

Aromatisch: Vanille, Thymian Bittermandelig: mandelartig, marzipanig Erdölartig: benzinartig, ölig Mimosenartig: schwersüßlich, (Stern-)Anisartig Phenolisch: streng-würzig, Holzrauch Tierisch: organisch

Grün-erdig: Petersilien- oder Sellerieblätter Heuartig: getrocknetes Heu, Waldmeister, frisch geriebene Tonkabohne Würzig: Gewürznelke, Zimt, Anis, sehr „warme" Gerüche

Cremig: Reifer Pfirsich, Kokosnuss Erdig: Frische Erde, Schimmel Röstig: Gebackenes Brot, gebratenes Fleisch

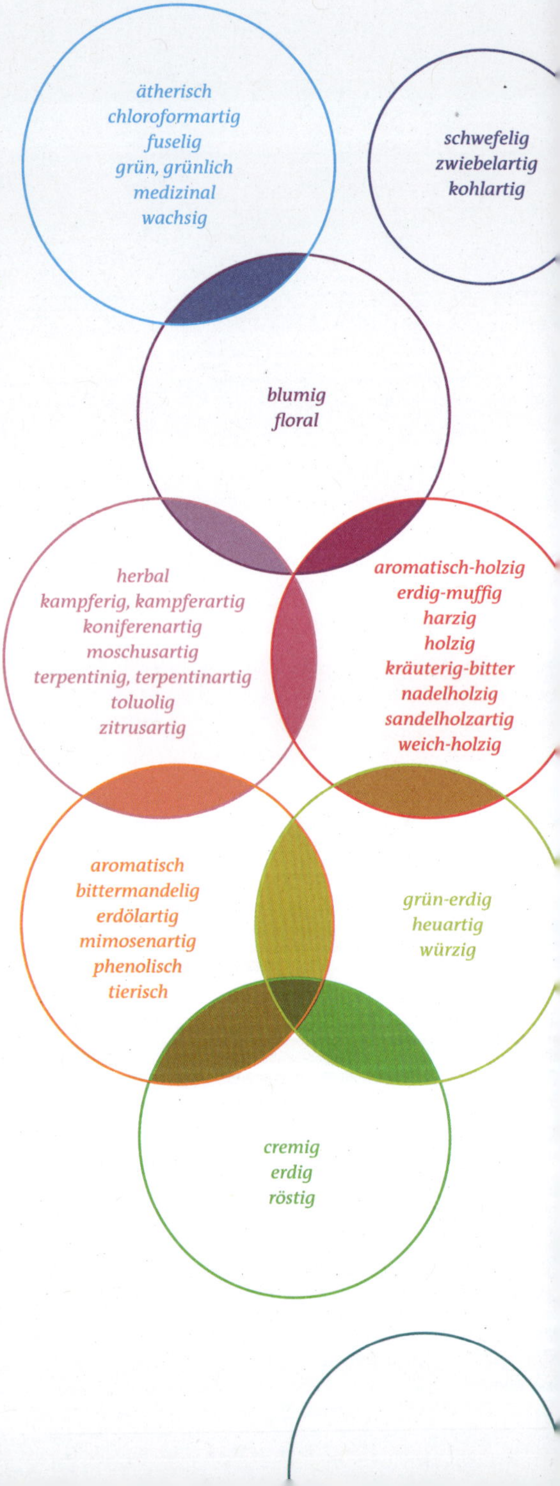

WAS PASST WOZU?

***Kursiv** gesetzte Kräuter und Gewürze ergänzen die Aromen des Lebensmittels („Completing"). Die anderen steuern Aromen im Sinne des „Food-Pairing" bei (Seite 38).*

ÄPFEL
Algen 49
Aprikosen (getr.) 58
Bergamotte 66
Bitterorange 139
Bohnenkraut 71
Chili 77
Curryblätter 83
Gewürznelken 94
Gin 320
Kaffee 98
Kresse 109
Langer Pfeffer 117
Orangenblütenwasser, -schale 139
Olivenöl 311
Rauke 160
Rosenwasser 162
Rosa Beeren 161
Ras el-Hanout 240
Rosinen 195
Rosmarin 163
Thymian 187
Vanille 191
Wacholder 192
Zimt 202
Zitronenmelisse 206
Zitronenverbene 207

ARTISCHOCKEN
Bergamotte 66
Chili 77
Estragon 89
Käse 300
Kapern 102
Kerbel 104
Olivenöl 311
Orangenschale 139
Paprika (scharf, Rosen-) 141
Petersilie 149
Pfeffer (grün) 152
Pinienkernöl 314
Rosa Beeren 161
Zitrone 203

AUBERGINE
Basilikum 63
Currykraut 84
Kurkuma 116
Minze 130
Mohn 131
Muskat 133
Nigella 135
Oliven 138
Oregano 140
Paradieskörner 142
Pistazienöl 315
Rosmarin 163
Sesam 175
Steinpilz 180
Sumach 183
Szechuanpfeffer 184
Thymian 187

AVOCADO
Chili 77
Koriandergrün 107
Knoblauch 105
Limette 120
Petersilie 149
Pfeffer 152
Vanille 191

BAMBUSSPROSSE
Angelikawurz 55
Anis 56
Basilikum 63
Borretsch 72
Ingwer 97
Koriandergrün 107
Koriandersamen 108
Knoblauch 105
Muskat 133
Petersilie 149
Pfeffer 152
Piment 155
Sesam 175
Sternanis 181

BEEREN
Angelika 55
Dill 86
Estragon 89
Liebstöckel 119
Pfeffer 152
Weinraute 196
Zimt 202
Zitrone 203
Zucker 208

BIRNEN
Anis 56
Anisette 289
Balsamico 288
Cognac 320
Fenchel 90
Gewürznelke 94
Ingwer 97 103
Kaffee 98
Kaffirlimettenblätter 99
Kakao 101
Kardamom 103
Lorbeer 122
Obstbrände 320
Pastis 289
Pistazien 157
Rum 321
Tonkabohne 189
Verjus 290
Waldmeister 193
Walnüsse 194
Whiskey 321
Zimt 202
Zitronengras 204

BLATTSALAT
Algen 49
Aprikosen (getr.) 58
Bärlauch 62
Essig 292
Haselnuss 96
Knoblauch 105
Meerrettich 129
Öle (und Würzöle) 306
Perilla 148
Pinienkerne 156
Rauke 281
Sesam 309
Tomaten (getr.) 329
Walnuss 216
Zwiebel 372

BLUMENKOHL / ROMANESCO
Algen 49
Arganöl 304
Curryblätter 83
Ingwer 97
Kreuzkümmel 110
Kubebenpfeffer 111
Kurkuma 116
Lavendel 118
Langer Pfeffer 117
Macis 133
Majoran 124
Minze 130
Panch Phoron 240
Pekannüsse (geröstet) 147
Tamarinde 185
Vanille 191
Wacholder 192
Weinraute 196

BOHNEN
Annatto 57
Basilikum 63
Bohnenkraut 71
Chili 77
Dill 86
Kerbel 104
Kümmel 114
Kurkuma 116
Liebstöckel 119
Lorbeer 122
Majoran 124
Minze 130
Mohn 131
Oregano 140
Pfeffer 152
Portulak 158
Rosmarin 163
Safran 165
Salbei 166
Schnittlauch 172
Szechuanpfeffer 184
Walnuss 194

BOHNEN KERNE
Basilikum 63
Gewürznelke 94
Knoblauch 105
Lorbeer 122
Petersilie 149
Pfeffer 152

ADUKIBOHNE
Kokosnuss 106
Kurkuma 116
Olivenöl 311
Sesamöl 316

DICKE BOHNE
Estragon 89
Grüner Pfeffer 152
Ingwer 97
Knoblauch 105
Kreuzkümmel 110
Liebstöckel 119
Salbei 166

KIDNEYBOHNE
Paprika 141

MUNGOBOHNE
Kokosnuss 106
Rosenwasser 162
Sesamöl 316

PINTOBOHNE
Bittermandeln 68
Chili 133
Pfeffer (alle Arten) 152
Rosmarin 163
Thymian 187
Wacholder 192
Zitrusschalen 203

SCHWARZE BOHNE
Bohnenkraut 71
Chili 77
Pinienkerne 156
Rosmarin 163
Thymian 187
Zitronengras 204

WEISSE BOHNE
Anis 56
Bohnenkraut 71
Estragon 89
Gewürznelke 94
Kaffirlimettenblätter 99
Kerbel 104
Knoblauch 105
Lorbeer 122
Olivenöl 311
Parmesan 146
Pistazien 157
Rosmarin 163
Sellerie 173
Shiitake 176
Steinpilz 180
Thymian 187
Walnüsse 194
Zwiebel 213

BROKKOLI
Aprikosen (getr.) 58
Essig 292
Haselnuss 96
Knoblauch 105
Olivenöl 311
Macadamianuss 123
Mandel 125
Sojasauce 263
Zitrone 203
Zwiebel 213

BROT
(das auch mitgebacken werden kann)
Algen 49
Anis 56
Bergkümmel 67
Bockshornklee 70
Bohnenkraut 71
Curryblätter 83
Currykraut 84
Datteln 85
Dill (Samen) 86
Erdnuss 88
Gewürzfenchel (Samen) 90
Granatapfel/ Anardana 95
Ingwer 97
Kardamom 103
Käse 300
Knoblauch 105
Korianderkraut 107
Koriandersamen 108
Kreuzkümmel 110
Kümmel 114
Kürbiskerne 115
Liebstöckel (Samen) 119
Macadamianuss 123
Majoran 124
Mastix 127
Mohn (ungeröstet) 131
Mohn (geröstet) 131
Nigella 135

Oliven 138
Olivenöl 311
Oregano 140
Pfifferling (Pulver) 154
Portulak (Brotsalat) 158
Rauchsalz 167
Rosinen 195
Rosmarin 163
Safran 165
Schwarzer Pfeffer 152
Sellerie (Früchte) 173
Sesam 175
Sonnenblumenkerne 177
Steinpilz(pulver) 180
Sumach 183
Thymian 187
Tomaten (getr.) 188
Walnüsse 194
Zimt 202
Zitronenschale 203
Zwiebel (geröstet) 213

BROTFRUCHT
Basilikum 63
Bohnenkraut 71
Curryblätter 83
Fenchelkraut 90
Koriandergrün 107
Nigella 135
Oregano 140

CARDY
Paprika 141
Olivenöl 311

CHAYOTE
Basilikum 63
Borretsch 72
Chili 77
Estragon 89
Koriander 107
Kreuzkümmel 110
Thymian 187
Wacholder 192
Weinraute 196
Zitronengras 204

CHINAKOHL
Chili 77
Ingwer 97
Knoblauch 105

EIERSPEISEN
Bärlauch 62
Champignon 76
Chili 77
Dill 86
Estragon 89
Kerbel 104
Kresse 109
Kurkuma 116
Liebstöckel 119
Oliven 138
Pekannuss 147
Petersilie 149
Pfeffer 152
Pfifferling 154
Portulak 158
Rauke 160
Sauerampfer 171
Schnittlauch 172
Sellerie 173
Trüffel 190

ERBSEN
Bohnenkraut 71
Kerbel 104
Knoblauch 105
Lorbeer 122
Majoran 124
Minze 130
Oregano 140
Thymian 187
Zitrone 203

ERDMANDEL
Tonkabohne 189
Vanille 191
Zimt 202

FELDSALAT
Champignon 76
Knoblauch 105
Pfifferlinge 154
Zwiebel 213

FENCHEL
Chili 77
Ingwer 97
Knoblauch 105
Paprikapulver 141

FISCH
Algen 49
Amchoor 54
Angelika 55
Anis 56
Annatto 57
Asant 59
Bärlauch 62
Basilikum 63
Berberitze 65
Bockshornklee 70
Bohnenkraut 71
Borretsch 72
Chili 77
Curryblätter 83
Datteln 85
Dill 86
Erdnuss 88
Estragon 89
Galgant 91
Gewürzfenchel 90
Granatapfel 95
Haselnuss 96
Ingwer 170
Kaffee 173
Kaffirlimettenblätter 99
Kapern 102
Kardamom 103
Kerbel 104
Knoblauch 105
Kokosnuss 106
Koriander 107
Kresse 109
Kümmel 114
Kürbiskerne 115
Kurkuma 116
Lavendel 118
Liebstöckel 119
Limette 120
Lorbeer 122
Macadamianussöl 310
Majoran 124
Mandel 125
Meerrettich 129
Minze 130
Myrte 134
Orange 139
Oregano 140
Paprika 141
Paradieskörner 142
Parakresse 143
Paranuss 145
Perilla 148
Petersilie 149
Pfeffer 152
Piment 155
Pinienkerne 156
Pistazie 157
Rosa Beeren 161
Rosmarin 163
Salbei 166
Sauerampfer 171
Schnittlauch 172
Sellerie 173
Senf 174
Sesam 175
Sternanis 181
Süßholz 182
Sumach 183
Szechuanpfeffer 184
Tamarinde 185
Thymian 187
Trüffel 190
Vanille 191
Wacholder 192
Walnuss 194
Wermut 197
Yuzu 201
Zitronen 203
Zitronengras 204
Zitronenmelisse 206
Zitronenverbene 207

GANS & ENTE
Beifuß 64
Berberitze 65
Bohnenkraut 71
Eberraute 87
Galgant 91
Langer Pfeffer 117
Majoran 124
Maronen 126
Salbei 166
Wacholder 192

GARTENGURKEN
Algen (Nori) 52
Borretsch 72
Bockshornkleekraut 70
Brunnenkresse 109
Champignons 76
Dill 86
Estragon 89
Essig 292
Fenchelkraut 90
Gewürzfenchel 158
Haselnüsse 96
Honig 209
Kapern 102
Kresse 109
Kubebenpfeffer 111
Minze 130
Macis 133
Muskatnuss 133
Nigella 135
Pistazien 157

KICHERERBSEN
Algen 49
Anis 56
Asant 59
Bergamotte 66
Erdnuss 88
Knoblauch 105
Koriander 107
Kreuzkümmel 110
Kubebenpfeffer 111
Langer Pfeffer 117
Parmesan 146
Perilla 148
Rosinen 195
Rosmarin 163
Sellerie 173
Shiitake 176
Steinpilz 180
Sternanis 181
Thymian 187
Walnuss 194
Zimt 202
Zitronenschale 203

KOCHBANANE
Anis 56
Bockshornklee 70
Cayennepfeffer 152
Chili 77
Ingwer 97
Kreuzkümmel 110
Muskatnuss 133
Pfeffer 152
Sternanis 181
Tonkabohne 189
Wacholder 192
Zimt 202

KOHLRABI
Koriandergrün 107
Kümmel 114
Petersilie 149
Pfeffer 152
Rosa Beeren 161
Rosmarin 163
Salbei 166
Senf 174
Wacholder 192

KOKOSMILCH
Ajowan 48
Basilikum 63
Curryblätter 83
Galgant 91
Grüner Pfeffer 152
Kaffirlimettenblätter 99
Langer Pfeffer 117
Zitronengras 204

KÜRBIS
Anis 56
Arganöl 304
Bockshornklee 70
Curryblätter 83
Essig 292
Fenchel 90
Galgant 91
Granatapfelkerne 95
Ingwer 97
Kreuzkümmel 110
Lorbeer 122
Maronen 126
Pekannüsse 147
Thymian 187
Zitronensaft 203
Zitronenschale 203
Zucker(karamell) 208

LAMM, GEBRATEN
Aprikosen (getr.) 58
Beifuß 64
Bockshornklee 70
Bohnenkraut 71
Curryblätter 83
Estragon 89
Gewürzfenchel 90
Knoblauch 105
Kreuzkümmel 110
Kubebenpfeffer 111
Lavendel 118
Limette 120
Lorbeer 122

LAUCH

LEBER, GEBRATEN

LINSEN

TELLERLINSEN, BRAUNE LINSEN, BERGLINSEN, PUYLINSEN

Lorbeer 122
Orangenschale 139
Rosmarin 163
Sellerie 173
Steinpilz 180
Thymian 187
Walnüsse 194
Zitronensaft 203
Zwiebel 213

GELBE LINSEN
Asant 59
Chili 77
Curryblatt 83
Galgant 91
Ingwer 97
Kardamom 103
Knoblauch 105
Koriander 107
Kreuzkümmel 110
Langer Pfeffer 117
Lavendel 118
Lorbeer 122
Masala („Curry" Mischungen) 229
Panch Phoron 240
Rosmarin 163
Tamarinde 185
Zwiebel 203

ROTE LINSEN
Asant 59
Bärlauch 62
Chili 77
Curryblätter 83
Currykraut 84
Galgant 91
Ingwer 97
Kerbel 104
Knoblauch 105
Kreuzkümmel 110
Lavendel 118
Lorbeer 122
Panch Phoron 240
Rosmarin 163
Schnittlauch 172
Tamarinde 185
Zwiebel 213

LOTOSWURZEL
Anis 56
Chili 77
Fenchel 90
Kubebenpfeffer 111
Timutpfeffer 152
Thymian 187
Tonkabohne 189
Vanille 191

LÖWENZAHN
Oregano 140
Rosmarin 163
Knoblauch 105

MAIS
POLENTA, POPCORN, GRÜTZE
Algen (Nori) 52
Anis 56
Basilikum 63
Bohnenkraut 71
Champignon 76
Fenchel 90
Ingwer 97
Kaffee (Pulver) 98
Knoblauch 105
Kreuzkümmel 110
Langer Pfeffer 117
Lavendel 118
Lorbeer 122
Olivenöl 311
Paprika 141
Paranüsse 145
Parmesan 146
Pekannüsse 147
Pinienkerne 156
Raucharomen 33
Rauchsalz 167
Rosa Beeren 161
Steinpilz 180
Thymian 187
Trüffel 190
Wermut 197
Zitronenmelisse 206
Zimt 202
Zwiebel (roh und geröstet) 213

MANGOLD
Algen 49
Bärlauch 62
Knoblauch 105
Kreuzkümmel 110
Muskat 133
Pfeffer 152
Sauerampfer 171
Senf 174
Thymian 187
Wacholder 192
Zitrone 203

MEERESFRÜCHTE
Algen 49
Angelika 55
Anis 56
Chili 77
Curryblätter 83
Dattel 85
Dill 86
Estragon 89
Gewürzfenchel 90
Galgant 91
Ingwer 97
Kerbel 104
Kokosnuss 106
Kresse 109
Oregano 140
Parakresse 143
Parmesan 146
Pfifferling 154
Piment 155
Rauke 160
Safran 165
Sellerie 173
Shiitake 176
Süßholz 182
Sternanis 181
Sumach 183
Trüffel 190
Vanille 191
Zitronengras 204

MILCHPRODUKTE (UNVERGOREN)
QUARK, FRISCHKÄSE, MOZARELLA, BUTTERMILCH
Algen 49
Aprikosen (getr.) 58
Asant 59
Bärlauch 62
Basilikum 63
Borretsch 72
Butter (gebräunt) 305
Cashewnuss (ungeröstet) 74
Champignon 76
Dill 86
Eberraute 87
Fenchel 90
Kardamom 103
Knoblauch 105
Korianderkraut 107
Kerbel 104
Koriandersamen 108
Kreuzkümmel 110
Kubebenpfeffer 111
Kürbiskerne 115
Kurkuma 116
Langer Pfeffer 117
Lavendel 118
Liebstöckel 119
Nigella 135
Olivenöl 311
Paprika 141
Parmesan (fein gerieben) 146
Petersilie 149
Pinienkerne (geröstet) 156
Rosmarin 163
Sesam (geröstet) 175
Thymian 187
Tomaten (getr.) 188
Trüffel 190
Walnuss 194
Weinraute 196
Yuzu 201
Whisky 321
Zitrusschale 203
Zwiebel 213

MILCHPRODUKTE (SAUER VERGOREN)
JOGHURT, KEFIR, SAUERMILCH, DICKMILCH
Algen (Nori) 52
Aprikosen (getr.) 58
Basilikum 63
Bittermandel 68
Borretsch 72
Cashewnuss (ungeröstet) 74
Champignon 76
Chili 77
Chinesische Fünf-Gewürze-Mischung 223
Cranberrys (getr.) 82
Dill 86
Eberraute 87
Fenchel 90
Grüner Pfeffer 152
Kardamom 103
Kerbel 104
Knoblauch 105
Korianderkraut 107
Koriandersamen 108
Kreuzkümmel 110

Rosenkohl

OKRA

PAK CHOI

PAPRIKA

PEPINO

PILZE

PÖKELFLEISCH & BEEF JERKY

RHABARBER

REIS

RETTICH, RADIESCHEN

RIND, GEKOCHT

ROSENKOHL

ROTE BETE

ROTKOHL

SCHOKOLADENGERICHTE

TOMATEN
Basilikum 63
Bergkümmel 67
Bockshornklee 70
Chili 77
Cranberrys (getr.) 82
Currykraut 84
Estragon 89
Fenchel 90
Galgant 91
Kapern 102
Knoblauch 105
Korianderkraut 107
Kresse 109
Limette 120
Lorbeer 122
Minze 130
Mohnöl 311
Oliven 138
Orange 139
Oregano 140
Paprika 141
Pfeffer 152
Pinienkerne 156
Portulak 158
Rauke 160
Rosmarin 163
Salbei 166
Sauerampfer 171
Sellerie 173
Thymian 187
Weinraute 196
Ysop 200
Zitronenverbene 207

TOMATILLO
Chili 77
Ingwer 97
Knoblauch 105
Minze 130
Oregano 140
Pfeffer 152
Rosenwasser 162
Rosmarin 163
Thymian 187
Tonkabohne 189
Vanille 191
Zimt 202

TOPINAMBUR
Fenchel 90
Kaffee 98
Kakao 101
Liebstöckel 119
Pinienkerne 156
Sesam 175
Vanille 191

EINKAUF, LAGERUNG UND ANBAU

Nicht alle Gewürze erhält man im Supermarkt, manche kann man dafür aber selber sammeln oder im Garten und auf dem Balkon anbauen. Werden getrocknete Gewürze und Kräuter luftdicht, dunkel und trocken gelagert, halten sie oft mehr als ein Jahr, deshalb wird das hier nicht immer extra erwähnt. Übrigens: Kräuter sollte man in den meisten Fällen lieber frisch verwenden, da sie getrocknet oft ordentlich an Aroma einbüßen.

Einkauf Lagerung Anbau

AJOWAN

in orientalischen Lebensmittelgeschäften

ganze Früchte luftdicht, dunkel und kühl ein bis zwei Jahre haltbar

ALGEN

in Asialäden oder Biosupermärkten – getrocknet oder als Flocken (Oboro kombu)

getrocknet mindestens ein Jahr haltbar

AMCHOOR

in indischen Lebensmittelläden oder im Gewürzfachhandel

luftdicht verschlossen, etwa ein Jahr haltbar

ANGELIKA / ENGELWURZ

Getrocknet in der Apotheke, frisch kaum im Handel zu erhalten. Vorsicht: Nicht wild sammeln, denn es besteht Verwechslungsgefahr mit dem sehr giftigen Wasserschierling!

dunkel und trocken gelagert bis zu sechs Monaten haltbar

im Garten, winterhart, Stecklinge oder Samen erhältlich in Gärtnereien

ANIS

ganze Samen, besser helle als dunkle

luftdicht verschlossen zwei Jahre haltbar

im Topf, nicht winterhart

ANNATTO

als Samen oder Pulver in Asialäden, sollte ziegelrot leuchten

etwa drei Jahre haltbar

APRIKOSEN, GETROCKNET

im Supermarkt oder in orientalischen/asiatischen Lebensmittelläden. Ungeschwefelte Früchte werden bräunlich.

getrocknet ein Jahr haltbar

ASANT

Als Pulver im Gewürzfachhandel. Rieselhilfe färbt es beigegrau.

trocken und kühl gelagert bis zu einem Jahr

BÄRLAUCH

Während der Saison im Supermarkt oder selber sammeln im Wald. Vorsicht: Es besteht Verwechslungsgefahr mit den giftigen Maiglöckchen und Herbstzeitlosen. Beide weisen ähnliche Blattformen auf, riechen allerdings nicht nach Knoblauch.

frisch wenige Tage haltbar oder einfrieren

im Garten, winterhart

BASILIKUM

Basilikum Genovese frisch in jedem Supermarkt, seltenere Sorten als Topfkräuter in Gärtnereien; asiatische Sorten in Asialäden am besten mit Wurzel. Das intensivste Aroma haben die Blätter zur Blütezeit und die abgeblühten Blütenkelche.

frisch geschnitten nur wenige Tage haltbar

im Garten oder Topf, nicht winterhart

BEIFUSS

frisch in Gärtnereien oder selber sammeln, getrocknet im Bündel im Supermarkt

frisch nur wenige Tage im Kühlschrank haltbar, getrocknet bis zu drei Jahren haltbar

im Garten oder Topf, winterhart

BERBERITZEN

auf Märkten, in Reformhäusern oder in orientalischen Lebensmittelläden

luftdicht, dunkel, ungekühlt etwa drei Monate haltbar

BERGAMOTTE

Frische Früchte sehr selten im Handel. Die Bäumchen gibt es in Gärtnereien, naturreines Öl in Reformhäusern.

Früchte kühl gelagert eine Woche haltbar

BERGKÜMMEL

im Gewürzfachhandel und in türkischen Lebensmittelläden

ganze Früchte luftdicht, dunkel gelagert mehrere Jahre haltbar

BITTERMANDELN

In kleinen Packungseinheiten (50 g) im Handel. Immer Warnhinweis beachten: „Nur zum Kochen und Backen verwenden. Für Kinder unzugänglich aufbewahren. Nicht zum Rohverzehr geeignet." Bittermandelaroma oder -essenz führt nicht zu Vergiftungen.

trocken und kühl zwischen mehreren Wochen und einigen Monaten haltbar

BOCKSHORNKLEE
Sprossen und Samen in Asialäden und im Gewürzfachhandel oder in einer Schale selbst ziehen. Getrocknete Blätter sollten grün sein, nicht gelblich.
ganze Früchte luftdicht, kühl und trocken gelagert lange haltbar
im Garten oder Topf, nicht winterhart

BOHNENKRAUT
Den ganzen Sommer im Supermarkt. Kurz vor der Blüte im Juli ist das Aroma am stärksten.
frisch im Kühlschrank bis zu einer Woche, oder einfrieren
im Garten oder Topf, nicht winterhart

BORRETSCH
selten auf Märkten oder selber anbauen
In feuchte Tücher gewickelt im Kühlschrank ein paar Tage haltbar. Die rasch verwelkenden Blüten kann man in Eiswürfel einfrieren.
im Garten oder Topf, nicht winterhart

BRENNNESSEL
frisch manchmal auf Märkten oder selber sammeln, getrocknet in der Apotheke
frisch im Kühlschrank nur wenige Tage haltbar
im Garten, winterhart

CASHEW
Gesalzen oder ungesalzen im Handel, auch als Mus (Butter). Manchmal getrocknete Kaschuäpfel in Bioläden.
trocken und kühl zwischen mehreren Wochen und einigen Monaten haltbar

CHAMPIGNON
Meist als Zuchtpilze im Supermarkt. Manchmal wilde Sorten wie Wiesenchampignon, Waldchampignon und den seltenen Anis-Champignon, als Pilzpulver im Supermarkt und im Gewürzfachhandel, auch als Konservenware.
Frische Pilze aus der Plastikfolie entfernen, damit sie kein Wasser ziehen. Pilzpulver wird in Schraubgläsern verschlossen aufbewahrt. Vor Feuchtigkeit schützen.
Pilzkulturen für den Hausanbau in Blumengeschäften erhältlich

CHILI
frisch und getrocknet, als Pulver oder geschrotet, viele Sorten im Supermarkt, in asiatischen und türkischen Lebensmittelläden oder im Gewürzfachhandel
frisch im Kühlschrank einige Wochen, getrocknet einige Jahre haltbar
im Topf, sonnig und warm, nicht winterhart

CRANBERRYS
frische Beeren selten, getrocknet, gesüßt oder ungesüßt im Supermarkt, Bioläden oder auf dem Markt
frisch im Kühlschrank bis zu drei Monaten, getrocknet, luftdicht verschlossen ein halbes Jahr haltbar

CURRYBLÄTTER
frisch in indischen Lebensmittelläden
Frisch im Kühlschrank mindestens eine Woche haltbar. Getrocknet verlieren die Blätter viel Aroma.

CURRYKRAUT
in Töpfen im Supermarkt oder in Gärtnereien
Frisch im Kühlschrank einige Tage, oder einfrieren. Beim Trocknen verlieren die Blätter zu viel an Aroma.
im Garten oder im Topf, bedingt winterhart

DATTEL
selten frisch, getrocknet, weich oder halbweich im Supermarkt
Frische Früchte einige Wochen im Kühlschrank aufbewahren oder einfrieren. Getrocknete Datteln halten wegen ihres hohen Zuckergehalts bei Zimmertemperatur fast unbegrenzt.

DILL
Kraut frisch und getrocknet im Supermarkt und auf Märkten, Dillsamen (Früchte) im Supermarkt oder Gewürzfachhandel. Die Samen der Sorte Sowa gibt es in indischen Lebensmittelläden.
Frisch nicht länger als zwei bis drei Tage im Kühlschrank. Ganze getrocknete Früchte bis zu zwei Jahre haltbar
im Garten, bedingt winterhart

EBERRAUTE
Frisch als Topfware in Gärtnereien. Getrocknet in Apotheken.
im Garten oder im Topf, winterhart

ERDNUSS
gesalzen oder ungesalzen, geröstet oder ungeröstet im Supermarkt
Ungeröstet deutlich kürzer haltbar als geröstet. Raffiniertes Erdnussöl über ein Jahr, unraffiniert etwa ein Jahr haltbar. Dunkel und kühl, aber nicht im Kühlschrank lagern.
im Treibhaus, im Wintergarten oder im Haus, nicht winterhart

ESTRAGON
Als Topfware im Supermarkt und auf Märkten. Junge Blätter und Triebspitzen schmecken am besten.
frisch im Kühlschrank wenige Tage oder einfrieren
im Garten oder Topf, bedingt winterhart

FENCHEL (SAMEN)
Ganz, geschrotet oder gemahlen im Supermarkt oder Gewürzfachhandel. Je kräftiger die helle, gelbgrüne

Farbe, desto besser die Qualität. Bitterfenchel hat kleinere und schwarzbraune Früchte.
im Garten oder im Topf, je nach Sorte winterhart

GALGANT
frisch, getrocknet oder als Pulver in Asialäden (Thai-Ingwer, Laos-Wurzel, Laospulver)
frisch im Kühlschrank bis zu drei Wochen

GEWÜRZNELKE
Im Supermarkt oder Gewürzfachhandel. Gut und frisch, wenn sie ätherisches Öl absondern, sobald man mit dem Fingernagel den Stiel unten einritzt.
im Ganzen und luftdicht verpackt mehrere Jahre haltbar

GRANATAPFEL
im Supermarkt, türkischen Lebensmittelläden oder auf dem Markt
einige Wochen bei Raumtemperatur haltbar

HASELNUSS
ungeschält und geschält im Supermarkt oder auf dem Markt
Frisch bis zu einem Jahr lagern. Geschält, aber noch mit Haut einige Monate, vollkommen geschält nur einige Wochen.
im Garten, winterhart

INGWER
Im Supermarkt. Eingelegte japanische Sorten in Asialäden. Kandierten oder in Sirup eingelegten Ingwer in türkischen Lebensmittelläden.
frisch im Kühlschrank einige Wochen haltbar
im Treibhaus, bedingt winterhart

KAFFEE
Als Bohne oder gemahlen im Supermarkt, bei Spezialhändlern oder in Röstereien. Zwei Hauptsorten: Arabica (intensiv duftend) und Robusta (mehr Koffein, herber, weniger aromatisch).
Ungemahlen mindestens ein Jahr, gemahlen und vakuumdicht verpackt ebenfalls. Geöffnet rasch verbrauchen, im Kühlschrank lagern.

KAFFIRLIMETTENBLÄTTER
frisch im Asialaden
frisch im Kühlschrank zwei bis drei Tage haltbar oder einfrieren

KAKAO
Als Pulver im Supermarkt oder Spezialhandel. Man sollte beim Einkauf von Kakao und Schokolade auf das Fair-Trade-Siegel achten. Pulverförmige Trinkschokolade enthält Zucker und zugesetzte Aromen und ist nicht das Gleiche wie Kakao.
kühl und trocken, aber nicht im Kühlschrank lagern, etwa ein Jahr haltbar

KAPERN
In Salz oder Öl eingelegt im Supermarkt. In Frankreich unterscheidet man die Qualität der Kapern nach ihrer Größe: Die kleinsten, teuersten und mildesten sind die Nonpareilles (die „Unvergleichlichen").
Im Kühlschrank über ein Jahr haltbar. Angebrochene Gläser eingelegter Kapern mit Öl oder Wasser auffüllen, nicht mit Essig.

KARDAMON
im Ganzen und gemahlen im Supermarkt oder Gewürzhandel. Die Kapseln sollten geschlossen und grün sein, je klebriger die Samen, desto frischer.
luftdicht und trocken einige Jahre haltbar

KERBEL
als Topfware in Gärtnereien und Supermärkten oder selber ziehen, getrocknet und gerebelt
frisch geschnitten im Kühlschrank einige Tage
im Garten, winterhart

KNOBLAUCH
Als Knolle im Supermarkt oder auf dem Markt, auch als Pulver oder eingelegt in Öl als Konserve. Schwarzer, fermentierter Knoblauch ist eine Spezialität aus Südosasien.
frisch dunkel und trocken gelagert mehrere Wochen haltbar

KOKOSNUSS
Frisch, als Fett oder als Raspeln im Supermarkt. Abgepackt als „creamed coconut". Kokosnussmilch in Dosen oder Tetrapacks. Kokosmehl in Reformhäusern oder Bioläden. Tipp: Gluckert die Nuss, ist sie noch relativ frisch und jung.
frisch und gekühlt etwa drei 3 Wochen haltbar

KORIANDERKRAUT
frisch im Asialaden, oder im Supermarkt
im Kühlschrank wenige Tage haltbar
im Topf, nicht winterhart

KORIANDERSAMEN
ganze Samen und gemahlen im Supermarkt
luftdicht und trocken mehrere Monate

KRESSE
im Supermarkt oder aus Samen ziehen
in ein feuchtes Tuch gewickelt oder in einer Plastiktüte im Kühlschrank etwa eine Woche haltbar
auf feuchtem Papier oder Watte

KREUZKÜMMEL
Im Supermarkt. Schwarzer Kreuzkümmel in mexikanischen, nordafrikanischen, persischen, indischen und asiatischen Lebensmittelläden.
ganze Früchte luftdicht verschlossen und dunkel bis zu drei Jahren haltbar

KUBEBENPFEFFER
im gut sortierten Fachhandel

ganze Früchte ein bis zwei Jahre haltbar

KÜMMEL

Im Supermarkt. Vorsicht beim Wildsammeln: Große Verwechslungsgefahr mit anderen giftigen Doldenblütlern!

luftdicht und dunkel gelagert bis zu drei Jahren haltbar

im Garten, Blätter und Wurzeln als Suppengrün verwenden, winterhart

KÜRBISKERNE

gesalzen oder ungesalzen, geröstet oder ungeröstet im Supermarkt

kühl und trocken gelagert maximal ein Jahr

KURKUMA

Als Pulver im Supermarkt, als Wurzel seltener. Nur kleine Vorräte kaufen, da beides schnell an Farbe und Aroma verliert.

frisch im Kühlschrank mehrere Wochen haltbar oder einfrieren

LANGER PFEFFER

in Asialäden und im Gewürzfachhandel

ganze Früchte kühl und trocken gelagert zwei Jahre haltbar

MACADAMIANUSS

Gesalzen oder ungesalzen im Supermarkt. Selten auch als Öl.

luftdicht und trocken zwei Monate haltbar

MAJORAN

frisch als Topfware und getrocknet im Supermarkt

frisch geschnitten nur wenige Tage haltbar

im Garten oder Topf, nicht winterhart

MANDEL

ungesalzen oder gesalzen, ungeröstet oder geröstet, mit Schale im Supermarkt

in der Schale über ein Jahr haltbar, geknackt in der dünnen Schale bis zu sechs Monate, geschält nur drei

MARONEN

frisch im Supermarkt und auf dem Markt, auch geschält, gegart und vakuumiert oder gefroren erhältlich

frisch gekühlt nur wenige Tage, tiefgekühlt zwölf Monate haltbar

MASTIX

Sehr teuer, selten zu finden in griechischen Feinkostläden oder Apotheken. Am besten über Gewürzfachhandel.

kühl und trocken lagern

MEERRETTICH, KREN

frisch im Supermarkt und auf dem Markt, eingelegt und gerieben im Glas

in Papier eingeschlagen im Gemüsefach des Kühlschranks bis zu vier Wochen

MINZE

frisch im Supermarkt und auf Märkten

im Wasserglas oder im Kühlschrank etwa zwei Tage, oder einfrieren

im Garten oder Topf, winterhart

MOHN

im Supermarkt, auch als fertige Backmasse, selten Mohnöl, weißer Mohn in Asialäden

trocken gelagert drei bis vier Wochen haltbar oder einfrieren

MORCHELN

Frisch, getrocknet oder tiefgefroren im Supermarkt oder selber sammeln. Vorsicht: Es besteht Verwechslungsgefahr mit der giftigen Frühjahrs-Lorchel! Nur in kleinen Mengen erlaubt, da geschützter Pilz.

frisch zügig verarbeiten, nicht lagerfähig, getrocknet und luftdicht verpackt mehrere Monate

MUSKATNUSS, MACIS

Samen im Supermarkt, Blüte meist gerieben im Gewürzfachhandel

Nüsse und Blüte getrocknet bis zu zwei Jahren haltbar

MYRTE

in Gärtnereien oder getrocknet im Gewürzfachhandel

frisch wenige Tage

im Garten oder Topf, winterhart

NIGELLA

gemahlen oder als ganze Samen in türkischen und asiatischen Lebensmittelläden

luftdicht und trocken bis zu zwei Jahren haltbar

OLIVEN

Eingelegt im Supermarkt oder auf Märkten. Manchmal werden grüne Oliven mit Zusatzstoffen wie E 579 oder E 585 schwarz gefärbt. Die Substanzen sind zwar natürliche Farbstoffe, sie müssen aber auf der Verpackung kenntlich gemacht werden.

in Öl eingelegt bis zu einem Jahr haltbar, mit Salzlake bedeckt einige Monate

ORANGE, BITTERORANGE

Süßorangen im Supermarkt, Bitterorangen selten in arabischen Lebensmittelläden, getrocknete Orangen- und Tangerinenschalen in Asialäden

frisch sechs bis scht Tage, im Kühlschrank bis zu zwei Wochen, getrocknet und gut verschlossen bis zu zwei Jahren haltbar

OREGANO

getrocknet oder als Topfware im Supermarkt oder in Gärtnereien

frisch geschnitten wenige Tage haltbar

im Garten oder Topf, je nach Sorte winterhart

PAPRIKA
Als Pulver im Supermarkt, Gewürzpaprikapulver ist meist ein Gemisch aus verschiedenen Paprikasorten. Selten Grünes Paprikapulver oder geräuchert.
Luftdicht verschlossen und dunkel etwa ein Jahr haltbar. Paprikapulver verfärbt sich unter Licht bräunlich.

PARADIESKÖRNER
als ganze Körner oder gemahlen im Gewürzfachhandel
ungemahlen und luftdicht verschlossen mehrere Jahre haltbar

PARAKRESSE
Als Pflanze oder Samen in Gärtnereien oder selber ziehen. Die gelben Blütenköpfe im Gewürzfachhandel („Szechuan Button").
frisch geschnitten wenige Tage haltbar
im Topf, nicht winterhart

PARANUSS
im Supermarkt, selten ungeschält
im Kühlschrank einige Wochen haltbar

PARMESAN, PARMIGIANO
Im Supermarkt oder Käsefachhandel. Eine herkunftsgeschützte Spezialität aus der italienischen Provinz Parma in der Region Emilia Romagna.
ältere Parmesankäse länger lagerbar, im Kühlschrank in ein feuchtes Tuch oder trockenes Backpapier gewickelt, nicht in Frischhaltefolie, oder einfrieren

PEKANNUSS
im Supermarkt, selten auch als Öl
Im Kühlschrank gelagert bis zu sechs Monaten haltbar, ungeschält mindestens ein Jahr. Pekannussöl im Kühlschrank aufbewahren.

PERILLA
als Topfware in Gärtnereien, eingelegt, getrocknet oder frisch in Asialäden
frisch geschnitten nur wenige Tage haltbar

PETERSILIE
im Supermarkt oder in Gärtnereien
frisch geschnitten in Plastik oder in ein feuchtes Tuch gewickelt im Kühlschrank einige Tage haltbar, oder einfrieren
im Garten oder Topf, winterhart

PFEFFER
ganz oder gemahlen im Supermarkt, grüner Pfeffer auch sauer in Lake eingelegt als Konserve
dunkel und trocken gelagert bis zu drei Jahren

PFIFFERLINGE
im Supermarkt oder auf dem Markt
Frisch luftig abgedeckt einige Tage haltbar, nicht im Kühlschrank lagern. Gut getrocknet lange haltbar.

PIMENT
getrocknet ganz oder gemahlen im Supermarkt oder Gewürzfachhandel
Ganze Beeren mindestens ein Jahr haltbar, gemahlen verliert Piment schnell sein Aroma.

PINIENKERNE
im Supermarkt, selten auch im Zapfen
im Kühlschrank mehrere Wochen haltbar

PISTAZIE
Ungesalzen, ungeröstet in orientalischen Lebensmittelläden. Gesalzen und geröstet im Supermarkt.
nur wenige Wochen haltbar

PORTULAK
auf Märkten, selten im Supermarkt oder selber ziehen
im Kühlschrank nur wenige Tage haltbar
im Garten oder Topf, nicht winterhart

RAUKE
im Supermarkt, auf Märkten oder selber ziehen
im Kühlschrank gelagert wenige Tage haltbar
im Garten, je nach Sorte winterhart

ROSA BEEREN
im Supermarkt und Gewürzfachhandel, auch eingelegt
dunkel, luftdicht und sehr trocken aufbewahrt bis zu einem Jahr haltbar

ROSE, ROSENWASSER
Rosenwasser im Fachhandel, selten im Supermarkt. Echtes Rosenöl ist teuer und wird häufig als günstigeres „naturidentisches Rosenöl" angeboten, das teilsynthetische Duftstoffe enthält.
getrocknete Rosenblüten verschlossen mindestens ein Jahr haltbar
Essbare Rosensorten erhält man im Fachhandel.

ROSMARIN
als Topfware, getrocknet und als Pulver im Supermarkt
frische Zweige im Kühlschrank gelagert etwa eine Woche haltbar oder einfrieren
im Garten oder Topf, je nach Sorte und Region winterhart

SAFRAN
Im Supermarkt und Gewürzfachhandel. Zwei Qualitätsstufen: elegierter Safran, Safranspitzen, hohe Qualität, und natureller Safran mit bis zu 10 Prozent gelben Griffelanteilen aus der Blüte und Blütenstaub
luftdicht verschlossen mindestens ein Jahr haltbar

SALBEI
frisch und getrocknet im Supermarkt, als Topfware in Gärtnereien
frisch geschnitten im Kühlschrank wenige Tage haltbar, oder einfrieren
im Garten oder Topf, je nach Sorte winterhart

SALZ
im Supermarkt und im Fachhandel
immer trocken lagern, kein Verfallsdatum, außer jodiertes Salz

SAUERAMPFER
auf dem Markt oder selber sammeln
frisch nur wenige Tage haltbar oder einfrieren
im Garten, winterhart

SCHNITTLAUCH
im Supermarkt, auf Märkten oder in Gärtnereien
frisch geschnitten einige Tage im Kühlschrank haltbar
im Garten oder Topf, winterhart

SELLERIE (SAMEN)
ganze Früchte oder als Pulver im Supermarkt oder im Gewürzfachhandel
kühl, dunkel und luftdicht lagern
im Garten, winterhart

SENF
im Supermarkt oder Gewürzfachhandel
ganze Samen luftdicht, trocken und kühl gelagert mehrere Jahre haltbar

SESAM
Helle Samen im Supermarkt und in Reformhäusern. Schwarze Sesamsamen in türkischen und arabischen Lebensmittelläden. Auch als Öl.
ganze Samen luftdicht gelagert etwa zwei Jahre haltbar

SHIITAKE
in Asialäden, selten im Supermarkt, meist getrocknet
frisch wenige Tage haltbar, getrocknet luftdicht verschlossen etwa ein Jahr

SONNENBLUMENKERNE
geschält und ungeschält im Supermarkt, auch als Öl
im Kühlschrank aufbewahren, ungeschält länger haltbar

STEINPILZ
frisch und getrocknet im Supermarkt
frisch im Kühlschrank einige Tage haltbar, getrocknet, luftdicht und dunkel ein halbes Jahr

STERNANIS
im Supermarkt oder Asialaden
ganz oder in Stücken bis zu drei Jahren haltbar

SÜSSHOLZ
getrocknet im Feinkosthandel, in Apotheken oder im Gewürzfachhandel, auch als Pulver
Trocken gelagert zwei bis drei Jahre haltbar. Pulver luftdicht verschlossen lagern.

SUMACH
ganz oder gemahlen im Gewürzfachhandel
kühl und dunkel gelagert bis zu drei Jahren haltbar

SZECHUANPFEFFER
ganz, gebrochen oder gemahlen in Asialäden
ganze Früchte dunkel und trocken gelagert bis zu drei Jahren haltbar

TAMARINDE
als Block, als trockene Paste oder als Konzentrat im Fachhandel
gekühlt mehrere Monate haltbar

THYMIAN
frisch, getrocknet im Supermarkt
frisch geschnitten eine Woche im Kühlschrank haltbar
im Garten oder Topf, je nach Sorte winterhart

TOMATEN, GETROCKNET
mit und ohne Öl, gesalzen oder ungesalzen im Supermarkt und auf Märkten
vollständig in Öl eingelegt, in einem verschlossenen Glas monatelang haltbar

TONKABOHNE
ganze Früchte im Bioladen, in Apotheken oder im Gewürzfachhandel
luftdicht, trocken und kühl aufbewahrt, mehr als ein Jahr haltbar

TRÜFFEL
beim Fachhändler
frische Knollen einige Tage verschlossen im Kühlschrank haltbar

VANILLE
im Supermarkt oder im Fachhandel
licht- und luftdicht verschlossen, bis zu vier Jahren haltbar

WACHOLDER
Im Supermarkt oder im Gewürzfachhandel. Die Früchte sollten violett- bis schwarzbraun sein. Eine grünliche Farbe oder stark verschrumpelte Haut zeugen hingegen von schlechter Qualität.
ganze Beeren bis zu zwei Jahren haltbar

WALDMEISTER
auf dem Markt oder selber sammeln
frisch geschnitten wenige Tage haltbar, oder einfrieren
im Garten oder Topf, winterhart

WALNUSS
im Supermarkt, auf dem Markt oder selber sammeln, auch als Öl
Trocken gelagert mindestens ein Jahr haltbar, oder einfrieren. Keine geruchsintensiven Lebensmittel in

der Nähe lagern. Walnussöl im Kühlschrank aufbewahren und zügig aufbrauchen.
im Garten, winterhart

WASABI
Selten als Wurzel, meist als Pulver oder Paste in Asialäden. Achtung: Echter Wasabi ist sehr teuer, deshalb wird oft gefärbter Meerrettich als Wasabipaste oder -pulver ausgegeben.
frisch, im Kühlschrank bis zu vier Wochen

WEINBEERE
getrocknet im Supermarkt
Trocken gelagert ein Jahr haltbar. Vor Milben und Motten schützen!

WEINRAUTE
auf dem Markt oder in Gärtnereien
frisch im Kühlschrank nur wenige Tage haltbar
im Garten als Zierstrauch, winterhart

WERMUT
Gewürzfachhandel, selten in Apotheken
getrocknet etwa ein Jahr haltbar
im Garten, winterhart

YSOP
in gut sortierten Gärtnereien, manchmal auf dem Markt
frisch geschnitten wenige Tage haltbar
im Garten, winterhart

YUZU
in asiatischen Lebensmittelläden und im Gewürzfachhandel Yuzusaft (rein und gesalzen) sowie Pulver
frisch kühl gelagert eine Woche haltbar

ZIMT
Ganz und gemahlen im Supermarkt. Je dünner die Rindenschichten, desto besser. Ceylon-Zimt wird nach der Ekelle-Terminologie klassifiziert: E00000 steht für die beste Qualität, absteigend über E0 bis Ekelle I bis IV.
Rindenstücke gekühlt zwei bis drei Jahren haltbar

ZITRONE, ZITRONENSCHALE
im Supermarkt, wenn möglich immer unbehandelt
Ganz im Gemüsefach des Kühlschranks mehrere Monate haltbar. Eine halbe Zitrone hält länger, wenn man sie mit der angeschnittenen Seite auf einen kleinen Teller mit ein paar Essigspritzern legt.

ZITRONENGRAS
in Asialäden, selten im Supermarkt
gekühlt im Kühlschrank bis zu einem Monat haltbar

ZITRONENMELISSE
in Gärtnereien, manchmal im Supermarkt
im Kühlschrank im Gefrierbeutel einige Tage haltbar
im Garten oder Topf, winterhart

ZITRONENVERBENE
in Gärtnereien
frisch im Kühlschrank wenige Tage haltbar, gehackt in Eiswürfel einfrieren
im Garten, Strauch bedingt winterhart

ZUCKER
im Supermarkt
trocken lagern, ohne offizielles Haltbarkeitsdatum, unbegrenzt haltbar

ZWIEBEL, SCHALOTTE, FRÜHLINGSZWIEBEL
im Supermarkt, auf dem Markt
trocken und kühl gelagert mehrere Monate haltbar, Lauch: im Kühlschrank einige Tage haltbar

REGISTER

KRÄUTER UND GEWÜRZE

GEWÜRZMISCHUNGEN

SAUCEN UND PASTEN

ALKOHOLE, ESSIGE, FETTE UND ÖLE

ALPHABETISCHES REGISTER

Thomas A. Vierich kocht leidenschaftlich gern und beschäftigt sich auch beruflich mit dem Thema. Er war jahrelang Gastroredakteur in Berlin und lebt heute als Redakteur einer gastronomischen Fachzeitung in Wien. Zusammen mit Thomas A. Vilgis hat er für die Stiftung Warentest „Aroma"und „Aroma Gemüse" geschrieben, darüber hinaus „Sehr schnell kochen".

Thomas A. Vilgis ist Professor für Theoretische Physik an der Universität Mainz und und leitet die Arbeitsgruppe „Molekulare Lebensmittelwissenschaften" am Max-Planck-Institut für Polymerforschung. Er ist begeisterter Koch und hat seine Ideen bereits in mehreren außergewöhnlichen Kochbüchern zur Wissenschaft des Kochens veröffentlicht.

Stiftung Warentest
Lützowplatz 11–13
10785 Berlin
Telefon 0 30/26 31–0
Fax 0 30/26 31–25 25
www.test.de
email@stiftung-warentest.de

USt-IdNr.: DE136725570

Vorstand: Hubertus Primus
Weitere Mitglieder der Geschäftsleitung:
Dr. Holger Brackemann, Julia Bönisch, Daniel Gläser

Programmleitung: Niclas Dewitz

Konzeption und Idee: Thomas A. Vierich, Thomas A. Vilgis, Niclas Dewitz, Martina Römer, Johannes Tretau
Autoren: Thomas A. Vierich, Thomas A. Vilgis
Projektleitung: Veronika Schuster
Lektorat: Dr. Angelika Winnen
Mitarbeit: Merit Niemeitz
Korrektorat: Susanne Reinhold, Berlin

Art Direktion, Grafik, Layout: Martina Römer
Fotografie: Knut Koops, Berlin
Foodstyling: Frauke Koops, Geesthacht

Produktion: Vera Göring
Verlagsherstellung: Rita Brosius (Ltg.), Romy Alig, Susanne Beeh
Litho: bildpunkt Druckvorstufen GmbH, Berlin
Druck: AK-Druck & Medien GmbH, 96277 Schneckenlohe

ISBN: 978-3-7471-0274-9

Wir haben für dieses Buch 100 % Recyclingpapier und mineralölfreie Druckfarben verwendet. Stiftung Warentest druckt ausschließlich in Deutschland, weil hier hohe Umweltstandards gelten und kurze Transportwege für geringe CO_2-Emissionen sorgen. Auch die Weiterverarbeitung erfolgt ausschließlich in Deutschland.

SOMMERFRISCHE
Diese Würzsauce ist dem „Gurkenaldehyd" (2E,6Z)-Nona-2,6-dien-1-al gewidmet, aromabestimmend in Wassermelone, Gurke und Borretsch. Pfefferminze gibt kühlende Frische, die Dillspitzen Würze. Geschmacklich dominieren die Säure des Essigs, etwas Salz und abrundend ein kleiner Zuckeranteil.
Zubereitung: Die fein pürierten und fein geschnittenen Zutaten mit dem Essig vermischen, mit Salz und Zucker abschmecken. Eventuell die Konsistenz der Sauce mit dem kaltlöslichen, natürlichen Verdickungsmittel Xanthan angleichen.
Verwendung: Als Dip zu Wurstplatten, kalte Fischplatten, gegrillte Fische, Rohkostteller, sehr junger Frischkäse.

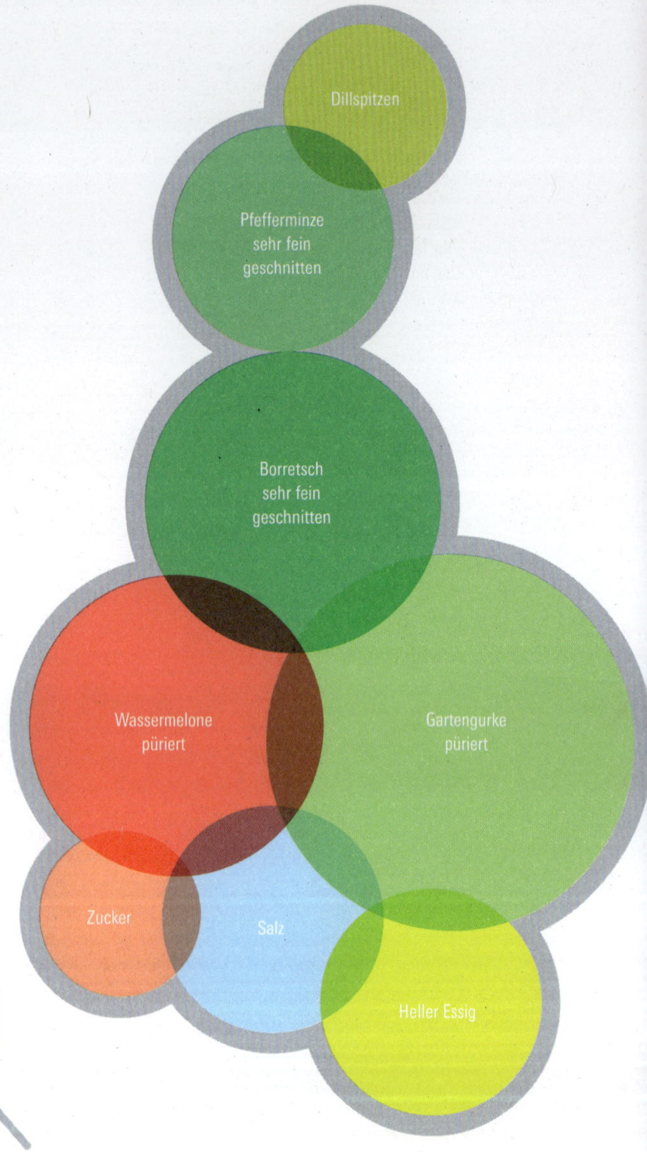